应赋予旅游购物品
以丰富的中华传统
文化内涵

丁亥之夏
文勋题

新视野高等院校旅游

Tourist Commodities Development and Marketing

刘惠余　编著

旅游购物品开发与营销

云南大学出版社
YUNNAN UNIVERSITY PRESS

图书在版编目（CIP）数据

旅游购物品开发与营销/刘惠余编著．—昆明：云南大学出版社，2007

新视野高等院校旅游专业教材

ISBN 978－7－81112－367－8

Ⅰ．旅…　Ⅱ．刘…　Ⅲ．旅游商品—市场营销学—高等学校—教材　Ⅳ．F590.8

中国版本图书馆 CIP 数据核字（2007）第 096873 号

旅游购物品开发与营销

刘惠余　编著

责任编辑：石　可　熊晓霞
封面设计：刘　雨
责任校对：何传玉
出版发行：云南大学出版社
印　　装：云南大学出版社印刷厂
开　　本：787mm×1092mm　1/16
印　　张：21.25
字　　数：409 千
版　　次：2007 年 9 月第 1 版
印　　次：2007 年 9 月第 1 次印刷
书　　号：ISBN 978－7－81112－367－8
定　　价：38.00 元

社　　址：云南省昆明市一二·一大街 182 号
　　　　　云南大学英华园内（邮编：650091）
发行电话：（0871）5033244　5031071
网　　址：http：//www. ynup. com
E － mail：market@ ynup. com

前　言

旅游者的活动由食、住、行、游、购、娱六大要素构成。世界旅游业较发达国家的成功经验表明，当一个地区的基础设施（住、行、游、娱乐）已趋于完善之后，旅游业要想取得更大的经济效益，一定要加强薄弱环节的建设。因为旅游购物品是旅游弹性消费中最大的一个组成部分，所以尤其要突出发展旅游购物。我国旅游业经过二十多年的发展，呈现繁荣兴旺的态势，旅游业在我国经济运行中占有举足轻重的消费强势地位，对刺激国内消费需求具有明显的作用。然而，旅游业最直接的衍生物——旅游购物品的开发却相对滞后，在购买旅游购物品时，常使旅游者感到旅游购物品在品质、文化内涵、款式等方面未突出地方性、艺术性、纪念性、实用性等特色，往往乘兴而来败兴而归，使旅游购物大大落后于旅游业的发展。因此，如何进一步改进旅游购物品的开发与营销，如何使我国的旅游购物品充满活力和魅力，使我国旅游业的发展再上一个新的台阶，是今后我国旅游业发展的关键，也是值得旅游业业内人士探讨的重要课题。

《旅游购物品开发与营销》一书，力求从旅游购物品可持续发展的实际需要出发，收集整理了大量有关旅游购物品的文献资料，进行分析、总结和研究，提出了自己的观点和见解，对读者有一定的启迪和帮助。本书有三个明显的特点：一是系统性。作者采取多层面、多角度的手法，较全面、系统地阐述了现代旅游购物品的基本理论和基础知识，做到既注重学术的共识性、定义的规范性，又在此基础上有所创新，有所突破，涉及面广，综合性强。二是知识性。作者以理论联系实际，深入浅出，列举了大量的中外旅游购物品开发与营销成功的案例，读者可从中获得启发。三是实用性。本书是一本集旅游购物品设计、开发、营销于一体的关于旅游购物品开发与营销的专著，既可作为高等院校旅游及相关专业的教材，也可作为旅游从业人员及管理人员的参考读物。

本书从诸多学者和专家的文章和著作中得到启示，并融入了作者多年来从事旅游购物品研究的成果，具有一定的创新性。在此，谨向帮助过本书编写和出版的各位同仁、朋友致以诚挚的谢意，尤其感谢云南省旅游局局长罗明义博士以及始终关注本书编写进展的熊晓霞女士，感谢石可先生对本书的编辑出版做了大量的质量提升工作。

本书按章节顺序参加编写的人员是：第1、2、4、6、9章与附录及第3章1～3节：刘惠余；第5、7、8章及第3章第4节：杨桂红；第10章：黄继元；第11章：幸岭；全书案例采编和统稿工作由刘惠余完成。

由于作者学识水平有限，不妥之处在所难免，恳请各位学者、同仁赐教。

刘惠余

2007年9月

目　录

第1章 旅游购物品概述

学习目的

- 了解旅游购物品的发展简史及研究现状
- 掌握旅游购物品的定义及构成
- 重点掌握旅游购物品的属性

旅游购物品是旅游业的一个重要组成部分，是构成旅游业最小的元素和细胞，但这小小的细胞如同一滴神奇的水，折射出旅游地特有的光彩，它展示着深厚而耐人寻味的中国传统文化。因此，本章将对旅游购物品的含义及基本理论作一阐述，着重理解旅游购物品的概念和属性。

第一节　旅游购物品的发展及研究

我国旅游购物品产销历史悠久，并伴随着旅游业的兴起而得到迅速发展。研究旅游购物品的任务是，为旅游购物品的可持续发展提供重要的理论依据。

一、旅游购物品的发展简史

旅游购物品是随着古代旅游的兴起而出现的。公元前139年，汉代张骞与一百个随行人员从长安出发出使西域，被誉为中亚最早的旅行家。公元前115年，张骞又随同乌孙的使者数十人，第二次出使西域。张骞两次西域之行，开拓了中国与西域之间政治、文化和贸易的交流。传说他把中国的瓷器、丝绸、茶叶、漆器等物品带去西域，又从西域带回葡萄、石榴、核桃、苜蓿等起源于西域的植物以及西域生产的香料及药品。其间不仅使西域了解了古老的中国及其丰富物产，开辟了中西方交流的通道，开创了中西方政治、文化、经济的交流，包括旅游和旅游购物品的交流，同时也开创了中外旅游史。

然而，中国古代旅游的历史却比前者要早得多。据史料，早在原始社会，我国就出现了旅游活动。其中作为提供旅游活动包括食、住、行、游、购、娱六方面需要之一的旅馆，是旅游的标志。可以说旅馆就是一部最可靠的旅游史，中国的旅馆史迄今已有四千多年的历史。最早的驿站，接待的多是信使和邮卒，秦汉以后，扩大到过往官员和客商。自唐朝始，我国与国外交往日益频繁，商业发达，旅游兴盛。文人骚客携书远游，“读万卷书、行万里路”的事例不胜枚举。如唐代诗人李白青年时代就曾云游蜀中峨眉、青城诸名山，后又“辞亲远游”，经江陵、入洞庭、登庐山、下金陵、历扬州。可以说，他是文人旅游的代表。旅游的兴盛，必然带来旅游购物品的繁荣。旅游者到异地游览观光，所购买的商品无论是在旅途中消耗，还是携带回家乡；无论是日常使用，还是送礼、纪念或收藏，都可视为旅游购物品。

陶瓷制品，是我国最早的传统旅游购物品，它首先向东亚和东南亚流传。后经“丝绸之路”运到或带到中亚和西亚，一直延伸到地中海东岸，转达罗马各地，因此，在日本、土耳其、意大利和欧洲其他各国也都发现了唐代和唐代以后的陶瓷制品。可以推断，这些陶瓷制品中至少有一小部分是由旅游者或探险家带回去的，或者是由经营其他商品的商人作为礼品或收藏品带回去的，也就是说，是作为旅游购物品携带回去而存留至今的。

唐代以后，宋、元、明、清各代，中西方各种交流依然不断，旅游购物品的交易也绵延不绝。

19 世纪中叶，英国用大炮打开了中国的大门，强迫清政府签订了中国第一个不平等条约——《南京条约》。中国从此陷入了半殖民地、半封建社会的境地。至 1949 年新中国成立前的一百年左右的时间内，各国列强肆意掠夺中国财富，商人、冒险家和旅游者随炮舰而来，他们有的在中国倾销过剩商品，致使中国民族商品包括旅游购物品日趋萎缩；中国的传统商品无法与洋货竞争，有的甚至到濒临灭绝的境地，如在东汉时期已驰名中外的蜡染制品在新中国成立前的中原地区已绝迹，幸好蜡染艺术在贵州的安顺被保存下来。

新中国成立前，中国旅游业十分落后，仅在上海等沿海城市有过一些承办旅游业务的私人经营的旅行社，除通济隆旅行社（英国托马斯·库克旅行社）外，规模都很小，业务量也不大。因此人们基本上没有旅游购物品这个概念和意识，自然也不会有专门生产与经销旅游购物品的企业和商店。当时所谓的旅游购物品生产和销售活动，都是在自发和分散的情况下进行的。

新中国成立后，我国工农业生产得到了恢复和发展，在党和政府“百花齐放，推陈出新”、“古为今用，洋为中用”的方针和“保护、发展、提高”的政策指引下，作为旅游购物品主体的我国传统工艺品，不仅恢复了久已绝迹或濒临

消亡的品种，而且又创制了大量的新品种。

党的十一届三中全会以后，我国开始把旅游业作为一项经济活动，一项涉外的政治、经济、文化事业来发展。从此，我国旅游业呈现出兴旺发达、蓬勃发展的格局，旅游购物品的生产和销售也有了飞速的发展。目前，我国已拥有上万家企业，成千上万的专业职工和民间副业人员组成的旅游工艺品队伍，生产着陶瓷、雕塑、织绣、金属、木质工艺、漆器、书法、国画等几十个门类的旅游工艺品。这些不同品种的旅游购物品，因材料的质地、性能、制作的工艺和方法不同，因地方风俗、民族传统的不同，形成各自特有的艺术风格和地方特色。旅游购物品的销售网络也在不断扩大，整个旅游购物品市场呈现出繁荣的景象。

二、旅游购物品在旅游业中的作用

旅游购物已经成为现代旅游活动中不可缺少的组成部分，旅游购物品弹性大，是旅游业经济效益的晴雨表，因此，往往用旅游购物品收入在旅游业总收入中所占比重作为衡量一个国家，一个地区，一个企业旅游经济的尺度，旅游购物品在旅游业中处于重要地位，发挥着重要作用。具体表现在以下四个方面：

1. 旅游购物品销售收入是旅游总收入的重要构成

接待人数和创汇收入是衡量旅游业发达程度的两项重要经济指标，而外汇收入则是更为重要的指标。在一般情况下，在旅游外汇收入中，旅游购物品销售收入占有相当大的份额。旅游业比较发达的国家该项收入可达到旅游总收入的50%以上。与住宿、交通、餐饮、游览、娱乐相比，旅游购物品销售收入是比较高的，成为旅游业总收入中十分重要的构成部分。从这里可以看出旅游购物品在旅游业中的重要地位。

2. 扩大旅游购物品销售是优化旅游产业结构的重要环节

现代旅游业的发展表明，旅游者已经不满足于单一的游览活动，转而追求多样化的旅游活动，旅游业因而从满足旅游者的吃、住、行、游的基本需求，向全面满足旅游者的娱乐、购物等多种其他需求延伸。旅游从接待型向经济型转化，旅游的内涵不断拓展，外延不断扩大。结果是旅游业从接待人数的单纯增长，转化到人数和效益双增长，而效益的增长速度明显高于人数的增长速度，人均消费水平处于比较高的水平。其中，一个显著特点是旅游产业结构发生重大变化，食、住、行、游、购、娱六大要素协调发展，旅游购物品市场十分活跃，产、供、销兴旺，旅游购物机制趋于合理、方便。旅游购物收入明显高于交通、住宿、餐饮等。在旅游产业结构调整中，旅游购物品是其中的一个重要环节。

3. 健全的旅游购物品产销体系是旅游业的重要补充

旅游业是一个敏感的行业，它极易受外界环境的影响。政治稳定、社会稳定

是旅游业迅速发展的基础。世界经济的繁荣促进国际旅游业的发展，相反，政局不稳、恐怖主义、自然灾害等都会给当地旅游业带来打击。因此，改善旅游行业本身的产业结构和产品结构，建立旅游投资的良性循环体系，增强旅游业自身的实力，提高旅游业抗市场风险的能力，是具有现实和长远意义的。

健全的旅游购物品产供销体系，可以面向国际国内两个市场，市场适应性较强，它会给旅游业注入新的活力，如饭店做好旅游购物品销售工作也是增强企业本身实力的重要环节。旅游行业建立的旅游购物品生产和销售基地自成体系，也是旅游投资良好循环体系的重要支柱。

4. 高品位的旅游购物品可以形成旅游资源

高品位的旅游购物品可以形成旅游资源，成为吸引游客的重要因素。旅游者在旅游过程中，有着多种多样的需求。除了食宿、观光游览名胜古迹、自然风光之外，总要购买一些具有旅游目的地特色的商品，或留作纪念，或赠送亲友。回去后“睹物思情”，可以成为再次来目的地旅游的动力；送给亲友，无形中起到了广告宣传的作用，也可以起到招徕游客的作用。

近年来，越来越多的国家和地区开始重视旅游购物品的这个作用，并开发了购物旅游。如新加坡旅游促进局为树立“亚洲门户”的形象，抓住旅游者的消费心理，建成了集购物、饮食为一体的手工艺中心。又如我国台湾地区每年接待外国旅游者180万人次，而且逐年增加。据专家分析，其原因是台湾市场集中了来自世界各地的名牌商品，能使旅游者的各种购物嗜好得到较好的满足。近年来，我国各地相继借鉴国外经验，开发、建设集游览、商业、食品于一体的旅游点也为数不少。如广西桂林的全国最大的旅游购物品专业批发市场——桂林国际旅游购物品批发城，汇集国内外千余种风格别致的旅游工艺精品；云南的规模最大、最具有民族文化特色的商业设施——昆明金马碧鸡旅游商城，占地五十亩，商业经营面积5.6万平方米；海南三亚，亚龙湾东线高速公路及三亚市区交汇点建设全省最大的三亚田独观光购物中心等。可以预测，旅游购物品将随着旅游业的发展而发挥越来越大的作用。

三、旅游购物品研究的任务

旅游者对旅游购物品的要求，将不仅限于功能上的满足，旅游购物品能否超越产品功能而给旅游者带来一些感官、情绪或情感的满足将会变得越来越重要。因此，研究旅游购物品的任务是：以市场为导向优化旅游购物品结构，为旅游购物品的开发提供理论依据。目前相关研究主要包括：

1. 研究旅游购物品类型的系统组合和整体优化

系统组合，就是把各类旅游购物品按照市场需求和本地实际进行开发设计或

重新调整，进行最佳的组合，形成一个不可分离的系统整体。整体优化就是使旅游购物品整体的功能效益远远的大于部分旅游购物品的功能效益，从而达到“1 +1 >2”的目的。

2. 研究旅游购物品的需求、旅游购物品供给及其发展变化的特殊规律

旅游购物品需求与旅游购物品供给是旅游购物品市场营销中的基本问题之一。面对激烈的旅游市场竞争，旅游购物品生产经营具有比其他要素更广阔的市场，因为在旅游六要素——吃、住、行、游、购、娱中，前四项的需求弹性远远小于“购”的需求弹性。要最大限度地激发游客的旅游购物品购买热情，就要不断满足游客对旅游购物品的需求，以实现旅游购物品生产经营的最大效益。同时对旅游购物品供求分析也是回答旅游购物品经济学中的三个基本的并相互联系的问题，即生产什么和生产多少、如何生产、为谁生产的问题。

3. 研究旅游购物品的文化建设

旅游是一种综合性的社会活动，从消费的角度来说，旅游也是一种文化性消费行为，而旅游购物品的基本功能则是让旅游消费者得到物质和精神上的极大享受。因此，如何把文化艺术与旅游购物品有机地结合起来，研究旅游购物品与中国传统文化、旅游购物品与外来文化及其它们之间的内在联系，对于旅游购物品的开发具有重要意义。旅游购物品融入文化及艺术内涵，其品位会提高，附加价值也会越大。

4. 研究旅游购物品设计、开发与旅游市场营销、旅游广告的关系

面对变化多端的旅游市场，对旅游购物品的研究必须与旅游市场的实际运作紧密结合，激活旅游界人士的思路，更新观念，出新的“点子”。增加旅游购物品的科技含量，优化产品结构。正确处理旅游购物品与市场、营销、广告等的关系，根据旅游购物品的生命周期和旅游购物品的消费需求，不断开发出适销对路的新商品，利用现代营销手段得到经济效益和社会效益的双丰收。

5. 研究旅游购物品的可持续发展

旅游购物品的可持续发展就是研究如何使自然生态环境得以永续发展，研究如何通过旅游购物品的开发、设计、销售使旅游者获得最大的满足。

第二节　旅游购物品的定义

传统的旅游购物品概念把旅游购物品仅仅理解为旅游工艺品和纪念品。这种狭隘的传统旅游购物品概念，已不能适应现代旅游市场发展的需要，现代旅游业发展的迅猛势头，早已远远突破了这个概念所涵盖的范围。旅游购物品已突破了传统工艺品、纪念品的范围，从以旅游工艺品、纪念品为主的框框中解脱出来，使之能按照自己固有的、内在的规律不断向前发展，从而决定了旅游购物品在内涵上的丰富和外延上的扩大。销售旅游购物品的范围从工艺品到服饰，从纪念品到首饰、珠宝等，范围十分广泛。凡是游客需求的都积极进行开发，这不仅恢复了已绝迹或濒临消亡的品种，而且又不断创造出新的花色、品种，使得整个旅游购物品市场呈现出百花争艳、万紫千红的景象。

从发展的观点看，旅游购物品伴随旅游业的发展而发展，传统旅游购物品概念的局限性越来越突出，制约了旅游购物品的开发与营销。因此有必要重新界定旅游购物品的内涵与外延，使之能够有利于旅游购物品的开发与营销。

一、旅游购物品的概念及定义

旅游购物品是指旅游者在旅游过程中所购买的物品，是实物性商品，具有完整的物体形态和旅游目的地特色。旅游者的购物活动是旅游过程中的一个有机的重要组成部分。下面列举几种国内学者对旅游购物品所作的定义：

江苏省社科院徐惠容认为：旅游购物品是指旅游工艺品、旅游纪念品、旅游用品和旅游食品。工艺品和纪念品是旅游后用于纪念、馈赠和收藏，而用品和食品是旅游途中的消费品。这些商品都需要有特色，其中地方特色是关键。这个特色主要表现在特色的原料、特色的设计和特色的包装上。

杭州大学旅游学院陈纲认为：旅游购物品本身也是一种吸引物，它包括旅游者在旅游准备阶段和旅游过程中所购买的实物产品。这里的旅游准备阶段，主要是针对国内旅游者在旅游前，在常住地发生的购物行为。旅游者购买的商品都可视为旅游购物品。

中国人民大学郭宝森认为：旅游购物中的商品在一般商品的一定使用价值与价值相统一的基础上，还必须通过更多和更复杂的劳动，即在已具有一般形态的商品之上，还要凝聚和耗用更多的人类智慧与劳动，从而形成旅游购物商品的“三性”（即实用性、纪念性、艺术性）、“三风”（风俗、风情、风物）等特殊的造型、色调、功效、美感与实用价值之后，才能成为受旅游者喜欢并愿意购买的旅游购物品。否则，只有一般商品的价值，而无这种新增加的价值，就难以进入旅游购物商品行列，即使偶然或勉强加入，也不能持久或收不到好的经营效果。

上海社会科学院陶家宽认为：过去我们对旅游购物品的认识和表述上，一般都很强调旅游购物品的纪念性，在范围上往往局限于传统工艺品，而对于旅游者在旅游过程中所购买的用品和食品，往往不把它当做旅游购物品对待，这种对旅

游购物品认识上的片面、狭隘，束缚了人们的思路，造成旅游购物品市场上工艺品品种的单调、雷同。

还有的专家如北京市政策研究室李赓认为：目前，对旅游购物品概念下很精确的定义还为时过早。事实上，对旅游购物品的概念只有一个大致轮廓并不妨碍旅游购物品的发展。旅游购物品也未必非要“精美”，有时，粗犷的、原始的、乡土的旅游购物品，更具有区域文化的韵味。

专家们独到的见解不仅反映了狭义旅游购物品的内涵，同时也从不同层面涉及了其本质特征。上面所摘引的专家、学者所提出的观点与表述，可以帮助我们理解旅游购物品的含义，有利于旅游购物品的发展对策研究。

综上所述，依据由全国旅游标准化技术委员会提出，国家旅游局和上海社会科学院旅游研究中心负责起草，并由国家技术监督局颁布的中华人民共和国国家标准《旅游服务基础术语》，“旅游购物”的定义为：旅游者在旅游过程中购买商品的活动，这些商品一般具有纪念、欣赏、保值、馈赠意义或实用价值。主要包括旅游纪念品、旅游工艺品、旅游食品、旅游用品和其他商品五大类。

二、旅游购物品的构成

现代市场学家认为，产品一般由三个部分组成，即产品的核心部分、外形部分和延伸部分。其中，核心部分（Core Product）是指产品能满足顾客需要的基本效用和利益，它是产品最基本的层次；外形部分（Tangible Product）是指满足市场需要的各种具体产品形式，它可以被看做是核心部分的载体；延伸部分（Augmented Product）是指顾客购买产品时所得到的附加服务和利益，它能给顾客带来更多的利益和更大的满足。现代市场竞争的关键不仅仅是产品本身，还在于给顾客提供什么样的附加服务和利益。如美国著名管理学家 Levitt 指出：“新的竞争不在于工厂里制造出来的产品，而在于工厂外能否给产品加上包装、服务、广告、咨询、融资、送货、保管或顾客认为有价值的其他东西。”

同产品一样，旅游购物品也由以下三个部分构成，如图 1-1 所示：

（1）核心部分。向游客提供的实物商品，如旅游者购买的一件杭州真丝衬衣。

（2）外形部分。旅游购物品的质量、价格、品牌、声誉等，如旅游者购买的这一件真丝衬衣的质量、款式、品牌、价格、服务等构成了旅游购物品的外形部分。通过这些因素，体现杭州的地方特色。

（3）延伸部分或附加部分。提供给旅游者的附加利益或优惠条件，如旅游者购买这件杭州真丝衬衣时经营者所提供的优质服务、折扣、信用保证、信息反馈等。

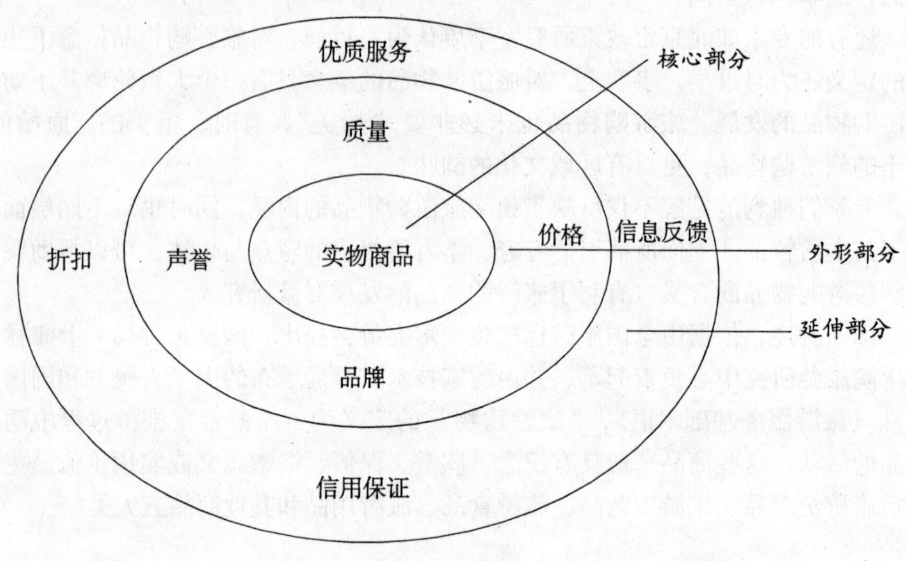

图 1-1　旅游购物品的构成

这种从理论上对旅游购物品构成的界定对旅游企业的营销具有重要意义。旅游企业在进行旅游购物品营销时，应注意旅游购物品的整体效能，从满足旅游者需要的角度出发，提供整体概念上的商品，并在外形部分和延伸部分形成自身产品的差异化，以赢得竞争优势。

三、旅游购物品与普通商品的区别

从基本属性来看，旅游购物品同普通商品一样具有经济学意义上的使用价值和价值两种属性，都经历从生产到销售，最后到达消费者手中的社会经济活动。但是，从经营的角度分析，二者之间的确存在一些特殊的差别。

（一）从经营的角度区别旅游购物品与普通商品

1. 服务的对象不同

旅游活动是人们在基本生活得到满足以后的一种高层次的物质和精神的消费活动。作为旅游购物品，从整体上看，是旅游目的地为了满足远道而来进行观光、游览等活动的旅游者的购物需要而生产和经营的具有国家、地区和民族特色的物质产品。普通商品则主要是为了保证当地居民日常生活的基本需要而生产和

经营的物质产品。因此，旅游购物品的服务对象是旅游者，而普通商品的服务对象一般是当地居民。

2. 品种、档次、特色不同

旅游购物品与普通商品在品种、档次、特色等方面不同，旅游购物品一般档次较高，这就要求提供的旅游购物品必须对旅游者具有吸引力，且富有地方民族特色，并与当地景观、文化传统巧妙融合，使之带上绚丽的色彩。如我国的工艺品、旅游纪念品等都具有民族性、地方性、文化性的特点，它不仅具有经济价值，而且更具有观赏价值。而普通商品，大都比较实用，价格比较便宜，在产品的造型及包装等方面的要求也低于旅游购物品。

3. 销售网点的布局不同

旅游购物品的销售网点一般主要设置在旅游城市的商业繁华地带，旅游风景点、名胜古迹附近以及宾馆、饭店及购物中心。旅游购物品在商场布置、商品陈列、经营理念等方面都比较讲究。而销售普通商品的网点则通常设置在城乡居民区附近，以方便居民购买。

4. 旅游购物品的经营活动与一般商品比较，易受环境因素的制约

旅游购物品易受旅游地区的政治、经济、气候及疫情等因素的影响。对旅游者缺乏安全感的地区、经济落后的地区、缺乏旅游吸引物的地区或旅游淡季等，游客较少，旅游购物品也就难以销售出去。因此，旅游购物品具有敏感性和脆弱性。而普通商品一般不受这些因素的影响，即使这些因素发生变化，当地居民随时都需要生活必需品，因而它具有稳定性和长期性的特点。

（二）从统计学的角度区别旅游购物品和普通商品

从统计学的角度上看，同样一件或一类商品，既可说它是旅游购物品，又可说它是普通商品，这种划分并不取决于旅游购物品本身，而是由其所在的外部环境和客体需求，即是否被旅游者购买而决定。旅游者购物行为是随机发生的，其供求关系也主要由供给方决定。因此，旅游购物品与普通商品之间并无明显的区分，而是呈现亦此亦彼的关系。所以，旅游购物品的概念也是一个模糊的、边界不确定的和动态的集合，旅游购物品只具有统计学上的意义。因此，从统计学的角度分析，旅游购物品和普通商品之间并无明显区分。

第三节　旅游购物品的属性

旅游购物品是由劳动产品转化而来，它是交换价值的物质承担者。由于旅游购物品已不是一般的劳动产品，它的有用性表现为：一方面能够满足旅游消费者各种需求的自然属性，另一方面包含着它的社会有用性，即在一定条件下为社会需要的属性。除此之外旅游购物品还是一般商品的特定类别，有其特殊属性。

一、旅游购物品的物质和精神属性

旅游购物品的有用性是旅游购物品使用价值的基础。旅游购物品的各种自然属性又是形成商品有用性的物质基础。作为一件完美的旅游购物品必须包含物质和精神两种属性。一方面要真正充分满足旅游消费者的物质需求，同时要满足旅游消费者的精神需求。特别是作为旅游购物品，应该成为旅游者游览活动过程的延伸和旅游印象的物化，能够吸引旅游者足够的精力和浓郁的兴趣，从旅游者求新、求奇、求异的角度，由追寻旅游购物品的历史渊源、文化内涵、高科技含量等等开始到对名、特、优的旅游购物品产生购买冲动而结束。具体地讲，旅游购物品中的物质属性，一般指看得到摸得着的东西，如旅游工艺品、旅游纪念品、旅游食品、旅游用品等等。旅游购物品中的精神属性，一般指对旅游购物品的满意程度或是指可以感受和体味到的旅游购物品的内在质量，如对旅游购物品的实用价值、艺术观赏价值、文化价值、珍藏价值的评价以及旅游购物品中所凝结的人类智慧结晶等等。但千万不能把精神属性视做捕风捉影，其实，精神因素也是实在的，是通过物质属性体现出来的，与物质因素相辅相成，甚至比物质因素更为重要和微妙。可以说，优秀的旅游购物品皆是物质属性和精神属性的完美结合。

随着第三产业的崛起，旅游市场日趋繁荣，旅游购物品种类繁多，推陈出新，旅游购物品的物质属性和精神属性两者在旅游购物品结构中的比例也在发生变化。作为旅游经营者及开发商，在设计和开发旅游购物品时，应注意这两个因素的有机结合。

二、旅游购物品的社会属性

旅游购物品的存在是为满足旅游者的需求及旅游市场需求。如果只有旅游购物品，而没有旅游消费者的需求和旅游市场的需求，那么，旅游购物品的有用性就没有任何意义。不过，仅仅停留在人和商品这一层次上，还不足以说明旅游购物品的本质属性。因而，还要深入到需求和功能上。旅游购物品的变化是因消费者及市场环境需求的不同而变化，这体现了商品和消费者相互作用、相互影响、相互接近的过程，使旅游购物品的有用性得以实现。在实际旅游消费中认识商品本身的影响或生产需求，并且提供商品未来模型，按旅游消费者不断发展的需求

创造更好更多的旅游购物品。产生新的旅游需求，开发新的商品，以此来满足旅游消费者的需求，同时又影响和引导旅游消费者的需求观念。这是一个旅游消费者与旅游购物品社会需要不断循环的螺旋上升模式。

三、旅游购物品的特殊属性

从旅游者的角度分析旅游购物品的特殊属性是解开旅游购物品之谜的一把金钥匙。旅游购物品是一般普通商品的特定类别，除具有一般普通商品的属性外，现代旅游业的发展已经比较充分地显露出旅游购物品主体本身特定的内涵和属性，它反映了旅游购物品特殊属性与人或社会需要之间的满足关系。具体表现在如下几个方面：

1. 地方性和民族性

地方性是体现旅游购物品特色的关键，地方性越强越能给旅游者留下长久的回忆，其纪念意义就越深远，主要表现在地方性的原材料、地方性的设计、地方性的文化内涵、地方性的艺术风格和地方性的包装上。地方和民族特征，反映一个国家、一个地区、一个民族的文化特征商品，是许多游客所推崇向往的。旅游活动是一种异地的文化享受，具有鲜明的地域特征。旅游购物品必然与此种属性相适应，因而具备旅游目的地文化特征。反映中华民族特征的中国字画、景泰蓝、陶瓷、丝绸，之所以成为中国长盛不衰的旅游购物品，就是它强烈地反映了中国这块国土和她所孕育的民族传统和现代文化。这类物品给人以艺术享受、知识熏陶，犹如徜徉于旅游目的地文化传统和知识的海洋。

2. 纪念性

旅游活动是一种精神享受，旅游购物是游览过程的延伸和旅游印象的物化，旅游购物品在时间和空间上显示旅游目的地的标志，如名山、名水、名园林，民风、民俗、民族情，都可以引起旅游者对旅游目的地的怀念，给旅游者留下美好的回忆。有些游客追求旅游购物品的可收藏性，更是深层意义上的纪念性的体现。它反映一个国家、一个地方、一个民族历史的值得人们收藏的物品，除具有文化特性外，同时具有包括纪念性在内的“三性”甚至“四性”（珍藏性、观赏性、实用性等）的旅游购物品也不在少数。

3. 艺术性

旅游购物品的艺术性所包含的内容是相当广泛的。简单地说，旅游者对旅游购物品艺术性的要求是“新颖”、“精致”、“美观”，能给人以美的享受。

旅游购物品的艺术性是指珍贵的材料、精致的做工和高超的艺术三者巧妙结合，达到和谐统一才能成为艺术珍品。

4. **时代性**

旅游是人们追求精神和物质享受的一种消费活动，具有鲜明的时代气息。旅游购物品追随人们这种消费活动的时代步伐而具有时代性。随着高科技渗透到生产和生活的方方面面，许多旅游购物品显现出高科技的时代特征，不断更新换代，三年五载款式大翻新。如景泰蓝已渗透到制作成诸如钥匙扣、指甲刀、圆珠笔、放大镜、吉祥物等各种日用品。

5. **实用性**

实用性是指旅游购物品应具有旅游者使用和消费的功能，做到旅游购物品的实用化，能够满足旅游者的各种需求。要做到这一点，必须根据市场需求确定旅游购物品发展目标，因地、因时、因人制宜。

6. **方便性**

方便性是指旅游者在旅游目的地停留的时间是短暂的，不可能有较多时间来购物，因而，包装精美、小巧玲珑的商品容易引起游客的注意。而且由于旅途劳累，为避免增添游客的负担，商品不宜重、大、笨、粗，而宜小型化、轻便化，独立包装，以方便携带。

7. **环保性**

在地球环境不断恶化的今天，人们对于环境和资源的忧虑逐渐转化为消费过程中的一种自律行为，更加倾向于适度、无污染、保护环境的绿色消费，绿色需求意识在世界范围内已经逐渐兴起。环保的旅游购物品即是“绿色设计—绿色生产—绿色产品—绿色价格—绿色市场开发—绿色消费”这种以“绿色”为主线的消费链条。

案例分析

热卖的云南撒尼服饰

——统计学意义上的旅游购物品

素有“一个彝县五乡美誉”之称的云南省石林彝族自治县，是为广大中外旅游者熟悉并喜爱的地方，如今它是全国五十个旅游发展先进地区之一。这个被誉为“天下第一奇观”和“阿诗玛故乡”的国家级重点风景名胜区，又于2001年3月成为首批挂牌的十个国家地质公园之一。自然风景区内分布着石林、地下溶洞、地下暗河、湖泊、龙潭、瀑布等以石灰岩溶为主的景观。

谈到石林，就不得不提一下居住于此的撒尼人，撒尼人自称“尼”，意为“快乐的人”，属彝族众多支系中的一支。世世代代的撒尼人在这里生存繁衍，

创造出灿烂的撒尼文化。彝族历史悠久，祖先崇尚老虎，把黑虎作为图腾，而石林撒尼人不仅把老虎作为图腾，而且还有蜘蛛图腾。在撒尼文化中，尤以撒尼人绚丽多彩的服饰为亮点，撒尼妇女的花包头是引人注目的精美艺术品，包头以红、绿、蓝、紫、黄、青、橙七种颜色的丝绸配制，边沿钉有银泡，两侧坠有“彩蝶”；后垂一对串珠，末端系银铃缨穗，走起路来，银铃撞击作响。姑娘们的上装袖子用彩色丝绸布镶嵌两道宽花边，左襟边沿用紫红或黑色绒布镶牛鼻子形纹宽边，背部披一块以黑绒布作外壳的小羊羔皮，肩挎绣花包，腰系花围腰，腰带系于身后，下装为自制布裤，鞋子是绣花布鞋，节日或赶集的日子，鲜艳的撒尼服装将石林点缀得绚丽多彩。

石林旅游业的发展为撒尼人带来了先进的社会文明和商品经济意识，借助这里得天独厚的自然资源与人文旅游资源，撒尼人的民族民间文化在这片土地上得以展示。热情好客的撒尼人毫无保留地向旅游者展示着丰富多彩的撒尼文化，节庆、婚俗、生活习俗、农家乐及各种活动也陆续开展起来，吸引了众多中外游客到此观光游览，与此同时，能够代表撒尼文化的服饰也作为最受欢迎的旅游购物品推向市场，成为旅游者购买的纪念品。

由此，撒尼服饰由一种当地居民必需的生活用品进入了旅游购物品市场，作为一种旅游购物品陈列在大大小小的商店里并远销海内外。以前，这种标志撒尼人身份的纯手工制作服饰只出售给当地的撒尼人，或县城里的居民，作为一件纯粹的普通商品，只是满足当地人民的生活及审美需求。然而，随着旅游业的发展，大量涌入石林的旅游者争相购买这种撒尼服饰，从而使这样一种普通商品具有两重性质。而划分这样的一件商品是普通商品还是旅游购物品，只能根据特定的环境和购买对象来决定，在撒尼服饰被当地人需要而购买时，它仅仅是一件普通商品；而在它进入了旅游购物品市场，被旅游者购买时，显然成为一件旅游购物品。

综上所述，旅游购物品和普通商品并无明显区分，而是呈亦此亦彼的关系。旅游购物品概念也是一个模糊的、边界不确定的动态集合，其只具有统计学上的意义。而在旅游购物品的开发过程中，像撒尼人服饰这样，在旅游地中兼顾两重性质的旅游购物品是数不胜数的。

案例问题

1. 撒尼服饰是普通商品还是旅游购物品，其划分依据是什么？
2. 结合实际，列举像撒尼服饰这样在旅游地中兼顾双重性质的旅游购物品。

本章小结

本章介绍了旅游购物品的发展简史及研究的现代任务和旅游购物品的定义、构成和属性。

旅游购物品一般由三个部分组成，即核心部分、外形部分和延伸部分或附加部分。

旅游购物品是一般商品的特定类别，它除了具备一般商品的属性外，还有其特殊属性，即地方性和民族性、纪念性、艺术性、时代性、实用性、方便性、环保性。研究旅游购物品的现代任务是：以市场为导向，优化旅游购物品结构，为其开发提供理论依据。

复习与思考

1. 旅游购物品和普通商品有什么区别?
2. 旅游购物品具有哪些属性?
3. 试述旅游购物品在旅游业中的作用。
4. 旅游购物品研究的现代任务有哪些?

网上作业

在网上收集发达国家或地区旅游购物品收入在旅游业总收入中所占比重方面的数据，分析旅游购物品在旅游业中的重要作用。

第2章 旅游购物品的分类

学习目的

- 了解旅游购物品分类的概念和意义
- 掌握旅游购物品分类的原则和方法
- 重点掌握旅游购物品五大门类的划分

旅游购物品是集实用性、艺术性和纪念性于一身，以满足旅游者生理、心理和精神需要的一种特殊商品。伴随着旅游产业发展的强劲势头，旅游购物品品种繁多、性能各异，市场日趋繁荣。为了更好地开展旅游购物品的生产营销活动，向旅游者提供适销对路的旅游购物品，为旅游购物品可持续发展及可操作性提供重要依据，有必要按照较科学的、系统的方法对旅游购物品进行具体细致的分类。

第一节　旅游购物品分类概述

旅游购物品的分类是旅游市场发展的需要。为了便于对旅游购物品进行营销管理，在此，我们就旅游购物品的分类进行概述。

一、旅游购物品分类的概念

分类，顾名思义即是根据事物的特性或特点分别归类。任何事物，从具体物品、事件活动乃至抽象概念等，都是概括一定范围的集合总体，任何集合总体都可以根据一定的标志或特征逐级或逐次划分为若干概括范围更小、特色更趋一致的局部集合，直至划分为最小的单元。它们之间既有组成集合总体的共性，又有相对独立、彼此差异的特性。这种将集合总体科学地、系统地逐级或逐次划分的过程叫分类或归类。

分类，是人类社会发展的必然产物，分类是认识事物、研究事物的重要方法之一，科学的分类可以把错综复杂的事物条理化，使探索、研讨的注意力相对集中于特殊事物，进而对事物得以全面的深刻的了解。

旅游购物品分类是指为了一定目的（如满足旅游者某种需要），根据旅游购物品的属性或特征，选择适当的分类标志将商品划分为不同类别的过程。我国通常将商品划分成门类、大类、中类、小类、品类或品目以及品种、花色、规格等。对于旅游购物品的分类可以应用科学的方法条理化、系统化地进行，以实现旅游购物品使用的合理化和流通管理的现代化。因此，旅游购物品分类，是商品经济、科学技术及社会分工发展的直接结果。旅游购物品分类对发展生产，促进流通，满足游客消费，提高管理水平等有着重要作用。

对于不同国家、不同地区、不同的历史阶段，旅游购物品所包括的范围和内容并不相同。目前世界上商品分类表有两类，一类是本国独立实行的商品分类表，另一类是国际统一的商品分类表。中华人民共和国已于 1988 年 11 月加入《巴黎公约》，适用商品国际分类表。

国际商品分类（International Classification Of Goods Lawpanel）是在 1957 年 6 月 15 日，由一些发达国家在法国尼斯外交会议上正式签订的《商标注册用商品和服务国际分类尼斯协定》确定的，于 1961 年 4 月 8 日生效。目前有 65 个国家正式加入尼斯联盟，有 80 多个非尼斯协定成员国采用国际商品分类。《尼斯协定》已经进行了九次修订，其中的国际商品分类于 1987 年印制成册，称为《商标注册用商品和服务国际分类表》。

国际商品分类划分的基本原则是：

（1）制成品原则上按其功能、主要用途分类；

（2）原料、未加工品或半成品原则上按其组成的原料进行分类；

（3）构成其他商品某一部分的商品原则上与其他商品归为一类；

（4）成品或半成品按其组成的原材料分类时，如果由几种不同的原材料制成，原则上按其主要原材料划分类别；

（5）用于盛放商品的盒、箱等容器，原则上与该商品归为一类。

国际商品分类是在总结、吸收了许多国家商标注册管理经验的基础上逐渐完善起来的，它为各国商标的检索、申请和档案管理提供了统一的工具，为实现商标国际注册创造了条件。

我国旅游产业起步较晚，对旅游购物品尚缺乏系统的、全面的、科学的分类。因此，旅游购物品的分类，不能包罗万象，既要区别于普通商品，又要跳出传统的旅游购物品的狭窄范围，按照较科学的、全面的、系统的原则逐级划分。所作的旅游购物品分类，既要有理论依据，又要经得起实践检验，这是一门值得

探讨的学问，需要不断地加以研究。

二、旅游购物品分类的原则

为了实现旅游购物品的科学分类，使旅游购物品分类能够满足特定的需要，保证分类清楚、切实可行，在分类时，不仅要参照国际商品分类划分的基本原则，与国际接轨，还应按本国独立实行的商品分类表进行分类。分类时必须遵循以下原则：

1. 科学性原则

指在旅游购物品分类中所选择的标志必须能反映旅游购物品的本质特征并具有明显的区别功能和稳定性，以满足分类的客观要求，发挥分类的作用。科学性是分类的基本前提。

2. 系统性原则

旅游购物品分类的系统性是指以选定的旅游购物品属性或特征为依据，将旅游购物品总体按一定的排列顺序予以系统化，并形成一个合理的科学分类系统。旅游购物品总体分成若干门类后，门类分为若干大类，大类分为若干中类，中类分为若干小类，直至分为品种、规格、花色等。系统性是商品分类的关键。

3. 实用性原则

旅游购物品分类首先应满足国家总政策、总规划的要求，同时应满足生产、流通及消费的需要。因此，商品分类应尽量结合各部门、各系统、各行业、各企业及旅游者的实际情况，以满足各方面的需要。实用性是检验商品分类的实践标准。

4. 可扩展性原则

又称后备性原则，即进行旅游购物品分类要事先设置足够的收容类目，以保证新产品出现时不至于打乱已建立的原有的分类体系和结构，同时为便于下游部门在本分类体系的基础上进行进一步细分创造条件。

5. 兼容性原则

旅游购物品分类要与国家政策和相关标准协调一致，又可与原有的旅游购物品分类保持连续性和可转换性，以便进行历史资料对比。

6. 唯一性原则

旅游购物品分类体系中的每一个分类层次只能对应一个分类标志，以免产生子项互不相容的逻辑混乱。

三、旅游购物品分类的意义

随着旅游业的不断发展，旅游购物品生产日益增加，市场上新品种不断涌

现，旅游购物品的门类、品种、构成也不断发生变化。因此，系统全面地研究旅游购物品分类及其分类标准，对于加强旅游购物品的经营管理，合理组织旅游购物品的生产，以市场为导向，向旅游者提供适销对路的产品，具有重要的现实意义。旅游购物品分类的意义主要有：

1. 旅游购物品的科学分类为旅游经济部门实施各项管理活动及实现旅游经济管理现代化奠定了科学基础

旅游购物品具有种类繁多、特色性强、性能要求高、品种变化快、价值不等、用途各异的特点。将旅游购物品科学分类，以统一商品用语，商品生产、收购、调拨、运输、储存、养护、销售等各环节中的计划、统计、核算等方面的工作才能顺利进行，各类指标、统计数据和商品信息才具有可比性和实际意义。

计算机在国民经济管理中的广泛运用，为旅游购物品的科学分类、编码以及快速处理和存贮商品信息创造了条件，但也对旅游购物品分类提出了更新、更高的要求。如果利用计算机实现商品购、销、调、存、结账的无纸化交易以及商品信息流和物流管理现代化，都要依靠科学的商品分类和编码系统。

作为直接面向国际市场的中国旅游购物品，一般采用国际统一商品分类编码体系，即《商品名称及编码协调制度》（简称 HS），这样做对分析研究国际商情，掌握国际市场商品结构，加强国际旅游购物品贸易信息交换，扩大旅游购物品出口和外汇增收具有重要意义。

2. 旅游购物品的科学分类有利于商品标准化的实施和商品质量标准的制定

将旅游购物品进行科学的分类，可以使旅游购物品的名称和类别统一化、标准化，从而避免同一商品在不同部门由于名称、计量单位、计算方法、口径范围等不统一而造成的困难，并可加强国内产、供、销的综合平衡，有利于发展国际贸易及提高经济管理水平和经济效益。

3. 旅游购物品的科学分类有利于开展对旅游购物品的研究

旅游购物品分类是旅游购物品研究的基础，是研究旅游购物品与旅游市场、旅游营销之间的内在联系的先决条件，从而为生产工艺的改进、质量的提高、新产品的开发等提供科学的依据。

4. 旅游购物品的科学分类便于满足旅游者不同层次的购物需求

将旅游购物品进行科学的分类，可以使旅游企业在营销环节中，通过科学的旅游购物品分类以及编制商品目录，能有秩序地安排市场供给，便于旅游者根据个人的兴趣爱好，选择和购买自己所需要的旅游购物品，从而满足不同层次的购物需求。

四、旅游购物品分类的标准

选择适当的分类标准是科学分类的前提。在实际工作中，旅游购物品分类，一般是根据分类的目的、旅游购物品的特点来选择适于工作需要的分类标准，使之既要符合生产领域，又要同流通领域、消费领域相适应。其具体的分类方法，主要有以下四种：

1. 按旅游购物品的主要用途进行分类

旅游购物品的用途是由其使用价值决定的，旅游购物品的用途也是研究旅游购物品质量的重要依据。按用途分类，既有利于分析和比较同一用途的旅游购物品的性能，又有利于促进产品质量的提高，扩大旅游购物品的品种，同时也有利于改善经营管理。因此，以用途作为旅游购物品的分类标准，是旅游购物品分类的重要方法。

2. 按旅游购物品的原材料进行分类

原材料是决定旅游购物品质量和性能的重要因素。许多旅游购物品由于原材料不同，使同一种旅游购物品具有截然不同的特性。因此，这种分类方法，不仅分类清楚，而且能从本质上反映出每一类旅游购物品的性能、特点及使用和保管的要求。

3. 按旅游购物品的制作工艺方法进行分类

有的旅游购物品原材料相同，但是加工制作方法不同，从而形成不同性能和质量的产品，由此产生了不同品种、不同类别的旅游购物品。可见，制作工艺方法也是旅游购物品分类的重要标准。

4. 按旅游购物品的主要成分或特殊成分分类

旅游购物品的主要成分是决定其性能、质量、用途或储运条件的重要因素。有些旅游购物品的主要化学成分虽然相同，但是由于不同商品含有不同的特殊成分，也可形成质量、性能和用途不同的旅游购物品。利用旅游购物品主要成分或特殊成分作为分类的标志，对于深入研究某一类旅游购物品的特性、储运条件以及使用方法等，都具有重要意义。

除此之外，旅游购物品的形状、结构、重量、特性、花型、颜色以及产地等也都可作为旅游购物品的分类标准。因为这些标准概念清楚、特征具体、容易区分，因此可用于对具体品种进一步划分。

第二节　旅游购物品分类的依据

旅游购物品丰富繁杂，分类的方法很多。在此，我们首先从理论上分析旅游购物品分类的美学依据，并从我国目前旅游购物品经营的角度出发，根据《旅游通用术语》的专门定义，将其进行分类。

一、旅游购物品分类的美学依据

旅游购物品首先具有艺术性和特色性。没有一定的艺术性和鲜明的民族特色和地方特色，旅游购物品便和一般的普通商品没有什么区别了。旅游者千里迢迢从异国他乡来到旅游目的地，想购买旅游目的地具有艺术性高、特色性强的旅游购物品。假如这些商品缺乏民族特色和地方特色，工艺艺术水平低下，即使还有使用价值，价格较低，旅游者也不愿意花那么多的精力把价廉而物不美的东西带回去。因此，旅游购物品首先要具有一定的艺术性和鲜明的民族特色或地方特色。

众所周知，人类的审美意识是在长期的劳动实践中发展起来的，人类社会中的各种艺术最早正是从长期的劳动中创造出来的。但人们并未将所有的劳动产品都称之为艺术品。可见，在实用的劳动产品和审美的艺术产品之间，在一般的生产劳动与艺术创造之间，虽有互相联系的一面，更有相互区别的一面，因而需要在实用品与审美的艺术品之间划出一条界限。在划分旅游购物品门类时，也应该首先区分哪些旅游购物品是实用品，哪些是艺术品。一般说来，满足旅游者的实用需要（即生理需要）的称之为旅游实用品，满足旅游者审美需要（即心理、精神需要）的称之为旅游艺术品。

然而，在实用品和艺术品的中间，还存在着一系列由前者向后者过渡的中间形态——即是为了满足旅游者的实用需要而创造的实用品，同时又因其审美因素的增长而带有审美价值的实用工艺品（或称工艺美术品）。向着实用艺术品的过渡，是通过人们对产品不断进行越来越多的美化而实现的。当人们对于实用物质产品的美化，达到能够体现一定的审美意识（情趣、观念、理想），从而使该产品的外部形态成为可以提供旅游者观赏、审美的艺术形象时，我们就将这类产品称之为实用艺术品或工艺美术品。例如，大部分陶瓷制品、刺绣产品，是为了满足人们使用、穿着的实用需要而生产的，还不能算是艺术品，但经过设计和制作过程中的有意美化，使其外部形态具有可供观赏、审美的艺术价值之后，就成了

工艺美术品。实用需要和审美需要的不一致，构成了实用艺术的内在矛盾，也造成区别、划分两者的困难。克服这种矛盾，使实用价值与审美价值在构成一定艺术形象的基础上达到统一，则是实用艺术的本质特征。当人们突出产品的审美价值，为了构成艺术形象而使之丧失实用功能时，这种产品便被称做特种工艺品，即艺术品了。如瓷片小台屏、艺术挂盘、刺绣小台屏、彩色锦绣、丝织画轴以及各种小摆设就是艺术品。如果说，工艺美术品还是由实用品向艺术品过渡的中间形态的话，那么，特种工艺品则已经完全进入了艺术品的领域。

工艺美术品既然是实用品向艺术品过渡的中间形态，那么，工艺（美术）品与实用品之间、工艺品与艺术品之间就存在着过渡、衔接的关系，但这种界限并不十分明显，尤其是在品种门类繁复的情况下，明确区分更显困难。但是，无论在理论上，还是在实际使用上，把工艺（美术）品划分出来，以区别于实用品，区别于艺术品，还是十分必要的。且随着旅游购物品的日益发展，这种区分更显必要了。

鉴于上述美学的理论依据，我们可以将旅游购物品划分为旅游实用品（旅游用品）、旅游工艺品和旅游艺术品。

二、旅游购物品分类

前面所作的旅游购物品分类是从美学角度进行，如果从我国目前旅游购物品市场经营角度的实际出发，根据《旅游通用术语》的专门定义，“旅游购物品主要包括旅游工艺品、旅游纪念品、旅游用品、旅游食品和其他商品五大类”。

1. 旅游工艺品

工艺品在我国具有悠久的历史传统，又具有深厚的地方特色，既为国内人民所喜爱，更在国际上享有盛名，被世界各国誉为“东方明珠”。从旅游资源的角度考察，它又是我国颇具优势的品位极高的艺术特色旅游资源。

远在四五千年前的夏商时期，青铜器、玉器和骨制品的制作、雕刻技艺就已经很发达。春秋战国时代的漆器，汉代的丝织、刺绣、琉璃制品都达到了相当高的艺术水平。唐代的金银器、唐三彩陶瓷，宋代的瓷器、织锦，明清朝的景泰蓝、漆器家具，以及青花、彩绘、颜色彩釉陶瓷等，更是绚丽多彩。

目前，我国工艺美术品生产分布面广，遍及城乡各地。由于各地资源情况、经济发展和文化艺术传统不同，历史上就形成了许多工艺美术品的集中产区，生产着著名的传统产品。如北京的雕漆制品、景泰蓝；苏州的刺绣作品；山东的抽纱、草编；福建的脱胎漆器；成都的蜀丝锦等等，都是各地的名优产品，也是旅游购物品中的佳品。

2. 旅游纪念品

以旅游景点的文化古迹或自然风光为题材，利用当地特有的原材料制作的，体现当地传统工艺和风格，富有纪念意义的小型纪念品称为旅游纪念品。旅游纪念品一般具有四性，即：创意性、标志性、实用性、纪念性。旅游纪念品一般标上地名或用产地的景观事物特征做标记，如：泰山、黄山、峨眉山等名山标记的手杖；三峡的卵石雕；带有长城、少林寺、桂林山水、西湖美景的徽牌等。

3. 旅游用品

旅游用品是指旅游者在旅游活动中购买的具有实用价值的小商品。如：日用化妆品、毛巾、手帕、餐巾、卫生巾、牙刷、香皂、旅游鞋、旅游包、地图指南、防寒防暑用品、急救药品等。尽管这些旅游日用品不能像工艺美术品、纪念品那样富有纪念意义和保存价值，但它们是旅游者的生活必需品，所以旅游购物品经营部门也应同样重视这类购物品种和数量，以保证满足旅游者的生活需要。

4. 旅游食品

旅游食品是旅游者在旅行途中的基本需求，一日三餐是旅游者的基本生理需要。外出旅游总想品尝一下当地的风味食品，或大餐或小吃……

世界旅游业的兴旺发达，推动着旅游食品业的迅速发展。中国饮食业中，川、粤、鲁、扬等几大菜系各具特色，驰名中外；各地民间风味小吃又别有一番情趣。由于中国地域广袤，地理条件复杂，气候差异大，因而地方小吃具有浓厚的地方特色。旅游食品包括北京的烤鸭、云南的过桥米线等地方风味食品以及具有地方特色的名酒、名茶、药材及农副产品等。

5. 其他商品

其他商品是个广义的概念，它包含广泛的旅游购物品，比如机场的免税商店出售的来自世界各国特别是工业发达国家的特色商品，包括日本的家用电器、摄影器材，法国的名酒、香水，意大利的皮革制品，澳大利亚的毛织品，南非的钻石，南美洲的咖啡等等。

以上分类，没有严格的界限，各类别互有交叉，有些旅游购物品既具有艺术性，是工艺品，又具有纪念意义或收藏价值，是纪念品；有些具有实用性，是旅游用品，又有很高的艺术价值，是工艺品，类似的情况比比皆是。因此，旅游购物品分类的原则与方法，都不是孤立的，在实际工作中，除应遵循前面所述原则和方法合理运用之外，还需要从经营部门的实际出发，以方便游客购买为宜。

第三节　旅游购物品的门类和品种

鉴于前述旅游购物品的分类，我们在此可以把旅游购物品按照旅游工艺品、旅游纪念品、旅游用品、旅游食品和其他商品五大类进行划分。

一、旅游工艺品

1. 织绣类

（1）刺绣：苏绣、粤绣、蜀绣、湘绣、顾绣、瓯绣、苗绣、发绣、珠绣、烟台绒绣、温州十字绣、烟台抽纱、汕头抽纱、苗族挑花、萧山花边、北京抽纱等。

（2）织锦：杭州织锦、南京云锦、壮锦等。

（3）绣衣：潮州绣衣、浙江绣衣、苏州绣衣、上海绣衣、苏州缂丝等。

（4）织染：土族西兰卡普、邵阳蓝印花布、贵州蜡染等。

2. 陶瓷类

（1）陶器：宜兴紫砂陶、广东石湾陶、广西紫泥陶、云南建水陶、淄博陶、钦州陶、唐三彩等。

（2）瓷器：景德镇青花瓷、醴陵釉下彩瓷、唐山的新彩瓷、淄博瓷、宜兴瓷、广东的枫溪瓷、龙泉瓷等。

（3）古窑陶瓷：磁州窑、定窑、龙泉窑、德化窑、建窑、钧窑、汝窑、官窑、耀州窑等。

3. 编织类

（1）竹编：东阳竹编、嵊县竹编、成都瓷胎竹编、龙舒贡席、益阳凉席、泉州竹编、广西毛南族“花竹帽”等。

（2）草编：山东草编、江苏无县草编、广东草编、甘肃草编、上海草编、福建马兰草编、路城草帽辫等。

（3）柳、藤、葵编。

（4）棕、麻编。

4. 雕刻类

（1）玉石日用品雕刻：青田石雕文具；寿山石雕器皿；大理石雕酒具、茶具、文具、花盆、花瓶等日用工艺品；酒泉夜光杯；砚石雕刻（端砚、歙砚、洮砚、澄泥砚、贺兰石砚、红丝石砚、紫金石砚、淄石砚、砣矶石雕、徐公石砚、温石砚、田横石砚）等。

（2）竹、木日用品雕刻：留青竹刻笔筒、扇骨；翻簧竹笔筒、花瓶、茶叶盒；东阳木雕家具、黄杨木雕家具和日用品、金漆木雕日用品等。

（3）漆雕日用品：雕漆器、福建脱胎漆器、天水雕填漆器、四川雕花漆器等。

5. 镶嵌类

（1）大理石镶嵌器具。

（2）瓷片镶嵌器具。

（3）象牙、虬角、驼骨、牛骨镶嵌器具。

（4）珠宝镶嵌器具和首饰。

（5）漆器镶嵌：北京金雕镶嵌日用品、天水漆器嵌螺钿围屏及其他家具。

（6）花丝镶嵌首饰：北京花丝镶嵌、成都花丝等。

（7）景泰蓝日用品。

6. 其他传统工艺品和民间工艺品

（1）扇：杭州折扇、苏州折扇、四川竹丝扇、新会葵扇、湖州羽毛扇、西湖绸扇等。

（2）伞：西湖绸伞。

（3）灯彩：北京宫灯、纱灯，镇江灯彩，佛山灯彩、灯扎，上海立体动物灯，浙江硖石针刺花灯，江苏南通鸟灯等。

（4）手杖：剑阁手杖、广西桂林竹手杖、遵义棕竹手杖、福建漆杖、陕西白蜡杆手杖、杭州西湖竹节手杖、北京柳条手杖、峨眉山罗汉竹拐杖等。

（5）文房四宝：安徽宣城的宣纸，浙江湖州的湖笔，安徽歙县、休宁县的徽墨，广东肇庆的端砚等。

（6）印泥：西泠潜泉印泥。

（7）绣荷包：钱袋、扇袋、镜袋、香包、烟袋等。

（8）风筝：潍坊风筝。

（9）料器：北京料器、淄博料器等。

（10）首饰和摆件。

（11）脸谱：北京脸谱、贵州土家族“脸子”等。

（12）民间玩具：陀螺、空竹、风车、民族娃娃等。

（13）乐舞器具：民族乐器、舞龙、舞狮等。

（14）烟花爆竹，节令风物等。

二、旅游纪念品

1. **绘画类**

(1) 国画：山水画、人物画、花鸟画。

(2) 民间画：农民画、木版（年）画、门神、南阳烙画、玻璃画、苏州版刻、无锡“纸马”、画像石（砖）拓片。

(3) 织绣画：刺绣画（画绣）、刺绣台屏、刺绣挂屏、彩色锦绣、丝织画轴、艺术挂毯、珠绣画。

(4) 工艺画：贝雕画（大连贝雕画、青岛贝雕画、湖北沔阳贝雕画）、麦秸画（哈尔滨麦秸画）、羽毛画（沈阳羽毛画、济南羽毛画）、树皮贴画、软水画、竹水画、竹帘画、牛、羊角画、彩石镶嵌画、薄木镶嵌画、瓷片画（瓷片台屏、装饰瓷盘、瓷片镶嵌画）、铁画、邮票（普通邮票、纪念邮票、特种邮票、小型张）、蛋画、内画、剪纸（窗花、鞋花、壁花、瓷器贴花）、皮影（牛皮影、半皮影、驴皮影）、漆画。

(5) 书法：书法作品（手卷、中堂、屏条、散字、春联、寿联、织绣字联）、字帖（历代名家字帖、碑文拓片）。

2. **雕塑类**

(1) 雕刻工艺品：玉雕（北京玉雕、上海玉雕、江苏玉雕）、牙雕（北京牙雕、广东牙雕）、竹雕（嘉定竹刻、浙江翻簧竹刻）、木雕（东阳木雕、树根雕、红木小件、黄杨木摆件）、石雕（浙江青田石雕、福建寿山石雕、湖南浏阳菊花石雕、云南大理石雕、河北曲阳汉白玉雕、沈阳太子河石雕、兰州黄河石雕）、椰雕（海南椰雕）、雄精雕（贵州雄精雕刻）、煤精雕（辽宁抚顺煤精雕刻）、果核雕、刻葫芦、微型雕（桃核微雕、珍珠微雕）、篆刻（集云阁篆刻）。

(2) 塑造工艺品：泥塑（无锡惠山彩塑、天津“泥人张”彩塑、陕西彩泥偶、泥模）、面塑（山东、北京、河北面塑，藏族“酥油花”）、陶瓷艺术品（德化瓷塑、陶俑）。

(3) 造形（型）工艺品：绒花、绢花；塑料花、羽毛花；木偶；金属铸造工艺品（潍坊古铜、龙泉宝剑）；集景套墨（安徽胡开文风景墨、人物墨、文玩墨，上海墨厂〈原名徽歙曹素功墨庄〉集景套墨）；盆景。

3. **文物商品及其仿、复制品**

(1) 文物商品：古书；旧碑帖；各代名纸；偶像；旧印章；旧景泰蓝、旧珐琅器、旧法花器；旧漆器；旧宜兴壶；旧牙器；旧料器；旧扇、旧扇面。

(2) 仿、复制品：古铜器仿、复制品；古陶瓷器仿、复制品；名帖仿、复制品；木版水印书画复制品：北京荣宝斋木版水印画、上海朵云轩木版水印画；仿古藏墨。

三、旅游用品

1. 游览用品

（1）地图、交通工具时刻表和线路图、导游图、旅行手册、旅游指南、名胜古迹介绍等。

（2）照相机、胶卷、录音机、录像机、闪光灯、曝光表、电池等。

2. 携带用品

（1）旅行包、旅行箱、手提包、钱包、食品包。

（2）旅行闹钟、茶杯、水果刀、旅行剪子、食品袋、食品盒、雨伞等。

3. 旅居用品

（1）漱洗用品：毛巾、浴巾、方巾、浴帽、鞋垫、拖鞋等等；牙膏、牙刷、梳子、刮胡刀、安全刀片、电吹风；浴液、香波、护发素、香皂、润肤皂等等。

（2）化妆用品：粉底、面乳、香粉、唇膏、香水、睫毛油、头油、发乳、发胶、指甲油、眉笔等等。

（3）护肤用品：香脂、雪花膏、珍珠霜、奶液、防冻膏、防晒霜及其他药用护肤品等等。

（4）旅用杂品：卫生纸、手电、烟具、打火机、火柴、钥匙牌等等。

（5）文化用品：文房四宝。

（6）娱乐用品：扑克牌、象棋、围棋、钓鱼具、猎枪等。

4. 服装鞋帽

中、西式服装，睡衣、晨衣、浴衣、风雨衣、旅行帽、游泳衣、游泳帽、太阳镜，各种冬帽、冬鞋等等。

5. 轻（手）工产品

玻璃搪瓷制品、日用陶瓷制品、毛皮革制品、日用五金、羽绒制品。

6. 纺织产品

针棉织品、丝绸及制品、毛纺织品。

四、旅游食品

1. 饮品

各种饮料，如啤酒、葡萄酒、矿泉水、酸奶奶茶、酥油茶、牛奶、羊奶、冰激凌、冰糕、冰棍等等。

2. **食品**

(1) 方便食品、快餐食品、地方风味食品。

(2) 糖果、糕点。

3. **土特产品**

(1) 茶叶、名酒、名烟、瓜果。

(2) 各地土特产品、山珍、水产品。

(3) 中成药、中药材、营养补品。

五、其他商品

1. **五金交电**

2. **国外进口的特色商品等**

以上无数个品种的商品，构成了旅游购物品的五大门类，可概称为旅游购物商品。

案例分析

台湾乌龙茶[①]

乌龙茶，这个中国台湾的男女老少人人朗朗上口，让外国人着迷不已的东西，到底是什么呢？不单是外国人，连中国台湾本地人，可能大部分的人都很难解释得很清楚，甚至对此理解得南辕北辙。

为了要厘清这个概念，首先必须从茶叶的分类开始谈起。在茶叶的原产地——中国，因为茶的种类众多，制法不同，为了方便分类，依茶的发酵程度及茶汤的颜色而分成绿茶、白茶、黄茶、青茶、红茶及黑茶六大类。而其中的青茶，就是俗称的乌龙茶。欧美国家对茶叶的分类更为简单，即只按发酵度来分，不发酵的叫绿茶，全发酵的叫红茶，而介于中间半发酵的皆称为乌龙茶。所以不论中西各国，对乌龙茶的认定，皆是指依某种做法制成的半发酵的茶，并不是指特定的茶叶品种。因此在中国内地，如果你去茶叶专卖店买茶时，不能只说要买乌龙茶，而必须讲出茶叶的名字，例如：西湖龙井、安溪铁观音等。若光说乌龙茶或青茶，他们是听不懂的。就好像红茶一样，有印度、锡兰、中国等各个地方生产的红茶，而每个地方的红茶又有各种不同的种类。因此不论红茶及乌龙茶，事实上都是一种代名词，是指某种做法的茶叶的统称。

---

① 资料来源：WWW. too1. com，2007 年 5 月 14 日。

但是在中国台湾，本地人所称的乌龙茶，却不是这个意思。除了它是半发酵的茶之外，还必须是用乌龙茶树的品种（如青心乌龙、大叶乌龙……）所做出来的茶，才能叫做乌龙茶。较有名气的茶，还会加上地方名字，如大家所熟悉的冻顶乌龙茶。“冻顶指的就是南投县鹿谷乡彰维村的冻顶巷，而现在已扩大至永隆村、凤凰村，三个村所产制的乌龙茶皆可称冻顶乌龙”。而其他的茶叶则用其茶树的品种来称呼，如金萱、翠玉……再加上地方名字就成了：阿里山金萱茶、东眼山铁观音……因为在中国台湾，所种植的茶中大部分都是乌龙的品种，久而久之，“乌龙茶”这个专有名词，便由“乌龙品种的茶”所取代。而大众也不以为意，没有特别去说明两者的区别。

为什么台湾乌龙茶的定义与众不同呢？这就与当地人对茶叶命名的习惯与历史有关。早年中国台湾虽然有野生茶，但数量有限，而且没有经济价值。后来几乎全部由福建引进的茶苗及种子来栽培。而技术也都是跟福建学习而来的。甚至很多福建的制茶师傅后来直接定居于此。所以最初对茶的称呼也与内地一样，不论是乌龙茶或是包种茶都是指某一种制茶的做法。但随着在制茶技术的进步，当地制茶工艺逐渐地与中国内地大不相同，甚至还有很多新的品种产生，例如金萱、翠玉、四季春等，再加上近二十几年来中国台湾有很多新兴的产茶区，为了推广自己当地的茶，有很多地方也会用自己的方法来命名。所以同样是乌龙茶，其命名的方法就更多样化了。

了解了乌龙茶在中国台湾所代表的意思后，我们可以做一个结论。那就是，中国台湾大部分的茶（除了红茶及绿茶外），依国际的习惯，皆可称为乌龙茶——即半发酵的茶。但是本地人若说起乌龙茶，其所指的一定是用乌龙的品种所做的茶。至于用其他品种的茶来制作，即使是做法一样，皆不能叫做乌龙茶，而是直接用其茶树的品种称呼。

案例问题

1. 台湾乌龙茶体现了旅游购物品分类的哪些原则？
2. 文中所述的各种茶叶分类方法的主要区别是什么？

本章小结

本章具体介绍了旅游购物品分类的概念和意义、分类的原则、分类的方法以及旅游购物品分类的依据，在借鉴国际统一的商品分类表的基础上，从目前我国

旅游购物品市场经营的实际情况出发，依据《旅游通用术语》的专门定义，将旅游购物品划分为五大门类，即旅游工艺品、旅游纪念品、旅游用品、旅游食品和其他商品。并在五大门类的基础上进一步将分类标准细化，具体介绍了每一门类下的各个品种，本章第三节总结的旅游购物品门类和品种基本上囊括了旅游购物品的所有品种，是一份较实用的旅游购物品分类资料。

复习与思考

1. 简述旅游购物品分类的意义。
2. 说说旅游购物品分类的原则和方法。
3. 旅游购物品分类有哪些依据？
4. 旅游购物品可分为几大类？
5. 旅游购物品五大类各有哪些主要品种？

网上作业

浏览国内规模较大的几家旅游购物品网上销售的网站，认真分析它们是如何对旅游购物品进行分类的，并分析这种分类方式的优点和弊端。

第3章

旅游者购物心理研究

学习目的

- 了解旅游者的消费需求和旅游者的购物动机
- 掌握旅游购物品消费者市场购买行为
- 重点掌握旅游者购物的心理过程

在越来越丰富的旅游购物品面前，旅游者的消费需求是千差万别的。不同的旅游消费者有不同的购买需求，同一消费者在购买不同商品时，其购买动机和行为也会发生变化。因此，要细致科学地对旅游者的购物心理进行研究，最大限度地满足旅游者的购物需求，更好地为旅游者服务。同时有助于旅游企业审时度势，选择目标市场，为旅游企业赢得更多的经济效益和社会效益。

第一节　旅游者的消费需求

研究旅游者在旅游购物品市场上的购物心理活动，首先要了解旅游者的消费需求。消费需求是购买行为的先导，也是购买行为的内在因素和根本动力。研究旅游者的消费需求，就有必要对旅游者的需求层次进行分析。

一、旅游者的消费需求及其特点

（一）需求的含义

一般来说，需要与需求基本上没有实质的差别，即是指对事物的欲望或要求。然而，这两个概念所适用的场合不太一致。当我们谈到消费者的需要时，主要是指一种心理活动，这种心理活动会强烈地推动消费者去实现自己的行为，满足自己的需要，但这仅局限于心理范畴。所谓需求，在此我们仅对旅游者而言，

是指旅游者在旅游过程中对客观事物的欲望或要求。需求往往是从经济学的角度来讲的，我们往往假定旅游市场上已经出现该旅游购物品或厂商已经发现旅游消费者的这种需要正准备去满足它，旅游消费者一般具备足够的购买力，或厂商已经注意到旅游消费者的购买力的条件下，此时，旅游消费者购买这种商品的意愿程度如何？是否愿意以厂商制定的价格来购买这种商品？旅游消费者以购买力表现出来的需要的总量和结构等等，我们更多地以需求这个词来表达。所以需求一般用于经济学的论述中，与对市场的分析紧密相连，是商品经济条件下人的需要在现实经济生活中的反应。在一般的情况下，人们往往不加以区分地混用，但是这两个概念从严格意义上讲还是有所不同的。

（二）旅游者消费需求的特点

在分析旅游消费者的需求时，我们必须注意旅游消费者需求的特点，旅游者的消费需求是有一定规律的，这种规律的总结，就体现为需求的特点。一般包括如下方面：

1. 消费需求的伸缩性

旅游者的消费需求受到来自内外两方面因素的影响，这两方面都可能对需求产生促进或抑制作用。外部因素主要包括商品的供应情况、价格、广告宣传销售方式、售后服务、他人的实践经验等。内部因素主要包括旅游消费者本人的需求欲望的特征、强度和购买力等。现实生活中，当客观条件限制消费需求的满足时，需求可以被抑制、转化、降级；可以停留在某一水平上；也可以以某种可能的方式，同时满足几种不同的需求；在某些特定情况下，旅游者可能为满足某一需求而放弃其他需求等等。由此可见，消费需求具有很强的伸缩性。

2. 消费需求的习惯性

旅游者在长期的消费活动中由于受文化、历史、心理、经验等的影响，往往积存下来一些消费偏爱和倾向，这些消费偏爱和倾向在旅游者的消费活动中长期存在，从而形成了很强的消费需求的习惯性。消费需求的习惯性往往会给新产品的推广和新消费观念的倡导带来重重阻力，因此，我们必须特别加以注意。

3. 旅游者消费需求的周期性

旅游者的消费需求在获得满足后的一定时间内往往不再产生，但随着时间的推移还会重新出现，并具有周期性。消费需求的周期性主要由人的生理机制运行引起，并受到自然环境变化周期、商品生产周期和社会时尚变化周期的影响。

4. 旅游者消费需求的互补性与互替性

旅游消费者对某些商品的需求呈现出很强的互补性特征。比如，购买西装时

附带购买领带、购买当地民族服装时附带购买民族包等等。经营互相间有联系或有互补性的商品，不仅会给消费者带来方便，还能扩大商品的销售额。另外，从消费需求的满足来看，消费需求还具有互替性，这是因为某些商品的功能，具有相互代替的特点，在一定程度上不同的商品可以满足同种消费需求。比如，不同原料的食物，不同布料的服装等等都具有很好的相互替代效果。

5. 旅游者消费需求的从众性

从心理学的角度讲，群体中大部分人的行为和态度，将对群体中的个体产生心理上的压力，在这种心理压力下，个体的行为和态度往往会主动或被动地与群体保持一致。表现在旅游者的消费活动中，就呈现出一种从众的特征，这就是消费需求的从众性。在现实生活中，消费需求的从众性一般表现为三种基本形式：第一种是流行消费，或时尚、时髦消费；第二种表现为旅游者消费活动中的攀比现象；第三种表现为由于环境或心理预期的变化所形成的"抢购"等等。

二、旅游者的需求层次性

美国著名心理学家马斯洛的需求层次理论，是人的需求研究领域中影响最大的学说。他的研究不仅闻名于心理学界，同时对管理学、市场营销学等其他学科领域都产生了深远的影响。他根据人们对需求的不同程度，从低级到高级划分为五个层次（如图 3－1）。分析这一理论思想，对我们研究旅游消费者的需求具有启发和指导意义。旅游者需求的层次性分为：

第一，生理需求。马斯洛认为人类的最基本的需求是生理需求，而旅游消费者在其旅游期间，食、住、行是最基本的生理需求。并且这一基本需求一般是由旅行社或相关的旅游行业负责提供。而旅游购物属非基本需求，与基本需求相比较，旅游者购物的花费弹性最大，这便是旅游购物品开发企业和经营企业的目标市场。

第二，安全需求。旅游者的安全需求，主要包括旅游者在旅游过程中的安全感、稳定性、秩序、受保护、自由以及避免恐惧的焦虑等的需求。对旅游者而言，当食住行都有了保障之后，旅游者最关心的就是旅游期间的安全，如：财产安全、人身安全。因而他们需要购买保护个人安全的旅游购物品，如：绿色食品、旅游用品及药品等。

第三，社交需求。即归属和爱的需求，又叫社交需求，包括对交往、爱与情感为一定群体所接纳等的需求。人是"社会人"，需要友爱、帮助和人与人之间的友好关系。旅游者千里迢迢来到异国（或异地）他乡，希望自己成为受欢迎的人，希望得到照顾和关心。因此，旅游购物品开发和经营企业要注意通过热情

周到的服务，传递友谊，通过提供适宜的商品使友谊得到发展和延续。

第四，尊重需求。尊重则表现为自尊、威信、取得成就、受人钦佩等的需求。自尊和被人尊重，对于旅游者来说更加重要，作为一名国际旅游者要维护本国人民的形象和声誉，身为一个国内旅游者也有很强的地方意识。他们在购物中需要高层次的待遇和礼遇，即需要彬彬有礼的服务。所以，旅游者在购物时，营业员应耐心地让旅游者精挑细选，给予旅游消费者一种尊重的需求心理满足。

第五，自我实现需求。自我实现需求即是人的最高需求，它是使自己的才能得到充分发挥，潜能得到最大限度显现，实现自己的愿望、理想等。马斯洛是这样论述自我实现需求的："音乐家必须演奏音乐，画家必须绘画，诗人必须写诗，这样才能使他们感受到最大的快乐。是什么样的角色，就应该干什么样的事，我们把这种需求叫做'自我实现'。而对旅游者而言，自我实现的需求，我们认为就是满足旅游者的欲望或个性化需求，主要包括饱览旅游目的地风景名胜，饱食当地美味佳肴，然后携带各种特色产品满载而归，以作馈赠亲友之用或自我享用等。比如当旅游者身着印有"不到长城非好汉"字样的运动衫，站在长城的烽火台上时，就会产生一种难以用语言形容的自我实现的感受。旅游者有时也会经常佩戴或携带旅游纪念品来显示自己到过的旅游地。在旅游者实现自我需求的过程中，很多物质商品是旅游者在旅游购物活动中获取的。

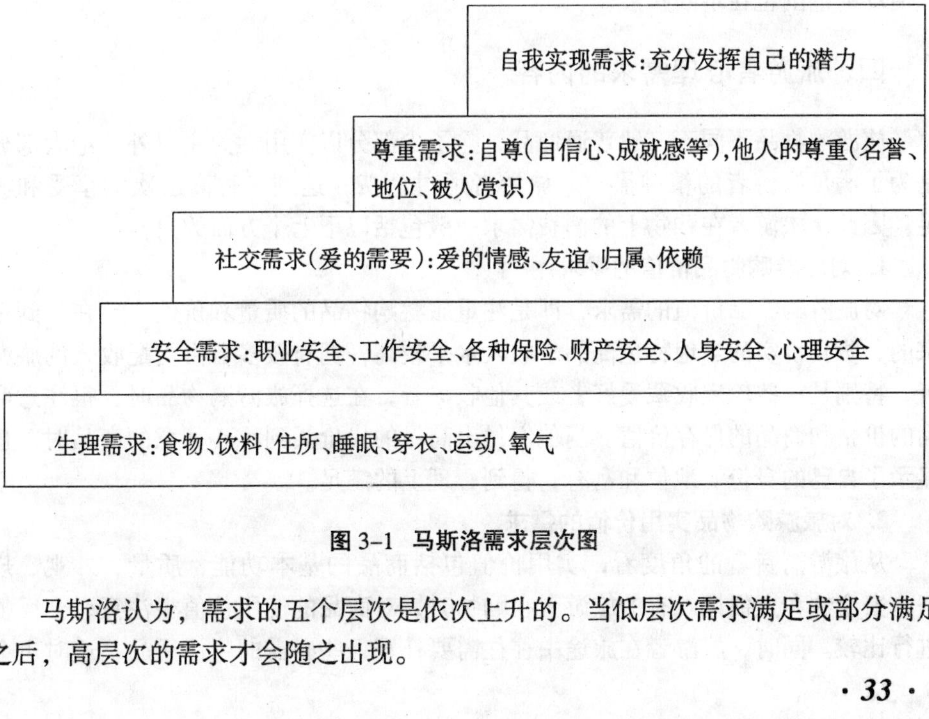

自我实现需求:充分发挥自己的潜力

尊重需求:自尊(自信心、成就感等),他人的尊重(名誉、地位、被人赏识)

社交需求(爱的需要):爱的情感、友谊、归属、依赖

安全需求:职业安全、工作安全、各种保险、财产安全、人身安全、心理安全

生理需求:食物、饮料、住所、睡眠、穿衣、运动、氧气

图3–1　马斯洛需求层次图

马斯洛认为，需求的五个层次是依次上升的。当低层次需求满足或部分满足之后，高层次的需求才会随之出现。

三、需求在旅游者心理活动中的重要作用

明确需求在旅游者的心理活动中的作用，对于研究和把握消费者的心理与行动，掌握经营管理的主动权，引导合理消费，促进旅游经济的发展具有重要意义。需求在旅游者的心理活动中的作用主要表现在以下三方面：

1. 需求能影响旅游者的情绪

旅游者一旦产生某种需要就要力求获得满足，而旅游者的需求是否被满足、满足的程度以及满足的方式与手段的不同，都会直接影响旅游者对客观事物的看法和态度，影响旅游者的情绪变化。

2. 需求有助于旅游者的意志的发展

旅游者的某种需求被满足的过程，往往不是一帆风顺，轻而易举的，有时需求要付出巨大的意志和努力。因此，旅游者在为满足需求而进行努力的同时，意志也得到了锻炼和发展。

3. 需求对旅游者的认识与实践活动起着重要的影响作用

需求被满足的过程就是旅游者对所遇到的各种事物进行分析、研究、探寻各种可行的途径、方案的过程。需求是旅游者认识客观事物，从事实践活动的内在动力。随着旅游者需求的不断被满足，旅游者对客观事物的认识在不断深化，实践活动的范围也在不断扩展。

四、旅游者心理需求的内容

旅游购物品不同于一般普通商品，除了少部分以实用性为主以外，绝大部分是为了满足旅游者的精神需求。旅游者通过消费，达到一种高层次的享受和满足。因此，旅游者在购物上的消费需求一般包括以下七个方面的内容：

1. 对旅游购物品价值的需求

对旅游购物品价值的需求，即是注重旅游购物品的质量和价值，旨在买到正宗的、货真价实的当地特色商品。收入水平较高，拥有较多自由支配收入的旅游者，特别是一些珍宝收藏爱好者或其他收藏者，在选择旅游购物品时，很注意商品的价格和商品的保存价值。当他们付出高昂的代价买到称心如意的商品时，也显示了自己的身份、地位和富有，得到心理上的满足。

2. 对旅游购物品实用价值的需求

从旅游消费者的角度看，实用价值包括商品的基本功能、质量、外观、规格、安全性和方便性。有的旅游者在购物时，对商品的使用价值很注意，会反复进行比较。同时，旅游者在旅途中往往需要补充一些必需的生活用品，这时也会

注重商品的使用价值。

3. 对旅游购物品纪念性的需求

对旅游购物品纪念性的需求，即是追求旅游购物品的纪念意义和纪念价值。旅游者购物的最大特点是，首先选购那些带有纪念性的物品。如旅游地人文景观纪念品、自然风光纪念品、民风民俗纪念品、名人名物纪念品等。旅游者在这方面的需求是很广泛的，有时为选到精美可爱的纪念品不惜花费时间和钱财。

4. 对旅游购物品审美的需求

当旅游者选定购买一种商品时，一般来说就是对此商品审美价值的肯定，旅游购物品要做到实用性与美的统一。然而，旅游者来自不同的国家和地区，其审美观点是不会一致的，旅游者对商品的审美价值的要求也是不断变化和发展的。

5. 对旅游购物品特色的需求

旅游者来到异国他乡旅游，在购买方面总要寻找异国他乡的特色旅游购物品，尤其要寻求有代表性的商品。如国际旅游者来中国旅游，总喜欢购买中国的景泰蓝制品、陶瓷制品、漆器制品、编织品、刺绣品、珠宝首饰等。因为这些商品带有浓郁的中国特色，带回国后，不用介绍产地，从形状、图案和工艺就会让人联想到中国。

6. 对旅游购物品时代性的需求

旅游购物品的时代性在经营中具有重要的意义。时代性代表着一个国家和地区的经济发展水平，体现着一个国家的时代风貌。旅游者在购物时要求旅游购物品新颖、奇特、富于变化，能反映时代的新思想和新概念。

7. 对提供良好服务的需求

旅游者在购物时，从心理上希望得到经营者的良好服务。如：购物介绍、使用示范、商品包装、结算迅捷、语言相通、售后服务等等。人们对服务水平的要求，与商品经济的发展程度和消费水平的提高有着密切的关系。在现代销售观念中，服务已不再独立于商品之外，而是商品的另一个重要组成部分。良好的服务可以调动顾客的购买欲望，实现购买行为。而且购销双方都会在一种互相尊重的环境中实现各自的目的，得到心理上的满足。

第二节　旅游者购物的心理活动过程

旅游消费者购物的心理活动过程是指旅游消费者在购买活动中支配其购买行为的心理活动的全过程。它是旅游消费者不同的心理现象对客观现实的动态反映。根据旅游消费者心理活动过程的不同形态和作用，可以划分为认识过程、情

感过程、意志过程。

一、旅游者购物的认识过程

认识过程是旅游者购物心理的最初阶段。它是通过旅游者本身的感觉、知觉、记忆、想象、思维等活动，对商品的品质、属性以及各种联系的综合反映。这一过程可分为两个阶段：

1. 认识形成阶段

这一阶段是旅游购物者通过自己的各种感觉器官获得有关商品的各种信息过程。这里面包括感觉和知觉两种心理活动。

人的感觉器官是多种多样的，主要有视觉、听觉、嗅觉、触觉等。这些不同的感觉使旅游者在认识商品时，能从各个方面了解商品的属性。购物者可以用眼睛观察商品的外表，用手触摸商品的质地，用鼻子嗅出商品的气味，用嘴品出商品的味道。这样一来，旅游购物者对商品有了感性的认识。这种对商品的感觉，有的是在旅游目的国产生的，有的则是在本国或本地区就已经形成了。如中国小吃的美味、中国丝织品的柔软、中国工艺品的精美和丰富久负盛名，许多旅游购物者对此早已有所了解。

知觉是旅游者对直接作用于其感觉器官的客观事物的各种属性的整体反映。购物者在选购商品时，通过知觉活动，对商品的认识又加深了一步。当旅游者看到一件织物的美丽图案，触摸到它的柔软质地时，就会形成整体认识：这是中国的丝绸。

经过感觉和知觉阶段，旅游购物者对商品的认识过程已初步完成。对自己所要购买的商品也有了大概的印象。在这个基础上，旅游购物者的心理过程将进一步深化。

2. 认识发展阶段

在认识形成阶段，旅游购物者已获得了对商品本身的直观了解，但还要进一步加强对商品的认识。当旅游者初步了解了商品之后，会运用记忆把以往曾使用过的同类商品以及相关感受联想起来，通过比较，验证自己对商品的认识是否正确。用感知的商品与本国或本地区的同类商品去比较总结的过程中，心理的变化是复杂的，但主要是在进行想象：如想象高级工艺品放入自己居室后的情景，旅游纪念品送给朋友亲人时的情景，漂亮衣物穿在自己身上时的情景等。可以说，旅游购物者对商品认识的过程，是从感性到理性、从低级到高级、从现象到本质的认识转化过程。

二、旅游者购物的情感过程

情感过程是旅游购物者在购物活动中，对商品或服务是否符合个人需要而形成的态度体验。这种体验是带有感情色彩的，它对个人的行动产生积极或消极的影响。有购买到称心如意商品的喜悦，也有买不到适宜商品的沮丧和失望。旅游购物者的情感过程可分为以下三个阶段：

（1）欢喜阶段。欢喜阶段是情感过程的初级阶段，表现在旅游购物者对商品的态度倾向上。

（2）激情阶段。激情阶段是建立在前一阶段的情感基础上。指由旅游购物者对商品的喜欢而引起强烈的购买欲望和购买热情。

（3）评价阶段。旅游购物者产生购买欲望和购买热情之后，随之产生的是对商品的评价，如质量如何、价格如何、是否流行、是否符合自己的身份以及是否有特点等。

三、旅游者购物的意志过程

在旅游者购物的心理过程中，购物者自觉地确定活动目标，并为实现预定目标有意识地支配和调节自己行动的过程就是意志过程。在意志过程中，旅游购物者往往表现出自觉、果断、自制、坚韧不拔的品质。意志过程可以分为两个阶段：

（1）作出购物决策的阶段。这一阶段包括购买目的的确定、购买方式的选择、购买态度的明确。

（2）执行购物决策的阶段。购物者在采取购买行动时，有时是不失时机地立即执行，而有时并不导致实际购买行为的发生，而是心理定向，为未来购买完成心理上的准备。

通过对旅游购物消费者的认识过程、情感过程和意志过程的分析，我们可以看出，购物者的心理活动是三个过程的统一。认识过程是基础，情感过程是发展，意志过程是结果。

第三节　旅游者的购买动机

前面我们研究了旅游购物者的心理过程。然而旅游者的需求必须通过购买才能获得满足时，就产生了对商品的购买动机。旅游者的购买动机是指为了满足一定的需求所产生的购买某种商品或劳务的愿望和意志。

一、购买动机的含义、形成及特点

（一）购买动机的含义

正常人只要在头脑清醒的时候，任何一种带目的性的行为都是由一定的动机所驱使的，而动机则是在需要的基础上产生的一种心理倾向。一般来说，人们有什么样的需求就会相应的产生什么样的动机，动机一旦产生就会推动他到商店去购买商品。因此，心理学上把凡是由需要而产生的，引起个人去从事某种活动，并使活动指向一定目标，能激励个人行动，以满足个人需要的主观因素叫动机。把握动机的概念要注意如下四点：

（1）动机唤起身体内的能量，也就是启动一般的紧张状态。

（2）动机给身体内的能量以指向。它总是指向人所处环境中可以满足需求的对象。

（3）动机本身与动机的目的有差别。在简单的活动中，行动的目的是行动所要达到的结果，而动机是人为什么要达到这种结果的主观原因。

（4）动机是一种心理过程。动机是由需要引起的紧张状态，由此成为一种内驱力，推动个体行为去满足需要。需要对象得到满足后，动机过程随即结束，同时新的需要又产生，如此循环往复。动机过程如下所示：

需要→心理紧张→动机→行为→需要满足→紧张消除→新的需要

在购买活动过程中，购买动机是消费者购买行为的直接出发点，它是为了满足消费需要而驱使或引导消费者向着已定的购买目标去实现购买活动的一种内在动力。它常以购买的愿望和意念去反映消费者生理上和心理上的需求，并引导和鼓励消费者去选购自己所需要的商品。

（二）购买动机的形成

消费者的购买动机不是无缘无故的产生，也不是凭消费者单方面的需求欲望或只由外界目标（商品、商品广告等）的刺激而形成的。它必须是消费者自身需要这一主观内在因素和目标商品这一客观外在刺激物相结合的产物，缺少任何一方面，或两方面结合得不好，都不能形成购买动机。例如，某顾客想购买某种品牌的商品，但是在其所熟悉的商店中都没有这种品牌的商品出售，尽管他有较强烈的需求欲望，但由于没有存在的目标刺激物，所以形成不了购买动机。或者有这一牌子的商品出售，但价格太高或维修困难，结果也产生不了购买动机。

至于质量良好、造型美观、包装精致、价格实惠的商品，以及售货员主动热情、耐心周到的服务等，无疑是诱发消费者产生购买动机的强烈刺激物。但是，这些因素只能在消费者有这方面的需要即使需要不是那么强烈的时候，才能起到诱发的作用，而对于那些根本没有这方面消费需求的人来说，是无法产生刺激作用的。

一般来说，购买动机的形成过程大体上包括如下四个阶段：

（1）当消费者的内在消费需求已被自身意识到的时候，即需要心理的产生是购买动机形成的基础。

（2）可供满足消费需求的商品存在或目标对象已被消费者发现，这是购买动机形成的导火线。

（3）消费需求与消费对象的理想结合，使消费者机体的能量激发，形成动机的动力。

（4）消费者赋予已被动员的机体能量以明确指向，指向可供满足需求的对象，促使消费者机体向该目标对象趋近，于是就进行满足需求的内心活动，即动机的结果。

（三）购买动机的特点

消费者的购买动机的产生，是由一系列复杂因素相互作用的结果，因此，购买动机表现出多方面的特点。其主要特点如下：

1. 购买动机的冲突性

购买动机的冲突是消费者在采取购买行为前发生的同时产生两个或两个以上的动机时所引起的心理上的矛盾。表现为几个相互矛盾的消费动机相互斗争，斗争的结果将决定如何购买商品。从消费者动机冲突的表现形式角度分析，动机冲突有如下模式：①双趋式冲突。又称为“正正冲突”，指并存两个以上需求的目标，且两个目标具有同样的吸引力或引起两个程度相同的动机，消费者因实际条件的限制而无法同时满足两个目标时，就会在心理上造成左右为难、难以取舍的冲突情境，形成双趋式冲突。如一位消费者同时看中两件商品，但由于经济条件的限制而只能购买一件时所做出的抉择，就是双趋式冲突。②双避式冲突。又称为“负负冲突”，指当同时发生两个对消费者都有危害性的事物时，消费者都想躲避，但是迫于形势，若要躲开一件，则无法躲开另一件。在这种情况下，消费者将不得不选择其中一件，作为避开另一件的代价。消费者在此时所作的抉择就会形成双避式冲突。③趋避式冲突。又称为“正负冲突”，指消费者为了实现某个有意义的消费目标，必须为此付出巨大的代价。此时做出的抉择就会导致趋避式冲突。例如，某些商店将畅销的商品与无人问津的滞销商品搭配销售，如果想购买畅销商品就必须搭进基本无用的滞销货，使消费者蒙受相当大的经济损失，此时，消费者做出抉择时在心理上所体验到的冲突就是趋避式冲突。④双重趋避式冲突。又称为“双重正负冲突”，指消费者面对两个目标或情境同时既有利又有弊，既有益又有害的情况时做出抉择在心理上所体验到的冲突。

上述的动机冲突只是消费者的心理冲突的基本模式，在现实生活中动机冲突的情况是十分复杂的，应从实际情况出发进行具体分析。

2. 购买动机的转移性与可诱导性

与消费者的需要类似，一个消费者往往有多个购买动机，但其中有一个动机起主导作用，称为主导动机，其余的称为辅助动机。在购买过程中，消费者由于受到各种商品的刺激和商店购物环境及销售人员的服务的影响，主导动机与辅助动机的地位会发生变化，或相互转移。主要表现为三种形式：①辅助动机转为主导动机，而原来的主导动机转移为辅助动机。这是指消费者在购买过程或决策过程中，由于新的刺激物的出现而发生动机转移，原来的辅助动机变化为主导动机。如某消费者本来到商店是购买电风扇的，商店此时正在进行微波炉的促销，由于广告和营业员的影响，他临时决定购买一台微波炉。该消费者到商店的主导动机是购买电风扇，但商店的促销活动使该主导动机转化为辅助动机，而原来的购买微波炉的辅助动机则转化为主导动机。这也说明了消费者购买动机的可诱导性。②主导性购买动机引起的购买行为实现后，某一辅助性动机上升为主导性购买动机。③主导性购买动机和辅助性购买动机都被压抑了。例如，某个消费者在某商店由于受到商家的不公正对待从而丧失了所有的购物兴趣，尽管商店有他想购买的商品，但他愤然离去。此时，所有的购买动机都被压制了。

3. 购买动机的内隐性

所谓购买动机的内隐性是指消费者出于某种原因，而不愿意让人知道自己真正的购买动机的心理特征。此特征一般在购买生活资料，特别是高档商品时出现较多。很多人在购买高档商品时，都有一种既想显示自己的经济实力和优越地位，但又怕人知道其真正的经济实力，并对其经济来源产生怀疑的矛盾心理，所以常用一些大家都能接受的表面动机去掩盖他不愿人知的购买动机。

4. 购买动机的模糊性与复杂性

购买动机的模糊性是指消费者在购买商品时往往是带着很多不同的购买动机。这些动机中有些是消费者清楚地意识到的，而另一些则是消费者并没有感觉出来的潜在意识，无论是意识到的还是没有意识到的，它们相互交织在一起，共同影响消费者的购买行为，往往使消费者在购买商品时并不清楚自己的主导动机到底是什么。购买动机的复杂性是由于人们动机的多样性，而且这些动机相互间

形成一定的层次性和组合性，所以动机往往是相互交织和多变的，具有很强的复杂性。购买动机的模糊性与复杂性是相互关联的，从而给我们正确把握消费者的购买动机带来了困难。

二、购买动机的类型

由于消费者需要的多样性及客观环境因素刺激的复杂性，从而使购买动机形成一个多层次、多方面、多形式表现的繁杂的结构体系。为了便于学习和理解，我们把购买动机分为两大类：一类是一般购买动机，另一类是具体购买动机。以此为出发点，我们对每一类动机再作具体分析。

（一）一般购买动机

一般购买动机是指建立在消费者为其生存和发展而进行的各种消费活动基础上的带有普遍性的购买动机。它是各个个别具体购买动机的抽象和共性，认识它对我们进一步分析消费者的具体购买动机具有重要的指导意义。一般购买动机可细分为生理性购买动机与心理性购买动机。

1. 生理性购买动机

生理性购买动机是指消费者为保持延续生命有机体而引起的各种需要所产生的购买动机。生理因素是引起消费者的生理性购买动机的根源，消费者为了使生命得以延续，就必须寻求温饱、安全，能够组织家庭和繁衍后代，同时还包括增强体质与智力。所有这些需要都必须通过各种商品来加以满足，购买这些商品的购买动机都是以生理需要为前提的。其实，在现代社会中，纯粹受生理需要驱使的购买动机是很少见的，往往是生理性购买动机与其他非生理性购买动机相混杂，有时很难加以区分。其混杂的程度一般与消费水平有密切的联系。消费水平越高，则相互混杂的程度就越高。生理性购买动机又可以分为四类：

（1）维持生命的购买动机。主要是指维持生命最低需要时产生的购买动机，包括食物、水、衣服等的购买动机。

（2）保护生命的购买动机。主要指消费者为了保护生命安全的需要而产生的购买住房、药品等的购买动机。

（3）延续生命的购买动机。主要指消费者为了组织家庭、繁衍后代、抚育儿女的需要而产生的购买商品的动机。

（4）发展生命的购买动机。主要指消费者为了生活得舒适、愉快，为了增强体质、智力而产生的购买商品的动机。

2. 心理性购买动机

心理性购买动机是指由消费者的心理活动而引起的购买动机。消费者的购买

行为不仅受到生理需要的影响，同时受到来自心理因素的制约。由于消费者的心理活动具有复杂多变的特点，所以相对生理性购买动机来讲，心理性购买动机更为复杂和难以把握。我们将心理性购买动机分为三类：

（1）感情购买动机。指消费者在购买活动中由于感情变化而引起的购买动机。根据消费者感情表现的稳定程度，又可将之分为情绪动机与情感动机两种类型。情绪动机是指由人的喜、怒、哀、欲、爱、恶、惧等情绪而引起的购买动机。例如，球迷因为喜欢某位球星或球队而去购买球票；儿童因为一时的乐趣而要求父母购买玩具；青少年因为喜欢某个歌星或影星而去购买带有其头像或标志的服装、磁带、光盘等商品都属于这类购买动机。情绪性购买动机往往具有冲动性、即景性、不稳定性等特点，在购买日常生活用品和文娱、体育类用品时出现较多。情感动机是指由人的道德感、群体感、美感等人类高级情感而引起的购买动机。例如，人们出于爱国而购买国产商品，为加深友谊而购买礼品，为了爱美而购买化妆品等等都属于这类动机。情感动机往往也受到情绪的影响，但情感动机同时也受到理智的支配与控制，所以具有相对稳定性和深刻性，消费者的这类购买动机往往反映出消费者的精神面貌。

（2）理智购买动机。理智购买动机是指消费者经过对商品的质量、价格、用途、款式、品种等进行过分析、比较后而产生的购买动机。理智性购买动机是建立在消费者对商品具备和能够进行客观认识的基础上的，要求消费者具有一定的商品知识，一般在生产资料的购买、集团消费品的购买和个体消费者对高档生活用品的购买中较为常见。在理智性购买动机驱使下的购买活动，比较注重商品的质量，讲究商品的实际使用价值，要求价格相宜、使用方便、安全、服务周到等等。相对于感情性购买动机而言，具有客观性、实用性、周密性的特点，与消费者的经济收入有较强的相关性。随着收入水平与消费水平的提高，原来属于理智性购买动机的商品会逐步转化为感情性购买动机的商品。

（3）惠顾购买动机。惠顾购买动机是指消费者基于感情上与理智上的经验，对特定的商品、商标、牌号和商店等产生特殊的信任和偏爱，从而重复地、习惯地购买的一种购买动机。形成这一动机的原因往往是多方面的，有可能是由于商品本身的质量上乘、外观精美、品牌值得信任等；或者是商店的服务周到、商品丰富多彩、价格公平、地点方便等；也可能是生产厂商的社会口碑好等等在消费者的购买活动中屡经考验，从而在消费者的心目中树立了美好的形象，成为消费者的购买经验所致。这种动机又称为习惯性购买动机，因顾客长期惠顾某一商品或某一商店而自然形成习惯，一般不会受到外界环境和其他购买行为的影响，是相当稳定的购买动机。与前两种购买动机相比较，具有上述两者的特点，但又有所不同，惠顾性购买动机在形成过程中具有比较浓厚的感情色彩，但是其最终形

成却是建立在经过理智的分析与比较的基础上的。需要指出的是，在惠顾购买动机支配下，消费者不仅表现出对某种商品或商店服务的经常购买和使用上，而且还表现出对其他商品和商店服务的疏远和否定上。因此，它客观上成为新产品推销的障碍。

（二）具体购买动机

旅游者的购买动机是多种多样的。就动机所处的地位来看，可分为主导动机和辅助动机。主导动机是决定旅游者购买行为的动机。但在动机产生行为的过程中还存在若干的辅助动机。如旅游者在购物中，希望买到所需要的商品是主导动机。而希望受到良好热情的接待；顺便逛逛商店，看看别的商品；接触和感受异国的购物情调和习惯；获得一种游乐和消遣等等，这些都是辅助动机。辅助动机是潜在的，有时并没有被旅游者个体所认识到。但作为旅游购物品经营企业，要充分研究和注意辅助动机对购买行为的影响。因为在旅游者购物的过程中，往往由于新的刺激出现而促成动机转换，原来辅助动机会转化为主导动机，从而取代原来的主导动机。旅游者的购买动机有的是受感情驱使而产生的，有的是经过深思熟虑而产生的。前者叫激情购买动机，后者叫唯理性购买动机。现实的旅游活动中，旅游者的购买动机可概括为以下几个方面：

1. 实用购买动机

实用购买动机，即是追求舒适、方便、享受，增加旅途乐趣。这是为追求商品的实在性而产生的购买动机。旅游者在购买商品时，特别注意商品的牌子、质量、功能和实用价值，有些女性旅游者热衷于购买丝绸、台布、窗帘等，完全是出于实用的目的。

有的日本和东南亚的游客到中国旅游，喜欢购买中国名贵的中药，如六神丸、再造丸和人参等。这些都是从实用角度出发的。这些旅游购买者虽然注重商品的实用性，但同时对商品的包装装潢、外观造型也有一定的要求，粗糙的包装他们是不感兴趣的。要引起这部分购买者的购买动机，就不仅要使商品具有实实在在的使用价值，而且还要有美丽的外观。

2. 求新求异购买动机

求新求异购买动机，即是满足追新求异、猎奇的心理。这是为满足一种猎奇心理而产生的购买动机。旅游者对于异国异地的具有新异性的物品一般都非常喜欢购买。有的旅游者喜欢农村集市上的竹篮、竹帽、草鞋。有的旅游者喜欢北京的老头布鞋，一到北京就马上买上一双登在脚上，以显示自己已经入乡随俗了。有的旅游者喜欢穿中山装，有的旅游者喜欢蜡染布，有的居然喜欢中国的绿军帽，买一顶戴在头上，上面别着很多纪念章招摇过市。这是一种好奇的心理在支配人们的购买动机。

3. 纪念购买动机

这是旅游者为追求旅游购物品的纪念价值而产生的购买动机。旅游者在购物市场上希望买到具有旅游特色和具有纪念价值的商品。一方面为了留作纪念，另一方面为了馈赠亲友。很多旅游者都喜欢把纪念品连同他们在旅游目的国（地）买下的大量有纪念价值的商品送给亲友，其用意在于让亲友分享其旅游乐趣，以增进情感和友谊。具有这种购买动机的旅游者追求商品保存价值和纪念价值。他们对工艺美术品和古董制品等非常乐于购买。一般价钱在40元以下的工艺品是最受欢迎的，也是能被大多数旅游者所接受的。

4. 求文化购买动机

求文化购买动机，反映了旅游者求知欲望。这是寻求某种收获和满足求知欲而产生的购买动机，很多旅游者在旅游中都有一种获得新知识的渴望，在购物中往往表现得很明显。如有的旅游者在购买工艺品、字画、雕刻玉器时，总是希望售货员或导游介绍一些有关商品的情况，如工艺品的特点、制作的过程、字画的年代、作者的生平等等；有的旅游者想了解如何鉴别伪劣商品的方法；有的旅游者想知道牙雕是如何雕出来的；泥人是怎样捏得那样栩栩如生等。对怀有这种购买动机的旅游者，一旦满足他们的求知欲，他们便会高兴、大方、友好地买下自己喜欢和感兴趣的商品。

5. 求荣耀购买动机

这是旅游者为追求地位、显示身份、炫耀财富而产生的购买动机。在旅游者的构成中，有一部分人是属于富豪阶层。他们财富可观，地位显赫。这类旅游者在购物时，不在意消费的支出额，而重视购买商品的价格和名贵程度，越是价格昂贵，他们越是乐于购买，持有这种购买动机的旅游者是为了显示自己的身份。旅游购物品经营企业要注意接待和吸引这类购买动机的顾客，一方面可以实现大额销售，另一方面也可由此扩大企业的声誉。

6. 求同步购买动机

这是一种旅游者模仿和保持同一步调的购买动机，也称为从众购买动机。有的旅游者对异国异地的旅游购物品并不了解自己买点什么好，看到别人在踊跃地购买，自己也就产生了同样的购买动机。例如很多人对筷子的产地、性能并不了解，也没有考虑是留作纪念还是自己使用，只是看到别人买我就买。这就是一种从众的心理，由此产生了求同步购买动机。

三、旅游购物品选购的原则

旅游者旅游后，都希望能将旅游经历永远地留在心里，往往需要选购能反映其旅游经历和感受的旅游购物商品。为了使旅游者能选购到称心如意的商品，选购旅游商品时可参照以下三个原则：

1. 选购具有当地特色的商品

旅游者到一个国家或地区旅游前，应充分了解当地的历史文化、风土人情、生活习俗。到旅游地后多听、多问、多看，就可以买到真正具有当地特色的旅游购物商品了。

如到美国旅游，就应知道美国是个移民国家，其文化、风俗、服饰、饮食融合了许多民族的特性，购买美国产的旅游购物商品像花旗参、威士忌、牛仔服、打火机等则是较佳的选择。到西班牙旅游，就要了解到它是一个历史悠久、文明古老的国家，其文化底蕴较深，反映其文化、生活等各方面的传统商品也很多，如披风、长裙、斗牛裤、“海鲜全吃”等都是反映西班牙人民热情、奔放性格特点的商品。到英国旅游，可以体会英国人的绅士风度，这时选料上乘、做工考究的西服和很少离手的雨伞是购物的首选。到法国旅游，结合其悠久的历史文化，浪漫的生活气息，可选择驰名世界的香水、时装和法国大餐。到东南亚旅游，主要体会热带风情和宗教文化，榴莲、小佛像、宝石等都是不错的选择。

到中国旅游，各地风情都不相同，其旅游购物商品也各具特色。到北京，首选北京烤鸭、茯苓饼、果脯、京剧脸谱；到上海，首选城隍庙的五香豆、油面筋、服装；到杭州，首选西湖龙井茶、丝绸、西湖藕粉；到西安，首选兵马俑仿制品、羊肉泡馍、肉夹馍、灌汤包子等。

2. 货比三家

旅游购物商品鱼龙混杂，商品质量参差不齐，有的商品价格水分较大。因此，选购时就要不厌其烦地货比三家，才能购买到称心如意的商品。如选购某些特种商品，如珍珠、玉石、字画，需要有一定的专业鉴定知识，因为珠宝类商品人造的与天然的极为相似，而字画中赝品也不少，如不是专业人员，就很难判断其真伪，不容易买到真货。如果完全不懂，又很想购买此类商品，就要选择有国家质量机构担保的、信誉好的商店。选购特产食品，主要观察其外形、包装是否完好，价格是否合理，是否标注有生产日期。

此外旅游者还可根据自己的爱好，考虑商品的收藏价格和纪念性等多方面的因素，力争买到称心如意的商品。

3. 保持健康稳定的购物心态

健康稳定的购物心态，是保证买到好的旅游购物商品的先决条件。保持健康

稳定的购物心态要遵循三个原则：一是不赶时间，二是不贪便宜，三是不后悔。

旅游者旅游时间安排较紧，不可能有充足的时间仔细挑选商品，许多旅游者会匆匆在第一家商店就购买商品，或者看到某样商品价格便宜便急忙购买，等走了几家，才发现自己所购的商品价高物次，往往后悔不已，使整个旅游过程不能尽兴而归。所以购买旅游购物品不能性急，即便买了也不要后悔，以免影响自己以后游程的心情。

第四节　旅游购物品消费者市场购买行为分析

旅游购物品消费者是旅游购物品市场分析研究的主要对象，旅游购物品企业的目的是为了满足目标消费者的需要和欲望。旅游购物品企业要想有效地开发生产对旅游购物品消费者有价值的旅游购物品，并运用富有吸引力和说服力的方法促成旅游购物品消费者的购买行为，就必须对旅游购物品消费者的市场购买行为进行具体分析。

一、影响旅游购物品消费者购买行为的主要因素

旅游购物品消费者不可能凭空作出自己的购买决策，他们必然是处于特定的环境作出其购买决策的，一般意义上其购买决策受到文化、社会、个人和心理等因素的影响。

（一）文化因素

文化是人类在社会历史发展过程中，不断继承、总结、改进和创新，逐渐积累发展起来的物质和精神财富的总和。文化因素对旅游购物品消费者的行为有着最广泛而深远的影响。

1. 文化价值与旅游购物品购买行为

每一个人都生活在一个特定的文化环境之中，从小就受到周围文化的熏陶，并建立起与该文化相一致的文化价值观，它对一个人的消费行为会产生深刻的影响。例如传统观念认为工作才是成年人的正事，旅游总是与轻浮、寻乐等概念相联系，而并非购买实际生活需要物品的旅游购物更是被认为是浪费和奢侈。但在现代社会中，这种价值观和生活方式却受到社会的普遍批评。如今在经济发达的社会中，“生活艺术”和“生活质量”取代“生活水平”的趋势正在发展。旅游和度假已成为人们普遍认可的一种生活方式，旅游购物可以增加旅游的情趣，因

此游客都愿意在旅游地购买具有地方特色的旅游购物品作为纪念、收藏或馈赠亲友，同时展示自己生活的艺术和质量，进而体现自己的社会地位。在旅游购物品消费行为中，旅游购物品消费者由于文化价值观念的不同，其选择购买旅游购物品的倾向也存在着明显的差异。

追求生活品位和艺术格调的旅游购物品消费者，一般会趋于购买一些高档的特种工艺美术品，例如景泰蓝制品是北京特有的传统工艺美术品，景泰蓝制品中那些质量精湛的、由名师制作的上品，具有珍贵的纪念和收藏价值；对于追求生活情趣的旅游购物品消费者，更钟情于一些价格适中、工艺简练的具有民族风格和地方特色的工艺美术品，如剪纸、泥塑、风筝、竹编器件等；注重实际生活和实用价值的旅游购物品消费者，在购买旅游购物品上更趋向于商品的实用价值，往往喜欢购买一些生活用品和风味土特产品，如药材、风味食品和实用的器具。

2. 文化差异与旅游购物品购买行为

人们到不同的地方旅游，其中一个主要的目的是想去了解其他地方的风土人情、奇观美景、文化艺术等，在旅游中寻求文化差异和寻找文化认同。旅游者无论到哪里，都会带着自身的文化，在旅游购物活动中文化冲击和文化碰撞成为必然。正是由于这种不同文化的碰撞，物化到具体的旅游购物品上，激起了人们购买旅游购物品的欲望和需求。很多旅游购物品往往来自于人们的实际生活用具、服饰和生产的工具，例如具有浓郁藏族特色的木碗，本来是藏族同胞用来喝酥油茶的生活用具，具有典型的地方特色和民族色彩，到藏族地区旅游的游客，不管是朴实无华的木碗，还是精巧玲珑的包银木碗，都是其钟爱之物，成为很多游客购买旅游购物品的首选。木碗在藏族地区为生活用具，和其他地方的用具截然不同，能够突出当地的民族风情和地方特色及精细的制作工艺，旅游购物品消费者在购买木碗作为纪念品时就是对文化差异的发现和认同。因此，越是民族风情和地方特色浓郁的旅游购物品，越受到旅游购物品消费者的欢迎。

（二）社会因素

影响旅游购物品消费者购买行为的社会因素包括参照群体、家庭和社会阶层等。

1. 参照群体与旅游购物品购买行为

参照群体就是指一个人在其思想、态度和信仰形成时能给他以影响的群体，如家庭、邻居、亲友、周围环境等，或因某种社会风尚的影响而形成的一种消费倾向。这个参照群体为这个人的所思提供了“参照依据”，参照群体的不同导致旅游购物品购买行为的差异。参照群体可以小到几个人的小组，大到一种文化团

体，对游客的旅游购物品消费行为起着参谋指导作用。

参照群体对个人的影响往往是通过从众现象表现出来。个人在购买、选择旅游购物品无所适从时，不知不觉地受到群体的影响，从而与群体协调起来，多数人买什么自己也买什么，这样，个人就会接受和同意本群体的行为，从而使自己感到心安理得。例如参加旅游团到北海旅游，北海是我国著名的珍珠生产基地，绝大多数到北海旅游的游客都会购买珍珠制成的旅游购物品以作纪念或馈赠亲友，由于在从众心理的驱使下，少数本来没有打算购买的游客也会或多或少地购买一些珍珠制品。从旅游购物品消费者个性特征来看：智力低者比智力高者易从众；情绪不稳定、焦虑者易受群体压力而从众；自信心差者易从众。

2. 家庭与旅游购物品购买行为

家庭是人类社会关系最原始的结合形式，是构成社会最基本的单位，它影响着每个家庭成员所做出的大部分决定，也是旅游购物品消费者的首要参照群体之一，对旅游购物品消费者购买行为有着重要影响。在现代社会中，典型的家庭形态有两类，核心式家庭（包括丈夫、妻子和未婚子女）和延续式家庭（包括丈夫、妻子、子女、祖父母或外祖父母）。一般来说家庭形式的区别主要是由经济原因造成的，国家越穷，家庭规模越大。发达国家以核心家庭为主，而发展中国家大多是延续式家庭，中国正逐渐从延续式家庭过渡为核心家庭。这种过渡有利于旅游的普及和旅游购物品的销售。

家庭形态对旅游购物品购买决策的影响，主要取决于家庭成员在购买旅游购物品中所扮演的角色以及他们在家庭中所处的地位和发挥的作用。典型的模式是：对于艺术品位高、价格高的旅游购物品由丈夫决定或夫妻共同商议决定；而对于一些价格低廉的小工艺品、服饰等则是由妻子决定是否购买。根据旅游购物品购买决策角色的不同，旅游购物品市场营销人员应给予较多关注，并在营销中巧妙地利用。

3. 社会阶层与旅游购物品购买行为

任何社会形态都有一定形式的社会阶层。它是某一种购买力的社会表现，同一阶层的人基本上具有相似的购买力。因为社会阶层共有的价值观念、态度和行为规范可以转化为对同类产品或服务的消费。而不同的社会阶层由于具有某种不同的价值观念和行为准则，在旅游购物品的消费倾向和消费行为上具有明显的差异性。

一般来说，高阶层的人是社会上最富有的阶层，因而在购买旅游购物品时，追求高价格、高标准、高品位是消费的主要特点，关注的是所购旅游购物品的品牌和品质，以期在他人面前显示自己的富有和地位。对于一些富有的阶层往往还会把购物作为首要的旅游目的，例如到中国香港、法国巴黎等名品荟萃的地方进

行购物旅游，也正是由于这种购物旅游的发展使旅游购物品成为旅游资源的重要组成部分。中等阶层的人往往是事业上的成功者，他们的消费活动指向是社会接受性，因此对自己的形象较为关注，对旅游购物品的购买不仅注意质量，而且追求产品的情趣和格调，在选择旅游购物品上表现出自信、体面。在社会中处于较低层次的一般是普通的劳动者，在旅游购物品的消费上特别注重价格因素，对价格低廉的、并有一定纪念意义的旅游购物品感兴趣。

（三）个人因素

旅游购物品消费者购买决策也受其个人特征的影响，特别是受年龄、职业、经济状况和生活方式、个性等因素的影响。在此着重阐述年龄、生活方式及个性特征对旅游购物品购买行为的影响。

1. 年龄与旅游购物品购买行为

人们在一生中购买的商品和服务是不一样的，同样在旅游购物品的购买行为上，由于所处的年龄阶段和人生阅历的不同，旅游购物品消费者会表现出不同的购买兴趣。例如年轻的旅游购物品消费者偏爱有情调、活泼的工艺品和艺术品，品尝各种各样的风味食品；而上了年纪的旅游购物品消费者在购买旅游购物品方面侧重于形式和格调较为沉稳、凝重的工艺品和艺术品，喜欢那些对身体健康有益的适合老年人的风味食品和药材，注重其实用性和功能。

2. 生活方式与旅游购物品购买行为

生活方式是一个人在现实生活中所表现出的有关活动、兴趣和看法的模式，个人生活方式的选择是个性与环境的结合体现。旅游购物品市场营销人员应努力寻找其产品与各种生活方式群体间的关系。例如随着现代社会经济的飞速发展，工作和生活节奏日益加快，生活在城市中的人希望通过旅游得到放松和休闲，充分感受回归自然、返璞归真的氛围。因此在旅游购物品的购买行为上体现出越是自然越是原始朴素的旅游购物品，越可能受到青睐；在生活方式上体现出对历史感兴趣的人，对缅怀过去、理解过去有强烈的愿望，这类人外出旅游常常是为了了解其他地方的风俗、习惯和文化以及对形成今天这个世界产生过影响的历史，因此在旅游购物品的购买上，喜欢一些具有历史沧桑和民族色彩的旅游购物品，例如仿古制品、西安的兵马俑仿制品、名人手迹及年代久远的陶瓷制品、古董等，都是他们的向往之物。

3. 个性与旅游购物品购买行为

每个人都有影响其购买行为的独特个性，所谓个性是一个人特有的心理特征，它导致一个人对其所处环境的相对一致和持续不断的反应。个性通常可用自

信心、控制欲、自我意识、顺从、交际性、防守性和适应性等特征来描述。在能够区分个性，并且确定个性与旅游购物品的需求上存在相关性的前提下，个性成为分析旅游购物品消费者购买行为的一个重要的变动因素，旅游者的兴趣、爱好和性格决定他们有不同的购买行为。如性格开朗的人喜欢购买颜色明快、新潮时尚的商品；性格忧郁的人喜欢购买低调、朴实无华的商品。不同个性的旅游者，其购买行为存在着差异而决策购买的时间和购买速度也有长短和快慢之分。这就促使旅游购物品市场营销人员从旅游购物品消费者个性的角度出发制定投其所好的营销策略，满足不同个性的旅游购物品消费者的个性需求。

（四）心理因素

旅游购物品的购买和其他购物选择一样会受到四种心理因素的影响——动机、感觉、学习及信念与态度。

1. 动机与旅游购物品购买行为

动机是一种升华到足够强度的需要，它能够及时引导人们去探求满足需要的目标。马斯洛认为：人是有欲望的动物，需要什么取决于已经有了什么，只有尚未被满足的需要才影响人的行为，即已满足的需要不再是一种动因；人的需要是以层次的形式出现的，从最迫切的到最不迫切的依次排列。

人们总是首先寻求对最重要需要的满足，只有低层次需要被满足后，较高层次的需要才会出现并要求得到满足。旅游本身是一种高层次的需要，是在满足了第一、第二，甚至第三层次的基础上产生的需要，而旅游购物又是属于旅游六大要素中弹性最大的要素，前四种要素在旅游活动中是必要的，而“购”却往往体现为旅游活动的延伸，所购商品并非生活必需品，是一些增加生活情趣、作为纪念、收藏或馈赠亲友的物品，绝大多数被列为奢侈品的范畴，在马斯洛的需求层次里是社会需要、尊重需要和自我实现需要的综合体现。旅游购物品动机和旅游购物品需要是紧密联系的，无论人的旅游购物品动机和旅游购物品需要如何复杂多样，其实质都是为了满足人的多种多样的旅游需要。

2. 感觉与旅游购物品购买行为

一个受激励的人随时准备行动。然而，如何行动则受其对情况的感觉程度的影响。所谓感觉是指个人选择、组织并解释信息的投入，以便创造一个有意义的过程，它不仅取决于刺激物的特征，而且还依赖于刺激物同周围环境的关系以及个人所处的状况。人们之所以对同一件旅游购物品会产生不同的感觉，是因为人们一般要经历三种感觉过程，即：

选择性注意——注意那些当前需要和所期盼的刺激；

选择性理解——按自己的思维方式来接受信息，趋于将所获得的信息与自己的意愿结合起来；

选择性记忆——人们在接受大量信息的同时只会记住那些符合自己态度与信念的信息。

人们对旅游购物品的理解是通过这三种感觉因素进行的，旅游者到某地旅游，旅游购物是其中的一项重要内容，旅游者会选择性地关注旅游地的旅游购物品信息，并且选择性地记忆当地的名特产品，在头脑中反复盘算这些旅游购物品的优劣。因此，旅游购物品营销人员必须尽力把信息传递给旅游者，并且在传递信息给目标市场时需要不断地、生动地重复。

3. 学习与旅游购物品购买行为

学习是指经验所引起的个人行为的改变，人类行为大多数源于学习。一个人的学习是通过驱使力、刺激物、诱因、反应和强化的相互影响而产生的。旅游者到相对陌生的地方旅游、度假，由于市场营销环境有较大差异，旅游购物品本身及其品牌不为旅游购物品消费者所熟悉，他们的购买行为必须经过收集足够的有关信息之后，才能作出购买决策，这本身就是一个学习过程。旅游购物品消费者购买旅游购物品过程中的学习主要是学会区别相互竞争的旅游购物品的优劣。即使有经验的人面对新的市场、新的商品也需重新学习，购买行为本身就包含风险，为了消除购买旅游购物品的风险，信息是学习的重要来源。人们解决旅游购物品购买问题的信息主要来自两个渠道：一是商业环境，包括广告、推销和个人出售；二是个人的社交环境，包括家庭、朋友、熟人和其他。旅游业界经常利用图片和文字资料向潜在的游客传递信息和推销自己的旅游产品及服务，其中包括了大量的旅游购物品信息，一旦成为现实的旅游者，人们会更加关注这些图片和文字的信息，因此它们对旅游购物品购买动机和行为决策产生重要影响。

心理学家们的研究认为，人们获取的信息69%来源于个人的社交环境，从此渠道获取的信息在效果上与商业环境所获得的信息有明显的不同，人们普遍认为，朋友、熟人在传递信息时常常是毫无保留的，并且还会详加说明，它比商业环境获得的信息更可靠、更重要、更少偏见。另外，个人社交环境还允许人们互相沟通思想、提出问题和获得具有评价性的信息。总之，通过信息的学习，可以影响和强化购买旅游购物品的动机，消除旅游购物品购买的疑虑。

4. 信念、态度与旅游购物品购买行为

人们通过学习获得自己的信念与态度，而它们又反过来影响着人们的购买行为。信念是指一个人对某些事物所持的描述性思想。旅游购物品生产经营者应关注游客头脑中对其产品所持有的信念，即本企业生产的旅游购物品和品牌的形象。旅游购物品消费者根据自己的信念做出行动，如果一些信念是错误的，并妨

碍了旅游购物品购买行为，生产者就要运用适当的促销活动去纠正这些错误信念。

态度是指个人对某些事物或观念所持的正面或反面的认识上的评价、情感上的感受和行动上的倾向。人们对几乎所有事物都持有自己的态度，包括宗教、政治、衣着、音乐、食物等等，态度会将他们放入对某事物的持有好感和恶感、亲近或疏远的思维框架中。一般人对待旅游及旅游购物往往会有一些既定的态度，例如："能有足够的时间和货币到一个向往的地方旅游是件不容易的事，购买一些具有当地特色的旅游购物品作为日后的纪念或馈赠亲友是非常有意义的……""旅游是为了欣赏旅游地的自然风光、感受不同的民族文化氛围，希望能购买到具有纪念和收藏价值的旅游购物品，体现所到旅游地的民族文化特色和资源特色。"

从人们对待旅游购物品的态度来看，或多或少都愿意购买一些合意的旅游购物品，但低劣的质地、粗糙的做工、品种的单一等会影响甚至打消旅游购物品消费者购买旅游购物品的念头。一个人所持的态度具有相当的一致性，要改变一种态度就需要在其他态度方面作出重大的调整。因此旅游购物品生产经营企业应使其产品迎合旅游购物品消费者既有的态度，而不是企图改变其态度，例如生产不同档次的具有浓郁地方特色和文化含量的商品；重新生产濒临失传的传统产品；利用高新技术开发设计旅游购物品，提高产品的质量和档次等；力求旅游购物品工艺精湛、质量过关，突出特色，主动迎合和满足不同旅游购物品消费的不同层次需要等。

（五）需求水平因素

经济发达国家的旅游者，其消费水平高，购物的花费和档次就比较高。经济发展水平较低国家的旅游者，其需要和动机可能也会出现高层次和高水平，但由于经济条件有限，往往不能完成购买行为。

（六）旅游购物品特色因素

旅游购物品只有保持民族风格，才能满足国际国内旅游者的购物愿望。特色产品会引起旅游者的购买动机，促使旅游者完成购买行为。据有关部门调查，旅游者购买最多的旅游购物品是：中草药、丝绸、字画、景泰蓝、瓷器、玉雕、工艺扇、陶器、台布和木雕。这些产品无一不具有中国特色和地方特色。

（七）旅游购物品价格因素

在旅游购物市场上，“便宜无好货，好货不便宜”似乎是一个购买准则。价格过低，未必能刺激旅游者的购买行为。所以旅游购物品价格的制定和调整是一个关键问题。有关部门就价格问题向来华旅游者进行调查的结果表明，有59.6%的旅游者认为我国旅游购物品总体价格是偏低的。

（八）旅游购物品陈列因素

旅游购物品要被旅游者选择作为购买对象，首先必须吸引旅游者的注意力，只有被注意到，旅游购物品的价值和特点才可能被认识和发现。商品陈列是宣传和推销产品的重要手段，通过商品陈列的直观形象可以帮助旅游者认识商品，激发购买欲望。特别是对于只有购买意向而无具体目标的旅游者，陈列就显得更加重要。商品陈列的方式是多种多样的，有橱窗陈列、柜台陈列、悬挂陈列和就地陈列等等，有的商场则利用货架陈列由顾客自由选购，为了使商品陈列能更好地激发旅游者的购买动机和行为，作为旅游生产商和旅游经营商应根据旅游者的心理特征去布置商品的陈列。

二、旅游购物品消费者购买决策过程

旅游购物品市场营销人员不仅要了解和分析影响购买的各种因素，还要了解旅游购物品消费者如何真正做出购买决策，还必须确认是谁在做出购买决策、决策的类型以及购买过程的具体步骤等。

（一）购买角色

对大多数产品而言，确认购买者是很容易的，如男人通常自己选择剃须刀，妇女自己购买连裤袜。而对于旅游购物品，所涉及的决策成员往往不止一个，人们在购买决策过程中可能扮演不同的角色，包括：

发起者：即第一个想到或提议去购买旅游购物品的人，他能促使其同游的伙伴或家人对旅游购物品发生兴趣。

影响者：即影响最后做出购买旅游购物品决策的人，他所提供的信息或购买建议对决策者有一定的影响力。

决策者：即最后决定购买旅游购物品意向的人（包括：是否买、买什么、如何买、何处买、买多少）。

购买者：即实际购买旅游购物品的人。

使用者：即实际享用旅游购物品的人。

以现代核心家庭外出旅游，家庭成员在实际的旅游购物品购买决策中充当的角色为例进行说明。例如全家人到云南省的大理、丽江旅游，琳琅满目、充满浓郁民族风情和地方特色的旅游购物品会首先引起妻子或女儿的兴趣，提议者可能是妻子或者是女儿，同游伙伴推荐旅游购物品的种类，然后丈夫或全家表示赞同，最后是针对旅游购物品的价格及类型的不同决定由谁决策购买。一般对于一些零碎的、价格低廉、小件的民族工艺品，或者是一些风味土特产品，决策者往往是妻子；而对于一些价格比较高的、工艺精湛的用于收藏或馈赠重要亲友的旅游购物品，决策者往往是丈夫，或者由丈夫与妻子共同决策。作为家庭的购买者来说，家庭外出旅游会做出粗略的旅游支出计划，旅游购物品是计划的一个重要组成部分，但旅游购物品的支出相对于旅游的其他支出来说，其弹性更大，对于家庭外出旅游来说，一旦对旅游购物品的购买做出决策，购买者自然就是家庭。

购买旅游购物品角色的扮演及角色会随时发生变化，有时一个家庭成员会扮演好几个角色——发起者、决策者、购买者、使用者。由于旅游购物品具有纪念、收藏的价值，游客购买一方面是为了自己收藏、纪念，更多的是为了馈赠亲友以作纪念，在购买决策中容易受家庭成员及同游伙伴的影响。

（二）购买行为类型

消费者购买行为决策随其购买决策类型的不同而变化。对于复杂的旅游购物品和价格高的旅游购物品，购买者需要反复权衡，其他的人往往也会共同参与决策，根据购买旅游购物品的特征，可将旅游购物品消费者购买行为分为三种类型：

1. 习惯性购买行为

旅游者到不同的地方旅游，除了吃、住、行、游等基本需要以外，对当地的特色产品都有一种现实和潜在的需求，对于那些价格低廉、具有当地民族文化资源特色的小旅游购物品（这些旅游购物品之间本身的差异较小，旅游购物品消费者购买这些小的旅游购物品是为了赠送一般的同事、朋友）消费者不需要花太多的时间进行选择，其购买行为最为简单。针对旅游购物品消费者群体来说，这种对旅游购物品的购买行为是一种信念和态度上的习惯行为，因此称为习惯性购买行为。

2. 寻求多样化购买行为

旅游购物品消费者的寻求多样化购买行为，与一般商品意义上寻求多样化购买行为的含义是有区别的。一般商品寻求多样化购买行为指的是有些产品品牌差

异明显，但消费者并不愿花时间来选择和估价，而是不断变换所购商品的品牌。而旅游者之所以要在其所到的不同的旅游地购买旅游购物品，最重要的原因是旅游者希望通过不同的旅游购物品，突出、物化所到之地的差异，包括民族差异、文化差异、宗教差异、资源差异等。

旅游购物品越具有特色、越能反映旅游地的风土人情，也越能激起游客的购买欲望，从而促成购买行为。旅游购物品消费者希望通过不同旅游购物品的外形、设计、制作、工艺等方面，突出反映不同地域人们不同的生活方式、生产方式、宗教信仰、文化历史等，因此旅游购物品消费者寻求多样化购买行为指的是游客到不同地方购买不同的旅游购物品，以及在同一地方购买不同旅游购物品，从而突出旅游地的差异与特色。

例如人们到香格里拉旅游，游客希望购买体现地区差异的旅游购物品，通过购买当地珍贵的药材，如虫草、松茸、贝母、雪莲、红景天等，反映香格里拉自然资源的特色与差异；通过购买绘制精巧、极具藏传佛教特色的唐卡、佛像、跳鬼面具以及反映迪庆藏传佛教特色的音像资料、书籍等，反映香格里拉宗教文化的特色与差异；购买其风格与其他地方迥然不同的服饰和工艺品，如尼西的黑陶、白地的东巴土纸画及藏族等民族服饰，反映香格里拉各民族生活、生产方式的特色和文化的沉淀。香格里拉是一个极富魅力的旅游胜地，只是由于其旅游开发较晚，而旅游购物品的开发更是滞后，目前旅游购物品的种类和类型远远不能满足游客的寻求多样化购买行为的购买需求。针对旅游购物品消费者寻求多样化购买行为的特点，旅游购物品生产者应以民族性、个性为其导向，开发多种多样、风格各异的旅游购物品，满足不同游客的需求。

3. 复杂购买行为

当旅游购物品消费者购买一件贵重的、有风险的而且又非常有意义的旅游购物品时，由于产品本身差异大，而旅游购物品消费者对产品了解又不多，因此需要有一个学习过程，广泛了解产品特点，从而对产品产生某种看法（包括旅游购物品的设计、文化内涵、用料、包装、价值等），最后决定购买。

例如人们到产玉石的地方旅游，玉石制品就是其最具特色的旅游购物品，希望能购买到工艺精湛、质地上乘的旅游购物品，以便收藏、纪念、甚至日后升值。但由于不同玉石的质地优劣差异较大，一般的游客对玉石的质量评审和鉴别缺乏知识，不知道通过哪些指标反映玉石的质地，加之玉石价格不菲，购买者首先要经历一个学习过程，在广泛、充分了解了玉石的特点，并对他所要购买的那一件玉石制品产生某种看法之后才能决定购买。一般玉石制品购买者首先会了解到评价玉石质地的三个指标是硬度、比重、折射率，然后再了解到不同指标范围的玉石的价格情况，通过比较，确认所购玉石货真价实、物有所值，最后完成购买行为。

对于这类需要旅游购物品消费者参与程度较高的旅游购物品，市场营销人员必须了解到这些旅游购物品消费者对信息的强烈需求，即需要对有关旅游购物品的信息进行收集并加以评价的行为。据此旅游购物品市场营销人员要制定各种策略，来帮助旅游购物品购买者了解这类产品的各种属性，例如运用广告宣传资料、科学仪器的实际测定以及发动售货员专业讲解促销等，着重介绍产品的质地、工艺、价值、实用状况及未来利益等，以此影响旅游购物品购买者的最终选择。

旅游购物品消费者由于对旅游目的地国（地区）的商品了解的程度不同，文化背景不同，收入水平不同，年龄性别不同，其购买行为的表现形式也就不同，就购买行为的类型来说，又可分为以下三种：

(1) 理智型购买行为。具有理智型购买行为的旅游者，大多对所购的商品早有了解或在购物现场经过认真的考虑权衡，他们头脑冷静，自信心强，不受外界的干扰，不带有感情色彩。如果商品经过挑选，不符合自己事先规定的条件，他们会果断地放弃购买动机。如果商品的规格、质量、牌子完全符合自己的要求，他们经过仔细挑选后，会马上完成购买行为。很多老年旅游者追寻“老字号”商品，非“老字号”不买，这就是典型的理智型购买行为，这些旅游者购物后，很少产生后悔的情绪。

(2) 冲动型购买行为。具有冲动购买行为的旅游者，一般是年轻人，他们的需求、动机和行为是迅速连续出现的。他们事先没有认真考虑过要买什么商品，当受到商品外形、包装、宣传和购买气氛等方面的影响时，就马上决定购买，在这种购物行为中，包括了青年人逞强好胜的心理。这种类型购买行为的旅游者很容易在购物后产生后悔的情绪。

(3) 想象型购买行为。具有想象型购买行为的旅游者一般以女士居多。她们感情色彩浓厚，购物时充满细腻的联想和幻想，往往以丰富的想象力衡量商品的价值。对商品的实用性、外表造型、颜色、款式、牌子都比较重视。但是购物时注意力容易转移，兴趣容易发生变化，也容易受外界的影响。有的女性正在热情地挑选商品，只要别人说一句不好，她的购买行为就会马上转移。

（三）购买决策过程

旅游购物品市场营销人员需要对旅游购物品消费者的购买决策过程加以研究，他们可以询问消费者以下问题：是什么时候、在什么情况下认识此类旅游购物品？对知名旅游购物品的信念是什么？对旅游购物品的参与程度如何？购买旅

游购物品后的满意程度如何？当然不同旅游购物品消费者购买旅游购物品的方式是不一样的，有些消费者在购买中会花很多时间来寻找信息，并加以比较，参与程度较高；有些则直接找导游，听其建议。因此可以根据购买风格对旅游购物品消费者细分为谨慎型购买者与冲动型购买者，然后根据不同的细分类别来制定相应的市场营销战略。

在复杂购买行为中，旅游购物品消费者的购买决策过程由确认需要、信息收集、方案评价、购买决策与购买后行为等五个阶段构成。旅游购物品消费者购买一般旅游购物品不需完全顺序经过五个阶段，可能会跳过或颠倒某些阶段。考虑到面对参与程度较高的旅游购物品消费者，购买时需全面思考，在此对这五个阶段分别进行阐述。

1. 确认需要

旅游购物品购买过程始于购买者对某个需要的确认。需要一方面是由内在刺激引起，例如人的某种正常需要——饥饿、干渴、寒冷等，这种内在的刺激在旅游购物品方面，体现为对旅游购物品的一种不由自主的需要。正如游客到一个与居住地风格迥异的地方旅游，或多或少希望带回一些值得纪念的旅游购物品。需要另一方面是由外部的刺激所引起，例如某人路过面包房，看到新出炉的面包就刺激了食欲，或者羡慕朋友从外地带回的精美旅游购物品而激发出对旅游及对旅游购物品的需要，因此外部的刺激往往也会激发出某种需要。

旅游购物品市场营销人员需要确定激发出需要的环境，通过从一些旅游购物品消费者那里收集的信息，确认出引起对旅游购物品感兴趣的常见的刺激因素。这样市场营销人员就可以制定出激发旅游购物品消费者兴趣的市场营销战略。值得注意的是，引起游客对旅游购物品感兴趣的常见刺激因素主要是人际的信息传播。旅游购物品的人际信息传播包括两个方面，一方面来自不同地方的游客把旅游购物品带回其住地，具有浓郁地方特色的旅游购物品客观上就起到了宣传和广告作用，从而诱发旁人的需要；另一方面促使旅游购物品需要的人际刺激因素来自于导游，目前我国的旅游方式更多是以旅行社组团旅游，大多数游客新到一个地方，对当地的情况和商品信息了解主要来自导游，导游充满感染力和诱惑力的对旅游购物品的介绍，会成为游客对旅游购物品需要的重要刺激因素，因此游客对旅游购物品的需要受导游的影响较强。

2. 信息收集

当旅游购物品消费者的需要被引发后，这种需要会促使其收集更多的信息，旅游购物品的信息来源主要有个人来源（包括家庭、朋友、邻居和熟人等）、商业来源（广告宣传、包装、展览等）、公共来源（大众媒体、消费者评比机构等）等，旅游购物品市场营销人员应了解旅游购物品消费的信息来源及每种信息

对游客今后的购买决策的影响程度。例如，旅游购物品消费者通常是从商业来源了解旅游购物品的信息，而从朋友、邻居、熟人那里获得对其评价的信息。

通过信息收集，旅游购物品消费者可以了解当地不同的旅游购物品的特色、类别和质量差异等。根据旅游购物品消费者对信息收集程度的不同，我们将其分为四种类型：

（1）全部集中，集中当地全部旅游购物品的信息。

（2）关注集中，旅游购物品消费者只关注其中部分的旅游购物品。

（3）考虑集中，能满足旅游购物品消费者最初的购买标准的旅游购物品。

（4）选择集中，当旅游购物品消费者收集更多的信息后，只有少数旅游购物品保留在选择范围内。

因此，旅游购物品生产经营公司必须谋划以便自己的旅游购物品能进入潜在购买者的注意集合、考虑集合和选择集合，否则就丧失了销售机会。

至于旅游购物品消费者的信息来源，营销人员应该能加以确认，并评价其相对重要程度。同时还应组织调查，询问旅游购物品消费者诸如以下问题：最初是如何知道这种旅游购物品的、而后又得到什么信息以及不同信息来源的相对重要程度如何等等。这些信息可帮助旅游购物品企业与目标市场进行有效的沟通。

3. 方案评价

旅游购物品消费者对旅游购物品的判断大都建立在自觉和理性基础之上，旅游购物品消费者的评价行为一般要涉及产品属性，即旅游购物品能够满足旅游购物品消费者需要的特性，例如旅游购物品中的美术工艺品的属性包括：特色、质地、工艺、质量、包装、色彩、外形设计和价格等。旅游购物品消费者对旅游购物品有关属性赋予了不同的重要权数，在此称为旅游购物品的属性权重。针对不同的旅游购物品消费者来说，最显著的属性未必是最重要的属性。营销人员要更多地关注属性的重要性而不是属性的显著性，确定出消费者赋予不同属性的权值。例如假定某旅游购物品消费者面对四种愿意购买的旅游工艺品（A、B、C、D)，并假定他对旅游工艺品的四种属性感兴趣：特色、工艺、外观设计和价格，按10分制对四种旅游工艺品的四种属性作出评价如下：

表3－1　旅游购物品消费者关于旅游工艺品的信念

旅游工艺品	属　　性			
	特 色	工 艺	外观设计	价 格
A	10	8	6	4

续　表

旅游工艺品	属性			
	特色	工艺	外观设计	价格
B	8	9	8	3
C	6	8	10	5
D	4	3	7	8

注：每个属性的取值为 0～10，10 代表属性最大值，但对价格来说正好相反，10 代表最低的价格，因为消费者喜欢的是低价格。

假定旅游工艺品消费者赋予特色的重要性是 40%，工艺是 30%，外观设计是 20%、价格是 10%。要确定某旅游购物品消费者所认为的每个工艺品的价值，可将这些权数乘以对每个旅游工艺品的信念，由此得出以下价值：

$$P\text{(A)} = 0.4\times10+0.3\times8+0.2\times6+0.1\times4 = 8$$

$$P\text{(B)} = 0.4\times8+0.3\times9+0.2\times8+0.1\times3 = 7.8$$

$$P\text{(C)} = 0.4\times6+0.3\times8+0.2\times10+0.1\times5 = 7.3$$

$$P\text{(D)} = 0.4\times4+0.3\times3+0.2\times7+0.1\times8 = 4.7$$

工艺品 A 的价值［P（A）］最大，由此可以推出此旅游购物品消费者最喜欢工艺品 A。

4. 购买决策

旅游购物品消费者在评价阶段已经形成了对选择集合中各旅游购物品的喜好，旅游购物品消费者也可能形成购买最喜欢的旅游购物品的意图。但在购买意图和购买决策之间还有两种因素会起作用。

第一因素是他人的态度，假定上例中的某旅游购物品消费者的同游伙伴积极推荐他购买 D 商品，结果就会对 A 商品的“购买可能”减少，对 D 商品的“购买可能”增加。他人的态度对所喜好的旅游购物品的选择所降低的程度取决于：①他人对旅游购物品购买者所喜好商品的否定态度的强烈程度；②购买者遵从他人愿望的动机。他人的否定态度越强烈，与购买者的关系越密切，购买者就越有可能修正自己的购买意图；反之亦然。

第二因素是未预料到的情况，旅游购物品消费者购买意图的形成还受到诸如旅游者携带的现金数量、预期的价格及期望产品的纪念、收藏及馈赠的价值等因素的影响。而在旅游购物品消费者即将购买时，也许会突然出现某些未预料的情况，从而改变其购买意图。例如旅行社临时通知游客在吃、住、游方面开支增

加，而这些方面对于游客来说是旅游的基本消费，比旅游购物品更为迫切，此时只有压缩对旅游购物品的购买；或者在购买旅游购物品的过程中不满意经营者的态度，从而取消购买旅游购物品等。因此，对旅游购物品的喜好、甚至购买意图并不能作为购买行为完全可靠的预测因素。

旅游购物品消费者之所以改变、推迟或取消购买决定，除了上述的两个因素以外，对于价格高的旅游购物品的购买决策还受旅游购物品消费者所感到的风险的影响。例如花钱买一件价格不菲的玉器或古董等，旅游购物品消费者无法确定购买的回报以及可能带来的风险，会感到担心。此时旅游购物品消费者为回避风险而时常采取的办法有：回避决策、向朋友请教、选择有担保的商品等。针对于此，旅游购物品市场营销人员必须了解引起消费者的风险感觉的因素，尽可能为其提供信息及支持，从而减轻旅游购物品消费者的风险感。

5. 购买后行为

旅游购物品消费者对其购买的旅游购物品是否满意将会影响旅游地的整体形象及其他旅游者的购买行为。如果对旅游购物品满意，可能会多购买或者下次再购买该旅游购物品，并且向其他人宣传该旅游购物品的优点和特色。如果对旅游购物品不满意，可能会减少购买或者下次不再购买该旅游购物品，并且会影响其他旅游购物品消费者的购买决策。

案例分析

东京迪斯尼乐园的情感营销①

“让园内所有的人都能感到幸福”，这是东京迪斯尼乐园的基本经营目标。这不仅针对游客，也包括游乐园内的工作人员。东京迪斯尼乐园得以持之以恒地为数以亿万计的游客提供令人感动、难忘、乐于传颂的高质量服务，依靠的是对全体员工存在价值的认同。在这一基础上，他们注重感情作用的企业内情感经营，努力营造“享受工作、快乐工作”的企业文化氛围。

自1983年4月15日开业以来，东京迪斯尼乐园已累计接待游客3亿993万人次，年平均接待游客近1 550万人次，2002年度到访游客人数更创2 482万人次之新高。如今，作为单体主题游乐园，东京迪斯尼乐园的接待游客人数已远远超过美国本土的迪斯尼乐园而位居世界第一。

日本的消费者对服务质量的要求可谓“苛刻”，在如此严酷的经营环境下，

---

① 选自《成功营销》杂志，作者：张玉龙，2004－03－25。

面对日平均六七万游客的重压，东京迪斯尼乐园的服务可谓近乎完美。

那么，东京迪斯尼乐园是如何实现并长期保持其高水平服务质量的呢？

变“有形的服务”为“有心的服务”

一天，一对老夫妇抱着一个特大号毛绒米老鼠（卡通毛绒玩具）走进我们餐厅。虽然平日里可以见到很多狂热的迪斯尼迷，但眼见抱着这么大毛绒米老鼠的老人走进餐厅还是第一次。

我走到他们身边与他们打招呼：“这是带给小孩儿的礼物吗？”

听到我的询问，老妇人略显伤感地答道：“不瞒你说，年初小孙子因为交通事故死了。去年的今天带小孙子到这里玩过一次，也买过这么一个特大号的毛绒米老鼠。现在小孙子没了，可去年到这里玩儿时，小孙子高兴的样子怎么也忘不了。所以今天又来了，也买了这么一个特大号的毛绒米老鼠。抱着它就好像和小孙子在一起似的。”

听老妇人这么一说，我赶忙在两位老人中间加了一把椅子，把老妇人抱着的毛绒米老鼠放在了椅子上。然后，又在订完菜以后，想象着如果两位老人能和小孙子一起用餐该多好啊！就在毛绒米老鼠的前面也摆放了一份刀叉和一杯水。

两位老人满意地用过餐，临走时再三地对我说：“谢谢，谢谢！今天过得太有意义了，明年的今天一定再来。”

看着他们满意地离去，一种莫名的成就感油然而生。我为自己有机会在这里为客人提供服务而感到无比的自豪和满足。

这是东京迪斯尼乐园一名餐厅服务员的自述，从中我们不难体会到东京迪斯尼乐园所提供的服务绝非形式上的，单凭工作守则可以规范的服务。只有用心地领悟客人的心境，并忠实自然地体现自己内心感受的服务才能真正赢得客人的满意乃至感动。

“S·C·S·E”基本行动准则

那么，是什么力量使东京迪斯尼乐园的员工能够真正做到用心体察游客的心境，并适时适景地为游客提供发自内心的服务，而并非墨守工作守则的基本要求呢？

东京迪斯尼乐园的全体员工有一条共同的工作基准，即“S·C·S·E”基本行动准则。看似平淡无奇的四个单词，实际上却包含着极其丰富的内涵与价值。“S·C·S·E”包含了游乐园营运工作中最重要的内容，是东京迪斯尼乐园营运工作中最基本的价值基准。这四个单词的排列也代表着其中的价值顺序。首先是保证安全，其次是注重礼仪，再次是贯穿主体秀的表演性，最后在满足以上三项基本行动准则的前提下提高工作效率。

例如：每逢节假日出现拥挤混乱时，园内工作人员的首要任务是确保游客的安全，为了安全他们会毫不犹豫地限制游客的移动途径乃至入园人数。

一般企业都不乏高尚的经营原则，但遗憾的是其中多数不是空洞教条的标语式口号就是深奥难懂的哲理性概述，而没有将其落实到具体日常工作之中。例如"顾客至上，服务第一"的经营宗旨可谓无懈可击。但是，将这一经营宗旨具体体现在日常工作中，员工应如何规范自己的行为呢？一般员工被动地恪守从业规则之外无所适从。其结果，不是使服务工作变得机械生硬，就是使服务工作严重滞后，从而降低了服务工作应有的水准。

"S·C·S·E"这一基本行动准则的存在，使东京迪斯尼乐园的每一个员工在遵守既定的工作规章的基础上，通过自己的判断，审时度势地应对突发事件的自主性工作努力成为可能。从而使东京迪斯尼乐园的服务有别于其他企业，呈现出更具有适时性及人性化感情色彩。

注重员工存在价值的情感经营

如果去询问一般服务性企业的员工："你做这个工作快乐吗？"得到的回答大多是："只不过是为了工作而已……"然而，如果对东京迪斯尼乐园的员工提出同样的问题，大多数员工会毫不犹豫地回答："是啊！很快乐。"

为什么同样是从事服务性工作，却有着截然不同的回答呢？原因在于不同的经营理念，不同的企业文化所致。

"让园内所有的人都能感到幸福"是东京迪斯尼乐园的基本经营目标。其中不仅有游客，也包括游乐园内的工作人员。

"东京迪斯尼乐园的员工意味着东京迪斯尼乐园本身。如果为游客提供服务的员工不能在工作中感受到乐趣，那么他/她又怎么可能为游客提供令人感到快乐的服务呢？只有员工满怀激情快乐地工作，来到这里的游客才会体验到真正的幸福。"正是基于对员工的这一根本认识，东京迪斯尼乐园在营造"享受工作、快乐工作"的企业工作氛围上可谓不遗余力。

提供梦幻般的非日常性体验是东京迪斯尼乐园一贯的经营宗旨。这就从根本上注定其日常经营工作中，必须注重对游客及自身情感的有效调动。事实上，就像东京迪斯尼乐园的建筑设计及日常营运中无所不在的神秘的感情色彩一样，其组织文化、企业内传说、员工教育等各个方面无不体现着浓厚的人性化情感经营特色。

通过"S·C·S·E"基本行动准则，东京迪斯尼乐园赋予了员工自主判断并采取行动的权利与责任。这意味着面对客人，东京迪斯尼乐园的所有干部员工

是平等的，负有同样的权利和责任。东京迪斯尼乐园相信自己的员工，并鼓励他们在别人需要帮助的时候，及时采取行动，勇于承担责任。

事实证明，这种对人性的理解和运用最终不仅使东京迪斯尼乐园的服务成为传说，更使迪斯尼崇高的经营理念成为现实。东京迪斯尼乐园的成功是情感经营价值的真实写照。理解情感经营的内涵并在日常经营工作中加以实践应用吧！

案例问题

1. 东京迪斯尼乐园是如何实现并长期保持高水平服务质量的？
2. 结合本案例谈一谈作为旅游购物品企业，应该如何注重情感经营？

本章小结

本章介绍了旅游者的消费需求、旅游者购物的心理过程、旅游者的购物动机以及旅游购物品消费者市场购买行为分析四部分的内容。

旅游者的需求层次包括五个部分：生理需求、安全需求、社交需求、尊重需求和自我实现需求。旅游消费需求除了具有层次性外，还有其基本特性（伸缩性、习惯性、周期性、互补性、互替性与从众性）。

旅游者购物的心理活动过程包括三个方面：购物的认识过程、情感过程和意志过程。在对购买动机的含义、形成过程及其特点进行介绍后，进而将购买动机分为两大类：一般购买动机和具体购买动机。最后介绍了旅游购物品选购的三个原则。

旅游购物品消费者市场购买行为分析包括影响旅游购物品消费者购买行为的主要因素和旅游购物品消费者购买决策的过程。旅游购物品消费者的购买决策过程由确认需要、信息收集、方案评价、购买决策与购买后行为等五个阶段构成。

复习与思考

1. 旅游者消费需求的基本特性有哪些？
2. 旅游者购物心理活动过程包括哪几个部分？并分别对其进行论述。
3. 什么是旅游者的购买动机？它有哪些具体特点？
4. 旅游者在选购旅游购物品时应遵循哪些原则？
5. 影响旅游购物品消费者购买行为的主要因素有哪些？
6. 旅游购物品消费者的购买决策过程由哪些阶段构成？

网上作业

在网上搜集4~5例有关消费者心理研究的案例，拟定一份销售方案，把你从案例中所得到的启发运用到如何满足旅游购物品消费者的特殊需求中。

第4章　旅游购物品与文化

学习目的

- 了解旅游购物品与外来文化之间的关系
- 掌握如何打造文化品牌发展旅游购物品
- 重点掌握旅游购物品与中国传统文化的内在关系

旅游是一种综合性的社会活动，从消费的角度来看，旅游也是一种文化性消费行为。旅游购物品的基本功能是让旅游消费者得到文化性、精神性的最大享受，即提供给旅游消费者的使用价值最主要的是一种无形的效用，是一种体验和感受。因此，把文化艺术与旅游购物品有机地结合起来，研究旅游购物品与中国传统文化，旅游购物品与外来文化之间的内在关系，对于旅游购物品的开发具有重要意义。旅游购物品融入文化及艺术内涵其品位会提高，品位越高，其附加价值也会越大。

第一节　旅游购物品与中国传统文化

中国是一个拥有数千年历史的文明古国。数千年的历史长河，也是中华民族的发展史。其间，中国沉淀了历史悠久、深厚而耐人寻味的传统文化。中国传统文化的发掘，对旅游购物品的开发具有极为深远的影响和重要意义。对中国传统文化而言，包括中国食文化、酒文化、茶文化、服饰文化、工艺品文化等，其本身就蕴涵着丰富的旅游购物品资源。

一、中国的饮食文化

饮食是人类生活方式的一个重要组成部分，是人类生存的物质基础，也是社会发展的前提条件。“饮食文化是人类追求饮食的美化、雅化所赋予的文化形式

与内涵；是饮食摆脱对物欲的单纯追求，升华为一种精神享受所呈现出来的文化形态。”具体地说，饮食文化是指有关美食和饮料在加工制作和食用过程中所形成的风尚，它是民俗中最活跃、最持久、最有特色的因素之一。中国的饮食文化是伴随着人类社会的产生而产生，伴随着经济文化的发展而发展，伴随着科学技术的进步而进步，它的形成和发展主要由中国的环境、历史、经济、政治、文化等诸多方面的因素所决定。

（一）中国饮食文化的发展简史

中国是一个讲究美食的国家，历来有重视饮食的传统。早在三千多年前，中国的烹饪技艺就已经达到了较高的水平，经过历朝历代的发展，相关的饮食文化日趋完善。悠久的历史，历代帝王贵族的倡导，文人墨客的传播，由此种种，使我国在物质上产生种种美味佳肴的同时，创造了璀璨绚丽、光耀夺目的美食文化。同时，我国是一个多民族国家，地域辽阔，不同民族、不同地区由于各自特殊的历史、地理条件，以及由此形成的经济文化因素，在漫长的历史进程中又形成了不同流派、各具特色的饮食文化。饮食文化已经成为中国历史文化的一个重要方面，体现着中国社会和文化的特点，也成为一种重要的旅游购物品资源，令国内外游客叹为观止。

“民以食为天。”“食色、性也。”“饮食男女，人之大欲存焉。”“国人讲美食，西人好美色。”“药补不如食补”……如此众多的俗语、名言都从不同方面道出了中国人注重饮食的倾向和习俗。在中国旅游，如果没有品尝到中国的美味佳肴、点心小吃、美酒名茶，就不能真正体会中国“饮食大国”的内涵。

中国烹饪源远流长，闻名世界，素有“烹饪王国”之称。如同音乐、书法、绘画一样，中国烹饪艺术是中国数千年灿烂的民族文化遗产的重要组成部分，是宝贵的旅游资源。如今，“食在中国”，品尝中国大江南北各色风味佳肴，成为大多数海外旅游者来中国旅游的主要动机之一。

由于中国地域广袤，地理条件复杂，气候多样，因而中国烹饪艺术具有深厚的地方特色，在统一的中国烹饪艺术中具有多样的地方烹饪艺术特点，这就为全国各地开辟地方美食旅游品尝提供了物质基础。中国又是一个多民族的国家，55个少数民族分布于全国各地，在统一的中国烹饪艺术中又具有多样的民族烹饪艺术特点，这就为全国各地少数民族聚居区开辟少数民族美食旅游提供了物质基础。中国的饮食文化经过长期发展，自明清尤其是近代以来，随着农业的发展，饮食原材料的极大丰富，交通的发达，城市经济的繁荣，地方口味和烹调技术的交流融合，美食家的品评提倡，逐渐形成了辐射一定地域的不同风格的地方菜

系，它们是我国烹饪技术的精华，是我国烹饪水平的代表，统称为“中国菜”。

（二）中国的烹饪艺术

中国菜包括地方菜、宫廷菜、少数民族菜和有宗教意味的清真菜、素菜以及保健食品药膳等部分。其中地方菜按地域划分，又可分为四川菜、广东菜、江苏菜和山东菜四大菜系，其主要特点是：南甜、北咸、东辣、西酸。在此分别介绍四大菜系的不同特点。

1. 山东菜

山东菜又称鲁菜。山东是我国古代文化发源地之一，烹饪技术早在1 400年前就达到较高水平。山东曲阜的孔府菜对山东菜系的形成颇有影响。明代以后，鲁菜成了宫廷御膳的主体，是我国影响最大的菜系之一。其特点是：选料精细，讲究丰满实惠，精于制汤，烹制海鲜有独到之处，善于以葱香调味。主要代表菜品有：九转大肠、葱烧海参、糖醋黄河大鲤鱼、母子会等。

2. 四川菜

四川菜又称川菜。四川素有“天府之国”的美称，当地丰富的物质条件，众多风味独特的作料和调味品，为创造出独具特色的川菜提供了得天独厚的条件。在清代川菜已形成了以“一菜一格”“百菜百味”为特色的地方风味十分浓郁的菜系，赢得了“食在中国，味在四川”的美誉。四川菜的主要特点是：调味多样，取材广泛，主要代表菜品有：宫保鸡丁、麻婆豆腐、棒棒鸡等。

3. 广东菜

广东菜又称粤菜。广东历史上就是我国南方重镇。鸦片战争后又成为重要的对外开放口岸，欧美各国的传教士和商人大量涌入，为饮食业的发展提供了广泛的市场。晚清时，粤菜广采京都风味、姑苏名菜、扬州炒菜和西餐之长，再汇合广东境内各地方菜的优点，自成一格，并赢得“食在广州”的美称。广东菜的特点是：选料广博，奇而杂；讲究鲜嫩爽滑，季节性强（即夏秋清淡，冬春浓郁）；使用具有独特风味的调料，烹制出独具地方风味的菜肴；烹饪方法独特，由于食俗和口味的不同，粤菜的烹调技法与众不同，主要有“煲、烤、泡、熬”等。主要代表菜品有：龙虎斗、脆皮乳猪等。

4. 江苏菜

江苏菜又称淮扬菜。主要由淮扬（南京、镇江、扬州）、苏锡（苏州、无锡）、徐海（徐州、上海）三个地方的风味菜组成。江浙一带土地肥沃，物产丰富，鱼虾遍布，历来是商贾和文人雅士云集之地，淮扬名菜、姑苏名点层出不穷。经过长期的积累，淮扬菜的花色品种越来越丰富，烹饪技艺愈加精湛，终于

形成了“甜咸适中，南北皆宜 ”的淮扬菜特色。淮扬菜的主要特点是：选料讲究时令和活、鲜；注重刀工、火工；调味上讲究清淡，尤其强调本味；在保证口味的前提下，注重色泽新颖，清爽悦目；注重美观，别致新颖，生动逼真。主要代表菜品有：淮扬狮子头、叫化鸡、火烧马鞍桥、三套鸭等。

此外，中国的素菜、宫廷菜和药膳等也很有特色，在此我们特别要提到的是药膳。药膳，也可称为饮食疗法。我们的祖先在长期的生存斗争中，学会了选择有益于健康的食物，避免吃不利于健康的食物。随着社会的进步，人类在实践中不断摸索总结，逐渐懂得一部分食物可以作为药品，按其性能以不同的剂量来治疗不同的疾病。同时，还发现某些食物加进某些药物，或某些药物加进某些食物后对治疗某些疾病有神奇的功效，如药膳鸡……于是，中国的药膳吸引着成千上万的旅游者，特别受到港、澳、台同胞，华侨和外籍华人的青睐。

二、中国酒文化

酒是一种历史悠久的饮料，古今中外，在欢庆佳节、婚丧嫁娶、宴请宾客时都少不了它，尤其在酒会、宴会等场合举杯祝酒更能活跃气氛。中国是一个饮酒大国，自夏商时代开始，酒就与国计民生、人们的物质和精神生活息息相关，融入人们的日常生活，渗入了人生的各个方面，从而成为一幅色彩斑斓、异彩纷呈的民俗风情画卷。

（一）中国名酒大观

中国是酒的王国，在长期的发展过程中，酿造出许多被誉为“神品”“琼浆”的酒类珍品。

1. 白酒

白酒是以各种含淀粉或糖分的原料、辅料、酒曲、酒母、水等，经过糖化发酵后，用蒸馏法制成的40°~65°之间的高浓度酒。1952 年至 1988 年，全国历届评酒会评出国家名酒的白酒共 17 种，即：茅台酒、泸州老窖特曲、汾酒、西凤酒、五粮液、古井贡酒等。

贵州茅台酒，被尊为我国的“国酒”，有二百七十多年的历史，它以独特的色香味为世人称颂，因产于贵州省仁怀县茅台镇而得名。其色泽晶莹透亮，口感醇厚柔和，无烈性刺激感，入口酱香馥郁，回味悠长，饮后余香绵绵，持久不散。1915 年获得巴拿马万国博览会金奖，被评为世界第二名酒。自 1952 年以来，在历届全国评酒会上，连获国家名酒称号，为国内国际市场上的“酒中明珠”。

泸州老窖特曲，产于四川省泸州市泸州老窖酒厂。酒液晶莹透亮，酒香芬芳

飘逸，酒体柔和纯正，酒味协调适度。具有窖香浓郁，清冽甘爽、饮后留香、回味悠长等独特风格。1915 年获得巴拿马万国博览会金奖。自 1952 年以来，在历届全国评酒会上连续名列国家名酒。

五粮液，顾名思义，是用五种粮食——高粱、糯米、大米、玉米、小麦为原料酿造而成的酒液，产于四川宜宾。五粮液酒源于唐代的“重碧”和宋代的“荔枝绿”，又经过明代的“杂粮酒”“陈氏秘方”，经过一千二百年的历史实践，才达到今天的水平。该酒无色透明，开瓶时，酒香浓郁扑鼻；饮用时，香溢满口，四座生香；饮用后，余香绵长，口味柔和甘美，醇厚净爽，各味协调，在我国大曲酒中以酒味齐全而著称。

汾酒，产于山西汾阳县杏花村汾酒厂。古诗云“清明时节雨纷纷，路上行人欲断魂，借问酒家何处有？牧童遥指杏花村。”即是指此地。其酒液晶莹透亮，清香馥郁，入口绵软、甘洌，余味净爽，有色、香、味三绝之美。1915 年获得巴拿马万国博览会金奖。自 1952 年以来，在历届全国评酒会上连续名列国家名酒。

此外还有陕西的西凤酒等等也很有特色。

2. 黄酒

黄酒是中国最古老的饮料酒，也是中国特有的酿造酒，多以糯米为原料，也可用粳米、籼米、黍米和玉米为原料，蒸熟后加入专门的酒曲和酒药，糖化、发酵后压榨而成。酒度一般为 16 ° ~18°，含糖、氨基酸等多种成分，具有相当高的热量，是营养价值很高的低度饮料。

1952 年至 1984 年的四届全国评酒会上评为国家名酒的黄酒有绍兴加饭酒和龙岩沉缸酒。其中，绍兴酒产于浙江省酿酒总厂，又名“越酒”“绍兴老酒”“山阴甜酒”，其制作历史有两千四百余年。绍兴酒以糯米为原料，使用鉴湖的水，酒色黄而清澈，香气浓而沉郁，味道醇而不腻，色、香、味三者具臻上乘。

3. 葡萄酒

我国用葡萄酿酒的历史悠久，汉代西域地区就以酿造葡萄酒而驰名。唐代我国西北地区已用葡萄蒸制葡萄烧酒。

1952 年至 1984 年的四届全国评酒会上被评为国家名酒的葡萄酒有：烟台红葡萄酒、味美思、金奖白兰地，北京中国红葡萄酒、北京特制白兰地，长城干白葡萄酒，河南民权白葡萄酒，天津半干白葡萄酒。

山东烟台张裕葡萄酒厂生产的红葡萄酒、味美思、雷司令和金奖白兰地，在 1915 年美国旧金山举行的巴拿马国际博览会上一举拿到四块金质奖章。1952 年至 1984 年的四届全国评酒会上烟台红葡萄酒、味美思、金奖白兰地，连续获得国家名酒称号。

4. 啤酒

啤酒是用大麦芽和大米为主要原料，再加上水、淀粉、酵母菌等辅料，经酵母发酵而制成的一种含二氧化碳的低度酒饮料，也叫麦酒。它含有丰富的营养，有“液体面包”的美誉。啤酒的制造工艺由西方传入我国，在我国的历史较短，但现在也已经成为众多中国人喜爱的一种酒饮料。

1963 年至 1984 年的三届国家评酒会上被列为国家名酒的啤酒有：青岛啤酒、北京特制啤酒和 13 度特制上海啤酒。其中，青岛啤酒产于山东青岛市青岛啤酒厂，以浙江、江苏等省所产二棱大麦为原料，配以自产优质啤酒花，用崂山泉水为酿造水，采用德国传统工艺精心酿制而成，口感柔和清爽，余味纯净，属中浓度淡色啤酒，原麦汁浓度为 12 度以上，酒精含量为 3.5%。1962 年以来连续获得国家名酒称号和质量金奖。

5. 配制酒

配制酒是用白酒、葡萄酒或黄酒为酒基，再配合中药材、芳香原料和糖料等制成。其中，用中药材配制的酒称为药酒，如竹叶青等。

1963 年至 1984 年的三届全国评酒会评出配制酒的国家名酒有：山西竹叶青、湖北园林青。竹叶青，产于山西汾阳县杏花村汾酒厂，酒度为 45°，酒液呈金黄色，微绿，口感甜绵、微苦、温和，酒香、药香与甜味和谐一致，有一种药材形成的独特悦人芳香，无刺激感。具有开胃、助消化等功效。

以上各类名酒，在我国的旅游购物品中仍占有重要的地位，是人们在名酒的原产地享用或是旅游归来馈赠亲友的上好礼品。

（二）饮酒的情趣

自古以来，中国饮酒是非常讲究礼仪的。在饮酒的习俗发展中，逐渐形成了一套为世人所认可并遵从的礼仪。一是未饮先酹酒。酹，指将酒洒于地下。这种习俗源于古代的祭祀习俗。这种习俗后成为饮酒礼俗之一，被各族人民广泛使用。二是饮酒应干杯。即端杯敬酒，讲究“先干为敬”，受敬者也要以同样的方式回报，否则即受罚。三是行酒令以助酒。酒令是宴会上助兴的一种游戏，兴于两汉，盛于唐宋，延传至今，形式多样，行令方法各异，普遍的有骰子令、猜枚、划拳等，是我国酒文化的独创。在宴席上，酒令虽属游戏，但玩起来还是很认真的，“酒令如军令”。其分类大体有四种：① 古令，为古代所传下来的酒令；② 雅令，既须引经据典，分韵联吟的酒令；③ 通令，是游戏性较强，借助骰子、牙牌等器具的通行之令；④ 筹令，是只能用“筹”（令签）才能行的令。

另外，俗称划拳的拇战也是酒令的通俗表现形式。在大多数场合，以划拳定

输赢，由胜者定酒底，酒面（即酒令词）由输者说。拇战时，多伴有高声呼叫，且花样繁多。令词往往通行南北，只是在用词上稍有差异。拇战一般是由两人对手，以猜测双方所伸手指数目之和而计算胜负。同时调动与宴者的参与意识，逼人思考，提高思维反应能力，反映人的文化水平，显示中华民族的文化积淀。

（三）酒的文化

酒，因文而香。酒文化源远流长，世界上自从有了酒，便有了酒文化。酒文化是一种特殊而又普遍的文化现象，说它“特殊”，因为它烙有酒的印记，或者以酒为表达对象，或者在酒的作用下产生；说它“普遍”，则因为它涉及面广，举凡政治、军事、经济、哲学、文学艺术、旅游交际、风俗习惯、医药卫生等各个领域，无不留有它的足迹。酒作为一种文化现象，在中国由来已久，它在中国文化发展上占有重要位置，并且直接影响到中国人生活的各个方面。我国的文人墨客有许多脍炙人口的关于酒的诗篇流传至今，构成了丰富多彩、千姿百态的酒文化，成为蜚声国内外的中国饮食文化中又一朵艳丽的奇葩。

三、中国茶文化

中国是茶的故乡。茶是中国传统的、最流行的饮料。中国是世界上最早种茶、制茶和饮茶的国家，是茶文化的发祥地。中国茶叶自西汉起由广东出海传至印度支那半岛和印度南部等亚洲地区；南北朝时，传入土耳其；唐宋时期传入日本、斯里兰卡、印度等国；大约在明清时传入欧洲。今天，在当代科技成就创造了许多新奇的现代饮料之时，中国的茶仍然以它那特有的东方神韵和芬芳，吸引着世界许多国家的人民，并享誉于世界饮料之林。这不仅因为茶有解渴的功用，而且早已和华夏悠久而丰富的文化融为一体，直接或间接地渗透到人的精神之中。在数千年的饮茶历史中，随着历史、文化的不断发展和积淀，以及各民族自身的特点与习俗，饮茶已演变为一种有差异性的社会文化内含的民俗习惯，并形成了特有的茶文化。

（一）茶的简史

茶原产于我国。它被饮用、栽培的历史上可以上溯到神农氏，至今已有四千年以上的历史。唐代陆羽所著的《茶经》上说：“茶之为饮，闻之于周鲁公。”《神农本草经》上说：“神氏尝百草，日遇七十二毒，得茶解之。”这说明茶的历史很悠久，最初的用途是从用药开始。在秦汉时期，人民将茶叶制成饼，饮时捣成碎末，放在壶中，加上葱、姜等调味品，既可当饮料，又当药用，还可用来款待宾客。西汉王褒所著的《僮约》已有“武阳买茶”一事。从这段记载看，在西汉时期，茶叶已成为社会上层人物的日常饮料。

（二）中国传统名茶

1. 绿茶

绿茶是最古老的茶叶品种。绿茶是不发酵的茶叶，初制时采用高温杀菌，以保持鲜叶原有的嫩绿。多酵类全部不氧化或少氧化，叶绿素未受破坏，香气清爽，味浓，收敛性强。绿叶绿汤，色泽光润，清香芬芳，味爽鲜醇。绿茶产量大，品种多，其中以西湖龙井茶、太湖碧螺春茶、黄山毛峰茶最为著名。

（1）西湖龙井。因产于杭州市西湖龙井村及其附近而得名。其中尤其以狮子峰所产为最佳，被誉为“龙井之巅”，每年清明节前采摘的芽称“明前茶”，也称为“莲心”，极为名贵。龙井茶具有干茶扁平挺直，大小长短匀齐，色泽绿中透黄，茶香清高鲜爽，宛如茉莉清香，味甘而隽永。泡在玻璃杯中，清汤碧液，可见茶芽直立的特点，世人誉为“色绿、香郁、味甘、形美”四绝。以虎跑泉水冲泡，号称杭州“双绝”。

（2）太湖碧螺春。产于江苏吴县太湖上的洞庭山区，又名“洞庭碧螺春”。原名为“吓煞人香”，后经康熙皇帝改名为“碧螺春”。碧螺春茶产于碧螺峰，以茶质绝佳而闻名。其特点是条索纤细，卷曲成螺，绒毛遍布，具有花香果味。

（3）黄山毛峰。产于安徽黄山市，是毛峰茶中的佳品。其特点是茶叶肥壮，大小均匀，银毫形如雀舌，油润光滑，绿中微黄，冲泡后入口醇香鲜爽，回味甘甜沁人心脾。特级黄山毛峰，又称黄山云雾茶，产量极少。

2. 红茶

红茶出现于清朝，用全发酵法制成。制作关键是渥红（发酵）以促进酶活性，使多酚类充分氧化。红叶红汤，香甜味醇，具有水果香气和醇厚的滋味，还具有耐泡的特点。红茶多以产地命名，以安徽祁红、云南滇红尤为出众。

祁红又称祁门红茶，是祁门工夫红茶的简称。主要产于安徽省祁门县及附近的东至、黟县等县。1875 年黟县人余干臣从福建罢官回原籍经商，便仿效福建“闽红”制法，在至德县（今东至县）尧渡街设立茶庄试制红茶，成功后扩大红茶经营，别人亦效仿之。于是很快祁红声誉超过闽红，1915 年获巴拿马国际博览会金奖。祁红条索紧细秀长，色泽乌润，毫色金黄，汤色红艳透明，叶底鲜红明亮，入口醇和，回味隽厚，味中有浓郁的既似果香又似花香的香气，清鲜持久，国外誉为“祁门香”。祁红在国际市场上与印度大吉岭茶、斯里兰卡乌伐茶齐名，并称为世界三大高香名茶。

3. **乌龙茶**

乌龙茶也称青茶，属半发酵茶，介于红茶与绿茶之间。始出现于清朝。制作采用独特的“做青”工序，使鲜叶不充分氧化。特点是叶色青绿，汤色金黄，香气芬芳浓醇，既具有红茶的醇厚又具有绿茶的清香。乌龙茶的产地主要集中在福建、广东、台湾一带，名品有福建的大红袍、铁观音，广东的凤凰单枞，台湾的冻顶乌龙等。

铁观音因树种而得名，产于福建省安溪等县，也称为安溪铁观音。茶叶色泽绿，重实如铁，香气特异，疑是观音所赐，故取名铁观音。外形条索紧结，成螺旋形，身骨沉重；色泽砂绿翠润，红点明显，内质香气清高，滋味醇厚甘鲜，有天然的兰花香，俗称“观音韵”。汤色金黄明亮，叶底肥厚软亮、边缘略向背面卷曲，耐冲耐泡，要冲泡二三次才能品出茶的香气滋味来。饮时入口微苦，瞬即回甘、带有蜜味。

4. **黄茶**

加工过程中采用杀青、闷黄方法，使鲜叶进行非酶性氧化。黄叶黄汤，香气清悦醇和。黄茶按芽叶嫩度分为黄芽茶、黄小茶和黄大茶。著名品种有君山银针等。

君山银针产于湖南省岳阳市洞庭湖中君山岛。该茶特点是，芽头茁壮紧实，挺直不曲，长短大小匀齐，茸毛密盖，芽身金黄，称为“金镶玉”。汤色浅黄，叶底明亮，滋味甘醇，香气清雅。若以玻璃杯冲泡，可见芽尖冲上水面，悬空竖立，下沉时如雪花下坠，沉入杯底，状似鲜笋出土，又如刀剑林立。再冲泡再竖起，能够三起三落。

5. **白茶**

白茶白色茸毛多，色白如银，汤色浅淡、素雅，初泡无色，滋味鲜醇，毫香明显。是在加工制茶时仅经过萎凋便将鲜叶直接干燥的茶，不揉捻、不发酵。主要产于福建的政和、福鼎等地，名品有白毫银针、白牡丹等。

白毫银针，又名银针白毫，也间称银针或白毫。因色白如银，形状似针而得名。主要产于福建的政和、福鼎等地。采下的茶芽要及时加工，只要萎凋和干燥两道工序。具有外形美观，芽肥壮，茸毛厚，芽长近寸，富光泽，汤色碧青，香味清淡，滋味醇和等特点。

6. **虫茶**

虫茶是我国特有的林业资源昆虫产品，是传统出口的特种茶。虫茶是由化香夜蛾、米黑虫等昆虫取食化香树、苦茶等植物叶片所排出的粪粒。虫茶约米粒大小，黑褐色，开水冲泡后为清褐色，几乎全部溶解，像咖啡一样，饮用十分方便，且茶味清香，类似茶叶汤。

虫茶在我国生产和饮用已有相当悠久的历史。虫茶是一种很好的医药保健饮品，具有清热、去暑、解毒、健脾胃、助消化等功效，对腹泻、鼻出血、牙龈出血等有较好的疗效，是热带和亚热带地区的一种重要清凉饮料。虫茶主要产于我国广西、湖南边界的中海拔山区，此外，贵州部分地区也有出产。

（三）茶的文化

茶是人类三大饮料之一，目前全世界约有三十亿人饮茶，饮用人数之多，为咖啡、可可两大饮料所远不及。

我国既是茶的故乡，同时又是茶文化的发源地。作为中华民族的传统饮料，茶与文化一直结有不解之缘。我们的祖先在发明茶的栽培和各种茶制作方法的过程中，还创造出茶的极其讲究的品饮艺术和极其丰富的茶文化，被誉为“中国传统文化宝库中的璀璨明珠”，内涵十分丰富。概括地说，它融诗词、绘画、书法、歌舞、戏曲、游戏、工艺为一体，汇哲学、经济、历史、宗教、民俗、礼仪、医学、园艺、食品、陶瓷为一堂，综合体现了悠久灿烂的东方文化。我国饮茶，素有喝茶和品茶之分。喝茶，意在解渴，满足人的生理需要，所以重在数量。而品茶，重在意境，把饮茶看做是一种艺术欣赏，精神享受。一般的说，中国品茶艺术包括四个方面：①观茶：从茶叶色泽的红与绿、明与暗、老与嫩几方面观察茶叶的品质风格。②闻香：欣赏茶叶随热气散发出来的清香以及留在杯盖上的“盖面香”。③冲泡（沏茶）：欣赏茶叶在冲沏时的舒展过程，茶叶的溶解状态，以及最终姿形。④品味：欣赏茶汤颜色，体会茶汤滋味。

中国品茶的礼仪、排场和个人修养即为茶道。茶道艺术在唐宋时期传到日本，得到推广发展，形成颇具特色的日本茶道。如今，茶道已经走出亚洲地区，在世界许多国家扎下根，并具有更加广泛深远的意义。茶艺是中国茶道的主要内容，它讲究五境之美，即茶叶、茶水、火候、茶具、环境，同时配以情绪等条件，以求“味”和“心”的最高享受。

千百年来，源于中国的茶文化在日本、朝鲜、东南亚、西欧、北美、非洲等世界各地生根开花。近一二十年来，一般以饮茶、品茗、赏艺为主要内容的茶艺、茶道更是风行于世，世界性茶文化热方兴未艾。从发掘旅游资源的角度考察，这正是一大宗我国所独具的高品位特色旅游资源，而且分布地域之广阔，地方特色之突出，都举世无双，优势明显。

我国名茶产地，一般也是游览胜地。如闻名世界的龙井茶，就是产在景色秀丽的杭州西湖边的龙井村；威震东南亚的武夷岩茶，产在岩峰耸立、溪水萦流的武夷山脉；色泽碧绿、卷曲如螺的茶中佳品碧螺春，产于万顷碧波的太湖之滨的

洞庭东山和湖中小岛洞庭西山。故凡盛产茶叶，保留茶道、茶艺传统较好的地区，均可推出“品茶赏茶游”，同时关于茶的商品也将趋于热销。这一旅游项目，特别受到日本、朝鲜、东南亚各国旅游者的欢迎，因为上述各国的饮茶文化都是从中国流传过去的，中国不仅是世界茶叶的故乡，也是世界饮茶文化的发源地。中国茶区之广、茶类之多、饮茶之盛、茶艺之精，堪称世界第一。

此外，我国部分地区和少数民族的茶礼也是千姿百态，各具特色，比如云南大理白族同胞举行婚礼之时喝的“三道茶”，布依族和土家族人的“打油茶”等等，都是这些地方的特色旅游资源，在进行旅游开发的同时，也可以根据条件生产与茶相关的旅游购物品。博大精深的茶文化，是数千年来先哲们不断探索、积累的文化智慧的结晶，是我国文化宝库中极其珍贵的财富。

四、中国服饰文化

服饰是一个民族文化的表征，但它又不仅仅是一个民族的标志，除了具有重要的使用价值外，还有审美、研究民族发展、民族文化的价值，而且还是一个民族经济、文化发展的象征。服饰文化是人民思想意识和精神风貌的体现。中国地域辽阔，民族众多，服饰文化的地域风情极为多样。中国有“上下五千年”的文明史，历史上的服饰文化流变也十分丰富。

我国服饰文化的地域性、民族性、历史性特征十分明显，制约服饰文化发展的因素很多，主要是历史传统、地理环境与宗教信仰、文化审美情趣等。

（一）服饰的构成

服饰，指人们穿戴在身上的服装与饰物的全部，包括服装本身及与服装并存的有关饰物。我国服饰形制丰富，种类也多，一般可分为首饰、衣裳、足衣等。

1. 首饰

历来用于头饰的有巾、帻、幞头、帽、冠、笠、抹额、钗簪、耳环、项链、围巾、头篷等。

巾，是用来包头的布帕，以便劳作，并有保暖与防护之功，故又称“头巾”。

帻，是用较厚实的布帛折叠固定成形，包裹发髻。

幞头，是方巾四角延接的带子，裹发覆巾于头顶，两条带子自后脑朝前反搭系于额前，前额两条带子往颅后围裹，多余部分自然下垂。结扎方便又不易散开。据载，自北周武帝宇文邕时开始流播。晚唐后便发展到幞头包裹在预先制好的头箍上，方便又硬朗。至宋代演变成一种官帽，便不在百姓中通用了。

帽子，本为少数民族的头饰，魏晋后才为汉族男女接受，成为风帽、突骑帽。帽有两类，一类是隋唐时的锦帽、珠帽，明清时的暖帽、风兜等质地厚实的御寒帽；另一类是以纱、麻为原料制成的较轻薄的六朝圆帽、方帽、高屋帽，宋元时的仙桃帽、高桶帽、东坡帽，明清时的鬃帽、四方瓦等。

抹额，它的前身是幧头，即长巾折叠成长条，覆于额前。起于东汉，宋时妇女也崇尚，并用水獭、狐狸皮或狗皮等制成，称为“暖额”。

2. 衣服

古时服装分两大类型，一为分体制，即上身为衣，下身为裳。上衣有襦、袄、半臂等，下身为胫衣、裤、裙、蔽膝等。另一是衣裳合二为一制，即深衣、襜褕、袍、衫、褂、直裰、褶子等。

深衣，起于春秋，盛行于战国、西汉，无论男女、不分尊卑均可穿着。《礼记·深衣》云：“短毋见肤，长毋被土”，即是不露手脚直至地的大包裹长衣。较长大的一面衣襟由前绕后加以包裹绾结。

袍，是深衣的改进形制，把深长多出的大襟剪掉，不再往身后绕至前身。用交领、两襟叠压形成长筒形，故称长袍。有夹层，中纳绵（棉）絮，冬可御寒。起于战国，汉代后为主要服式。

襦，是短仅到腰的上装，故有“腰襦”之称。东汉以后，男女通用，可做衬衣，也可直接外穿。对襟窄袖，隋唐时衣襟放开比较流行。两宋穿襦者仅限农村妇女，元代后再度流行。

裳，原本是一片蔽前、一片蔽后的屏障式下服，主要作用是遮羞而不是御寒，后发展成多片布帛拼接的裙。汉以后样式很多，有间色、面彩绘、印染甚至集鸟羽的羽毛裙、百褶裙等。

裤，春秋时只有两只裤管的胫衣，也称绔，没有裤腰和裤裆，即膝以上没有任何遮护，以后有了裆和腰就成了裤子。中原人士原本就是胫、裳、蔽膝加上衣构成一套服饰。与北方游牧民族直接穿裤子相比，显然不方便。赵武灵王学“胡服骑射”，即在军旅中推行穿裤子，至秦汉才流传全国。

3. 鞋袜

袜子，早期的袜平头、无跟、袜统后有带以便扎于踝上。

履，履是鞋子的总称，有丝履、麻履、葛履和皮履。早期是冬皮夏葛为履，春秋战国时丝履渐多，但仍以葛、麻、兽皮为主，丝帛仅装饰于鞋头、鞋跟而已。魏晋时期丝履盛行，履头式样有圆、方或歧头等。

屐，是木底鞋，也叫木屐。因底有两个齿，一前一后，避免了鞋底与地面接触，也不易在青苔、泥泞地上滑倒，方便旅行。宋以后女子因缠足，屐渐成为男人的雨鞋。明清时代，岭南闽粤女子多天足，木屐在男女中流行并有花饰，此时的屐已无齿，成为拖鞋的前身。

（二）民族服饰的代表作

中国有55个少数民族，他们一般都居住在山区和边区，与外界联系相对闭塞。在大自然的慷慨与恩惠中，他们就地取材，创造出风姿绰约、姹紫嫣红的民族服饰。他们服饰上的织绣或取自当地大自然的水光山色，花鸟虫鱼，或取自本民族古老传统的图腾形象，因而无论是色彩或图案、纹样都显得绚丽多彩、古朴神秘，有的粗犷强烈，有的温雅细腻，其手工的完美，有时更是给人以不可重复之感。多民族文化的优势为民族服饰的产业化奠定了坚实的基础。他们的代表作分别是55种少数民族独具特色的民族服饰。如大理白族服饰也许与白族人民崇尚白色有关，不论男女服饰，在坝区或山区，都盛行以白色为主要色调。并且能根据不同性别、年龄、身材、相貌配以其他色彩布料加工制作出精美、鲜艳的外装。一眼望去便给人们美观大方、色彩分明、线条突出的感觉，富有地方民族特色，常给人过目不忘的印象和美感。

大理地区的白族男子多着白色对襟上衣，外穿镶花边的黑领褂，下穿白色或蓝色肥宽裤子，头缠白色包头，肩挎工艺考究而且实用的镶花挎包。而在山区或与其他民族杂居的白族男子，在白色对襟衣外面穿一件羊皮褂或腰系蓝色土布腰带。近几年来，随着生活水平的日益提高，男的着装除老人变化不大外，年轻人的衣着服饰发生了很大变化，穿西装和休闲装者增多，已和汉族无多大差别。但遇民族节日或集会，喜庆佳节，依旧穿着民族服饰。

白族妇女服饰盛行以白色为主要色调。因此白族妇女不论老少，都爱穿白衬衣，配加工制作精细、颜色鲜艳的红、蓝或浅蓝色领褂，下穿灰蓝、绿色布料加绣花边裤角的裤子，脚穿绣花鞋，腰系加工精致，上面镶边处绣有花、鸟等图案的绣花短围裙。白族妇女服饰，不论老少，不仅显得十分协调，而且还给人以美观、大方的感觉。特别是居住在大理一带的白族妇女，头上缠以绣花布和粉色毛巾，头巾侧边飘着一束雪白的白色缨穗，更是显得潇洒自如，展示出青春的无限活力，使人感到别具一格，加之腰系紧身的束腰围腰，无一不流露出特有的风韵和浓郁的民族特色。

有的地方的白族妇女，头戴一顶钉满银饰、尾部上翘的“凤凰帽”或叫“鸡冠帽”的帽子，不仅显示漂亮、俏丽，还象征着勤劳、富有。而已婚妇女，发辫挽成髻于脑后，用黑色丝网罩或黑色布包头帕包住，给人以成熟美、庄重美的感觉。随着年龄的增长，妇女的服饰、装束多以艳丽走向以素雅为主，这种装束显得更加庄重。个别与其他民族杂居的白族，也穿与有关民族相同或略有不同的服饰，但在色彩、装束、结构上，总是给人明快、大方、做工精细的感觉。

五、旅游购物品与工艺品文化

工艺美术品是旅游购物品的一个重要组成部分。中国的民间工艺在艺术上有鲜明的民族特点，是中国悠久而灿烂的古代文化的重要部分，也是极其珍贵的旅游资源。

工艺美术是艺术百花园中品种最多的一种，也是人们日常接触、欣赏和使用最多的一种，它是和社会生产和人们生活有直接联系的物质文化之一。它与其他艺术品不同的特点是，它具有精神生产和物质生产的双重属性，大多数工艺品具有艺术欣赏价值和生活实用价值的双重属性。

我国源远流长、辉煌多彩的工艺美术，是时代的一面镜子。它形象地反映着时代的思想，又直接体现着历史社会的生活方式。我国的工艺美术除具有深厚的历史传统特点以外，还具有浓厚的乡土气息，成为反映当时当地人民生活风情、社交礼仪的一面镜子，具有极其强烈的地方特色。

中国的工艺美术既具有悠久的历史传统，又具有深广的地方特色，既为国内人民所喜爱，更在国际上享有盛誉，被世界各国誉为“东方明珠”。从旅游资源的角度考察，它又是我国颇具优势的品位极高的艺术特色旅游资源。在旅游中，一些工艺品是作为欣赏对象，供游人观看的，另一些工艺品则作为购买、收藏和作纪念品用的。我国主要的民间工艺文化的代表有：

（一）中国织绣作品

织绣最初是作为服饰的原料而产生的。我国的纺织手工业历史悠久，是世界上最早生产丝织品的国家。自古以来，我国的丝织品就深受世界各地人们喜爱。同时，与丝织品密切相关的刺绣业在我国发展也很迅速，逐步形成了闻名中外的四大名绣。

中国四大名绣属中国传统工艺之一，约有两三千年的历史。绣品分日用及欣赏两大类。虽然刺绣风格因地而异，但刺绣的技法却基本相同，而且四大名绣还有以下共同特点，即：图案秀丽、绣工精细、色彩文雅、针法细巧。

1. 苏绣

苏州历来是中国丝绸的重要产地，被称为“丝绸之府”。明清两代，宫廷在苏州设立织造署，专门监制皇家所需的丝织品。苏绣以绣工精细、针法活泼、图案秀丽、色彩雅洁著称。苏州在五代和北宋时刺绣水平就已相当高，后来吸收上海顾绣以及西洋画的特点，创造出光线明暗强烈、富有立体感的风格。现代苏绣的代表作是双面绣《猫》。双面绣的最大特点是人们可以从正反两面观赏。绣猫

最重要的部位是眼、耳、鼻、嘴、须、眉，绣工们须使用各种针法，使猫身上的毛茸茸的毛发形象逼真。还要根据猫的瞳孔受光部位的不同色彩选用二十多种绣线反复套色，并用一根线的二十四分之一，进行眼睛的镶色和衬光，使之光亮有神，富有水晶体的质感，整个画面绣织得活灵活现、栩栩如生，大有呼之欲出之感。

2. 粤绣

粤绣，又称广绣，是广东地区传统民间刺绣。相传创始于少数民族，与黎族织锦同源，已有一千多年的历史。其构图丰满、形象逼真、风格活泼；色彩浓郁艳丽，对比强烈；施针简单，针线重叠隆起，针脚长短参差；擘线粗而松，用线种类繁多，常配用捻金线和孔雀羽线，并用马尾缠绒做勒线勾勒图案轮廓，使绣品格外炫目，有立体感。其代表作是《百鸟朝凤》。

3. 湘绣

湘绣主产于湖南长沙一带，已有两千多年的历史。它以湖南民间刺绣为基础，吸收苏绣、粤绣之优点，逐渐演变而成，其特点是：风格豪放，色彩鲜艳，针法考究，善于表现景物、动物，绣品若画。它根据画稿的不同景物，采用不同的针法，运用七十多种针法和上百种不同颜色的丝线，使绣出的人物、山水、花鸟、走兽等具有特殊的艺术效果。湘绣以狮虎为代表作，民间早有苏猫湘虎之说。湘绣狮虎毛纹刚健直竖，眼球有神，生动地表现了雄狮、猛虎的性格和神态，几可乱真。

4. 蜀绣

历史悠久的蜀绣，又称川绣，是四川成都一带盛行的传统刺绣工艺。其特点是：针法严谨，光亮平齐，线路分明，紧密柔和。蜀绣以软缎和彩线为主要原料，绣出的人物、山水、花鸟、走兽神态各异，能表现出明暗、粗细、软硬、松紧、深浅、冷热的不同层次，并取得美丽动人的艺术效果。芙蓉鲤鱼条屏为其代表作，刺绣被面为其大宗产品，其绣工精细，图案明快、美观，具有浓厚的地方色彩。

刺绣纱绸是我国富有民族风格和地方特色的传统手工艺品，除四大名绣外，与其媲美的还有瓯绣、顾绣、汴绣以及少数民族的织绣产品，如苗族刺绣、侗族织锦、土家族织锦、壮锦等。

（二）陶瓷文化

中国的陶瓷已有几千年的历史，有陶器和瓷器之分。以下分别进行介绍：

1. 陶器

中国著名的陶都有江苏宜兴、广东石湾、山东淄博、安徽界首等地。

（1）宜兴紫砂陶，宜兴素有“陶都”之称，以日用陶器为主要产品。其特点是：造型优美，色泽素雅，实用性强，品种繁多。紫砂茶壶胎壁无釉，呈多孔性，具有较强的吸附力，泡茶五天后仍能保持茶香。此外，它还具有耐热性好，传热慢，不烫手，三九严寒之时用沸水泡茶，茶壶不会爆炸的特点，因而被称为天下“神品”。同时，用紫砂陶制作的气锅也备受人们的青睐。除紫砂陶系列产品名扬中外以外，宜兴的均陶、彩陶和精陶也很有名气。

（2）石湾陶器，石湾陶器的特点是：浑厚凝重，古雅朴拙，豪放洒脱，神形兼备，美观实用。其欣赏品以人物器皿最佳。

（3）淄博美术陶器，淄博陶器是我国北方主要陶瓷之一，产于山东淄博市，已有两千多年的历史，其特点是：质地细腻，造型新颖，工艺精湛，釉色鲜艳。其中以雨点釉、茶叶末釉等美术釉尤为著名。

2. 瓷器

从唐朝开始，中国的瓷器就伴随着阵阵驼铃声，通过丝绸之路走向世界。从此，中国赢得“CHINA”（瓷器之国）的美称。江西景德镇、福建德化、湖南醴陵是我国的三大瓷都，其中最为著名的是景德镇瓷器。

早在汉代，景德镇就有了陶瓷，魏晋南北朝时，陶器发展为瓷器。唐代出现了白瓷，自宋代起定为官瓷，成为中国瓷器的生产中心。明清两代景德镇的五彩缤纷的颜色釉以及崭露头角的金色、红色瓷器，赋予中国瓷新的风采，并开始外销东南亚、阿拉伯和欧洲国家。景德镇瓷器的特点是：瓷质细腻，造型精巧，滋润清雅，以“白如玉，薄如纸，明如镜，声如磬”的独特风格而闻名于世。其中青花瓷、青花玲珑瓷、薄胎瓷、粉彩瓷为景德镇四大名瓷。

此外中国的龙泉青瓷、钧瓷、汝瓷等也各具特色，深受世界各地旅游者的青睐，是各地较有代表性的旅游购物品。

（三）中国民间雕塑文化

中国的民间雕塑文化可分为泥塑、面塑和雕刻。

1. 泥塑

泥塑使用黏土塑造人像或其他工艺品。泥塑艺术在我国有悠久的历史，传说是在孩子们用泥巴捏制小动物做玩具的基础上，逐步发展成为有特色的民间手工艺品的。中国著名的民间泥塑分为泥人、泥玩具以及彩泥偶等。以下分别介绍其中的典型代表：

（1）无锡惠山泥人。无锡惠山泥人艺术已有四百多年的历史，是用惠山特有的一种黏土经工匠们捶捣、捏塑、开相、上彩制成。成型的泥人不需要曝晒，

也不用焙烧，阴干数日即可。泥人成品只要放置得法，不摔不撞，可以保持数十年而完好无损。惠山泥人艺术的特点是粗犷、淳朴，是传统圆雕和浮雕的有机结合。其作品造型夸张，整体感强，色彩鲜艳，服饰美丽。代表作品是“大阿福”。

(2) 北京泥玩具。北京泥玩具做工细腻，造型准确，色彩鲜艳，开脸漂亮，除具有泥土产品本身的土味外，还另有一番雅的韵味。其艺人不刻意追求酷似实物，而强调夸张和稚气。他们还运用“不似之似”的表现手法，塑绘出神态各异的泥玩具。特别有趣的是他们将凶猛的狮虎塑绘得笑口常开，眼神温和稚气，形象可爱之极，成为玩具市场孩子们的抢手货。

2. 面塑

面塑的主要原料是可塑性强的小麦精面和质地细白、柔软黏度大的江米粉。在制作过程中掺入各种颜色，并加入一些蜂蜜，分色和成面团，上笼蒸熟后，用手捏成各种各样的动物、植物和人物形象。这种面塑制品经久而不干裂，也不怕摔打，确实是具有独特的观赏价值和保存价值的艺术品。山东冠县郎庄是中国一绝——郎庄面塑的主要产地。

(四) 雕刻艺术

雕刻艺术是指在木、竹、石、玉、象牙等材料上雕琢出形象或其他纹样，其制作过程是由表及里。一般可分为浮雕、透雕、圆雕、平雕等工艺。中国的玉雕、石雕、牙雕、竹雕、木雕、椰雕、葫芦雕、砖雕等既是传统的工艺品，又是颇具特色的旅游纪念品，是旅游购物品的重要组成部分。

(五) 中国剪纸文化

剪纸，是长期流传于我国的一种具有浓厚乡土气息的民间艺术。作为中国民间传统工艺的剪纸，是劳动人民，特别是农村妇女的杰作，因此它的题材与农村人民的日常生活和活动有密切关系。劳动人民喜欢的家畜和家禽、动植物以及一些有喜庆寓意的说法和戏剧人物、传说故事等都是剪纸表现的题材。不同地区的剪纸有不同的地方特色，通常南方剪纸玲珑剔透，北方剪纸天真浑厚。

(六) 中国编织文化

中国传统的编织地分布极广，种类繁多，具有悠久的历史。其特点：造型美观、色彩华丽、编工精巧、富有弹性。各产地的编织工艺各有其独特风格。主要有竹编、草编、葵编、柳编、藤编、棕编等。

（七）中国扇文化

我国的制扇不仅历史悠久，而且品种繁多，堪称“扇子王国”。据不完全统计，扇子的品种大约有四五百种，扇子不仅是人们生活中的实用物品，扇面也是诗人、画家、书法家施展才华的天地。在我国的戏剧舞台上也多用扇子来烘托人物性格，使舞台艺术更加完美。岳州扇、杭州扇、苏州扇并称为中国的三大名扇，是我国优秀的民间传统工艺品。

中国工艺品种类繁多，除上述介绍的以外，重要的还有：贵州玉屏的“神箫仙笛”、北京的“风筝哈”、江苏常州的“宫梳名篦”、浙江绍兴的“王星记纸扇”、江苏苏州的檀香扇、山东博山的内画壶、安徽泾县的“千年寿纸”——宣纸、安徽歙县的“千秋光”——徽墨、山东莱州的毛笔、广东肇庆的“天下第一砚”——端砚等等，真是琳琅满目，不胜枚举。这是我国极其丰富的艺术特色旅游资源，而且分布地域极广，具有浓厚的民族色彩和地方色彩，值得各地旅游部门认真地去开发。

第二节　旅游购物品与外来文化

在中国现有社会文化中，外来文化已经占据了一定的位置，且对中国国民的思想形成很大的影响。由于中国与其他国家的发展历程、政治经济的不同，中外文化在一定程度上有着较大的差别，深入研究、发掘外来文化中的一些宝贵的东西，对于旅游购物品开发及其发展意义极大。

一、外来文化中对数字的忌讳

由于发展历程、政治文化的不同，许多国家都有数字方面的禁忌。随着中外文化交流的加大，国外的一些数字禁忌也已传入国内，使相当多的国人也开始接受这些习俗。

数字“4”很多国家都非常忌讳，特别是日本。因此日本的房号、楼层号、宴会桌号、车号、礼品数等等都尽量避免用“4”开头或结尾。在这种情况下，就是连四个一组包装的商品也难以向他们销售。现在，国人对“4”也是与外国一样忌讳的，人们出门旅游、购买旅游购物品都是非常反感碰到“4”字的。但也不可否认，在中国的某些地区，“4”字被认为是“事事如意”等吉祥意义的代表；但地区的某些特殊性，总是难以运用于开发之中，我们一定要注意到对一

些不吉祥数字的避讳，比如对于产品的包装、定价等方面，都是应该加以注意的，避免中外文化上的撞车。

当然，不同国家对数字的忌讳可能是不一样的。我们或许不可能把所有国家的数字禁忌照顾到，但我们至少应该在旅游购物品开发中避开一些最主要的忌讳，尤其一些主要客源国的忌讳。数字方面的主要忌讳还有：新加坡人视数字“4”“6”“7”“13”“37”和“69”为消极数字，尤其忌讳“7”；很多国家都很忌讳数字“13”，不喜欢星期五，视“13 日”“星期五”为不祥日子，如澳大利亚、英国、法国、俄罗斯、美国、加拿大等国。

在旅游购物品开发中注意到数字的忌讳，不仅能够使旅游购物品易于被国外游客接受，也能够迎合已经习惯于此的绝大多数国内游客。

二、外来文化中对色彩的忌讳

旅游购物品一般而言既是种类繁多、形式多样，同时又是五颜六色、异彩纷呈的。我们如果对国外的文化加以注意，就会发现许多国家的文化中，对于色彩有着许多忌讳和偏好。如果深入进行了解，不难发现，在旅游购物品的开发中，很多旅游购物品的色彩会直接影响到旅游购物品的销售。

日本人最忌讳绿色（不祥之色），不喜欢紫色（悲伤色调）、黑色（丧服颜色），而比较喜欢红色（象征吉祥）和黄色（视为阳光），也喜欢红白相间或金银色相间的颜色；德国不喜欢红色、红黑相间色及褐色，尤其忌讳墨绿色（纳粹军服色），北方人喜用黑色、灰色，南方人则偏爱鲜明色彩；英国人厌恶墨绿色（纳粹军服色），忌讳黑色（丧服颜色），偏爱蓝色（象征宁静、忠诚）、粉红色（表积极向上）等鲜艳颜色；美国人忌讳黑色（象征死亡），不喜欢红色，偏爱白色（象征纯洁）、黄色（象征和谐）、蓝色（象征吉祥）等鲜亮色彩；加拿大人忌讳黑色（象征死亡），偏爱白色（象征纯洁）……

从以上的分析我们可以看出，国外文化对色彩的看法，既有共性，如很多国家都忌讳黑色、墨绿色，而较喜欢鲜亮的色彩；又有每个国家的独特特性，如日本人较喜欢红色，而美国人不喜欢红色等。这些外来文化与国内文化上的差距在我们进行旅游购物品开发中都要密切加以注意和利用。比如在进行某些旅游购物品的出口开发中，避开出口目的地国对色彩的一些忌讳，而采用出口目的地国喜爱的色彩，自然会促进旅游购物品的出口，获得较好的经济效益而减小风险。

三、外来文化中对旅游购物品图案的忌讳

旅游购物品中，服饰、工艺品等商品上最主要的部分除了色彩以外，还有上

面的图案，甚至一些旅游购物品的包装上也印上精美的图案，以达到促销的目的。因此，我们进行旅游购物品的开发，尤其对于图案的开发，不仅要注意突出本国的特色文化，更应该注重对国外文化中图案的研究，避其忌讳，投其所好。

在图案方面，日本人忌讳荷花图案（用于祭奠），讨厌狐、獾、金眼猫或银眼猫图案，不喜欢淡花色或白色的花卉和花卉图案，且平常不得使用菊花图案（皇室专用）；印尼人忌讳带有龟等的图案，喜爱带驼或茉莉花图案；澳大利亚忌讳兔子图案（视为不吉利动物），喜爱袋鼠、琴鸟和金合欢图案；德国人讨厌菊花、蔷薇图案（视为不吉）、蝙蝠图案（象征吸血鬼）；英国人忌用山羊图案（视为讨厌动物）、大象图案（象征愚蠢）、孔雀图案（视为淫鸟、祸鸟）、黑猫图案（视为不祥之兆）、菊花图案（丧花）、百合花图案（象征死亡）、蝙蝠图案（象征吸血鬼），也不喜欢核桃和杜鹃花图案（视为不吉）；美国人忌讳蝙蝠图案（象征吸血鬼）、黑猫图案（视为不吉），偏爱白色秃鹰图案（国鸟）和白猫图案（象征逢凶化吉）；加拿大人忌讳百合花图案（丧花），喜爱枫叶图案（为国家和友谊的象征）等等。

注意研究世界各国对图案的一些忌讳和喜好，就会使我们在进行旅游购物品的开发时使自己的旅游购物品在未上市之前就已经具备一定的竞争优势。注意到这个问题，趋利避害，就可以使我们开发出的旅游购物品在国内、国际市场上具有较强的竞争力。

四、外国饮食文化对我们开发旅游购物品的影响

每一个国家，每一个地区的人民对饮食都有自己的嗜好。在中西方交流日益频繁、国际经济日趋一体化的今天，社会生活也逐步与国际接轨。在这种情况下，我们已经不能一味地按照传统来宣传中国的饮食和招待西方客人，必须改进自己的饮食，使之能够得到国外游客的认可。

在饮食方面，日本人的口味偏爱甜、酸和微辣味，喜爱中国京、沪、粤、闽、淮扬菜以及不太辣的川菜，对绍兴酒及茅台酒极感兴趣；澳大利亚人一般不爱辣味，不吃海参，喜欢酸甜味，喜爱中国的淮扬菜、浙菜、沪菜、京菜；德国人口味清淡，喜甜酸味，忌食核桃，不大吃鱼虾及海味，不爱吃油腻、过辣的菜肴，喜爱中国的京菜、鲁菜、淮扬菜；英国人口味偏重清淡、鲜嫩、焦香，喜食酸甜、微辣味，不愿吃带粘汁或过辣菜肴，不喜欢用味精调味，也不吃狗肉，喜爱中国的京菜、川菜、粤菜；法国人口味偏爱酸甜，讲究菜肴的鲜嫩和质量，不爱过辣菜肴，喜爱中国的鲁菜、粤菜、淮扬菜；美国人口味喜清淡、不腻，咸中带微甜，不爱吃蒜、过辣食品、肥肉、清蒸和红烧菜肴，不喜欢过咸、过辣菜

肴，不喜欢蒜味、酸辣味调料，忌食动物内脏、脚爪、虾酱、鱼露、腐乳等怪味、腥味食品，喜爱中国的淮扬菜、沪菜、鲁菜。

知道并了解国外的饮食文化，对于我们开发饮食旅游购物品来说，是极为有益的。我们在开发新的饮食时，必须要考虑到国外的饮食习惯。

五、借鉴国外的商品文化和行为文化来发展旅游购物品

随着我国开放力度的加大，外来文化的传入程度也在加深。适时关注国外商品文化、行为文化的变化，及时恰当的引进，对于我们的旅游购物品的开发是大有裨益的。

20世纪80年代左右，日本有一个有名的动画片《铁臂阿童木》，它在中国播放以后，掀起了阿童木玩具的热潮。同样，到了90年代，美国的《变形金刚》在国内上映后，又掀起了一场变形金刚玩具的热潮。如果抓住了当时的生产机会，效益是极为可观的。

美国的唐老鸭、米老鼠、史努比等卡通形象对于我们开发相关的旅游购物品来说也是有益的借鉴。美国的迪斯尼乐园世界闻名，如果哪个地区能够兴办一个类似的乐园，其效益也是可观的。北京于20世纪90年代末所修建的世界公园，浓缩了世界各国的有名游览胜地，凡去北京旅游的人，几乎没有一个不去的。其他像美国的系列产品，肯德基、麦当劳、必胜客等西式快餐都是我们可以进行开发的蓝本。

六、外来文化性质的旅游购物品的目标消费群分类

传统观点多认为外来文化性质的旅游购物品其主要的消费群是国外游客。这种观点未免失之偏颇，试想国外游客千里迢迢从国外来到中国，在旅游的同时购买大批反映自己民族特色的旅游购物品，这是很难想象也是很难实现的。

依据外来文化性质所开发的旅游购物品其目标消费群应该包括国内游客和国外游客两类。对于国内游客来说，总是非常乐于购买具有地方特色同时又融进一些外来文化的旅游购物品，这既满足了他对地方特色的需要，又满足了他对外来文化的要求。对于国外游客来说，他们也是时常乐于购买具有旅游目的地地方特色，同时又在一定程度上符合自己所在国的文化，适合自己对旅游购物品的一定的要求的商品。所以我们在利用外来文化发展自己的旅游产品时，一定要注意进行全局性的考虑，使之既可以满足国内游客，又可以满足国外游客的需要，这样所开发出的旅游购物品无论是在国内市场，还是在国际市场都会具有较强的竞争力。

第三节 打造文化品牌 发展旅游购物品

对旅游业的发展而言，旅游购物品是一个极为重要的组成部分。游客出游，从浅层次来看，目的是领略一下异地或异国的特殊风情、自然风貌以及特殊的人文气息；从深层次来看，更包含有一种文化的成分，感受一种独具特色、耐人寻味而又是其他地方难以捕捉到的文化底蕴。尤其对于当前过着快节奏的都市生活的人们来说，文化底蕴显得尤为重要。因此，我们认为，开发旅游购物品重要的一项，就是重视文化内涵，打造旅游购物品文化品牌。

一、发展旅游购物品文化品牌的重要意义

1. 有利于消除消费者的不安全感

品牌的出现其实是伴随着消费者的不安全感而来的。一旦不安全感消失，品牌也不再发挥效力。而现在的社会竞争日益激烈，假冒伪劣产品大量冲击着市场，对旅游购物品市场来说，也是如此。游客购买、消费旅游购物品就是想获得一种原汁原味的感受，所以，进行旅游购物品文化品牌的建设，可以消除消费者的不安全感，提高所开发的旅游购物品的知名度，进而保证旅游购物品生产、经营单位获得稳定而又优厚的收益。

2. 增强旅游购物品在市场上的生命力

一种商品如果不能发展成为一种品牌，那它在市场上的生存将无法长久。只有发展成为一种品牌，才可能使之在市场上经久不衰。所以，发展旅游购物品文化品牌也同样可以增强旅游购物品在市场上的生命力。我们在发展旅游购物品文化品牌时一定要进行持续不断的开拓，面向未来，预见市场，用新思路来维持旅游购物品在市场上的生命力。

3. 使旅游购物品的开发获得优化效应

这里所讲的优化，主要是指品牌对社会资源合理配置作用所带来的效果和反应。随着市场的发展和运输信息传播等手段的现代化，使得人们的消费方式和消费倾向迅速在不同的市场中传递，从而导致市场的需求和消费者的偏好逐渐趋向一致，旅游购物品市场在这一点上也不例外。

二、发展本国特色的旅游购物品文化品牌

中国是一个具有数千年历史的文明古国，拥有 56 个民族，地大物博，也因

此形成了各地独具特色的地方民族文化。中华民族本身所蕴涵的文化，无论是从种类、特色还是内涵上讲，在世界上都是其他国家难以比拟的。在中华民族发展的悠久历程中，也一直没有放弃吸收外来文化的精髓，从而更使得其文化博大精深，包容东西。这样一种多层次、多方位的文化结构，本身就是一种宝贵的旅游购物品资源，对我们旅游购物品的开发具有极为重要的意义。

一般而言，许多人都认为旅游购物品是以物化的具体形式存在，具有一定的、完整的物质形态，可以用大小、轻重、颜色、形状等物理特征描述出来；而文化则是一种精神体验，它不以物化的形态表现出来，两者不具有共同点。但是，从深层次而言，两者却有着极为紧密的联系。文化本身就是一种宝贵的旅游购物品，两者的结合更是给旅游地带来了丰富的文化氛围和灵气。如四川九寨沟风景区一向以优美的风景吸引着八方的游客，乍一看，这只是因为优美的景色。但若进一步考虑，这又何尝不是因为该地的自然文化吸引着人们去体验？又如山东泰山，古人云："会当凌绝顶，一览众山小。"如果说是泰山的风景吸引着游客，这只回答了一部分，事实上，在中国很多地方都可以领略到和泰山相似的大部分风景，但人们只有亲自到了泰山才会有一种满足感。说到底，就是因为泰山本身给人们带来的一种"东岳"文化的享受，只有登上泰山，才能使人们体会并达到"会当凌绝顶，一览众山小"的境界。因此，我们开发旅游购物品，就是要抓住这种文化，要把这种最能吸引人的旅游购物品文化做成一种品牌。这样的旅游购物品才是最具有生命力、活力和吸引力的商品。

对于具体的商品开发，我们要尽可能地融人文化的含量，使其不仅是一种商品，更是一种具有文化灵性的名牌商品。很多文化都是以一定的商品作为载体表现出来的，旅游购物品也不例外。比如云南大理的茶文化，就是以白族的"三道茶"来表现的，"一苦，二甜，三回味"的"三道茶"其实就是人生的一大体验，从中游客可以领悟到白族茶道中的"清"（清心寡欲）、"和"（和气温良）、"俭"（俭朴修身）、"怡"（怡情雅趣）、"健"（健体延年）等丰富的文化内涵。从对一种茶的品味，体会到无尽的人生哲理，从而创出了一种名牌旅游购物品。以致有些人说，到大理，一要看三塔，二要喝三道茶，这不就是很好的证明吗？藏族人民的哈达，质地精美，颜色圣洁，这集中体现了藏族人民所具有的热情好客、待客真诚的一种传统，同时又是藏族文化的一个重要的组成部分。到西安旅游的人们一般都会去品尝一番当地的羊肉泡馍，除了这种食品独特的风味之外，更重要的是游客可以领略西北汉子粗犷、豪爽的品格，因为这代表了西北地区的一种文化。云南的过桥米线也是如此。世界历史遗产、文化名城丽江，近年来一直是游客向往的热点旅游区。游客到丽江，游览古城的建筑是共同的心愿，但是，越来越多的游客也注意到，自己到丽江旅游，一定要去了解丽江古城的历史，这就使人仿佛回到了古老的纳西社会，领略到纳西族的东巴文化。因此，我们在开发旅游购物品时要注意到不是在开发单纯的商品品牌，而是在开发一种商品文化品牌。

三、发展具有外来文化的旅游购物品文化品牌

在国内一些地区所兴建的旅游景点，所体现出的多是外来文化，从一定意义上来讲，旅游景点本身也是一种旅游购物品，只是商品的外在表现形式不同罢了。像1995年北京兴建的世界公园，在它里面汇集了世界各国著名的景点，在这里，人们不用走出国门就可以领略到世界各国著名的景点及其本身所蕴涵的文化。这样，我们在对北京世界公园进行品牌开发时，就不仅仅要突出它的世界性，更要注意突出它所包含的世界各国的文化性，从文化这个角度来塑造世界公园的品牌。当然，这类旅游购物品外来文化品牌，它的主要的消费者是国内的游客，我们应该注意到这一点。

四、发展中外文化结合的旅游购物品文化品牌

对于中外文化相结合的旅游购物品来说，表现最为突出的是民族服饰。中国拥有55个少数民族，开发民族服饰的条件得天独厚，民族服饰中蕴涵着丰富的民族文化，但如果我们在进行民族服饰旅游购物品开发时，只是一味地单方面地表现自己的民族文化，这在现今的社会竞争中行不通，特别是对于服装来说。服饰的款式、色彩等变化得比较频繁。我们在进行民族服饰旅游购物品的开发中，一定要以自己本民族的特色文化为主，但同时也应该借鉴国际流行、时尚服饰的产品才能在国内外市场上具有竞争优势。其实，这时候我们已经把外来文化中有关服饰文化的一部分引入到我国传统民族服饰文化当中了。

案例分析

日本茶文化与商品①

日本人一般都喜欢茶，饮茶文化源于17世纪的翡冷翠，日本人将它发扬光大，用饮茶时间来谈生意、读书、写作、绘画、约会等等。日本的国家机关或一些公司，都有休息时间，这时，人们大抵一边谈笑，一边饮茶。

茶道，起源于饮茶，从讲究沏茶的方法、姿势开始，进而研究饮茶的环境，

① 资料来源：《人民日报·海外版》，2001年3月14日，第七版。

即茶室、茶庭、饮茶的茶具及敬茶、饮茶的礼貌。这样就把沏茶、饮茶提高到精神、文化、审美的领域。因此被作为"道"而确立了。茶是养生延寿的珍品，而茶道是日本所特有的高雅的饮茶礼节。茶道的基本精神是恬静和朴素，在百忙中挤出片刻闲暇，以达到和、敬、清、寂。实际上，茶道是一种饮茶的礼仪规范。它不仅要求有幽雅自然的环境，规定一整套点茶、泡茶、献茶的程序，而且还包括茶具的选择与欣赏，茶室书画的布置、装饰和茶室茶庭的建筑等等在内。也就是说，在讲求饮茶应酬之仪的同时，讲求环境装饰之美，使物质与精神享受合二为一。日本人把茶道视为一种修身养性、提高文化素养和进行社会交际的手段，包含着艺术、哲学、道德等各方面的因素，它是日本特有的综合性文化生活。日本茶道中最大的一派，也是被认为最正宗的是佛教禅宗茶道。

现在的日本人不仅喝茶，而且还吃茶。"茶膳"就是一种传统性膳食。米饭中放茶叶，酱汤中泡茶叶，油炸品中添茶叶，蛋羹中加茶叶，炸蔬菜、炸海鲜、蒸鱼、烤肉撒茶粉，餐后上茶冰激凌，或上茶糕点、茶酸乳等。顾名思义，"茶膳"就是添加了茶叶的各种"日本料理"。除了"茶膳"，还有许多的茶食品，如茶面包、茶饼干、茶年糕、茶馒头、茶挂面、茶豆腐、茶糖、茶酒、茶果汁等。除了食用外，用茶叶制造生活日用品也出现了热潮。在这方面，对茶叶的利用包括茶叶本身和从中提取的茶儿素、黄酮类化合物等有用成分。据日本茶叶中央会调查，利用茶叶制作的生活日用品逐年增多，用途广泛，遍及衣、食、住、行等社会生活的各个方面。其中最大的是家庭日用品，如沐浴剂、香波、漱口液、手纸等护理用品和化妆品，室内用的防虫剂和除臭芳香剂，电冰箱中使用的防氧化剂等。

案例问题

1. 试述茶文化与旅游购物品之间的内在联系。
2. 结合实际，如何利用茶文化开发具有当地特色的旅游购物品？

本章小结

本章主要介绍了旅游购物品与中国传统文化、外来文化之间的关系以及如何通过打造文化品牌来发展旅游购物品。

中国传统文化主要包括饮食文化、酒文化、茶文化、服饰文化、工艺品文化五个方面的内容。外来文化包括对数字的忌讳、对色彩的忌讳、对旅游购物品图

案的忌讳、外国饮食文化、国外的商品文化和行为文化。无论中国传统文化还是外来文化，对我国旅游购物品的开发都具有十分重要的意义。

在对旅游购物品与中国传统文化、外来文化之间的关系进行分析后，我们从三个方面来探讨如何通过打造文化品牌来发展旅游购物品，即发展本国特色的旅游购物品文化品牌、发展外来文化的旅游购物品文化品牌和发展中外文化结合的旅游购物品文化品牌。

复习与思考

1. 中国传统文化包括哪些内容，分析它们与旅游购物品之间的关系。
2. 简述中国工艺品文化的内涵。
3. 在旅游购物品开发过程中，对外来文化需要注意哪些问题？
4. 如何通过打造文化品牌来发展旅游购物品？
5. 发展旅游购物品文化品牌的意义有哪些？

网上作业

在网上搜集 4 ~5 个世界级的旅游购物品品牌，从文化角度分析它们是如何成功地将本国特色与外来文化巧妙地融合在一起的，这些世界级的旅游购物品品牌对于目前我国旅游购物品开发具有哪些借鉴作用？

第5章 旅游购物品需求与供给分析

学习目的

- 了解旅游购物品需求和供给的特点
- 掌握旅游购物品需求分析和供给分析的一般规律
- 重点掌握旅游购物品供需平衡分析

旅游购物品需求与旅游购物品供给是研究旅游购物品市场营销中的基本问题之一。面对激烈的旅游市场的竞争，旅游购物品生产经营的竞争具有更广阔的市场，因为在旅游六要素——吃、住、行、游、购、娱中，前四项的需求弹性远远小于“购”的需求弹性。如何才能提供游客喜爱的旅游购物品，最大限度地激发游客的旅游购物品购买热情，就必须要对旅游购物品市场的供求进行分析，揭示其矛盾，不断满足游客对旅游购物品的需求，实现旅游购物品生产经营的最大的效益。同时对旅游购物品市场分析也是回答旅游购物品经济学中的三个基本的并相互联系的问题，即生产什么和生产多少、如何生产、为谁生产。

第一节 旅游购物品需求分析

旅游购物品生产经营企业要提供适销对路的旅游购物品，满足游客对旅游购物品的不同层次的需求，就必须研究旅游购物品消费者的消费需求，这样才能更好地满足旅游购物品消费者的需求。

一、商品需求的含义

需求是指购买者的行为，这种行为表现为对于每一个价格水平，购买者愿意购买商品的数量。相应的，旅游购物品需求是指在不同价格水平下，购买者愿意购买旅游购物品的数量。

旅游购物品需求可分为潜在需求和现实需求两类。潜在需求是指某人或群体，具备旅游购物品需求的各项必要因素（金钱、意愿、能力等），只是缺乏行动的诱因，如有外力的推动（广告、亲朋介绍、产品设计、款式等），即可能使潜在旅游购物品需求转变为现实的旅游购物品需求。

现实需求是指消费者现实购买旅游购物品的需求。一方面它受旅游购物品本身因素及旅游购物品营销方式的影响，旅游购物品本身因素主要指旅游购物品设计所体现的民族性、文化性以及外观款式的个性和旅游购物品的价格等；另一方面影响旅游购物品需求的一个重要因素就是其营销方式，能否采取不同的营销组合方式，促进旅游购物品消费者倾囊购买。一般来说，这些影响因素对旅游购物品消费者产生的阻力越大，旅游购物品需求的意愿越差，反之，则意愿越强，我们可以用一个函数关系描述这种关系：

$$AD = f\ (PD,\ R)$$

AD 表示实际旅游购物品需求数量，*PD* 表示潜在旅游购物品需求数量，*R* 表示各种影响因素的阻力（设计、外观、个性、民族性、文化、营销策略组合、旅游购物品消费者的期望等）。

二、旅游购物品需求的一般规律

（一）旅游购物品需求表与需求曲线

一般可以观察到，在某一价格水平下旅游者购买旅游购物品的数量，即对旅游购物品的购买量取决于一定的价格水平。旅游购物品的价格提高，人们购买的数量减少；其他条件不变，旅游购物品的市场价格降低，人们购买的数量增多。

因此，在任何时候，旅游购物品的市场价格和旅游购物品的需求量之间，存在着一定的关系。这种价格与购买数量的关系可通过表格和坐标图表示出来。

表 5－1　旅游购物品需求情况

商品类别	旅游购物品的价格（元/件）	购买旅游购物品的数量（千件/月）
A	100	9
B	80	10
C	60	12

续　表

商品类别	旅游购物品的价格（元/件）	购买旅游购物品的数量（千件/月）
D	40	15
E	20	20

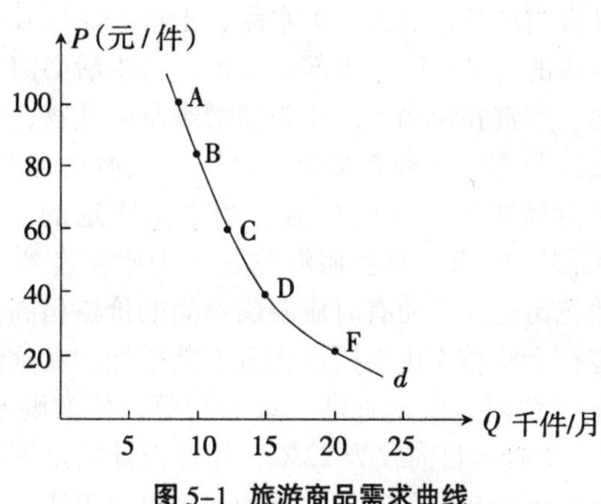

图 5-1　旅游商品需求曲线

从表中可以清楚地看出市场价格和需求量的关系，从旅游购物品需求曲线中可以更形象地看出数量和价格的关系。d 是需求曲线，当价格 P 下降时，需求量 Q 上升，因此该曲线向右下倾斜。当价格高时，购买数量较少；而较低的价格带来新的购买者，原有的购买者也可能因为价格下降而再次购买。

（二）旅游购物品需求价格弹性

需求弹性有很多种，在此主要研究需求价格弹性。按照需求的一般规律，价格下降则旅游购物品需求量增加，价格增加则旅游购物品需求量减少。但价格变动所引起的需求量变动的幅度，因不同的旅游购物品的属性和不同旅游者的情况而异。需求价格弹性就是衡量价格下降或上升一定比率所引起的需求量的增加或减少的比率，也就是衡量需求变动对价格变动的反映程度。

用公式表示为：

$$e = (\triangle Q/Q) \div (\triangle P/P) = \triangle QP/Q\triangle P$$

上式中，e 表示需求的价格弹性，P 表示价格，$\triangle P$ 表示价格的变化量，Q 表示需求量，$\triangle Q$ 表示需求的变动量。

由于两者成反比例变动，因此比例为负数，应用中可将△值取绝对值。价格

弹性一般用大于1、小于1或等于1来表示。当价格的变动使需求量以同一比例变动，则价格弹性 $e=1$，即价格变化百分比等于价格变化所引起的需求量变化的百分比；当需求量变动的幅度大于价格变动的幅度，则价格弹性 $e>1$，价格富于弹性；反之，当需求量变动的幅度小于价格变动的幅度，即 $e<1$，价格缺乏弹性。

旅游者到达一个新的旅游地或旅游景区都有购买旅游购物品的愿望，如购买一些旅游纪念品、具有当地特色的工艺美术品、土特产品以及生活用品等。旅游者在旅游过程中所购买的商品，除了少部分已消耗的生活必需品外，绝大部分在旅游结束后留作纪念、欣赏和使用，或作为馈赠亲友的礼物，具有铭记每次旅游活动的象征作用。旅游购物在某种意义上可以说是旅游活动的延伸。在吃、住、行、游、购、娱等旅游需求中，前四项需求基本是固定的，是“有限”需求，而旅游购物则是“无限”需求。只要旅游购物品为旅游者所喜爱，他们就可以把口袋里的钱不断地花出去，即使有时旅游购物品的价格稍高，旅游者也愿意购买，从而使其在游客整个旅游支出中所占比重不断增加。在旅游购物品较为发达的国家和地区，例如：法国、中国香港、意大利等，旅游购物在旅游支出中占50% ～60%的比例，而我国目前仅为22%，开发设计满足不同层次游客需求的旅游购物品是旅游业发展带动其他产业发展的一个重要渠道。

（三）旅游购物品需求的替代效果

旅游购物品需求的替代效果是假设一种旅游购物品其他情况不变（价格、款式、设计、外观等），当其他旅游购物品发生价格变化时，对这一旅游购物品的需求可能产生的影响。

旅游购物品需求的替代效果有以下三种情况：

1. 产生可替代的现象

亦即两种旅游购物品均能满足相同的欲望。如某游客到云南大理旅游，购买旅游购物品以作日后纪念时，蜡染和扎染制品都可以满足馈赠亲友的这一欲望，且两者价格、外观、设计等均相似，则易产生相互替代的情形。

2. 辅助性的产品

亦即两种商品必须相互使用，才能产生最大效果。如一些旅游购物品的精美包装盒分开销售，以满足不同游客的需求，特别对一些名贵药材，如果是自己购买使用，游客一般不需要精美的包装盒；只有当购买名贵药材作为馈赠亲友时，药材和精美包装盒才能发挥馈赠的最好的效果。

3. 无关的商品

亦即为两者之间无替换性和辅助性，其中任何一种产品价格产生变化，不致

影响到其他旅游购物品的需求量的变动。如北京景泰蓝的价格变动不会影响对香格里拉虫草的需求。

（四）需求的范伯伦效应

旅游购物品需求与价格的关系符合一般的需求规律，即价格上升，需求量减少；反之，则增加。但在旅游购物品中，有一些例外情况，与旅游业中的“范伯伦效应”相吻合。美国社会经济学家范伯伦（Veblen）提出，在旅游业中存在着“挥霍性消费”，即指购买能显示其地位与身份的豪华产品和服务，其需求规律是产品或服务价格上升时，被认为是质量提高，其需求量也随之上升。这类消费者大多为高收入阶层，很少考虑商品的价格，侧重于高消费所带来的享受。

对于这样的旅游消费者，在旅游购物品的需求中有同样的表现，垂青于那些价格高昂的旅游购物品，认为只有价格高昂的旅游购物品才具有购买价值，才值得纪念、馈赠和收藏，对于这样的阶层，在旅游购物品中经常出现范伯伦效应（图 5 –2）。

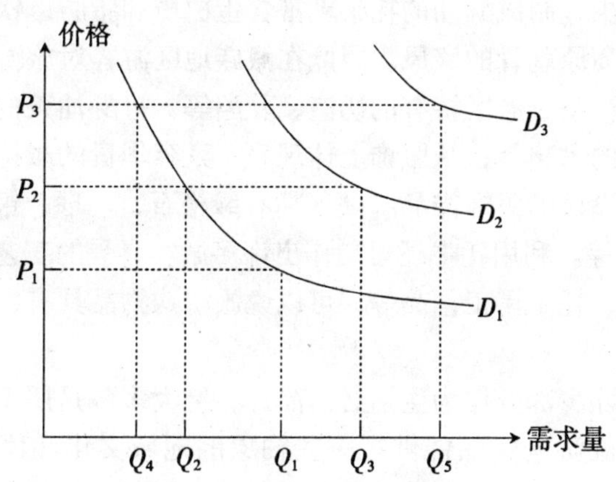

图 5–2　部分旅游商品的范伯伦需求曲线

从图中可看到，当价格为 P_1 时，需求量为 Q_1。当价格增加到 P_2 时，根据需求曲线 D_1，需求量应减少至 Q_2。但在范伯伦需求曲线中，由于买者看重旅游购物品的质量和档次，当价格上升至 P_2 时反而提高购买量至 Q_3，此时，需求曲线移至 D_2，当价格上升至 P_3 时，曲线移至 D_3，需求量实际增加至 Q_5，而非减少至 Q_4。

应该注意的是，范伯伦效应只对部分特定商品在特定价格范围内有效，仅是一种例外情况。

三、旅游购物品需求的特点

旅游购物品的需求与一般产品需求相比较，具有以下几个主要特点：

1. 需求的文化性、民族性

旅游购物品需求区别于一般商品需求的一个显著特征就在于旅游购物品追求文化性和民族性。旅游者到不同的地方旅游，意在感受和体验不同的地域文化和民俗风情。正如《世界自然宪章》所宣称的："文明根源于自然，它塑造了人类的文化，并影响了所有的艺术和科学的成就。"不同地域的旅游购物品也正是当地艺术和文化的体现，各民族用不同的社会生活方式来解决衣、食、住、行等一系列的问题，因此也就形成了风格各异的民族文化。这种文化通过他们的食品、服饰、生产用具等体现出来，而这种具有独特民族特色的物品正是旅游购物品开发设计的基础。

以藏族为例，因其居住在高寒山区，服饰用料厚实，雍容大方，多为长袍、羊皮坎肩、束腰的款式，脚穿既防寒又便于骑马的皮筒靴。在他们的饮食结构里，酥油茶必不可少。制成酥油的牦牛乳富含蛋白质和脂肪，饮后能在身体里产生很大热量以抵御高原刺骨的寒风。因此在藏族地区游客对旅游购物品的兴趣从饮食上体现为：酥油茶、藏区特有的奶渣、乳酪等，打酥油茶的竹筒、装酥油茶的陶罐、盛酥油茶的木碗等；从服饰上体现为：雍容华贵的藏袍、别具风格的藏族高筒皮靴、琳琅满目的服饰饰品（藏区拥有绿松石、玛瑙、银等资源，可作为服饰饰品的原料）等。利用牦牛还可制作出许多游客喜爱的工艺品，如牦牛角梳子、牦牛骨工艺品、牦牛尾工艺品等，可以说旅游购物品具有物化地域文化和民俗风情的作用。

游客旅游购物除少部分作为生活必需品外，绝大多数是用于日后的纪念和馈赠亲友，希望所购旅游购物品能够把一些抽象的地域文化和民族风情尽可能物化，充分体现旅游购物品的纪念价值和文化内涵，因此越是具有民族性和当地文化内涵的旅游购物品，越能激起游客购买的兴趣。例如景德镇的瓷器、北京的景泰蓝、杭州的丝绸织锦以及云南的扎染、贵州的蜡染等，都是具有鲜明的民族风格和浓厚的地方文化特色的旅游购物品，极受游客青睐。

2. 需求的扩张性大

旅游购物品需求具有不断扩展和增长的特点。一方面，旅游业相较于其他产业来说，是一个朝阳产业，有丰富的资源作为其生产、开发、设计的后盾和基础。随着人们收入的提高，不断增长扩大的客源为旅游购物品的需求提供了充分的消费群体。世界旅游观光协会（WYSA）市场研究预测机构报告指出：在1990

年以来的 6 年里，旅游人数平均每年增长 7.4%，旅游人数达到 4.5 亿人次。旅游业的蓬勃发展使旅游消费逐年增长，年递增率达到 8.5%，世界旅游消费额达到 2 300 亿美元。其中 40% 用于交通、住宿、就餐，60% 用于购买各类旅游消费品。亚太地区旅游消费额的增长幅度为其他地区的 2 倍左右，到 2010 年，世界旅游人数可望突破 10 亿人次，年旅游消费额超过 3 000 亿美元，也就是说每年将有 1 800 亿美元用于购买各类旅游购物品。

另一方面，旅游购物品的开发设计是旅游购物品需求不断扩展和增长的保证，经过专业的、结合当地文化特色的旅游购物品设计，特别是挖掘旅游纪念品和旅游工艺美术品高层次的文化及精神内涵，运用现代高科技手段和方法进行深度开发，可以不断生产出大量的富有创意的新的旅游购物品，使游客潜在的需求转化为现实的需求。例如苏州金属工艺厂设计生产了一种“枫桥夜泊”的纪念章，一看便知是游览苏州的纪念品，因为这首唐诗具有巨大的感染力度，不仅在中国，而且在日本也广为流传，加上刻有清代书法家俞樾手迹，更提高了它的价值。所以此章一出，便深受日本旅游者的欢迎，成为风靡一时的旅游纪念商品。因此一个地方的历史、文化、民族风情和资源等，都为旅游购物品的开发提供了文化基础和物质基础，而科学技术的发展使传统工艺和现代高科技结合开发旅游购物品成为可能和必然。

3. 需求的精品意识

购买旅游购物品的主要目的是为了其纪念意义、收藏价值及馈赠亲友，在旅游消费结构中不属于必需品，可以归入奢侈品的范畴。因此游客对旅游购物品的需求体现在对精品、特色的追求上，无论所购旅游购物品价格是高或低，游客总是希望旅游购物品在纪念意义的基础上能够具有收藏价值。如果旅游购物品质地低劣、做工粗糙，即使本身具有较高的文化内涵，也不具备收藏的价值。例如到藏区（特别是迪庆香格里拉）旅游的游客就深有感触，在藏传佛教中的摸顶祝福，在旅游活动中往往作为一项特色宗教旅游项目进行开发，活佛、高僧在摸顶祝福活动的过程中都要赐予“藏八宝”中的一宝——吉祥结，一方面吉祥结本身具有丰富的藏传佛教宗教文化内涵，加之此物由德高望重的活佛高僧所赐，更增加了其纪念和收藏的价值。但在喇嘛寺中许多游客通过摸顶赐福所得到的吉祥结却是用一般的毛线非常随便地打了一个结做成的，游客今后很难或不愿保存，而且由于毛线制成的吉祥结本身质地就低劣，不具备收藏的价值，使游客获赠后不知是收藏好还是丢弃好，左右为难。

4. 需求的集中

集中是旅游购物品需求的重要特征之一。旅游购物品需求的集中包含两方面的含义：一是空间的集中，因为旅游本身的供给与需求大多集中在某些旅游较为

发达的国家和地区，如欧洲、北美洲、亚太地区等，由于旅游空间的集中，导致旅游购物品的需求也主要集中在这些地区。二是时间的集中，旅游往往会受到气候、季节及其他方面因素的影响，旅游的季节性导致旅游购物品需求的季节性，表现为淡季和旺季之分。旅游旺季，游客大量集中，导致对旅游购物品的需求呈增长势头；旅游淡季，游客的减少导致对旅游购物品的需求呈下降趋势。如我国北方省份黑龙江，其旅游吸引主要体现在冬季自然的冰雪景观和人工的冰雕景观，特别是对于一些南方城市的游客来说，冬季更是游览北方的好季节，因此冬季成为黑龙江省的旅游旺季。大量游客的涌入，带动了当地特色旅游购物品的需求大幅度增加，如高筒皮靴、皮大衣等皮制品和防寒用品等。

第二节　旅游购物品供给分析

旅游购物品需求研究的是消费者的行为，对旅游购物品市场的研究，同时还包括对生产者行为的研究，即对旅游购物品供给进行分析。

一、商品供给的含义

经济学在谈到一种商品的供给时，是指一定时期内，某一市场上，生产者在各个可能的价格下愿意提供该商品的数量。旅游购物品供给是指旅游接待地向旅游者所能提供的旅游购物品的数量的总和。旅游购物品供给量有三方面的含义：第一，旅游购物品供应量是旅游购物品生产者愿意出售的旅游购物品数量，而不是实际出售的旅游购物品数量；第二，旅游购物品供给量是旅游购物品生产者能够出售的商品数量，即它是有效供给；第三，旅游购物品供给量是一种流量，是以一定时期来计量的变量。

二、旅游购物品供给的一般规律

（一）旅游购物品供给表和供给曲线

供给表和供给曲线表示旅游购物品市场价格和旅游购物品生产者所愿意供给的物品数量之间的关系。假设其他条件不变，下表表示旅游购物品供给数量与价格之间的关系，即随着价格的上升，旅游购物品供给数量增加；随着价格的下降，供给数量减少，当价格下降到一定程度，供给方由于入不敷出，无利可图，供给数量为0，两者是正相关关系。

表5－2　旅游购物品供给情况

旅游购物品	旅游购物品价格（元）	生产者愿意提供的旅游购物品数（件）
A	100	18
B	80	14
C	60	12
D	40	6
E	20	0

这种关系在图形上形成一条从左下方向右上方上升的曲线，即 S 曲线，如图5－3所示：

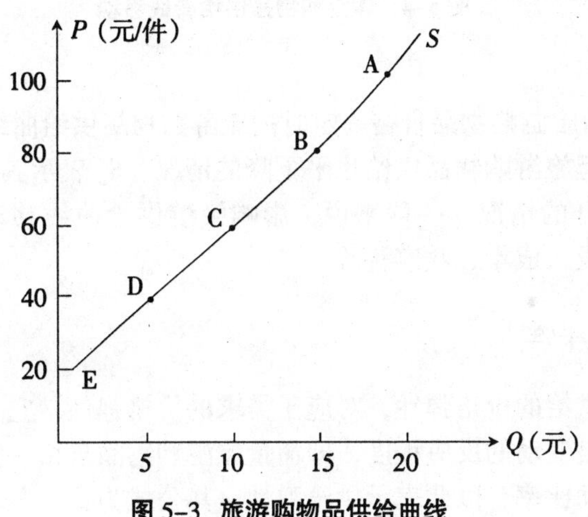

图5-3　旅游购物品供给曲线

旅游购物品供给的规律也符合一般商品的供给规律，即在其他条件不变的情况下，旅游供给与旅游价格的变化成正比。用函数关系式可表示如下：

$$Q(s)=f(p)$$

式中，$Q(s)$ 表示一定时期的旅游购物品供给量，p 表示价格，f 为函数关系表达式。

（二）旅游购物品供给曲线的移动

由上可知，当其他因素不变时，价格与供给量成正比，但当其他情况发生变化时，供给曲线会在原有价格水平下产生移动，如图5－4所示：

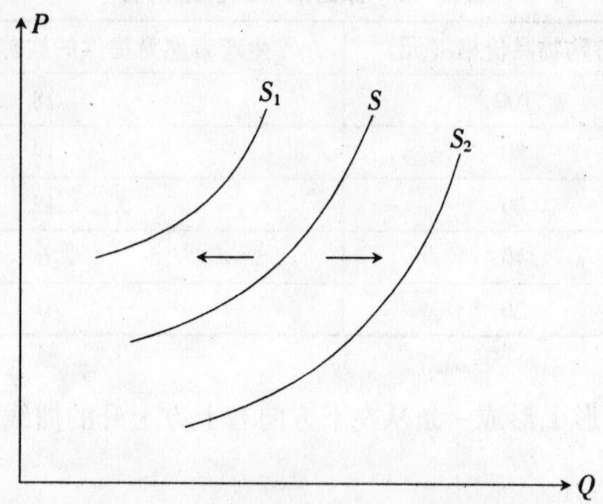

图 5-4　旅游购物品供给曲线移动

图中，S 表示旅游购物品价格一定时的旅游购物品供给曲线，曲线 S_1 表示其他因素变化时引起旅游购物品供给水平下降的情况，S_2 表示其他因素变化时引起旅游供给水平上升的情况。一般来说，影响旅游供给曲线移动的因素有以下三点：技术因素、投入成本、政府税收。

（三）供给弹性

供给弹性指供给的价格弹性，对应于需求的价格弹性。它是用来衡量旅游购物品供给量对价格变动的反应程度，即衡量旅游购物品价格一定比率的变动所引起的供给量的变动比率，以此表示供给弹性。其公式为：

$$e = (\Delta Q/Q) \div (\Delta P/P) = \Delta QP/Q\Delta P$$

式中，e 表示旅游购物品供给价格弹性系数，Q 表示旅游供给量，ΔQ 表示旅游购物品供给的变化量，P 表示旅游购物品价格，ΔP 表示旅游购物品价格的变化量。

一般由于旅游购物品价格上涨，引起供给量增加，两者成正比例变动，故供给弹性为正值。

旅游供给弹性可分为以下三种情况：

（1）当 $e>1$ 时，称旅游供给是富于弹性的，此时供给量的变动程度会大于价格的变动程度。即当 $e>1$ 时，1% 的价格变动所引起的供给量的变动大于 1%。在此种情况下，当旅游购物品的价格稍有变化时，就会引起旅游购物品供给量更

大的变化。

（2）当 $e<1$ 时，称旅游供给是缺乏弹性的，此时供给量的变化程度小于价格的变化程度。在这种情况下，旅游购物品的价格若发生较大幅度的变化，只会引起旅游购物品供给量轻微的变化，即敏感性较差。

（3）当 $e=1$ 时，这是供给量的变动程度等于价格的变动程度。

旅游购物品供给量对价格变动的反应，一般来说比较明显，由于旅游购物品的生产开发所需的投资并不大，投资周期也不长，生产可以以作坊进行，因此其供给弹性较大。

三、旅游购物品供给的特点

旅游购物品区别于一般的商品的特点，主要表现为其购买者绝大部分是来自不同地方的旅游者，一方面旅游者对旅游购物品的需求特征在很大程度上影响了其供给，另一方面由于旅游者对所到之地商品情况了解不多，旅游购物品的供给很大程度还决定于当地生产者的开发设计状况。旅游商品供给的特点主要有：

（一）导向性

旅游购物品不同于一般商品，是一种集实用性、艺术性、纪念性和收藏性于一身，满足旅游者生理、心理和精神需要的一种特殊商品。旅游购物品从总体上说是突出旅游地特色及文化的商品，包括体现资源的特色及多角度文化特征（例如饮食文化、服饰文化、民族文化、传统文化、茶文化等等），其独具的特征是旅游购物品价值的凝结，而这种特征突出地表现为旅游购物品的民族特色、传统文化特色及艺术性。因此没有鲜明的民族特色、地方特色及相当的艺术性的旅游购物品，与一般的大众日用商品没有区别。

一般来说，旅游购物品是具有当地特色的传承传统文化的物化产品，对于一些工艺美术品及传统产品的包装装潢来说，是在传统文化的基础上更融入旅游购物品设计者、生产者、工艺大师和艺术家等的审美意识。不同门类的旅游购物品不仅反映不同地方的文化传统，而且充分地反映出不同设计者、生产者的审美意识。即使是通用的文化内涵和地方特色，经过不同设计师的创意、设计也可产生外观、款式较多的旅游购物品。

由于旅游者对旅游地的了解不多，对所到旅游地的旅游购物品的购买主要是以现有旅游购物品为基础进行选择。因此，设计和开发多种反映地方特色的旅游购物品，一方面丰富了旅游者的购物选择，满足不同旅游者对旅游购物品的需求，同时体现了旅游购物品供给的导向性特点。

（二）多样性

旅游购物品供给的多样性也主要体现在旅游购物品的品种多样性、不同旅游购物品购买者的需求特征的多样性及不同旅游购物品购买者的需求目的的多样性。

旅游购物品从其门类上来说，分为实用品、工艺品和艺术品，而在每一种门类的基础上又可分为若干种类，例如工艺品包括玉石类、木制类、纺织类、陶类及金属类等，纺织类又可细分为民族服饰、蜡染、扎染、丝绸、刺绣等。旅游地因其不同的环境造就了不同的文化，不同的文化物化在不同的用品上，如果这些用品作为旅游商品开发生产，就成为当地特色的旅游购物品，在此表现出旅游购物品供给的多样性。

旅游购物品供给的多样性体现在不同购买者具有不同的需求特征，由于旅游者群体是由不同年龄、职业、收入和文化水平的人所构成，各自的审美情趣、收入水平、消费能力均存在较大的差别，因此对旅游购物品的需求也有很大的差异。旅游购物品生产者应根据不同旅游者的不同需求特征，提供各种艺术品位和价格层次的旅游购物品以满足其需求。

旅游购物品供给的多样性还表现为满足不同旅游购物品购买者的不同的目的。旅游者购买旅游购物品的目的主要是为了实用、纪念、馈赠、收藏等，不同的需求目的决定了必须通过多种不同种类、不同款式、不同品位、不同价格及不同档次的旅游购物品来满足，从而也决定了旅游购物品生产者商品供给的多样性。

（三）滞后性与发展性

旅游购物品供给的滞后性主要是从相对于整个旅游产业的发展来说的，主要是针对旅游业刚刚起步发展的旅游地来说的。旅游是由食、住、行、游、购、娱六大要素组成的，旅游行业在起步初期往往重视交通设施、宾馆饭店、景点设施及娱乐设施的建设，大量的投资基本都流向这些方面，而对旅游购物品方面的投入一般来说较少，政府对此也关注较少。旅游者对旅游购物品的需求数量和需求层次都不高，只要有一些能代表当地特色的东西就可以了，对其质量、设计、制作都没有太多的要求，而更多地关注旅游景点设施、食宿、交通等方面的要素，旅游购物品的开发设计滞后于旅游的其他环节的发展。

随着旅游业的发展，旅游设施的完善，旅游者逐渐成熟，游客的消费意向、消费行为和消费心理会发生改变，从注重旅游设施的“硬件”转向更注重旅游

的“软件”，游客在交通、食宿等方面已经不用花太多的心思去选择，游客更注重对旅游活动的心理体验，充分感受旅游的不同的文化氛围。文化是无形、抽象的，要能带走这种文化以作日后回忆这段经历的一个办法就是带走融入了当地的民族文化和风俗习惯的旅游购物品。旅游购物品是把无形的文化物化的最好的方式，所以当一个地方的旅游业发展到相当的时候，旅游购物品的发展就成了旅游工作发展中的重点。由于游客对旅游购物品的需求不仅在数量、种类，而且在档次方面的不断提高，旅游购物品生产对其他产业的带动性不断增强，旅游购物品生产的经济效益呈上升趋势，从而促使旅游购物品的生产供给迅速发展。

（四）关联性

旅游购物品供给与其他的经济部门具有较为广泛的关联性。旅游本身是一个关联性很强的产业，据统计，旅游完成每一次供给直接涉及十几个行业，间接涉及行业达七十个左右。就整体上说，旅游关联部门高达一百三十个左右，为现有各产业部门关联度之冠。而在旅游的六大环节——吃、住、行、游、购、娱中，旅游购物又是产业带动性最强的环节，由于旅游购物品涉及的门类品种多种多样，囊括了生产、生活及艺术的各个方面，在设计、生产、制作的过程中，其前后的产业带动性都较强。

第三节 旅游购物品供求分析

在前两节的分析中，只是单纯地阐述了需求或供给与价格的关系，我们把一切价格都当做是可变的，为了分析实际价格的形成，必须从对旅游购物品供给和旅游购物品需求的共同分析中得到。

一、旅游购物品供需平衡论

（一）均衡价格

在前面两节中，我们把价格的变化当做自变量，而把旅游购物品需求与供给的变化当做因变量，实际上，供给和需求对价格也会发生同样的作用。需求量的增加，引起价格上升，从而引起供给量的增加，价格上升又导致需求的减少；而供给量的增加，又会使价格下降，在这样不断的增加之中，供给与需求逐步缩短差距而趋于平衡，趋于平衡的价格就会形成比较稳定的价格。在这种价格水平下，愿意供给的数量和愿意需求的数量相等，这种价格称为均衡价格。在完全竞争的市场上，均衡价格必然位于供给曲线和需求曲线的交点上。

从表5－3中可看出，价格达到60元时，旅游购物品的供给与需求数量相等，而在其他情况下，竞争会对价格从不同方面产生压力，使它逐步趋于均衡。

表5－3　旅游商品供需情况

	可能的价格（单位：元）	购买旅游购物品的数量（万件/月）	生产者愿意提供的旅游购物品数（万件/月）	对价格的压力
A	100	9	18	向下
B	80	10	14	向下
C	60	12	12	中立
D	40	15	6	向上
E	20	20	0	向上

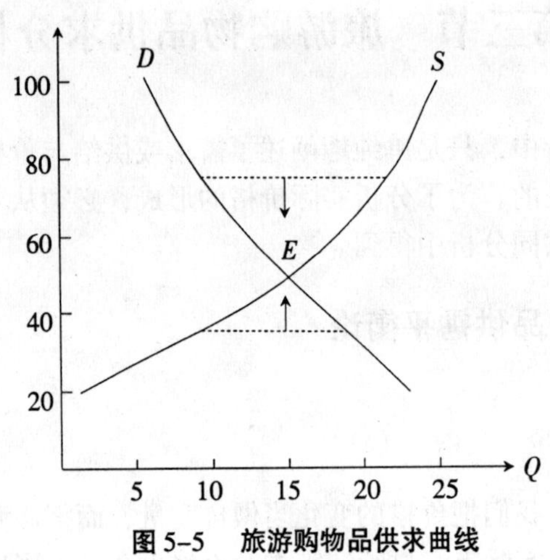

图5-5　旅游购物品供求曲线

在图 5－5 中，供给曲线 S 与需求曲线 D 只相交于一点，E 点表示均衡的价格的数量。E 点上方的横线表示供给超过需求的数量，指向下方的箭头说明由于供给与供给的竞争，价格将要变动的方向。E 点下方的横线表示需求超过供给的数量，需求与需求的竞争使箭头指向上方，说明他们对价格的压力，这种合力最终在 E 点抵消。

（二）供给或需求变动的影响

供给数量的变化会引起均衡价格的变化，供给和需求两者的共同变化同样会引起均衡价格的变化。在变化的过程中，原有的均衡点消失了，在新的供求关系中产生了新的均衡点。例如，旅游淡季由于游客人数的锐减，需求也随之减少，会出现旅游购物品季节性的需求变化；政府或私人在旅游购物品上大规模的投资，会造成供给数量的剧增，产生结构性的供给变化。

图 5－6 说明了结构性的供给增加如何使均衡价格变化的。供给曲线 S 向右方移动变成 S'，而使均衡点从 E 点向右下方移至 E' 点，造成较多的均衡数量和较低的均衡价格。如果供给减少，情况也会向相反的方向变化。

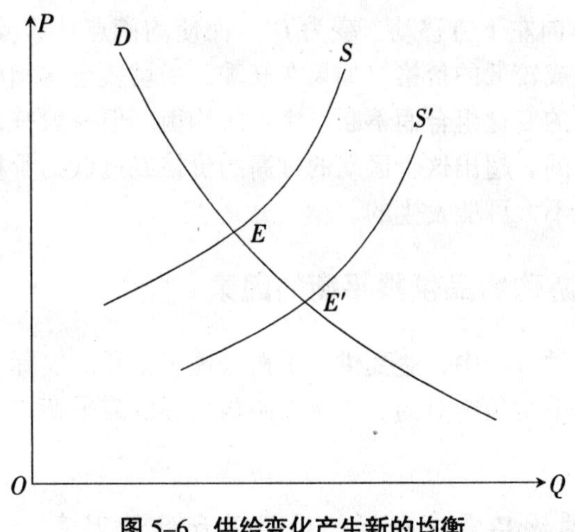

图 5-6　供给变化产生新的均衡

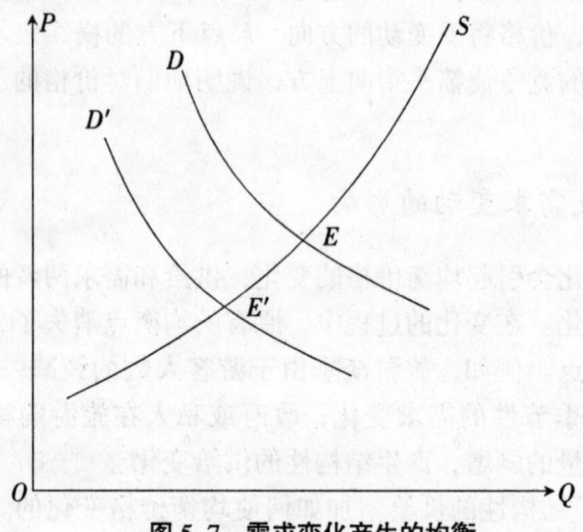

图 5–7　需求变化产生的均衡

图 5－7 说明了由于旅游淡季产生对旅游购物品需求减少如何使均衡价格变化的。需求曲线 D 向左下方移动，变为 D'。而使均衡点从 E 点自左下方移至 E' 点，较少的需求造成较低的价格。如果在旺季，一切就会向相反的方向变化。

由于各种不同的变化组合而不断产生新的均衡。但一般来说，他们是局限在一定的封闭区间内的，超出这个区间的过高的价格或过低的价格，过大的数量和过小的数量，都是不太可能发生的。

二、影响旅游购物品供需平衡的因素

在旅游购物品的市场中，达到供需平衡是理想境界。实际上旅游购物品供需平衡是相对的，不平衡是绝对的。影响旅游购物品供需平衡的主要因素，有以下几个方面：

（一）旅游购物品需求与供给的数量和结构因素

在一定时期内，旅游购物品供给能力与需求量之间存在一定的差异。旅游购物品需求量相对来说是一个多变量，它往往会随着影响旅游的外界条件的不断变化而变化，旅游购物品供给量在一定时期内具有相对的稳定性。当旅游购物品需求量发生变化时，往往造成供需量的差异，影响旅游购物品的供需平衡。

旅游购物品的供应结构与游客对旅游购物品需求的多层次的差异，也是影响

旅游供需平衡的一大因素。例如游客到云南大理旅游，对扎染制品具有多层次的需求，由于大理提供的扎染主要以廉价、普通的制品为主，很难满足远道而来的游客对扎染制品的较高层次的需求。

（二）旅游购物品需求与供给的地区和时间因素

由于不同地区的资源状况、地区经济发展状况以及旅游购物品生产的投入不同，使得旅游购物品供给与需求在地域上存在明显的差异，影响供需在一定区域内的平衡发展。例如游客到少数民族地区旅游，对当地各种生活、生产用具以及民族服饰产生强烈的需求，但由于这些地区旅游业起步较晚，对旅游购物品生产的投入较少，远远不能满足游客的需求。

旅游购物品供给与需求受时间因素影响最明显地表现在旅游淡季和旺季、节假日和平时的区别上。淡季和平时，旅游购物品需求量较少，供过于求；旅游旺季和节假日，旅游购物品需求量增加，有的旅游购物品甚至供不应求。

（三）影响旅游购物品供需平衡发展的其他因素

1. 社会因素

主要指游客人数、游客结构、地理分布、性别、职业、年龄构成、受教育程度等因素对需求产生的影响。

2. 政策因素

政府对当地旅游业发展的政策，对促进旅游购物品的平衡发展具有至关重要的意义和作用。同时政府对旅游购物品开发生产的优惠税收政策、金融政策等，更是极大地促进旅游地旅游购物品的发展。例如许多省和地区把旅游业作为支柱产业加以扶持与培植，制定了一系列的优惠政策，在大力推动当地旅游发展的同时，鼓励旅游购物品的开发设计，不断增加旅游购物品品种和数量，以满足不断扩大的需求。旅游购物品的供给与需求在政府的推动下不断地达到动态平衡。

3. 促销因素

有特色的旅游购物品，某种程度上可以成为旅游目的地的形象代表，而且旅游购物品的发展还可以为旅游地带来丰厚的经济效益。来自不同地域的游客带走当地的旅游购物品，与旅游地知名度扩大及经济效益增加是同步的。因此，许多旅游目的地在宣传当地旅游业的同时，往往会开展有计划、有力度的旅游购物品促销措施，包括广告宣传、优惠措施等。旅游业的促销吸引了众多的游客，带来对旅游购物品扩大的需求；同时，旅游购物品本身的宣传进一步扩大旅游目的地的知名度，增加游客对旅游购物品的需求。尤其是淡季，吸引众多的游客，缩小了旅游购物品供需季节上的差异，达到了一定程度的平衡发展。

4. 偏好因素

个人偏好是影响旅游购物品需求的主要因素之一。由于偏好不同，游客对供给的旅游购物品的品种、款式、设计、外形、质地等，都有所区别。如果游客对某种旅游购物品有特别的偏好，他往往无需其他理由就选择此种旅游购物品，即使其质量或款式不尽如人意。

三、我国旅游购物品供需现状及方向

从旅游业的发展来看，我国旅游业的大规模发展是从1978年对外开放后开始的，到了今天，旅游的需求与供给都得到了长足的发展，结构趋于平衡。随着旅游业的长足发展，旅游购物品也在不断丰富，但其发展速度跟不上整个旅游业的发展。

（一）我国旅游购物品发展现状

目前，在我国游客整个的旅游消费中，旅游购物约占其中20%的比重，这远远落后于旅游业发达的国家或地区，如法国、意大利、中国香港等，在这些国家和地区，旅游购物占游客整个的消费比重达60%～70%。

我国游客旅游购物比例远低于旅游业发达国家和地区的原因在于，我国目前旅游购物品市场上存在着“六多”和“六少”的现象：

①出售旅游购物品的商店鳞次栉比，商品琳琅满目，但游客看得多，却买的少；②旅游购物品的品种多，而精品很少；③普通的一般商品多，而真正有特色的商品少；④同一档次的商品多，能让不同游客满意的商品少；⑤游客能看上眼的商品多，但能用于馈赠亲友的旅游购物品少；⑥出售旅游购物品的店面多，但千店一面，富有特色的店面少。

这“六多”和“六少”造成了我国旅游业在已经取得相当发展的情况下，而旅游购物品却不能获得好的经济效益的局面，要提高旅游购物品的经济效益，增加旅游购物品生产销售的利润，必须要从这“六多”和“六少”方面下工夫。

（二）我国旅游购物品发展的方向及措施

第一，旅游购物品要往精度和深度发展，加强旅游购物品的创意设计，增加旅游购物品的文化品位，在旅游购物品的生产中注重知识的投入和旅游购物品质量的提高，特别是一些旅游工艺品的艺术含量和知识含量的提高，其商品的价值也会大大地提高，其价格随之增加。

第二，要在包装上做文章，美观、大方、得体的包装会为旅游购物品增色，激发游客购买的欲望，而且包装可以增加旅游购物品的附加值，生产厂家可以直接提高经济效益。

第三，作为商家来说要树立各自的特色，从旅游购物品的特色、店面设计特色、经营特色、服务特色等方面进行改进，使旅游购物真正成为旅游活动的延伸，让游客在购物中体会到乐趣。这样游客才愿意在旅游购物品上花钱，旅游购物品的销售量才会提高，市场需求量才能扩大，经营商家的经济效益也才能得以体现。当然，旅游购物品精品化发展的直接后果是使整个旅游收入通过旅游购物品的生产和销售的增加得以提高。

第四，政府对旅游购物品发展的引导。政府针对旅游产业结构发展的合理性和完整性的要求，适当地对旅游购物品的生产和销售给予一定的优惠措施和政策，体现在税收和产业进入等方面，以吸引更多的资金流入旅游购物品的生产和销售，加大市场竞争的力度，刺激旅游购物品精品的出现和增加。

第五，加强对旅游购物品市场的治理整顿。旅游购物品的质量和市场的不规范，一度成为制约旅游购物品发展的主要因素，处于经济体制转型时期的我国旅游购物品生产销售企业，在国家一系列制度、条例、章程的规范下，正逐步地步入正轨。自1978年由国务院发布了《国务院批转轻工业部、外交部、商业部关于搞好旅游业纪念品工艺品生产和销售的报告》的文件以来，至今已出台的有关的旅游购物品工作的文件近百个，旅游地旅游购物品的生产和销售也日渐规范，逐渐与国际惯例接轨。

第六，增加政府的投入。旅游业是一个综合性的产业，政府在投入宾馆饭店、景点设施建设的同时，应增加对旅游购物品开发、设计、生产的投入，以达到旅游业结构性平衡。

案例分析：

跟着顾客需要走——北辰购物中心经营案例及分析①

在零售业面临日趋激烈的国内外竞争环境下，北辰购物中心能够一枝独秀，经营业绩连年大幅度增长，创下每平方米销售连续两年在全国大型百货商店中排名第一的佳绩。为此我们对北辰购物中心进行了深入的调查和分析。

① 资料来源：《企业管理》2002年第5期，作者：郭立、吴文彬。

(一) 最好的营销战略：围绕顾客想

1. 顾客是谁，他们需要什么——细致的顾客研究

要满足顾客的需要，就要了解顾客是谁，他们需要什么，要做到这一点，首先要做的是对顾客的调查。北辰购物中心每年都要请专业的调查公司或自行组织进行一次大规模的顾客调查，再辅以不定期的小型专项调查。调查的目的是掌握商圈内消费者的基本特点及主体消费人群的消费水平、结构、倾向和购买行为特点，在商品档次、价格、品牌选择倾向性以及对购物中心在经营范围、商品档次、价格层次、布局及服务上的期望。

北辰购物中心的顾客研究包括专题研究、分段研究和分类研究，而所有这些研究都围绕着一个共同的中心：顾客。这些研究使决策人员时时掌握周边地区的消费群结构和消费行为趋向。此外，北辰购物中心还不断进行业态与市场定位的研究，以便形成稳定的顾客群体，保证销售的旺盛势头。

2. 超市 + 百货商场——新的业态组合

关于亚运村及其周边地区消费者的收入水平，过去曾经有一个误区，认为这里是所谓“富豪”区，是高收入群体聚集区。而北辰购物中心的调查显示，事实并非如此。由于亚运村附近的居民有相当大一部分是国有大中型企业职工和国家机关、科研院所干部，所以消费者群体的平均货币收入只属中等偏上水平。根据这种调查结论，北辰购物中心明确了以中档为主，兼顾两头的经营思路，即采取2:7:1的高、中、低档商品结构比例。

根据市场研究的结果，北辰购物中心创造性地将超市与百货商场两种业态进行了有机组合。这种业态的组合定位，起到了互相促进、连带消费的互补作用。超市的销售额占到全店销售收入的30%以上，并且为购物中心其他部门吸引了大量客流（据有关资料，比北辰购物中心略晚，日本也出现了这种业态）。

3. 南客北调——全新的商圈概念

在传统零售理论中，几乎都依据距离把商圈定义为一个个同心圆，包括核心商圈、二级商圈、三级商圈，并且简单地以距离和人口来计算两家商店或两个购物区域对顾客的吸引力。北辰购物中心创造性地把顾客到北辰购物中心的交通方便与否作为商圈划分的依据。调查发现，顾客到一家便利店所能忍受的最长时间是5分钟，到一家超级市场所能忍受的最长时间是20分钟，而到一家大型百货商店所能忍受的最长时间是30分钟到40分钟。于是，他们根据交通状况，确立了东至小营，西至学院路，北至立水桥，南至北三环的区域作为自己的核心商圈。

此外，调查中还发现，北京市的商业区域正在出现变化。除了继续吸引大量客流的位于市中心的王府井商业区和西单商业区，还有近年来对消费者形成的“东拉西扯”格局的其他几个区域。所谓“东拉”，是指赛特、燕莎、贵友等大型百货商

场集聚了北京东边地区的大批消费者，“西扯”是指以城西翠微商场、城乡购物中心为代表的一批大型商厦对西部地区消费者的吸引。针对这种现象，北辰购物中心确立了“南客北调”的基本思路，即以中轴线及108路电车沿线区域以及三桥（安定门桥、安贞桥、安慧桥）以北的消费群体作为其主要争取的顾客。

（二）最好的营销策略：围绕顾客做

1. 商品的分类与组合是一门艺术

对顾客的研究表明，“一次购齐，一次观赏齐”是大多数消费者所需要的。为了有效地满足这种需要，北辰购物中心确定了很有特色的商品组合。他们把商品分为两个大类，即生活必需品和差异品。生活必需品主要包括超市中的食品、日用百货、部分文化用品、家用小电器等；差异品主要包括服装、工艺品、家居用品之类。

为满足消费者对必需品一次购齐的要求，有关商品部就得在有限的面积内，既要尽可能地摆足旺销的品种，又要照顾到需求量不大但总有人需要的连带品种。因为没有连带品种就会影响到顾客对商店的印象，影响客流量，从而影响到旺销品种的销售。

为了满足消费者对差异品“一次观赏齐”的要求，他们对消费者看重的品牌商品，在类别、品种、品牌和价位的组合上采取措施，给消费者以充分比较、选择的余地；对于以流行时尚为主要特征的差异品，他们组货时则以面料、时尚、质量为选择标准。

更为重要的是，各商品部有权随时根据顾客需求调整品种组合。比如，食品部了解到北京人爱吃炸酱面，但北京本地产的酱太咸，就选择购进天津产的口味比较淡的酱和甜面酱销售；医药部从记录顾客需要而本部未能提供的药品入手，发现顾客对保健品的需求与媒体广告同步，就及时调整保健品品种以满足顾客的需求；文化部在手机经营中，发现顾客需要较多的品牌比较，就在一家经销商的基础上，又引进了一家经销商，增加了更多的品牌，从而使销售额增长了数倍。

2. 没有永远的质量保证，就没有永远的北辰声誉

为了让顾客购物放心，北辰购物中心有自己严格的质量保证体系。各部都有明确详细的质量保证程序和标准，设有专职的质检员，受过良好培训的导购员也承担质检员的职责。此外，他们还邀请技术监督局每周定期上门抽查各种商品的质量。例如，食品部严格规定，当天卖不完的熟食当天必须撤架，并通过在打烊前半小时空架的形式把信息传达给顾客；服装鞋帽类商品部虽然主要是联营方式，但对联营商品具有严格的质量控制措施，从而确保商品的货真价实。

3. 舞好价格这把双刃剑

北辰购物中心认为，有了顾客真正需要的商品，要吸引他们购买，关键还是

要有实惠的价格。调查显示，在所有影响顾客购买决策的因素中，在质量相同的情况下，价格排在第一位。因此，他们对顾客需求量大且对日常生活影响大的品种采用低价策略。为了控制成本，各商品部在组货时总是千方百计设法采购质优价廉的商品。

由于必需品的进价主要取决于进货批量的大小，进货批量越大价格越低，因而，他们一方面依靠自己雄厚的资金实力大批量进货，另一方面也努力与供应商建立良好关系，争取获得商品的最低批发价格。对差异品来说，由于大多是由厂家在各大商场布点销售，零售价相对统一，所以，他们主要采取向厂家争取优惠的方式来保证给消费者提供满意的价格。

例如，食品部的战略任务是吸引客流。吸引客流的主要手法是定价。所以，食品部把老百姓最关心、最需要的食品确定为市场领先最低价格，它们约占食品品种的20%，还有40%的品种采用市场跟随价格。为此，食品部联合其他大批发商、一级进口代理商一起采购，从而增加了一次性采购数量，共同享受更多的折扣。同时，主动向一些商品的供应商要求经销，而不是代销，从而降低结算价格。经销比代销需要对商品有更充分的了解和更严格的监控，虽然经销会占用一定资金，但这种做法为顾客提供了更低的价格，也得到了顾客持续购买的回报。

除了平时的低价策略之外，在节假日中，北辰购物中心还通过让利打折等方式开展大规模让利促销活动。此外，为了给老顾客以更多的实惠，北辰也推出了购物积分卡制度，即顾客在本店消费累计满一定额度时可以获得更多的优惠，从而长期留住了这些顾客。

4. 优质的服务不仅仅是一张张笑脸

在服务方面，北辰购物中心希望做到人有我有，并且在服务设计上总是能够做到比竞争对手先行半步。例如，北京市大商场普遍在压缩盈利性较差的文化用品部，北辰购物中心则认为，周边居民文化层次较高，并且附近有许多商住楼，存在着现实的需求，因此没有压缩文化用品部，而是通过更好的服务来增加文化用品部的销售和盈利。文化用品部的许多商品技术含量较高，如电脑、照相机、电话机和手机等。因此，文化用品部专门租赁了小面包车为顾客提供及时的送货服务，并且针对一些顾客对电脑或其他商品不熟悉的情况，努力为顾客解决技术难题。在这方面，他们重视对员工技术技能的培训，并在分配机制上进行激励，以便员工能够为顾客提供更优质的服务。

北辰购物中心通过对顾客的研究还发现，顾客购物不仅会产生一次性疲劳，还会产生周期性的疲劳。一次性疲劳是指顾客在一次购物过程中，超过两小时就有疲劳感，购物欲望也迅速降低。周期性疲劳是指顾客来商店多次后会逐渐失去新鲜感。为解决顾客一次性疲劳问题，他们在五层设立了美食中心，为顾客提供

一个休息和餐饮的场所；为了解决顾客周期性疲劳问题，他们定期对各商品部轮换装修，周密考虑楼层布局和科学地进行商品摆放，尽量做到让顾客持续保持对北辰购物中心的新鲜感觉，同时使顾客能够方便地找到所需商品。

案例问题

1. 北辰购物中心之所以能在内需不足，且竞争格外激烈的商业环境中取得骄人业绩，决非偶然。请归纳它是如何对顾客需求进行研究的？

2. 结合实际，谈谈北辰购物中心的成功经验对当前的旅游购物品企业有哪些值得借鉴的地方？

本章小结

本章主要介绍了旅游购物品需求分析、旅游购物品供给分析和旅游购物品供求分析三部分的知识。

我们从旅游购物品需求（供给）的含义、旅游购物品需求（供给）的一般规律和旅游购物品需求（供给）的特点这三个方面，并结合图形分别对旅游购物品需求和供给进行分析，重点分析了旅游购物品需求和供给的价格弹性。

在对旅游购物品需求和供给进行具体分析后，进一步介绍了旅游购物品供需平衡理论以及影响旅游购物品供需平衡的因素，在此基础上分析了我国旅游购物品供需的现状以及未来的发展方向。

复习与思考

1. 简述旅游购物品需求的一般规律。
2. 旅游购物品需求具有哪些特点？
3. 绘图分析旅游购物品供给的一般规律。
4. 简述旅游购物品供给的主要特点。
5. 影响旅游购物品供需平衡的因素有哪些？

网上作业

在网上收集有关我国旅游购物品需求与供给方面的数据和图表，并结合我国旅游购物品开发、经营的实际，分析我国旅游购物品市场的现状，并提出几条改善现状的对策。

第6章 旅游购物品开发

学习目的

- 了解旅游购物品开发的新构想
- 掌握旅游购物品开发的指导思想与原则
- 重点掌握旅游购物品开发的实施细则和实施对策

旅游购物品的开发是促进旅游业发展的重要环节，对于激活旅游购物市场，提高旅游业的经济效益有非常重要的作用。目前市场上的旅游购物品可谓琳琅满目，但旅游购物品积压和滞销的现象也十分突出。究其原因，其中一个很重要的因素就是旅游企业开发和设计新产品的能力不足。当今世界科技革命日新月异，产品生命周期日趋缩短，旅游者需求的个性化也日益突出。在这样的背景下，旅游企业要想摆脱旅游购物品的积压和滞销的不利局面，就必须重视新产品的开发和设计工作，不断地开发出符合市场需求的新产品。旅游购物品开发是一项技术创新的系统工程，需要经过一个复杂的产品开发过程。本章试图就旅游购物品开发的新构想、原则、实施细则、对策等提出一些设想。

第一节　旅游购物品开发的新构想

旅游购物品的开发，既是资源的开发，也是市场的开发，经过二十多年来的发展，现已注入了新的内涵和新的思路。

一、旅游购物品可持续发展的思考

旅游购物品的可持续发展，是指旅游购物品可以持久、延续、更新地发展。因此，认清新形势，找出差距，这才是旅游购物品可持续发展的关键所在。

（一）充分认识加快旅游购物品开发的紧迫性和重要性

旅游业是个由食、住、行、游、购、娱等多种要素组成的综合性产业。其中，旅游购物不仅是旅游者消费支出中的重要组成部分，也是旅游目的地国家或地区旅游创汇和旅游收入的重要来源。在旅游业较发达的国家或地区，旅游购物收入一般占到旅游业总收入的40 %以上，如新加坡占到59.6 % ，美国占到54.7 % ，法国占到52.1 % ，泰国占到42.8 % ，我国香港特别行政区占到49.6%。即使在旅游业发展中国家，旅游购物收入的比重一般也在20%以上，如印度尼西亚为24.0%，韩国为23.7%，马来西亚为21.2 % ，我国也基本保持在20%～30%。可见，旅游购物及其所依存的旅游购物品生产和销售已成为现代旅游业发展的重要内容，并与旅游交通、住宿、游览、娱乐等一起成为现代旅游经济的重要支撑点。

表6－1　部分国家旅游购物收入占旅游总收入的比重

国家	新加坡	美国	法国	泰国	印度尼西亚	韩国	马来西亚	菲律宾
购物收入比重（%）	59.6	54.7	52.1	42.8	24.0	23.7	21.2	19.8
资料年份（年）	1995	1996	1993	1993	1994	1993	1994	1993

资料来源：*International Tourism Quarterly*1994～1997。*International Tourism Report*1994～1997。

（二）我国旅游购物品开发的现状

随着我国旅游业的崛起，旅游购物品的生产和销售也得到了迅速的发展。旅游购物品的创汇额增长较大，旅游购物品的生产发展较快，旅游购物品的供销网点基本遍布全国各地。旅游购物品是旅游弹性消费的最大组成部分，据香港旅游协会统计，旅游者在香港购物的花费约占全部消费的64.1%，而旅游者在北京、上海、桂林的购物消费分别占当地旅游消费的50%、40%、30.8%。因此，旅游购物品购物市场前景广阔，随着旅游业的发展，旅游购物品的生产和销售正引起业内人士的重视。传统的旅游纪念品和古老的工艺得到保存、恢复和发展，并有一定创新。许多地区的旅游购物品企业在注重大众消费需求的同时，兼顾个性化需求变化。紧紧依靠当地文化传统，充分利用当地资源和技艺，表现自己的特色

和个性，逐渐形成了自己的名牌产品。以云南为例，2000年以来，经过连续三届旅游购物品交易会的成功举办，现在已经成为全国旅游购物品交易会最多、交易成本最低的地区之一。云南旅游购物品已经逐渐形成包含十二个大类的旅游购物品体系。它们分别是：鲜花、干花类；金属工艺类（云南斑铜、锡、斑锡、仿古铜工艺品、金银首饰等）；蜡、扎染工艺类（民间工艺品类、工艺包系列等）；陶瓷工艺类（黑、白、彩、土陶系列及工艺瓷系列）；珠宝玉石类；旅游食品类（土特产品等）；保健品类（药材、药品等）；石雕工艺品类（大理石、彩石等）；竹木制工艺品类（根雕、竹雕、木雕）；美术制品类（云南重彩画、版画等）；旅游出版物类（书籍、影视、音像制品等）；旅游用品类（户外用品用具、服装、护肤品、帐篷等）。连续三届的旅游购物品交易会，总成交额分别为8.55亿、19亿、20.85亿。

总体来看，旅游购物品的开发和设计获得了前所未有的发展，与云南类似的在开发上有创意的省市很多，现在许多地方都有自己的名牌产品，如：

上海：服装、服饰；北京：景泰蓝工艺品；天津：木版年画、泥人张彩塑；内蒙：毛、绒制品；辽宁：琥珀雕刻；杭州：真丝服装系列、真丝工艺品；苏州：双面绣；江西：景德镇瓷器；福建：漆器；湖南：湘绣；陕西：青瓷、扎染台布；广东：粤绣、牙雕；广西：壮锦；贵州：蜡染等等。

除此之外，有的旅游购物品开发商已开始重视国内外旅游购物品市场的调查研究，并注意到消费者不同层次的需求。他们了解到国内外，特别是国外旅游购物品的市场需求，不仅使自己的产品上了档次，而且产销对路。这种以市场导向为中心，根据旅游市场需求设计产品的办法，是发展旅游购物品的正确方法之一。有的旅游景点景区在旅游购物品的开发上有一些创新模式，如“一品为主，兼营其他”“加强参与性，使旅游者参与旅游纪念品的设计和制作”“专卖店和特产专柜”“前店后厂”“每地一品”等。

（三）影响旅游购物品可持续发展的主要因素

我国旅游购物品从纵向比，从无到有、从小到大，有了长足的发展，然而从横向比，欧美等旅游业较发达国家中的旅游购物品收入，一般均占这些国家旅游业总收入的40 %左右，且发展较为稳定。我国的旅游购物品收入占旅游总收入的平均水平只有23%左右，呈不稳定状态，且有下降趋势。

表6-2　我国旅游购物品收入情况

年份（年）	旅游业总收入（亿美元）	旅游购物品收入（亿美元）	销售收入增长绝对数（%）	旅游购物品占总收入的比重（%）
1979	4.49	1.52		33.9
1980	6.17	2.51	0.99	40.9
1981	7.85	2.97	0.46	37.9
1982	8.43	3.20	0.23	38.0
1983	9.41	3.48	0.64	36.8
1984	11.31	4.38	0.54	38.8
1985	12.50	4.71	0.33	37.7
1986	15.31	5.28	0.57	34.5
1987	18.62	5.92	0.64	32.1
1988	22.47	6.92	1.00	30.8
1989	18.60	4.69	-2.24	25.2
1990	22.18	5.67	0.95	25.4
1991	28.45	7.04	1.41	24.8
1992	39.47	8.11	1.07	20.6
1993	46.83	8.31	0.20	17.8
1994	73.23	12.41	4.10	16.9
1995	87.33	16.41	3.99	18.9
1996	102.00	20.74	4.33	20.3
1997	120.74	24.38	3.64	20.2
1998	126.02	25.91	1.53	20.6
1999	140.99	27.71	1.80	19.7

资料来源：《改革开放20年旅游经济探索》，《中国旅游年鉴》（1998年~2000年）

在我国，旅游购物多年来一直是旅游六大要素中最为薄弱的环节，造成目前市场上旅游购物品总体很弱的局面。究其原因，影响旅游购物品可持续发展的主要因素是：

1. 旅游购物品花色单一、品种单调，缺乏特色

旅游购物品生产企业对市场经济缺乏足够的认识，缺乏对旅游市场的研究，商品多年不变，品种单调，没有形成地方特色或地方特色的内涵较少，那种具有地方特色、富含历史文化底蕴、有创意、有纪念价值的旅游纪念品所占的比重较小。难怪早些年有的外国游客曾批评说：“中国是一个没有旅游纪念品的国家，北京是世界唯一没有旅游纪念品的首都。”尽管有点言过其实，但也确实击中了要害。其实，现在北京的旅游购物品开发状况仍不能令人乐观。韩冬冬在《到京旅游，带点什么回家》的文章中这样说，不少旅游景区景点的商品琳琅满目，然称得上纪念品的却寥寥无几。即使是纪念品，也大同小异，如刻有留念字样的纪念币、纪念章、钥匙扣，印有景点代表图案的书签、扇子、手绢和明信片等，除

了景点名称、景象不一样，载体几乎一模一样。结果使不少游客感到在北京玩得还不错，可惜买不到合适的纪念品回家。由于市场观念淡薄，开发生产出的旅游购物品不受游客欢迎，难以满足其购物需求，是大多数旅游地都存在的突出问题。

2. 旅游购物品制作粗糙、质量低下，难以引起游客的购物兴趣

企业本应该注重长期的发展，树立长久的发展目标，但旅游购物品企业大多追求短期效应，缺乏长期效益思路，患了极为严重的“营销短视症”。旅游购物品经营企业看到一物赚钱，蜂拥而上，竞相模仿，粗制滥造，使得假冒伪劣商品充斥旅游购物品市场的现象随处可见。旅游购物品本应具备纪念性、艺术性、实用性、收藏性等基本特征，它要求旅游购物品不管是所用原材料、制作工艺，还是实用性能、包装装潢等都应该体现较强的质量意识。但事实上，质量上乘、价格适中的旅游购物品并不太多，大部分做工粗糙，档次较低，即使价格低廉也难以引起游客购买欲望，因此很少有人问津。

3. 旅游购物品装潢与质量差距过大，价值与价格相背离

“好马配好鞍”，好商品也要有好包装。包装是外表形式，商品是内容，两者统一可以显示出其和谐美。然而，目前旅游购物品市场往往会出现这样的两种情况：一种是精致的旅游购物品缺乏精美的包装，另一种是精美的包装缺少精致的商品。这样使旅游购物品缺乏魅力，难以畅销。而且同样的一件旅游购物品，在旅游景点景区出售的价格与一般商品店出售的价格过于悬殊，甚至旅游景点景区商品店喊出“天价”。因此，在旅游景区景点出售的旅游购物品，特别是旅游工艺品，通常是看的人多、买的人少。这种“暴利”的短期效应与大众化旅游消费规律相悖，违背了市场经济的发展规律。

4. 旅游购物品高低档两极分化，国际国内市场不能兼顾

不同的旅游者往往具有不同的消费水平、文化素养和购物偏好，旅游购物品开发应注意努力满足各层次旅游者的购物需求。但长期以来我国旅游购物品开发和销售对象重点都是境外旅游者，商品定位较高，价格昂贵，让一般国内游客难以承受。而提供给国内游客的旅游购物品大多数是一些初级产品，质量较差，难以满足物质文化生活水平日益提高的国内游客对纪念意义、收藏价值的需求。事实上，大多数国内外游客真正感兴趣、愿意购买的是那些特色鲜明、有一定档次、经济实惠的旅游购物品。所以旅游购物品开发的层次性应该使各层次的游客都有一定的选择空间，能够买到理想的旅游购物品。

5. 旅游购物品开发专业人才缺乏，科研力量薄弱

科研力量薄弱是制约旅游购物品开发上档次、出特色的一个重要因素。目前从事旅游购物品设计开发的人，很少是系统地受过旅游专业教育的，大多是半路

出家。而旅游院校又很少有设置旅游购物品工艺专业的，这就导致了旅游购物品开发专业人才的缺乏。培养中高级专业人才，增强旅游购物品开发科研力量，已成为一项紧迫的任务。

二、旅游购物品可持续发展的机遇

抓住新机遇，即抓住旅游购物品可持续发展的空间。

（一）国内旅游购物品市场潜力很大

我国旅游业的飞速发展及与国际旅游业的迅速接轨，使得旅游购物品的开发模式不仅在国际旅游中显现出它的缺陷，也不能适应新兴的国内旅游市场的需要。

从外国旅客的消费需求来看，目前国内许多旅游购物品生产厂家依旧停留在十多年前工艺作坊式的生产模式中，技术设备不足，生产水平落后，虽然有一些相对的自身发展，但与其应达到的发展程度而言，则相差很远。虽然旅游购物品的绝对销售额有所增长，但与国际旅游业的发展水平相比则明显不足。据一份调查显示，有30%的境外来华旅游的外国游客未能满足购物需求，一般来说，对外旅游购物品是整个旅游购物品买卖中的大头，在这一块就有30%的潜力可挖。

从国内旅游者的需求来看，有的从事旅游购物品开发工作的企业的经营决策者，忽视了国内旅游者的消费潜力。在我国许多旅游点，大多数定点旅游商店中所经营的旅游购物品主要是质地精良、价格高昂的高档古董，其目标消费群定位于国外游客，而专门针对国内游客的消费水平和审美情趣设计的，价格适中而又具有地方特色的旅游购物品却很少。这里存在一个误区，一些旅游购物品经营者认为，旅游购物品应主要面向境外旅游者。事实上，2001年我国入境旅客将近8 000万人次，而同期国内游客国内旅游人次为712亿。虽然国内旅游者的旅游目的仍主要以观光为主，但绝大多数并非单纯观光，同时有访友、探亲的目的，旅游购物重点更多的不是纪念性商品而是日用消费品。因为国内旅游者的经济收入相对入境旅游者要低得多，因而价格昂贵、以传统工艺品为主体的旅游购物品往往较少问津。而价格较低的仿制品因为品质低劣也难以吸引讲究实惠的国内旅游者。

由此可见这个市场中仍有许多没有开发的经营潜力和赢利空间。

（二）加入WTO后，中国旅游购物品的发展机遇

加入WTO，给我国旅游业的发展带来了前所未有的机遇，也加快了我国由

亚洲旅游大国向世界旅游强国迈进的步伐。2000 年我国入境游客居世界第五位，入境过夜旅游人数为 3 123 万人次，国际旅游收入居世界第七位，比同期增长 15. 1%，成绩比较喜人。但如果对我国旅游市场稍作研究也会发现，旅游最直接的衍生物——旅游购物品却一直未能得到真正发展，旅游购物品市场在旅游业中总体呈现很弱的局面。

在此，我们仅以我国服装为例，我国是最大的纺织品出口国。我国棉纱、棉布、丝织品、针织品、毛织物、服装化纤产量均居世界第一位，呢绒产量居世界第二位。1995 年出口量折合纤维 360 吨，占全球出口总额的 19. 8%，出口额 379 亿美元，占全球纺织品出口总额的 13%，均居世界首位。1997 年我国服装出口总额达 327. 8 亿美元，占全球贸易总额的 18%，1998 年为 300. 6 亿美元，占全球服装贸易总额的 16. 74%，1999 年为 300. 78 亿美元。而我国服装出口额中的 80% 以上是出口到目前已经加入世贸组织的 135 个国家和地区。中国占全球纺织品和年交易总额的 1/8，约 500 亿美元，大约占全球市场份额的 13% ~15% 左右，同时占中国出口商品总量的 30% 左右，可见我国纺织品服装在国际市场和我国对外贸易中的地位是举足轻重的。

加入 WTO 后，纺织贸易自由化，将使我国纺织品企业深受其惠。特别是将来逐步放宽直至取消配额，我国纺织品将可以进一步扩大出口。有人预测，届时在全球市场的份额可以从现在的 15% 左右上升到 30% 左右。轻工、工艺、食品、家用电器等产品也可获得较好的发展机遇。如华光陶瓷、河北华玉、唐山陶瓷收入的 70% 来自出口；生产鞋类的青岛双星 30% ~40% 的产品出口；上海梅林的梅林牌罐头，在东亚地区享有盛誉。可见，国际市场也有很大的发展空间。

三、旅游购物品可持续发展的应对措施

市场经济是竞争经济，在激烈的竞争中，唯有创新才能使旅游购物品脱颖而出。创新是提高旅游购物品业竞争力的根本途径，旅游购物品可持续发展的应对措施应从开发，设计、经营等环节上下工夫。

（一）旅游购物品的开发创新

要搞好旅游购物品的开发，必须要有创新意识，要在市场观念创新、设计创新、技术创新、机制创新方面下工夫，使之适应多元化市场的需要。

1. 市场观念创新

旅游购物品企业要不断研究市场，要研究商品服务对象的消费心理，研究他们的文化水平、兴趣爱好、风俗习惯、审美情趣等。做到产品市场定位有针对

性，这是市场观念创新的最重要环节。

2. 设计创新

创新是产品设计的核心。旅游购物品设计创意的主要内涵应是采用现代设计思维方式，构思的产品应具有独特风格、民族特色、地方色彩、生活情趣和时代潮流。要求产品是传统与现代的结合物，并有精美的包装与形象。将设计、批量生产、材料以及市场销售的要求进行系统考虑，不断进行创新设计，从而满足市场需求。

3. 技术创新

技术创新是企业发展的不竭动力，当今世界高新技术层出不穷，旅游产品生产企业应抓住时机，广泛采用新技术，如将信息技术、计算机 CAD 等用于产品设计中，使产品更新换代速度加快。21 世纪将大量涌现敏捷制造企业，这种企业以对市场机遇作出敏捷反应为宗旨，为用户提供个性化产品。

4. 机制创新

企业要有机制创新作保证，才能吸引各类人才，增加自身竞争力。

(二) 旅游购物品的设计创新

旅游购物品的设计不但参与时尚的生产，同时也参与市场定位，特别要注意不同的产品形式下隐藏着的各民族不同的价值体系、文化特征、艺术特色和审美情趣等意识形态的差别。这是旅游购物品可持续发展的有效方法之一。其内涵有四个方面：

1. 针对性

通过调查研究得出结论，使产品的设计能根据地区、民族及文化的不同而有针对性的变化。就拿自行车来说，丹麦人喜欢最简洁的造型；英国人和荷兰人则喜欢车把高高翘起；德国人则倾向于反踏装置并希望自行车能配有至少 12 个档。每个民族都有自己的偏好，荷兰人喜欢舒适，丹麦人喜欢拆卸，法国人喜欢传统，德国人则喜欢坚固结实。

2. 文化性

一个地区或民族的文化特征是旅游购物品设计的工作坐标。我国地大物博、历史悠久、文化灿烂，设计制造旅游纪念品应注重借鉴国外的成功经验，怎样更好地设计出有关万里长城、故宫、颐和园、泰山、桂林、布达拉宫等名胜古迹的纪念品，使之更好地体现观赏性和文化内涵的统一，在弘扬中华文化方面发挥更大的作用。

3. 艺术性

在旅游购物品中融入中国传统文化与艺术内涵，使二者有机地结合起来，才

能使中国旅游购物品具有中国特色，显示出个性、差异性和垄断性。因为旅游的本质就是融文化交流、艺术欣赏和消遣娱乐为一体的社会活动，提高旅游购物品的艺术性，会使旅游购物品增加较多的附加价值。其文化艺术内涵含量越大，附加值越高。如一件杭州丝绸睡衣，加上手绣则身价倍增。我们在开发、设计旅游购物品时，要将中国传统文化与艺术内涵相结合，在两者结合的基础上，使我们的思路更开阔，使我们的想象更丰富。

4. 情趣性

旅游购物品具有艺术性、观赏性、实用性、新颖性等特征，一件旅游购物品在整体上则体现出其美学价值、生活情趣，这种审美情趣又决定了顾客的购买倾向。旅游购物品是卖给谁的？答案很明确——是卖给外国人和外地人的。从事旅游工作的专家们经过长期的观察研究，将中国人的审美标准、审美情趣、购物走向归纳为五个字，即大、洋、全、新、派。外国人、外地人到异国他乡旅游时，其审美标准、审美情趣、购物走向正好与我们相反，他们想买的商品也有五大特点，即小、土、巧、古、异。

（三）旅游购物品的经营创新

美国经济学家西蒙指出："经营的核心问题是决策，决策的核心问题是创新。"旅游市场是旅游购物品业经营的中心，市场是旅游购物品生存、发展的根本，是旅游经济竞争的焦点。"得市场者得天下"使市场真正成为旅游购物品经营的起点及归宿，以市场为中心，主动去研究市场、开拓市场，是中国旅游购物品可持续发展的经营创新途径，其应对措施主要包括：

1. 旅游购物品企业经营的观念创新

观念是人们由其所具有知识及过去实践而长期形成的种种观点与概念的总和。观念是由一定的社会存在所决定的，并随着社会存在的变化而不断更新。要搞好企业经营，必须抓好观念创新。把握住市场经济的本质与规律，创造性地运用好市场规律。

2. 旅游购物品企业经营的思路创新

思路在旅游购物品企业经营中是一种方向性的战略指导思想，是战略战术决策的"轨道"。唯有符合市场经济规律并不断创新的思路，才能为旅游购物品企业带来正确的决策与成功的策划，使企业能健康地、超常地向前发展。旅游购物品创新经营的通用性思路主要有：高起点经营思路、深加工一体化经营思路、多元化经营思路、居安思危经营思路。

3. 旅游购物品企业经营的策略创新

两强相遇勇者胜，两勇相遇智者胜，有谋者往往比无谋者有更强的力量。为

了搞好经营创新，我们必须更新传统的经验决策、计划决策等经营方式，创造性地按市场经济规律实施策略创新。在创新经营中以专取胜、以精取胜、以特取胜、以奇取胜。

第二节　旅游购物品开发的指导思想与原则

为实现旅游购物品的可持续发展，我们在正确思想的指导下，仔细分析和观察现在旅游购物品发展中出现的种种问题，总结出了旅游购物品开发的十大原则。

一、旅游购物品开发的指导思想

旅游购物品开发的指导思想是：顺应国际、国内旅游业快速发展的趋势，以市场为导向，以产品为龙头，以效益为中心，以管理为基础，将技术创新、技术改造、技术引进、质量标准控制等紧密结合，以培育和推出精品名牌旅游购物品和龙头企业为重点，理顺体制，突出特色，提高档次，强化竞争，形成多层次开发，把旅游购物品培育成旅游业中新的经济增长点。其内涵有三个基本点：

1. 运用经济学的原理和方法，使旅游购物品的开发立足市场

认真分析旅游市场，以旅游者为中心，综合分析旅游者来源的社会基础、个人特征、需求状况、客流量大小等，正确地进行市场定位、商品定位和价格定位。在此基础上，利用旅游市场中的竞争机制、价格机制等因素确定旅游购物品的市场营销策略，以达到争夺旅游消费者、争夺经营者（或中间商）、提高旅游购物品市场占有率的目的。

2. 利用不可替代的资源优势，开发旅游购物品占领市场

特色的旅游购物品带来发展之道，因此，要深入挖掘本国、本地区、本民族的文化，以深厚的文化背景为依托，充分利用当地资源，就地取材，这样既可减少原材料购买成本费和节约外地购买的运输费，同时还能突出反映地方特色，注入旅游购物品的地域特色成分。并注重绿色化需求，使旅游购物品的特色与旅游资源相协调，旅游购物品开发与环境保护并举。特别是利用已经有了知名度的资源，因地制宜、设计和制造独具特色的旅游购物品占领市场。

3. 增加旅游购物品的科技含量，拓展市场

21 世纪，旅游购物品的大商品、大市场观念已经形成并为社会所接受，市场竞争也非常激烈。在旅游购物品的供求发展中，科学技术起着至关重要的作用，将高新科技应用于旅游购物品的开发设计，增加旅游购物品的科技含量，无疑会增强旅游购物品供给的吸引力。据统计，在德国，绿色生态旅游食品的价格比一般食品约高出50% ~200%；在日本，绿色食品价格也比一般食品高出20%以上。由此可见，注重绿色化需求、科技含量高的旅游购物品是旅游购物品可持续发展的途径。

二、旅游购物品开发的原则

从目前和未来旅游购物品市场发展的趋势来看，在旅游购物品开发设计时，必须遵循以下十大原则。

1. 市场原则

市场原则，是指以市场需求作为开发的前提，进行广泛深入的市场调查，在思维观念上，主要分析、研究和把握旅游者的购物动机。一方面，要了解旅游购物的一般动机，根据不同的旅游购物动机，开发相应的旅游购物品。准确把握旅游者的来源、数量、购物水准和购物心理等要素，正确地进行市场定位、商品定位、价格定位，做到以需定产，适销对路。在旅游购物品市场疲软的情况下，开发设计任何一种新的旅游购物品时，必须认真分析和调查旅游市场，了解和掌握旅游者的需求和心理，若是外销的旅游购物品还要注意异域的爱好和禁忌。

2. 经济效益兼顾社会效益的原则

旅游购物品的开发要注意经济效益，以经济效益为中心，要以较少的投资和较短的生产周期，获得相对高的经济效益。并坚持经济效益、社会效益和环境效益并重，做到与经济发展的特色产业建设相结合，与民族地区社会经济发展相结合，与资源的合理利用及环境保护相结合，充分发挥旅游购物品区的牵引带动作用。

3. 突出地方性特色的原则

特色是旅游购物品的灵魂，有特色的商品能真正代表当地的文化特点，这样的商品具有不可替代性，具有极高的纪念意义和收藏价值；特色的旅游购物品，难以快速大规模仿冒、复制；地方特色的旅游购物品是利用当地资源，设计新颖、构思巧妙、创意独特的完美结合。因此，深入挖掘本国、本地区、本民族的文化，以深厚的背景为依托，设计和制造独具特色的旅游购物品会深受旅游者欢迎。在区域历史文化积淀、民族风貌及旅游地景区特色三个方面挖掘旅游购物品的地方文化特色，力求在“土、特、新、奇、精”和“忆”上做文章。每个旅游地都有自己的地方性特色优势，如上海的服装品种齐全，款式新颖，质量可靠，深受国内广大旅游者所喜爱。云南的斑铜工艺品、杭州的丝绸、苏州的双面

绣、北京的景泰蓝等都因具有鲜明的地方特色而畅销不衰。

4. **美学原则**

爱美之心人皆有之，爱美是人的天性，精美的旅游购物品能吸引旅游消费者的目光，勾起他们的购买欲望。旅游是一种探求异地文化的消费活动，是一种经历，旅游者为了留下这永久难忘的经历，重温难忘的回忆，往往需要购买一种象征旅游地的纪念品。因此，美学原则就是指旅游购物品集纪念性、艺术性、实用性、礼品性等综合于一体。在旅游购物品开发中应注重赋予实用日用品以工艺美学性，并强化其旅游纪念意义。

5. **质量保证的原则**

从发展的观点来看，加入世贸组织以后，国与国之间在进行商品交换的过程中，关税壁垒将大大下降，由此引发了产品质量的竞争。全球的质量竞争就带来了围绕着产品和生产产品的企业的质量保证、质量管理的一个非常强的国际化倾向，这就产生了为旅游购物品的质量管理和质量保证提供一个国际标准的客观需求。

6. **引进国外先进技术与自主研究开发相结合的原则**

旅游购物品开发，一方面要注重引进关键和先进技术，集成国内科技力量，进行消化、吸收和“二次改造”；另一方面，要立足发展自己的产品，国内自主开发与国际合作相结合的新的有效形式，提高自主研究开发和创新的能力。

7. **增加高附加值的原则**

高附加值的旅游产品，通过深加工、精加工、降低物耗、提高效率、改进设计和包装来增强新产品功能，它可以通过提高新产品的知识含量、技术含量、艺术含量去获取，也可以通过提高旅游新产品的“魅力价值”及“感觉价值”，适应旅游市场的需求去获取。

高附加值的旅游产品，一般具有以下几个特点：①在产品设计和生产中采用现代科技成果或采用先进技术、工艺和新材料，技术含量显著提高；② 产品质量优异、款式新颖、功能较完美、档次高；③加工、造型、色泽和表面处理、包装等方面有较高的艺术欣赏价值；④有一定的生产量和市场覆盖能力，效益好，创汇高。

8. **重视开发流行产品的原则**

旅游消费者大多喜欢新、奇、异的旅游购物品，追求新的花色、新的款式、新的质量、新的情趣。设计开发具有流行性的旅游购物品必定是畅销产品。一般来说，流行产品也可以说是时尚产品，作为企业应该去开发这类产品。从实际情况来看，流行产品畅销的时间虽短，但它是领导时代潮流的产品，因而可抢先占领商品市场。往往可获得较高的回报。如巴黎的时装，每年为法国的服装企业赚取了巨额利润。

9. **创名牌、精品战略的原则**

在市场经济条件下，品牌就是价值，品牌是龙头企业发展壮大的一个关键因素，也是提高企业竞争力的主要手段。品牌不仅仅是企业创造出来的，而且是通过消费者不断认知并长久忠诚形成的。“品牌是金”，好的品牌所内含的无形资产，足以对市场产生强烈的虹效应。“货买一张皮”，对名牌精品的旅游购物品而言，以当地自然资源、名胜古迹、历史人物、民俗风情为依托，利用当地的特有材料设计、组合，并利用当地的传统技艺加工制作以突出地方民间特色和民族特色等，力创具有旅游地特色的品牌。采取“人无我有，人有我优，人优我新”的产品策略。如到国外旅游的游客都知道，去巴黎要买香水，到日本买电器、照相机，去美国买米老鼠玩具、运动鞋、牛仔裤，去意大利买皮衣等等，原因就在于这些商品均有品牌效应。

10. **价格合理的原则**

在旅游购物品经营中，价格历来是决定商品畅销与否的重要因素之一。尽管目前在旅游购物品经营中非价格因素对商品销售所起的作用日益重要，但商品定价仍然是旅游生产者和经营者需要考虑的一个重要问题。价格因素对商品销售所起的影响，更是生产者不容忽视的问题，因此，无论如何，定价问题是需要慎重考虑的关键问题。要想使旅游购物品畅销起来，发挥价格对旅游购物品所起的导向作用，就必须根据旅游购物品的特性和市场需求的变化，在法律许可的范围内，采取灵活的定价策略和定价方法。

第三节　旅游购物品开发的实施细则

对旅游新产品的实际开发进行操作，我们认为从宏观到微观的开发过程来看，应考虑其开发的具体类型、产品的生命周期、开发规划、开发程序等方面的实施细则。

一、旅游新产品的概念及其类型

（一）旅游新产品的概念

旅游新产品是指在国内、本地区、本企业初次试制成功，经有关部门鉴定确认，准备生产的产品；或指原来生产过的，但作了新的重大改进，使其在原理、

用途、结构、性能等方面与老产品有着显著差异的产品。

旅游新产品对于企业而言，是指以前从未生产和销售过的旅游购物品，对于旅游者来说是指在旅游过程中获得新的满足的一切物质商品，如旅游者在旅游途中购买到从未吃过的土特产品。而相对老产品来说，主要包括对原有老产品的改造及其采用新技术、新原理、新结构而生产的创新产品。旅游新产品一般具有以下一项或多项特点：①具有新的原理，构思和设计；②采用新的材料和原件；③具有新的性能及特征等等；④具有新的用途及功能；⑤满足旅游者消费的新的需要；⑥具有先进性和实用性；⑦能推广应用和提高经济效益。

（二）新产品的类型

新产品是一个内容很广、在不同情况下有不同含义的相对概念，只要是在旅游产品的构成中，任何一部分的创新或改造，都属于新产品之列。新产品大致可分为四类：

1. 创新型旅游产品

创新型旅游产品是指采用新原理、新技术、新材料或新结构研制的新产品。这类新产品是在基础研究成果的基础上，通过应用研究而发展的新产品或者是几项技术的综合，是技术上的重大突破。创新型旅游产品是一种全新产品，在技术性能、经济效益等方面具有新的特点。独立开发创新型旅游产品，不仅需要大量资金和技术设备，而且开发周期较长，风险较大。

2. 改进型旅游产品

改进型旅游产品是采用各种改进技术，对原有旅游产品进行改造，使新产品在技术性能上有所扩大，能进一步满足旅游者的要求。或者采用新的工艺、新的设备进行生产，使成本下降，价格降低，销路扩大。这种新产品的开发难度较小，是企业在开发新产品时经常采用的一种方式。

3. 换代型旅游产品

换代型旅游产品是指在原有旅游产品的基础上，不改变其基本原理，只是部分地采用新技术、新材料、新结构，使其在性能上、功能上有显著提高。这种新产品开发有一定的难度，是产品开发的重要形式。

4. 模仿型旅游产品

模仿型旅游产品是模仿国内外已研制出来的新产品，有时也根据旅游市场需要进行必要的改进，以代替企业正在生产的旅游产品。模仿型旅游产品具有周期短、见效快等特点，仿制是一种重要的竞争策略。对于一些缺少技术力量的中小企业特别适合。

二、旅游购物品的生命周期

旅游购物品的生命周期，是指旅游购物品从投入市场到被淘汰为止所经历的全部时间。

产品寿命通常指产品的经济生命，所以产品的生命周期也称为产品经济生命周期。市场、技术更新变化速度越快，产品生命周期越短。产品生命周期一般要经历投入期、成长期、成熟期、衰退期四个阶段。

1. 投入期

指产品刚投放市场后的一段时间。这段时间里，人们对新产品不太了解，在相当长的时间内，销售量很少，成本偏高，利润较低有时甚至亏损。

2. 成长期

指新产品经过试销，在市场上已开始被用户认识，销售量增长的一段时间。在这一时期，产品基本定型，工艺和生产状况基本稳定，开始投入大量生产，成本逐渐下降，利润增加。

3. 成熟期

指新产品在市场上畅销、销售量已达到高峰，趋于饱和的一段时间。这一时期销售额增长率稳定在0.1% ~10%之间，成本最低，利润最高。

4. 衰退期

指产品在市场上处于饱和状态，产品老化，逐渐被新产品或同类其他产品挤出市场的一段时间。此时产品滞销，利润迅速下降，最低时出现亏损。

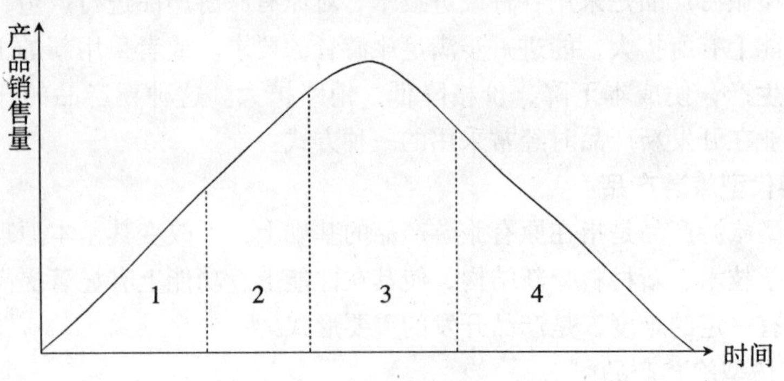

图 6–1　产品生命周期

这四个阶段构成了产品生命周期的一般规律，由于种种原因，每种产品不一定都要经历这四个阶段。比如有的产品由于设计和工艺的缺陷、生产经营不善可能会刚投放市场就遭到失败或很快地从成长期就进入到了衰退期等。

旅游购物品的经济生命周期与一般商品所遵循的规律是相同的。但由于受旅游购物品自身的特点和旅游者消费特点的制约，旅游购物品在生命周期上也有别于一般商品。因此，掌握旅游购物品的产品生命周期，对于不同时期，不同产品类别，采取不同的开发策略。比如：

旅游工艺品和文物古玩，历史悠久，技艺精湛。从大类来讲，不存在衰退期。如雕塑工艺品、金属工艺品、刺绣工艺品、抽纱染织品、文房四宝、复制出土文物等，只有保证工艺质量，保持旅游购物品特色，从而可以延长其生命。

研究产品生命周期是为了有效地进行产品管理。企业要保持和扩大产品的市场占有率，在不同的阶段要采用不同的对策，正确处理新老产品的交替。要使产品形成生产一代，改造一代，研制一代，预研一代的“四代同堂”的局面。

三、旅游购物品开发的总体规划

旅游购物品设计（开发）的总体规划，也可称做《设计方案》《规划方案》《设计大纲》《总策划》《建议书》《投标书》等等名目，但内容是对旅游购物品开发进行调查研究和科学、艺术创作的成果，以及根据这些成果产生的设计构思和设计方案。

旅游购物品开发的总体方案必须具有以下三方面的特性：

1. 科学性

我国历史文化悠久，旅游购物品丰富，制作工艺高超，民间手工业制作力量雄厚，这是我国发展旅游购物品的有利条件。但我国旅游购物品分布地域广，门类繁多，生产经销缺乏计划性，民族特色体现不突出，这就需要在科学地调查研究的基础上建立一套旅游购物品体系。这个购物品体系既要符合我国有计划的商品经济规律，又要产销对路，结构合理，总量充足。这就需要有一套科学的符合我国旅游业发展需要和旅游购物品经济规律的发展规划。其科学性应表现在以下几方面：

（1）产销对路。旅游购物品应符合旅游者生理上、心理上和精神上的各种需求，在商品结构和产量方面要符合我国旅游业的总体发展要求，在质量上要突出实用性、艺术性和纪念性，在用材、造型、色调、图案、风格和包装装潢方面，既要突出我国传统特色，又要符合国际潮流。

（2）突出民族特色和地方特色。旅游购物品主要满足旅游者心理上和精神上的高层次需求，要着重突出艺术性和纪念性，以民族特色和地方特色取胜，才有生命力和竞争力。

（3）主体商品和辅助商品结构合理。中国传统旅游购物品众多，新开发的

旅游购物品日趋繁多，确定全国重点旅游购物品，划分档次、规格已势在必行。各地也应确定自己的主体商品，使主体商品和辅助商品有一个合理的比例和结构。

2. **指导性**

各级行政管理机构（或开发商）根据各地旅游购物品生产潜力和市场需求情况制订出旅游购物品总体发展规划，应对各地旅游购物品的商品结构、产量和质量、推销经营有指导性。其指导性反映在下列方面：

（1）确定商品结构和主体商品。旅游购物品总体发展规划是各级旅游购物品管理机构对各地旅游购物品发展进行宏观控制、指导的重要手段，要发挥总体规划的指导性功能，以确定商品结构和主体商品，指导开发方向和投资方向。

（2）指导“创、改、保、引”四字方针的落实贯彻。各地的总体规划在确定主体商品的基础上，对创作、开发新品种进行宏观指导；对滞销老产品的改造提出指导性意见；对保留传统、名牌产品及引进国内外新技术和名、优产品进行微观指导。

3. **综合性**

旅游购物品总体发展规划必须具有综合性，即不仅对各地旅游购物品生产、开发、经营起指导性功能，又要对旅游购物品的研究、制作工艺、推销等方面起指导和协调作用。总体规划要规定全国和各地旅游购物品的发展目标和步骤，建立一个层次分明、结构合理、总量合适的旅游购物品生产、开发经营促销的综合体系。

以上三点仅仅只是一个纲目，开发不同的商品，还应有具体的实施细则。根据惯例，除了正式的总体规划设计文本之外，还有若干附录和说明书，补充总体规划的不足，或对专题进行论述。

总之，旅游购物品开发是把资源转化成旅游购物品的技术过程，同时也是一种反映市场调研—资源开发—产品设计—项目成立（或立项）—设施配套—产品形成、经营和管理的旅游经济的活动过程。在这一过程中，应遵循经济学的一般原理，建立或完善整个旅游购物品购物业体系，满足旅游者需求，产生较高的效益。从经济学的角度看，旅游购物品开发必须进行投资机会分析、旅游市场研讨与策略研究、旅游购物品供给与需求研究及效益评价。

四、旅游新产品开发的程序

旅游新产品开发是从确定市场目标、新产品构思开始，到把这些建议转变为最终投入市场的旅游新产品为止的前后连续的、有计划、有目的、有系统的过

程。根据产品设计开发流程图，结合旅游购物品开发的实际，我们将旅游新产品的开发分为七个阶段：

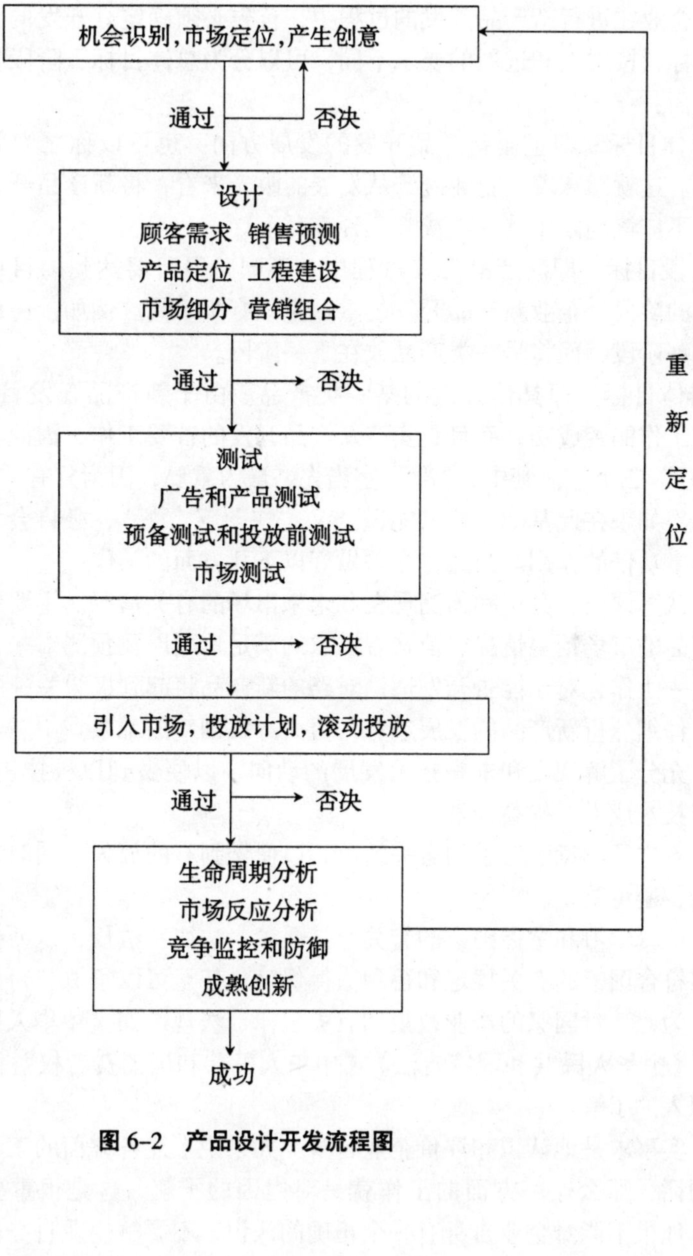

图 6-2　产品设计开发流程图

1. 确定目标

确定目标即明确企业新产品开发的方向、战略和主题。可以说，这是新产品开发中最难和最为关键的一环。这一环犹如科学家确定课题、出版社搞选题一样重要。这是因为，目标确定得正确或合理与否，直接关系到新产品开发的成功与否。因此，企业在进行新产品开发的过程中，首先必须确定好开发的目标。新产品开发的目标，按层次和进展的要求不同，可以分为总体目标、阶段目标和具体目标三个方面：

（1）总体目标。即企业新产品开发的发展方向，也可以称之为新产品开发的战略目标。这就意味着，企业应该从发展的眼光来看，将新产品开发的目标定得宽一些，不应该局限于某一类或某几种产品上。

（2）阶段目标。即新产品开发过程中，不同阶段所要达到的目标。也就是说，在不同的阶段，企业新产品开发的重点应该有所不同。例如，可以将某一类产品放在这一阶段，而将另一类产品放在下一阶段。

（3）具体目标。即具体开发的某一类产品。由于新产品开发目标的确定，关系到开发工作能否成功，而且是实施新产品开发的首要工作，因此，应该做到“准、快、好”三个字。其中，“准”字当先，最为重要，因为只有“准”，才有成功的希望。如果在此基础上，又能做到又“快”又“好”，必将会为新产品的开发起到事半功倍的作用。为此，必须做好以下几方面的工作：

第一，认真调查、分析和预测现在和未来市场的有关情况。主要包括调查和分析现有产品的市场销售情况、消费者需求的满足情况以及预测未来市场的发展趋势等。这一工作，对于能否开发适销对路的新产品将起到极为关键的作用。

第二，仔细分析新产品的发展趋势，努力寻找创新的源泉。

第三，充分了解现在和未来技术发展的动向，以便做到以科技进步为动力，吸收现代新技术成果，提高开发力。

第四，多方了解竞争对手的有关情况，以便做到有的放矢。同时也可以吸收对方的长处，避免重复。

第五，认真学习和掌握国家的有关经济政策、法律和法规，以便做到新产品的开发能够符合国家的有关规定和得到法律保障，甚至可以争取获得国家有关政策的支持。为此，对国家的产业政策和有关法律、法规，如《中华人民共和国产品质量法》《中华人民共和国广告法》《中华人民共和国消费者权益保护法》等法律应有深入的了解。

第六，实事求是地认识和评价企业自身。如果说上述各方面的工作都是对外因的了解的话，那么这一方面的工作就是对内因的了解，这是很重要的一个方面。因为，如果不能对企业自身有一个正确的认识，不了解企业自身的条件，对

外部条件了解再多、或者外部条件再好，也不可能开发出实实在在的新产品。因此，企业必须对自身有一个正确的认识。这样，在对内外都有充分了解的基础上，就可以制定出切合实际的新产品开发目标。

2. 新产品的构思

构思是新产品开发的一个重要阶段。企业寻求新产品构思必须有一套系统的规定，即要明确新产品发展的范围、目标市场、产品定位、资源分配、投资收益率等等，使构思者有所遵循，避免人力、物力、财力的浪费。

新产品构思的来源是多方面的，主要有：

（1）企业内部的技术人员与业务人员，包括设计、制造、管理和促销人员等。据调查，在美国55%的新产品构思来自企业内部。

（2）顾客。企业内部人员通过观察和倾听顾客的需要，分析顾客提出的批评和建议，可形成构思，解决现有产品存在的问题。因此，企业应鼓励设计和促销人员直接与顾客接触，以便广泛搜集意见。

（3）竞争者。分析研究竞争者的产品是构思的另一个来源。通过研究竞争者的产品广告或其他渠道，可得到竞争者的新产品信息；或是买来竞争者的新产品拆开分析研究，以启发自己的构思。

（4）中间商。中间商直接接触市场，可将顾客的需要和意见反映给企业，还可向企业提供市场上有关新技术与原材料方面的信息，对启发新产品的构思帮助极大。

（5）其他来源。除了以上四个来源外，企业还可以从其他方面获得新产品构思，如有关贸易杂志、报纸、影视、讲座等。此外，行业顾问、管理顾问、广告公司、大专院校等，也可给企业开发新产品以支持。企业领导人是否具有开拓创新精神，是能否获得新产品构思的关键。对创新者给予奖励，是刺激构思的重要手段。

3. 新产品构思的筛选

筛选就是对大量的新产品构思进行优选，选出好的构思进一步开发，及时剔除不好的构思，使其不得进入下面各阶段，以免造成浪费。构思的筛选要防止两种偏向：一是对好的构思在没有认清之前，轻率放弃；二是对不好的构思轻率采纳。两者都会给企业造成重大损失。正确的筛选必须根据企业内外部具体条件，全面分析衡量，审慎地决定取舍。企业外部条件主要是指市场需求和竞争状况、社会环境、自然资源等，内部条件主要是指企业资金、设备、技术以及经营管理能力等，此外，还要考虑构思与企业的目标是否一致。有些构思看起来虽然很好，但对本企业不一定适用。

一般来讲，多数开发商要求有关人员在上报新产品开发计划时，要写明以下

几点：即产品特点、目标市场、竞争情况、预计销量、价格、研制时间及费用、制造成本、投资收益率等。

4. **产品概念的形成与评估**

经过筛选以后的新产品构思，还要进一步形成比较完整的产品概念，即把新产品构思具体化，并用文字或图像描述出来。

5. **商业分析和研究试制**

选出最佳产品概念之后，还要详细分析这一新产品开发方案在商业上的可行性，即详细审核预计销售量、成本、利润和投资收益率是否符合企业既定目标，如果符合就可进行进一步开发。

企业预测未来的销售量，需调查同类产品销售历史上的最高和最低销量，以尽量减少风险。做出销售预测之后，就可预计新产品成本。根据预计成本及销量，可分析出新产品是否能够赢利。这种商业分析，不仅在这一阶段要进行，而且在新产品开发的整个过程中都要进行。

经过商业分析和开发评价，则可交生产部门试制。根据既定的产品概念可制出一个或数个样品，这种样品既要具备产品概念中所阐明的主要特点，又要安全可靠，生产成本不超出预算。样品制成后，要在实验室和现场对其性能、成分等进行一系列严格的测试和技术鉴定，然后还要进行消费测试。

6. **市场试销**

样品测试如果得到满意的结果，即可投入小批量生产，上市试销。所谓试销，就是把产品和营销方案在更加符合实际的条件下推出，以观察市场反应。在试销过程中取得的有关市场定位、销售渠道、广告宣传、价格、品牌、包装，以及预算等方面所需的资料和数据，可为以后的营销决策提供依据。市场试销规模的大小，一则取决于投资风险的大小，再则也取决于试销成本的大小和时间的长短。试销的方法是依产品种类的不同而定，同时还要选好试销的地点和时机。

实际上，有些产品往往要经过数年时间反复试销，才能最后决定全面投产上市。试销成本虽然昂贵，但与因仓促投产上市失败所遭受的损失相比，还是值得的。

目前企业常用的试销方法有三种：标准试销法、控制试销法和模拟试销法。

（1）标准试销法。此法是将新产品在实际的条件下推出。企业选定几个试销城市，推销人员要说服当地中间商协助开展试销，并将新产品摆到货架的最好位置上，企业还要在这些城市开展广告及促销活动再通过对顾客市场和分销渠道的调查研究以及审计等措施，来掌握新产品的试销情况。据此，企业可预测全国的销售量及利润，发现潜在的问题，修订营销计划。

但标准试销法的缺点是：所需时间长，一般要一至三年才能完成；大范围的

试销需要的投资太多；给了竞争者以研究分析试销品的机会。如果试销时间较长，竞争者还可能采取干扰试销的针对性措施，如降低自己的产品的价格，加强广告促销，甚至买下全部试销品。

尽管有以上问题，标准试销法仍被企业广泛使用。但目前也有些企业开始改用控制法或模拟法，因为它们具有时间短和耗资少的优点。

（2）控制试销法。此法即通过专门的市场调研机构开展试销工作。企业只要讲明所要进行试销的商店数目及其地理位置，其他所有一切事项该机构均可负责安排。该机构将产品送到试销店，指定货架位置、陈列方法、广告方式，并根据企业的意见定出价格，然后还负责调查销售情况及收集数据，并将结果提供给企业。

控制试销法仅需半年至一年的时间即可完成，耗费也大大低于标准试销法。但是一些企业认为，在指定商店和固定顾客中试销，结果不准确，因为这不一定能代表实际的未来市场和目标顾客。另外，控制试销法也同样会给竞争者提供研究试销品的机会。

（3）模拟试销法。在模拟市场上试销新产品，模拟市场可选定一家现有的或临时布置的商店。首先要让参加试销活动的顾客看广告，包括试销产品的广告和竞争者产品的广告。然后发给顾客少许钱，请他们随意选购。在顾客选购的过程中，试销者分别记录自己的试销品和竞争者产品的销售情况，并请顾客回答为什么买或为什么不买的理由。几个星期后，再通过电话询问顾客对试销品的意见。公司可用电脑收集全国各地模拟试销的情况，进行综合分析，得出结论。

模拟试销法克服了前两种方法的缺点。由于对试销市场严格控制，防止了竞争者的有害活动；同时它耗资最少，时间最短（一般仅 8 周）。但由于市场是模拟的，参加试销的顾客数量有限，有些企业认为模拟试销法不准确、不可靠。

对于旅游购物品来讲，除了可以采用上述标准试销法、控制试销法和模拟试销法以外，主要还可以采用试用法和陈列法。

试用法是经营者从目标市场中选一些顾客，请他们在规定的时间内试用新产品，然后了解顾客对产品的意见和对技术咨询及其他方面服务的需求。

陈列法是经营者举办新产品展销会，吸引目标顾客参观选购，从中观察了解参观者对新产品的反映和购买意向。新产品展销可在专门的贸易展销会上举行，也可在经销商或代理商的陈列室中举办。

7. 大批投产上市

经试销成功的新产品，即可大批投产上市。这时需大量投资购置设备和原材料，支付大量的广告、包装费用和培训推销人员等，所有这些，都会使新产品推出的第一年耗费巨资。在正式推出新产品时，企业还要作出以下四项决策：

（1）推出时机。新产品上市要选择最佳时机，最好是应季上市，以便立即引起消费者兴趣。同时，还要考虑新产品上市对企业原有产品的影响，如果对老产品的销售影响很大，则应等老产品库存量下降后再推出新产品。

（2）推出地点。新产品开始上市的地点，首先应该决定是在一个城市、一个地区、几个地区，还是在全国。一般来说，小企业可先选好一个中心城市推出新产品，迅速占领市场，站住脚后再逐步扩展到其他地区以至全国；大企业可先在一个地区（如华东区、华北区等）推出，然后再逐步扩展。如有把握，也可在全国各地同时上市，迅速占领全国市场。

（3）目标顾客。企业推出新产品时应针对最佳的顾客群制订营销方案。新消费品的目标顾客，应具备以下条件：产品的最初接受者；产品的经常使用者；对产品会有好评并且在社会上有影响力者（意见领袖）；用最少的费用可争取到的购买者。

（4）营销策略。采取什么样的营销策略推出新产品，即对各营销组合要素的投资比例和先后次序，要作出适当安排。对不同地区、不同市场和不同的目标顾客，应有不同的营销策略。

总之，开发一项新产品要想获得成功，必须有一套科学程序，有计划、有步骤地进行，切不可盲目开发。

五、开发旅游新产品应注意的问题

开发新产品，不仅需要投入大量资金，且具有很大的风险，因为并非任何新产品都能取得成功。一个研究报告指出，新产品的失败率中消费品为40%，工业品为20%，服务业产品为18%，旅游新产品同样面临着失败的可能。

了解可能导致新产品失败的原因，有助于旅游经营者在开发工作中注意避免这些问题的产生。旅游新产品失败的原因主要有：

1. 市场分析不够充分

对市场需求预测不准，没有正确了解消费者的购买动机和习惯，或对市场规模估计过高，或市场定位错误，都会使产品投入市场后无法达到适销对路或出现需求不足的情况。

2. 新产品缺乏足够的优势

产品构思不新颖，缺乏特色，或旅游新产品投入市场后，由于没有严格的质量管理，产品质量无法达到令消费者满意的程度。

3. 投入时间选择不当

如产品开发缓慢，时间过长，被竞争者抢占先机，或投入时消费者口味已发

生变化，都会影响新产品在市场上的销售及发展。尤其是对季节性较强的某些旅游产品，更应注意选择正确的投入时机。

4. 营销组合决策失误

缺乏销售渠道的支持，或者销售渠道选择不当；市场推销手段运用不力，或推销力量较弱；产品定价过高等。

5. 管理层本身的因素

管理者强行推出自己偏好的但市场分析已经否定的产品构思，或者在新产品开发的最后几个阶段才发现某产品不宜开发，但因投资过多，不忍放弃，希望投入市场回收部分成本，管理层决定继续开发本已无前途的产品，那么失败是不可避免的。

6. 如市场需求发生变动等其他因素

7. 实际开发成本超过预算

第四节　旅游购物品开发的实施对策

旅游购物品开发的方式是多种多样的，可以说是“八仙过海，各显神通”。近年来，更多的专家、学者及业内人士开始注重对旅游购物品的研究，提出了不少的建议和理论，为旅游购物品的开发指出了新的路子，即把旅游购物品市场当做战场，“有的放矢”。

一、加快旅游购物品开发的实施对策

1. 政府和社会应从政策、资金、技术等方面扶持旅游购物品的开发

必须从战略的高度充分认识旅游购物品在旅游业中的重要地位，要把开发生产旅游购物品与开发旅游项目结合起来，明确旅游购物品的发展方向和发展目标，并纳入旅游发展总体规划。

2. 建立旅游购物品开发创新基地

首先，应加大对旅游购物品生产供应的技术研究和改进力度，增加旅游购物品的技术含量，以培养旅游购物品中的名牌和精品；其次，应加大对旅游购物品包装和装潢的设计创新力度，以此来提高商品本身的品位和价值。

3. 面向市场，营造一批集特色、品位和品牌于一体的拳头产品

全面考察、设计旅游购物品，突出特色、品位、树立品牌是旅游购物品上档次并走出困境的必经之路。旅游购物品的开发、生产应面向市场，积极研究旅游者的购物动机，准确地把握旅游活动的新特点、新时尚和新趋势，从多角度考虑旅游购物品的开发和生产价值，不局限于文化价值、纪念价值、经济价值和社会价值中的一种或几种。

4. 加大人才培养的力度

挖掘和开发旅游购物品需要有一批有实力、有水平的旅游购物品开发设计队伍，不断设计出有新意、有品位、有地方特色的旅游购物品。因此，应在有条件的高等院校开设“旅游购物品开发”专业或专业方向，为我国旅游购物品开发培养人才。

5. 利用先进的信息工具和培养专业的营销人员，建立并完善旅游购物品的营销网络

信息不足严重地制约着旅游购物品的研制、开发与推广。我们要利用先进的信息工具，改善信息渠道，建立和完善自己的营销网络，在传递信息的同时，也可以加入到开发电子商务的队伍中去，提高企业营销网络的整体作战能力，加快旅游购物品的发展。

二、旅游购物品开发的三十六计

旅游购物品开发的三十六计，是仿效兵书上的三十六计，总结开发旅游购物品的计策或计谋，这样做的目的是以通俗易懂的方式，介绍一些可取的经验。这些对策或计谋，适用于旅游购物品的开发，关键是开发者如何运用。

1. 纪念计

纪念，这是旅游购物活动中最普通的需要。旅游者一踏入异国他乡，往往怀有猎奇心理，他们每到一地或旅游结束时，总希望购买一些能反映该旅游地文化古迹、风土人情特色的纪念品，欣赏之余可以睹物思情，唤起美好的回忆。如传统的、技艺精湛的手工艺品，文物仿制品、复制品，民族服装、服饰，民族生活用品等异国风情差异大的商品，必须是具有纪念意义的旅游购物品。

2. 馈赠计

馈赠，购物的目的只是为了作为礼物赠送亲朋好友，以表达感情和礼貌。这种需要在旅游者中间占有相当大的比重。比如日本籍的旅游者较普遍地有购买礼品的需求，他们外出或旅游归来都有赠送礼品的习俗，因此，在远游归来时，若无礼物赠送亲朋，将被视为是不礼貌的。

3. 收藏计

收藏，这种需求要求旅游购物品工艺精巧独特，确实具有收藏价值。它要求商品一定具有垄断性、排他性，也就是说，这类商品要有一定的限量限地供应的

特征。例如：英国牛津大学的一套牛津风景明信片，只有到牛津才能买，别处均不供应。因此，游客对这套明信片是非常珍视的。借鉴牛津大学的经验，在我们中国这块土地上，到处都可开发具有收藏价值的旅游购物品。

4. 实用计

实用，这种需求要求旅游者所购买的旅游购物品要具有一定的实用价值，一方面是直接满足其实际需要，如旅游日用品等，既有实用功能，又有装饰、美化室内环境的功能；另一方面又要满足其作为旅游购物品的美学性、纪念性和独特性。一般来说，旅游购物品越具有多方面的功能，就越适合多数旅游者的需要。

5. 特色计

特色，不仅包括民族特色，也包括地方特色和游览区特色，首先最主要的是游览区特色。具有这种特色，才能证明其确实到此地旅游过并借此炫耀或引起长久的回味。如杭州绸伞，印上西湖景色和白蛇传奇的片断，旅游者观赏或使用绸伞时自然会想到杭州这个中国丝绸之乡以及秀丽的西子湖畔和脍炙人口的断桥传说。其次要有艺术特色。景泰蓝、玉雕、牙雕以至山水画卷等，不仅可以反映一个游览区的景色，风土人情，而且各有艺术特色。

6. 多样计

多样，是指旅游者构成的多样化而产生的需求的多样性。不同国家、不同民族、不同年龄、不同性别、不同职业、不同经济收入、不同文化修养的人具有其不同的需求。而这些因素的各种组合，使得这些需求的多样性达到惊人的程度。所以，旅游购物品生产者必须以旅游购物品的种类、花色、价格、用途的多样性来适应这种多样的变化。

7. 改进计

改进计，主要是指在原有商品基础上采用改进技术，提高旅游购物品的质量，增加其功能，美化其外观形状、色彩。

8. 创新计

创新计，即采用新原理、新结构、新技术、新材料等生产旅游购物品，从构思、设计等方面突破传统思维的旅游购物品。

9. 换代计

换代计，即指在原有产品的基础上，设计原理不变，为满足旅游者的需求，运用新技术、新工艺、新材料、新结构制造出来的，其性能或质量都有显著提高的新产品。

10. 仿制计

仿制计，是指通过引进、借鉴先进技术而仿制的新产品。目前在我国旅游市场中，相当部分产品属于改进的或仿制的旅游购物品。

11. **再生计**

旅游购物品的再生，主要指过去曾经经营过的商品，停顿若干时间后，经过时间的洗礼，已经过补充和修改设计，重新上市。这种商品“复活”可称为“再生”。

12. **时尚计**

赶时髦，追求时尚，广大青年有此倾向，其他年龄的人也有此倾向，因为谁也不愿做一个落伍者。所谓时尚即是一种人人关注的流行趋势。被时尚影响的主要内容有衣、食、住、行、娱等。从旅游的角度分析，开发时尚的旅游用品、旅游服装之类，其成功的可能性较大。

13. **保健计**

强调生活水平和健康是当代人的追求。利用这种趋势，强调这种趋势，强调保健，开发旅游购物品，备受旅游者欢迎。比如减肥茶、药膳鸡、保健生态食品、保健药品、保健用品等，深受旅游者青睐。

14. **差异计**

指对旅游购物品市场进行分析、研究，寻找旅游市场中的差异。例如，消费水平、生活方式、文化程度、习俗、爱好、年龄、信仰等差异，根据差异开发和设计旅游购物品。

15. **好奇计**

好奇之心人人皆有。顺着满足人的好奇心的思路开发旅游购物品，成功的希望很大。例如，多年来，人们对水怪、不明飞行物等怀着较大的好奇心。英国人正是看准了这一点，开发出“尼斯湖水怪之旅”。他们建公路、修宾馆、大量生产旅游纪念品等等。这个旅游购物品，给英国当地带来了极大的好处，仅游客一项即有50万人！如何对待“好奇心”，我们中国人常常有一种思想障碍，觉得不可思议。我们应当像英国人那样，设计和开发自己的“天地水怪”！把科学问题留给科学家去研究，对旅游界人士来说，满足人们的好奇心是开发旅游购物品的一大法宝。

16. **需要计**

科学家们说需要是科学之母。那么，需要当然也是产生旅游购物品的最根本的原因。若能发现“需求”，自然就能设计出新的旅游购物品，但是，如何发现需求，却需要真功夫。另外，有可能发现新的需求，可是却很难满足。

17. **配套计**

旅游购物品，不论是大是小，如能成为系列，相互配套，总会给人一种强烈的印象。以出版介绍旅游购物品的导游小册子为例，如果同时推出一个系列，配套成龙，肯定在市场上有反响。又如，以生产小旅游纪念品——吉祥物为例，如

果配套，同时推出一组，不同的动作，不同的表情，必然受到欢迎。京戏脸谱、十二生肖、唐僧取经等旅游纪念品，成套才有吸引力。

18. 名望计

利用由于历史形成的地区或人物的名望，是开发旅游购物品的好办法。比如，反映云南大理白族人民生活的影片《五朵金花》，曾经风靡海内外，至今仍为人们带来美好的回忆。苍山看雪、洱海泛波、蝴蝶泉对歌，在三月街期赛马，历史悠久的大理白族自治州的民族风情，使人们多么倾慕向往！旅游者经常是"慕名而来"。名望使得当地开发的旅游购物品（大理石、工艺品、服饰、洱宝话梅系列）很畅销。

19. 跟随计

较小的旅游企业很难利用巨大的投入开发旅游购物品。但可以利用"跟随之计"，紧跟大企业，推出相同的旅游购物品，这也是因势利导的有效办法。

20. 价格计

旅游购物品的价格是旅游者购买心理的最敏感的因素，它对买卖双方都有切身利益。在价格制定上，首先要研究的是在心理上为旅游者所接受，从而达到促进销售，满足需要的目的，力争做到"价廉物美"。

21. 名牌计

传统的名牌旅游购物品一贯备受国内外旅游者欢迎。如日本游客多数喜欢购买文房四宝、拓片、印章、古字画、仿古金银首饰、佛教用具、刺绣服装等；西德游客多数喜欢购买我国文物的复制和仿制品、瓷器、高档手工刺绣、抽纱商品；美国游客则多数喜欢购买有中国民族风格和标记的工艺品、土特产品和高档抽纱品；法国游客喜欢风筝和民族工艺品。游客购买旅游购物品时，一般会选择名牌商品，认为名牌质量信得过，常常出现托人购买不看货的现象。

22. 专利计

"专利计"旅游购物品是指专利权人有权在其专利产品或者该产品的包装上标明专利标记和专利号的商品。这种旅游购物品是集新颖性、创造性和实用性于一身的旅游购物品，是消费者信得过的产品。获得专利权的旅游购物品无论在经济效益，还是在社会效益上都是可观的。市场上一般科技含量高的商品都是获得"专利"的产品。

23. 商标计

商品经济发展到一定阶段，市场上同类产品的竞争就会日益剧烈，每个厂商为了使自己所生产的产品具有专门的标志，以区别于其他厂商的同类产品，让消费者有比较、有选择地购买，就随之产生了商标。从某种意义上说，商标是让用户去识别和评价某种产品的一种标志。特别是对一些进入国际市场的产品，利用商标去创立名牌，争取市场，占领市场，是经济竞争的手段之一。

24. **系列计**

旅游购物品之间的关系十分密切，一环扣一环。通过开发一种旅游购物品，带动另一种或两种商品的开发。这种系列开发旅游购物品的方式是业内人士比较常用的。

25. **稀缺计**

稀缺，主要是指在一定时间内市场上比较稀少又有点珍贵的物品。如果真正正视“稀缺”的存在，并且正视市场上对“稀缺”的需求，就可能开发出新的旅游购物品。如，1997 年 12 月 4 日被联合国教科文组织列入世界文化遗产名录的云南丽江古城，是一座驰名世界的少数民族古城，目前是云南省旅游热点景区，旅游旺季和节假日成为全国知名的旅游“火爆区”。

当地民族依托其独特的景观、独具魅力的东巴文化、淳朴的纳西风情挖掘旅游购物品，即以虫草、雪茶、当归、天麻等为代表的野生名贵药材，以木碗、茶盒、木盘画、东巴具、东巴书卷等为代表的木制品，以东巴字画、东巴画等为代表的工艺品系列很受旅游者欢迎，尤其是海外旅游者，这个成功的例子既填补了“稀缺”的空白、又带来了良好的经济效益和社会效益。

26. **民间计**

中国是一个历史悠久的文明古国，利用民间艺术、民间传说、民间偏方作为资源开发旅游购物品也是一条好的途径。如关于云南过桥米线的传说，一说是：吃米线时，米线在两碗之间搭成一座不断线的“桥”而得名。另一说是：云南蒙自县有个风景秀丽的南湖，湖中有个岛，岛上绿树成荫，有屋数间，湖岸住着两户员外，均是书香门第。一家姓李公子名聪，一家姓王公子名才，二位公子自幼好学，立志求取状元功名。两公子邀约在环境幽静的南湖岛上温习功课。李家离湖较近，每天都能吃上热饭菜。王家离湖较远，途中要经过一座桥才能到达岛上，每天妻子送来的餐食饭凉茶冷，天长日久，王公子身体日渐消瘦，记忆力逐渐减退。妻子很焦虑，一天杀了一只肥壮的大母鸡，想给丈夫补补身子，将煮好的鸡盛入罐子，送给丈夫后便回家干活去了，半晌，她准备拿回去热一热，当她的手摸到盛鸡的罐时，感到还是热乎乎的，揭开盖子一看，在鸡汤上覆盖着厚厚的一层鸡油，她顿时明白鸡油能保温。从此后，聪明贤惠的妻子，就常把油汤和当地人人喜欢的食品——米线一起给丈夫食用。随后李聪和王才双双中了金榜状元，王才没忘记妻子对他的关怀，立即起程回乡接妻子到身边。王才回到家乡时，当地群众鸣锣开道，夹道欢迎，为感谢群众，王才请大家品尝妻子做的过桥米线，并当众宣布，为了报答妻子对他的关爱，将这米线取名为“过桥米线”。众乡亲又说，王才吃了这种米线，中了状元，将此米线又称为“状元米线”。由

于这一民间传说，过桥米线成了云南名牌传统食品。

27. 外行计

开发旅游购物品往往需要打破一些常规。许多专家受以往的经验所限，有时头脑中的框框套套较多，反而看不清事物的本质，难以打破常规。这时，利用一下胆大包天的外行，请他们放一阵炮，也是可行的，也可能歪打正着。在实践中，有一些点子正是“外行”提出的。由此可知，广泛征求意见的重要性。

28. 参与计

聪明的开发商运用“参与计”可算是“灵方”，因为百闻不如一见，并能亲自动手参与，使消费者吃（或用）得放心，买得开心，满足了旅游者求奇、求异的心理。这一计多用于食品或小型纪念品的制作上。

29. 直观计

根据现存的条件和消费现象，直观思维，将旅游购物品纵横延引，很可能有新的思路。起码可以找到进一步完善现有旅游购物品的办法。

30. 怀古计

怀旧思古，是人类的一种情感。尽管人类社会已经进入高科技的时代，但怀旧的思潮也时有发生。人类生活的现实空间，由历史、现在、未来组成，这三大部分中，每一部分都蕴藏着巨大的甚至可以说是无限的商机。如：20世纪90年代西方推出的生态时装，其面料主要用棉、麻、毛、丝，以绿蓝色为基调，图案则大多模仿山川景色或花鸟鱼虫，展示与大自然的和谐，宽松简洁，飘逸潇洒。香港时装店也接着推出过“环保时装”，接着中国内地的许多时装也打出了“环保时装”品牌。这似乎有点奇怪，古时候的人，不就是穿的这些东西吗？由此可看出，人类的进步有时却是退步，虽然这是一个具有讽刺意味的现象，但抓住了就是商机。

31. 组合计

在旅游购物品市场调研中我们发现，许多顾客都提出同一个问题，即有多种旅游购物品各有特色和功用，但却比较单一，难作取舍，而自己又不能一揽子包下，资金不足，往往左右寻找，一样也不买。针对这一特殊的现象，我们提出组合计。即在旅游购物品开发中，将多种单一商品的设计长处及功用组合在一起，运用多种材料，开发新品种，这样即可满足旅游者多种需求，又可在商品制造中利用一些废弃的原料节省成本，一举多得，可谓“善莫大焉”。

32. 寻根计

随着我国改革开放力度的扩大，经济实力和国际社会地位有了很大提高，国际旅游市场日益扩大，其中尤为重要的一部分游客是海外华人和华侨。看到祖国日益强大，他们寻根问祖的要求也越来越强，同时也希望在回国时得到一些有意

义的东西，这极大地促进了旅游市场的繁荣。针对这部分游客的需求，我们认为，在旅游购物品开发设计中可较多地融入祭祀、寻宗等色彩的东西。这不同于一般纪念品的开发，故单列为一计。

33. 回归自然计

快节奏的都市生活给人们的工作、家庭都带来很大压力，人们希望在繁忙的工作之余，忙里偷闲，回归自然，寻找休闲的新天地，由此而引出回归自然计。生态旅游的兴起就是典型的例子，此计要求有鲜明的自然特色或乡土气息，多以一系列组合产品为主，当前，方兴未艾的云南昆明近郊的旅游项目“农家乐”即采用此法，已获得巨大成功，远近游客络绎不绝。随着人们带薪假日增多，此计的运用，尤其在大都市周围有着极大的开发潜力。

34. 超前计

旅游购物品的超前，意味着它的构思设计、生产和销售等等均要赶在市场发生变化前进行。一种商品只有具有超前性，才可以保持较强的竞争力，才可以获得提前效益。这无论是对旅游购物品自身来说，还是对经营旅游购物品的商家、企业来说都是极为重要的，而不能对之掉以轻心。

35. 主题鲜明计

旅游业是发展潜力巨大的产业，为了促进旅游业的发展，国家每年都会在年底为下一年的旅游设定一个旅游主题，诸如“环保旅游”等。这对旅游购物品企业来说，也是一个重要的信号和机遇。针对每年不同的旅游主题，结合各地区的资源，适时地开发、设计、生产和销售符合国家制定的旅游主题的旅游购物品，使其独具特色，鲜明地反映每年的旅游主题，无疑会获得较好的经济效益。

36. 少见多怪计

说起云南，人们就会想到云南十八怪，甚至还有云南三十六怪，云南七十二怪之说。云南的每一怪，都会赋予旅游购物品旺盛的生命力。这样，选择合适的资源，以云南十八怪为蓝本，开发云南十八怪旅游购物品，无论是对国内游客，或者是国外游客，甚至是省内游客，都会具有较强的吸引力。这种旅游购物品既具收藏价值，又适宜做馈赠礼品。当然，这里仅以云南为例来说，每一地区都有其独特的特点，我们均可以以各地区独特的特点为契机，来发展“诡异”的旅游购物品。

案例分析

新产品开发中调研的合理使用①

——萨姆斯耐特公司案例的启示

萨姆斯耐特是世界上著名的箱包公司，在20世纪90年代，该公司开发的便携式Piggyback旅行箱风靡全球。据萨姆斯耐特公司调研部经理鲍勃·本根称，Piggyback旅行箱是该公司硬边旅行箱中最畅销的款式。取得这一成绩并非凭运气取得，而是通过市场细分调研、创意调研和产品调研来倾听顾客的要求，然后采取行动满足这些要求。

一、焦点小组座谈

该旅行箱的开发是从一项定性的研究开始的，称作旅行箱开发。实施中主要考虑顾客在旅行中遇到的问题，组织了11个焦点小组座谈（Focus Group Interview）。调研对象事先经过过滤性问卷测试，以使每个小组都代表一种特定生活方式的人群。焦点小组座谈进行的讨论从对与旅行相关问题的一般讨论到对更加具体问题的讨论，如离家旅行使用的旅行箱，整理检查或搬运行李、行李箱的印象和理想的行李箱等。男性和女性都认为，由于要搬运行李，尤其在乘飞机旅行时，从下汽车到大门要走很长的路，使得旅行中的任何乐趣都不复存在。

二、创意测试

随后，实施了初始创意测试来决定新产品开发的方向。一次访问了事先选定好的400名调研对象，这次偏重于女性。调研对象观看了一系列描述每种创意的黑白草图，然后评定出她们对各种创意的兴趣。非常有吸引力的是一种“既可以肩背又可以用带捆扎的行李箱”，而Piggyback正好有自己的行李架却没有增加额外重量和分离附件所带来的不便。

管理者考虑到旅行箱的前景，对Piggyback实施了一次创意调研，然后对它加以“革新精品”的标签。调研中，在购物中心访问了100个人，所有的访问者要求是在16~60岁之间、在过去三年内买过一只旅行袋，并且过去一年中使用过一个。所有的访问都是一对一进行的，以便每个问题都能得到答复并被记录下来供以后准备广告和推销材料时参考。被访者审查了一系列概括出Piggyback特征和用途创意的草图，然后分别在看完创意和实际使用后按照四级购买兴趣量表对产品加以评价。在看过创意后大约有6/10的被访者喜欢这一产品，但在实际

① 资料来源：罗华，WWW. globrand. com. 2003. 07. 27.

使用后这一比例增加到7/10还多，这表明Piggyback旅行箱的购买兴趣一直在旅行箱购买总数中处于一个高水平。

三、“停车场”测试

萨姆斯耐特公司一种独特的测试方式——“著名”的停车场测试，也被用于对Piggyback旅行箱一种产品模型的测试。萨姆斯耐特公司那些经常旅行的员工，从经理到普通员工，在户外障碍物路线上测试此产品。他们在障碍物上、在沟里、在碎石上拉动该产品，由此公司得到了自己的消费者报告测试的版本。被测试者包括男性和女性，高个子和矮个子。每个人都很喜欢Piggyback。Piggyback在一个行李箱展览会上推出，也使用了相同的障碍物路线模型，并得到了参加测试者的夸赞。

四、消费者调研

下一步，便携式Piggyback的模型被开发出来以后，公司实施了定性和定量的消费者调研来了解旅行者的反应。定性调研包括由航空服务员组成的两个焦点小组座谈，他们对便携式Piggyback有相当的经验。研究目的是了解便携式行李箱的使用，识别当前可供使用的便携式行李箱所遇到的问题以及评估便携式Piggyback的吸引力。

定量调研是为了确定此产品与该公司其他种类的行李箱以及竞争者的便携式行李箱相比有何不同。通过这种方式，可以评价便携式Piggyback与竞争产品相比的吸引力，而且也可以确定它与萨姆斯耐特公司其他产品的搭配。共有200人参与了这一研究。调研对象审查了便携式行李箱的内部和外部，标有零售价的行李箱分两组展示：一组有推销材料而另一组没有任何材料。参加人员可以转动轮子、提起、搬运来获得更现实的评价，提问集中于第一和第二选择、喜好和厌恶以及选择或不选择便携式Piggyback的原因。

便携式Piggyback受到了热烈欢迎，结果表明，该产品对于经常旅行者有吸引力，而他们恰恰是公司想吸引的目标。因为反应如此积极，公司做了一些外形改动后便立即开始生产。在90年代初，便携式Piggyback正式推向市场。整个Piggyback产品线如此成功，实际上，它的销售额已经超过了一些箱包公司总的销售额。

点评

萨姆斯耐特公司的案例再一次说明了科学有效的市场调研对产品开发和营销的关键作用，就本案例而言，市场调研甚至起到了决定性的作用。

萨姆斯耐特公司有效运用市场调研的成功经验主要表现在以下几个方面：

1. 广泛的定性调研，使得公司能够察觉到不同生活方式的消费人群所关注

的旅行中的行李问题及其所关注的角度；

2. 紧接着，根据消费者焦点座谈会的结果，可以提出多种新产品的创意形式；

3. 然而，创意形式是否真正能够满足消费者需求，或者为消费者所认可，以及到底哪一种创意形式更受消费者青睐，仍然需要进行初始的创意测试来检验，这样，萨姆斯耐特公司确定了一种“既可以肩背又可以用带捆扎的行李箱”；

4. 接下来，根据创意形成了产品，而产品如何进行推广，同样通过了创意传播调研来分析确定。萨姆斯耐特公司首先让被调查者查看各种创意传播草图，然后检验他们的喜好；进而，再让被调查者试用其产品，重新检验其喜好改变程度，这样的一个两阶段的测试首先可以检验消费者对什么样的传播诉求感兴趣，其次可以检验消费者实际试用产品的感受；

5. 更绝的还在于，萨姆斯耐特公司并不满足于现有的调研。通过实际现场使用模拟，萨姆斯耐特公司可以更精确地了解消费者的真实使用感受；

6. 然后，萨姆斯耐特公司又根据对消费者行李携带行为的观察和调查，发掘出便携式 Piggyback 独特的标准，当然，这样一个新的产品标准仍然要通过消费者测试来检验其吸引力；

7. 最后，萨姆斯耐特公司又通过竞争产品对比测试，终于以消费者数据证明并使自己确信，便携式 Piggyback 比其他同类产品更好，并立即投放市场。

本章小结

本章主要介绍了三部分内容：旅游购物品开发的新构想、旅游购物品开发的指导思想与原则、旅游购物品开发的实施对策。

旅游购物品开发的新构想主要分析了旅游购物品可持续发展的思考、可持续发展的机遇以及可持续发展的应对措施。在旅游购物品开发指导思想的指导下，我们总结出了旅游购物品开发的十大原则。对旅游新产品的实际开发进行操作，应考虑其开发的具体类型、产品的生命周期、开发规划、开发程序等方面的实施细则。我们从五个方面分析了加快旅游购物品开发的宏观实施对策，进而又从微观方面提出了旅游购物品开发的三十六计。

复习与思考

1. 影响旅游购物品可持续发展的主要因素有哪些？
2. 旅游购物品可持续发展的应对措施主要有哪些？
3. 请具体分析旅游购物品开发应遵循的十大原则。
4. 什么是旅游新产品？简述它的特点及类型。
5. 运用所学知识分析旅游购物品生命周期理论。
6. 简述旅游新产品开发的程序。
7. 加快旅游购物品开发有哪些具体的实施对策？

网上作业

从网上搜集 2 ~4 例国内外旅游购物品开发成功的典型案例，分析他们成功的原因，并总结从中得到的启示。

第7章 旅游购物品设计

学习目的

- 了解旅游购物品设计的基本概念
- 掌握旅游购物品的设计导向和旅游购物品的审美
- 重点掌握旅游购物品的包装装潢设计

旅游购物品是旅游地传统文化、传统工艺、民间民俗文化及特有资源的物化载体，包括实用品、工艺品及艺术品三大类。具有特色的旅游购物品，不仅可以体现旅游地的资源特征，而且能突出旅游地的文化艺术特色。来自于不同地方的游客在带走当地特色旅游购物品的同时，一方面使旅游地销售旅游购物品获取既得的经济效益，另一方面旅游购物品还起到广告宣传的作用，树立旅游地形象，以吸引更多的游客，有助于提高旅游地的知名度和美誉度。为了突出旅游购物品的特色，满足游客不同层次的需求，对旅游购物品从内到外的设计成为必然。

一种旅游购物品的外形、结构、功能等特点，是在旅游购物品的设计过程中确定的，旅游购物品生产企业要想使其设计出来的旅游购物品赢得游客的认同，就必须在设计中明确旅游购物品设计的概念、意义、设计导向及设计方法等。

第一节 旅游购物品设计的基本概念

旅游购物品是在旅游业发展的基础上逐步演化发展的，尽管在旅游业的发展初期，旅游购物品往往处于滞后地位，落后于旅游六大要素中的吃、住、行、游等四个方面，但随着旅游业趋于成熟，游客对旅游购物品的需求不断扩大，从而对旅游购物品的设计提出更高的要求。

一、旅游购物品设计的概念

（一）旅游购物品设计定义

“设计”源于外来词Design，我国最早译为“图案”，后扩展有构思、布局、计划、图谋、打算、工程设计制图等意。从字面上可以看出，设计是富有创造性、主导性的艺术，包括工艺美术、工业设计和环境设计三个大的领域，旅游购物品的设计可以归属到工业设计领域。从某种意义上说，旅游购物品设计更接近艺术领域，因为它更多是用来满足人们审美、纪念、收藏、馈赠之用，但旅游购物品设计又与纯艺术（绘画）不尽相同，它除了要考虑美和独创性之外，还要考虑实用性和经济性。所以，旅游购物品设计是一个介于技术与艺术之间的边缘性领域，其设计与其周围环境是互相重叠的。

如以迪庆香格里拉出产的黑陶制品为例进行说明。黑陶工艺流传于中甸尼西一带，是运用传统手法烧制而成，在藏区往往作为盛物之用的器皿，如黑陶土罐可用来装酥油茶，黑陶土盆可用来冬天烤火。除此之外，黑陶制品中少数还可作为家庭装饰品，如黑陶花瓶等。游客来到香格里拉后，对质朴、传统、大方、具有地方特色的尼西黑陶非常感兴趣，不仅把它看做是藏民的生活用具，还认为它是当地的特色旅游购物品，具有较高的艺术价值、收藏价值和馈赠意义。当地为了满足不同游客对黑陶制品的需求，在保留黑陶传统制作工艺的同时，开发设计了系列的黑陶制品，如大小不同的酥油茶罐，并以贝壳片作为点缀；款式不同的烟灰缸等。为了适应游客馈赠、收藏及携带之便，黑陶制品的包装需要突出特色、美观、适用。黑陶作为旅游购物品，从产品的实用性看，其设计应归入产品设计领域，而对其外观、款式、造型、包装等方面的设计，却可以归入到视觉设计的范畴。

旅游购物品设计是一种实用艺术，是指旅游地在旅游购物品的开发过程中，利用其自然物质资源，融入当地传统文化艺术、传统工艺及民间民俗故事等文化资源，通过专业的设计（包括旅游购物品实体、包装及宣传），充分体现旅游地资源及文化特征的艺术性和实用性结合的设计。

旅游购物品吸引游客购买的灵魂是“特色”，如果一件商品不能充分反映旅游地的资源特征或文化沉淀，它就不能成其为旅游购物品，旅游购物品的设计过程就是通过商品物化旅游地特色的过程。

（二）旅游购物品设计的产生及发展

旅游购物品设计的产生发展与旅游业的发展过程紧密相连。在人类社会的历

史长河中，“旅游”作为一种生活娱乐的方式，具有悠久的历史，古今中外产生过无数个著名的旅游家。但旅游作为一种产业却是近现代经济发展的结果，随着劳动生产力的提高，人们有充足的休闲时间和经济收入，使大多数的工薪阶层都能加入到旅游的行列中，旅游不再是少数富裕阶层的特权，大众旅游的广泛开展促进了旅游业的发展。

旅游购物品的设计是游客消费心理成熟后的必然要求，同时又是旅游业竞争的必然结果。

在旅游业发展的初期，旅游行业往往重视交通设施、宾馆饭店、景点设施及娱乐设施的建设，大量的投资基本都流向这些方面，而对旅游购物品方面的投入一般来说较少，甚至政府几乎没有投入，市场上的旅游购物品大多为私人自行开发设计制作。作为游客来说，旅游发展的初期也不太注重旅游购物品，购买旅游购物品的要求也很低，只要有一些能代表当地特色的东西就可以了，对其质量、设计、制作都没有太多的要求，而更多地关注旅游景点设施、食宿、交通等方面。在这一时期中，游客对旅游购物品的要求较低，旅游购物品的生产和销售还没有形成竞争，设计停留在较低水平上。

在旅游业的初步发展阶段，旅游设施的逐步完善对旅游产业结构平衡发展提出了一定的要求，在旅游的六大要素中，旅游购物品的发展被提到相当重要的位置。一方面现有的旅游购物品远远不能满足游客的需求，游客消费意向、消费行为和消费心理也发生了较大的改变，从注重旅游设施的“硬件”转向更注重旅游的“软件”，游客在交通、食宿等方面已经不用花太多的心思，游客更注重对旅游活动的心理体验，充分感受旅游的不同的文化氛围。

文化是无形、抽象的，要能带走这种文化以作日后回忆这段经历的办法，就是带走当地的融入民族文化和风俗习惯的旅游购物品，旅游购物品是把无形的文化物化的最好的方式。对具有特色的旅游购物品的生产设计，是旅游地实现旅游业可持续发展的重要方式。在这一阶段，对旅游购物品的设计提出了一定的要求，重点是在突出旅游购物品的地方特色。

在旅游业的飞速发展阶段。旅游已经成为现代社会重要的生活方式和社会经济活动。20世纪50年代以来，旅游业成为继汽车、房地产之后世界经济中重要的支柱产业，在近十年来，国际旅游的收入增长了三倍。据世界旅游组织（WTO）的预测：到本世纪末，全球旅游人数每年多达30亿人次，其中国际旅游者达10亿人次，旅游业收入可达2万亿美元。世界旅游观光协会（WTSA）市场研究机构报道：旅游消费中40%用于交通、住宿、就餐等，60%用于购买各类旅游消费品，也就是说有1.2万亿美元用于各类旅游购物品的消费。旅游购物品市场的竞争日趋剧烈，使其竞争的核心发生本质变化，除了对旅游购物品质量的

要求不断提高外，更多的是围绕旅游购物品的设计创意、设计的独特性、设计的传统工艺与现代高科技的结合等方面进行，此时设计成为最能体现旅游购物品价值的因素之一。

二、旅游购物品设计的构成层次

生产者在进行旅游购物品生产时，往往把旅游购物品作为一种产品来进行策划设计。首先遇到的一个问题是如何认识和把握产品的整体概念，从商品的本质上看，旅游购物品与一般的商品是一致的，都是为了满足人们的某种需要，在一定的时间和一定生产技术条件下，通过有目的的生产劳动所创造的物质资料。按照现代的整体产品概念来理解，旅游购物品包括实物、服务、场所、组织和构思等各种有形或无形的形式。

从旅游购物品的整体概念出发，一个产品至少应当包括三个基本层次：核心产品、有形产品和附加产品。旅游购物品的设计也是从这三个方面出发的：

（一）核心产品的设计

核心产品在此指旅游购物品的实体部分，是旅游购物品最基本的层次，它能提供满足旅游购物品消费者需要的效益和利益，因此是消费者要真正购买的东西。旅游购物品生产者和设计者必须清楚地知道，消费者购买某种旅游购物品，并不是仅只为了占有该产品本身，还为了获得能满足自身某种需要的效用和利益。例如，购买旅游的工艺品，是为了今后回忆旅游的美好时光、日后的欣赏、收藏或者馈赠亲友等。旅游购物品区别于一般的商品在于旅游购物品具有集实用性、艺术性和纪念性等三大属性于一身的特点，这三大属性同时也是旅游购物品产销的三大原则。审美成为旅游购物品最重要的组成部分，特别是针对艺术品和纪念品，其整体设计要突出新颖、精致、美观及旅游地的地方特色，使之能给人以美的享受，也才具有特殊的欣赏价值和收藏价值。重视外形、款式、结构以及突出特色的设计是旅游购物品核心产品设计的重中之重。

（二）有形产品的设计

有形产品是指旅游购物品的核心产品借以实现的形式，是旅游购物品的第二层次。旅游购物品生产企业的设计和生产人员必须将核心产品转变为有形的东西，这样才能卖给消费者，在这个层次上的产品就是有形产品。有形产品主要包括五个方面的内容：一是品质，如旅游购物品的性能、形状、尺寸、重量等；二是特色，它表明旅游购物品与其他地方的旅游购物品的区别，显示旅游购物品的

地方特色，突出其竞争优势；三是款式，如旅游购物品的外形、风格、类型等；四是品牌，即旅游购物品的标志；五是包装，它给旅游购物品增加美感，同时也起到了保护产品的作用。在有形产品层次上，旅游购物品的设计必须从以上五个方面进行，尽可能地使旅游购物品形式能给游客提供直接刺激。

不同的旅游购物品形式分别满足不同消费者的需要，旅游购物品对于大多数消费者来说，除少部分在旅游者实际使用或消费过程中表现为满足人们某种需要的效能之外，相当一部分是在为满足人们的心理需要和精神需要中反映出来的。也就是说，旅游者购买某种旅游购物品可能是作为礼品送人，也可能是作为家庭摆设供人欣赏或作为纪念品、收藏品而珍藏起来。尽管这些商品的具体使用效能很低或者根本没有，但对购买者来说仍有很高的价值。旅游购物品的这种不同于一般商品的使用效能，很大程度上是来源于对旅游购物品独到的设计，特别是在外形、风格、款式、包装、标志等方面，更能显现出设计的功能及价值。

由于有形产品的特点是直观和具体，一般在短时间内甚至瞬间就能给消费者留下深刻印象。旅游购物品的有形形象能对旅游者的认识产生很大的“晕轮”作用，它能召唤或驱散许多“趋望消费者”或“从众消费者”。因此，旅游购物品设计人员要特别注意塑造旅游购物品的有形形象，增加产品设计特色。

（三）延伸产品的设计

附加产品即旅游购物品的延伸产品，属于旅游购物品的第三层次，是指消费者在购买产品时所得到的附加服务或利益，如提供信贷，免费送货、安装，保修、售后服务等。对旅游购物品附加产品的设计，主要是体现在安装及服务方面。首先是设计便捷的安装方法，因为游客购买旅游购物品基本属于异地购物，厂家一般不可能到消费者家里帮助安装，而安装好的旅游购物品又不便携带，因此安装的工作只能由消费者自行完成，复杂、烦琐的安装程序会驱散游客的购买欲望，所以简化安装程序是旅游购物品设计中的一个重要组成部分。

旅游购物品附加产品设计中的另一个方面是服务，在旅游购物品的质地构成中除了木制、铜制、草编、陶瓷等容易辨别的材质外，还有一些是由稀有金属或石材制成，例如黄金、白银、白金、玉石、绿松石、琥珀、玛瑙等制成的工艺品，游客在购买中对质地真假的关心，远远超过了对其外形的关心程度，因此设计简单容易操作的方法，让游客能在很短的时间内就能确定其含量比例及质地优劣是非常必要的。对于名贵质材制成的旅游购物品，设计附加上通过国家认定的“测定证书”，进一步增强消费者的购买信心。例如，到云南德宏旅游，当地以出产宝石、玉石而闻名，许多游客都希望能在德宏买到货真价实的宝石、玉石制

品。绝大多数游客对宝石、玉石的质地的鉴定可以说是知之甚少或者是一无所知，如果只是凭销售者的解说和鉴定证书，很难让游客信服，但如果销售现场配备科学的、便于操作的鉴定仪器，通过其可以进一步验证“鉴定证书”指标的真实性，这样游客在对外形满意的情况下，往往会慷慨解囊，促成宝石制品、玉石制品等贵重旅游购物品的购买。

以上三个层次的设计结合起来，就是旅游购物品的整体设计，它包括有形的与无形的设计、物质的与非物质的设计、核心的与附加的设计等多方面的内容，通过设计不仅要给予旅游购物品消费者以生理上和物质上的满足，而且更重要的还要给予心理上和精神上的满足，如优美、高雅、传统、大方、突出民族特色的外观所给予的美感；名牌所显示的身份和地位；各种保证所给予的安全感等等。

第二节　旅游购物品的设计导向

旅游购物品设计是旅游购物品生产的起点，是突出旅游地资源特征和文化特色的重要渠道，更是旅游购物品在竞争中取胜的关键所在。旅游购物品生产企业经营的首要目标是利润，利润的实现只能从旅游购物品的生产和销售而来，如果旅游购物品没有特色、款式单一、外形陈旧，不能满足旅游购物品消费者的多层次需求，就卖不出去，其价值就无法实现，劳动和物质资料的耗费就得不到补偿，自然无利润可言。旅游购物品生产企业要想使其设计出来的旅游购物品赢得游客的认同，获得旅游购物品消费者的货币选票，就必须在设计中明确设计的基本导向。

一、旅游购物品设计的个性化导向

旅游购物品除具有一般商品的属性外，还具有艺术性、纪念性等特殊属性。旅游者在异地购买并带回，可作为纪念、送礼、收藏或少数在旅途中使用消费。也就是说游客购买旅游购物品，绝大多数源于其地方的特色、外观的新颖、独到的创意及自我的欣赏等，旅游购物品的消费较一般的商品更具个性化。为了满足不同游客对旅游购物品的个性化的需求，个性化的设计成为旅游购物品开发生产的最为重要的一步。

（一）旅游购物品个性化设计的现实必要性

旅游购物品是旅游业的一个重要组成部分，它与旅游吸引物、旅游服务设

施、旅游交通共同构成旅游业的四大支柱。要使旅游购物品真正体现出其支柱的作用，就必须高度重视旅游购物品个性化的设计。因为旅游购物品的消费主体是游客，在我国旅游统计中，参照国际定义，对游客作了相应的规定。所谓游客是指："任何一个为休闲、娱乐、观光、度假、探亲访友、就医疗养、购物、参加会议或从事经济、文化、体育、宗教活动，离开常住国（或常住地）到其他国家（或其他地方），主要目的不是通过从事的活动获取报酬的人。"从这个对游客的定义的分析中，我们可以看出，游客外出旅游几乎是一种纯粹的消费活动，所购旅游购物品除少数为旅途所必需使用外，绝大多数是为了日后的纪念、收藏、馈赠而购买。游客购买旅游购物品的过程，本身就是一个个性化选择的过程，体现游客不同的审美情趣。旅游购物品对异地游客产生吸引的关键在于，通过所购旅游购物品能够体现自己的个性。为了满足不同游客对旅游购物品的个性化需求，设计起到了关键的作用，因此旅游购物品个性化的设计具有现实的必要性。

（二）旅游购物品的个性化设计是市场的"金护照"

"学我神者生，似我形者死"，这是我国著名国画大师齐白石先生的一句名言。齐老先生的至理名言，在当前旅游购物品的设计中具有现实的指导意义。它告诉我们：完全模仿他人的东西是没有出路的，只有在吸取他人长处的基础上加以创新，创出自己的独特风格来，才能大有可为。作为一般的产品尚需在开发设计时创建自己的风格，体现自己的个性，更何况作为主要目的是为了满足不同游客个性化需求的旅游购物品，个性化的设计更是旅游购物品实现价值的"通行证"。

不同游客有不同的个性，对旅游购物品的需求自然不同。游客购买旅游购物品的动机，较一般商品的购买更具个性化，游客购买工艺品、艺术品、纪念品和特色食品等，是希望通过这些旅游购物品体现旅游地的艺术、文化内涵及资源特色，把旅游地的特色物化，不同的游客对旅游地文化的理解是不一致的，对旅游购物品的风格款式及包装装潢要求也是不一致的，这种不一致只有通过富有个性的设计来满足。

旅游购物品购买的另一重要的特征还体现在，游客购买旅游购物品相当一部分是为了馈赠亲友，这同时进一步增加了对旅游购物品个性化的需求。旅游购物品满足游客的个性化需求成为实现旅游购物品价值的重要内容，旅游购物品的设计除考虑其品质、结构等方面外，更多的要考虑通过设计表现出不同旅游购物品的独特的个性、同一种旅游购物品的造型款式差异，以满足不同个性游客的心理要求和馈赠需求。缺乏个性的旅游购物品，是很难在市场上寻找到立足之地的。

（三）旅游购物品个性化设计的因素

一般来说，旅游购物品的个性是通过产品的象征性心理功能而起作用的。旅游购物品的象征性功能是由人的想象、比拟、联想等心理作用而产生的，并表现在社会地位、年龄、性别、现代生产生活节奏等的象征性上。旅游购物品生产企业要想设计开发出具有个性的新的旅游购物品，就必须考虑如下几个因素：

1. 显示游客的成熟程度

旅游购物品的设计应根据游客的成熟程度，按照其不同的心理要求而设计。每个人都要经历从小到大的不同成长阶段，并伴随着相应的成熟程度。游客的成熟程度不同，个性特点也不同，购买旅游购物品的动机自然会有所差异。一般来说，年轻的游客为了显示其青春活力及富有现代感的审美意识，往往要求旅游购物品新颖、别致、脱俗等，乐于购买装饰品、自我修饰品等。而中老年游客则对一些具有收藏价值和纪念意义的旅游购物品更感兴趣，追求凝重、沉稳的风格。

2. 显示游客个人的成就和威望

有的游客希望通过购买和占有某种旅游购物品，来显示其事业上的成就和威望。旅游购物品生产企业在设计此类旅游购物品时，需要注意质量上乘、款式豪华、用料精美、突出特色，同时最好控制此类旅游购物品的生产数量，以示其贵重。

3. 满足精神的需求

人们的需求一般是物质需求与精神需求相结合的，旅游购物品除少数被旅游者在旅途中使用以外，绝大多数是为了日后的纪念、欣赏、收藏、馈赠等，因此，游客对旅游购物品的精神需求，往往超过对其物质的需求。旅游购物品的设计应在造型、式样、风格、包装等方面给人一种清新的感受，使其在传统与现代、古朴与时尚、手艺与艺术中，给游客以精神上的满足。

4. 旅游购物品的时尚化和对生活环境的适应

尽管旅游购物品是旅游地文化、艺术、资源等特征的物化，传统、特色、艺术是其本质的体现，但这并不与时尚化相矛盾。产品的时尚化是指在一定时期内产品的某些式样在社会流行并受到欢迎的社会消费现象。求新、求美、求变是游客最普遍的心理需求，旅游购物品生产企业设计开发的时尚化的旅游购物品，只要能被游客所接受，就很容易形成流行现象。而旅游购物品一旦流行起来，对生产企业的销售将十分有利。

旅游购物品设计还要考虑适应游客的生活环境及其变化。处于不同生活环境

的消费者，其认识事物的思维方式、行为方式、消费观念、价值观念也不尽相同。这就导致了他们对旅游购物品的需求也各有差异。因此，旅游购物品的设计应与游客所处的生活环境及其变化相协调。如现代社会，生活节奏越来越快，旅游是身心放松、回归自然的最好享受，旅游购物品要体现这种心境。旅游购物品往往还作为游客日后的欣赏、纪念、收藏之用，一般置于家中作为装饰，需要与现代家庭装饰相协调、互补，考虑游客生活环境的变化是对设计提出的新的要求。

二、旅游购物品设计的心理导向

（一）旅游设计的心理魅力

旅游购物品和其他产品一样具有两种功能：实用功能和心理功能。实用功能具体地体现在旅游购物品的基本品质和性能上。旅游购物品的心理功能则体现在旅游购物品消费者获得感官上的快乐、积极的情绪体验和社会的优越感等心理上的满足。对于旅游购物品，实用功能的需求远远落后于心理功能的需求。例如，驰名中外的常州篦子，前几年曾一度成为欧美国家时髦女郎的胸饰。篦子是用来梳头的，何以成为装饰品呢？原来常州篦子厂为适应旅游和外贸发展的需要，突破了一成不变的传统式样，在篦子的造型上进行了创新，设计开发了“金陵十二钗”“沉鱼落雁”和“闭月羞花”等形象，生动、花色多样的篦子，集使用、工艺、装饰于一身，使得美国影片《星辰女娇娃》的女主角竟将常州篦子作为装饰挂于胸前，影片放映后，常州篦子立刻成为风靡欧美的女士装饰品了。

篦子作为中国传统的妇女用具，作为旅游购物品开发居然能够进入欧美市场，其根本的原因就在于它们有着令消费者一见钟情的心理魅力。旅游购物品属于超必需品消费，消费方式和消费观念具有较大的改变，体现在旅游购物品的消费上，力求获得心理的满足。

长期以来，产品的设计人员已经形成了一种思维定式，更多地注重满足物质的需求，忽视了满足心理的需求，这正是旅游购物品设计的致命的弱点。对此，旅游购物品生产设计人员必须具有一种全新的认识、全新的观念、全新的思维，这是旅游购物品市场的需求，也是时代的要求。

（二）捕捉心理信息是确保旅游购物品具有心理魅力的前提

当今社会已步入信息时代，信息是“无形的财富”“第二资源”的观念正逐渐被认识和接受。旅游购物品生产企业在设计过程中，除了搜集特定的企业信

息、技术信息、产品信息以外，还有一种不容忽视的信息，那就是消费者的心理信息。可以说，掌握旅游购物品消费者心理信息是确保新产品独具魅力的前提和基础。

对不同种类的旅游购物品，游客有着不同的心理期望，旅游购物品能否满足游客的心理期望，直接影响购买动机。旅游购物品生产销售企业必须耐心细致地捕捉游客的心理信息，从他们的言谈、举止、表情、神态及反馈等，来判断他们的心理活动和心理期望，然后有针对性地设计适合游客心理需求的旅游购物品。

三、旅游购物品设计的优势化导向

（一）扬长避短，发挥优势

清代诗人顾嗣协曾写过一首诗："骏马能历险，犁田不如牛。坚车能载重，渡河不如舟。舍长以就短，智者难为谋。生财贵适用，慎勿多苛求。"说明用人用物，应取其所长，避其所短。把这首诗用在旅游购物品的设计中，就是要发挥自己企业、自己地方的优势，避开劣势。说到旅游购物品，任何地方都有自己的文化沉淀、传统工艺和资源特色，这些就是旅游地旅游购物品开发生产的优势、长处所在，设计主要就应该围绕着这些优势开展。

例如，云南省是一个多民族聚居的省份，拥有 25 种少数民族，其中独龙、怒、德昂、佤、布朗、基诺、拉祜、哈尼、阿昌等民族为云南省所特有的少数民族，云南向来还有植物王国、动物王国、有色金属王国之称。尽管云南现代科学技术的发展落后于沿海发达城市和地区，但丰富的民族文化、传统艺术和独有的资源却是云南旅游购物品设计的优势。"民族的就是世界的"，挖掘民族文化的内涵，使传统文化得以传承，为特有的资源产品（如药材、花卉、植物标本等）设计独特的包装等，就是体现其设计的扬长避短、发挥优势作用。

从旅游购物品生产厂家来看，大厂有大厂的优势，小厂有小厂的便利。大厂雄厚的技术力量，是开发高精尖产品的基础；小厂灵活的生产方式，有利于迅速转产，以满足不断变化的市场需求。

（二）处理好旅游传统产品和旅游新产品设计的关系

在现实中，任何一个旅游购物品生产企业都不可能占尽优势，优势与劣势是相辅相成的。扬长避短说到底就是优势的发挥和劣势的避免。

随着旅游业的不断发展，当前旅游购物品市场竞争日趋激烈，企业在生产设计过程中如何处理好传统的旅游购物品和新设计开发的旅游购物品的关系显得尤

为重要。旅游购物品生产企业抱残守缺，仅靠已有的旅游传统产品应付和参与竞争是不行的，但也不能轻易丢掉原有产品的传统优势，而去开发与原有技术、设备无关的旅游购物品，否则就很可能出现丢了旅游传统产品，而新的旅游购物品又卖不出去的局面。

对于传统的旅游购物品不能弃之如敝屣，因为传统的旅游购物品之所以能够成为某个旅游购物品生产企业的"看家产品"，必然有其内在的优势，也有其相应的消费群体和知名度。由于"回归自然""返璞归真""体验传统"是当前旅游的时尚，传统、古朴的旅游购物品更加受到游客的关注，因此那些已经濒临失传的传统产品、传统工艺、传统艺术等，正是今天旅游购物品设计的最好素材。在对传统产品、传统工艺、传统艺术的继承的基础上，有针对性地结合现代科学技术和游客需求设计新的旅游购物品也是必要的。它能使企业获得良好的经济效益，特别是对于那些陷于低谷的旅游购物品生产厂家，原有基础上的设计能促使他们走出低谷。但是对此不能采取绝对化的态度，在某些情况下，如为了发展市场前景良好的高新技术产品，虽然可能与原有的旅游购物品相去甚远，但此时若敢于冒风险，大胆设计、大胆决策也可能大获成功。

大众旅游的形成和发展扩大了对旅游购物品的需求量，传统旅游购物品的生产方式无力满足这种扩大了的需求量，必须借助于现代的科学技术和生产方式，形成一定的规模化生产，因此，即使对传统旅游购物品的继续生产，对其生产方式的设计改进也是相当必要的。

（三）寻找空当，创造优势

一位经济学家说过这样一段话："如果一个犹太人在美国某地开了一家修车店，那么，第二个来到此地的犹太人一定会想方设法在那里开一家饮食店。"而中国人则截然相反，如果中国人在某地开了一家修车店，那么第二个来到此地的中国人，开的则往往还是修车店。这种既定的思维模式导致的状况是：一旦某种商品走红于市场，大家便一哄而上，变"畅销"为"滞销"。这种一窝蜂似的上马生产某种商品，是旅游购物品生产的大忌，因为，旅游购物品侧重于满足游客的心理需求和精神需求，突出旅游地特色及与众不同的个性是旅游购物品精神之所在。旅游购物品设计的思维应该是：通过富有特色的设计，挖掘传统文化和艺术的精华，突出旅游地的旅游形象，千方百计寻找市场的空当，借"空当"形成"人无我有"的优势。在设计中多下工夫，多找些门路，往往可以独树一帜，出奇制胜。

旅游购物品生产企业的优势是相对的，是时常变化的，一成不变的优势是不存在的。因此，善于捕捉优势是发挥优势的前提，独到的设计又是捕捉优势的基础。通过认真分析市场，捕捉经营商机，转化在设计中方能发掘优势、创造优势，这是保持旅游购物品生产企业竞争取胜的法宝。

四、旅游购物品设计的民族化导向

旅游地独有的民族文化和民俗风情是旅游吸引的一个重要方面，旅游购物品是这种文化和民俗风情的最好物化方式，游客带走具有当地文化、艺术、资源特色的旅游购物品，也同时就把当地的民族文化传向四方。具有民族特色的旅游购物品，最能激起旅游购物品消费者的购买欲望。因此，旅游购物品设计中，民族化导向是重中之重。

旅游购物品设计的民族化导向，主要指在旅游购物品的设计中，融入旅游地特有的民族文化，增加民族文化知识的含量。不同民族在对特定环境的不同适应方式中产生了本民族的文化，人类生存环境的多样性也就造就了人类文化千姿百态的民族特征。各个民族之间不同的民族特征，正好成为当今人们旅游希望感受和认识的主要内容。

（一）旅游购物品设计中注重民族文化的吸引与排斥

每个民族都有其特殊的历史传统和风俗习惯，都有区别于其他民族的行为方式和文化内涵。民族性具有两方面的含义：“一方面指同一类民俗事务在不同的民族中，可以产生不同的表现形式；另一方面指不同的民族由于各地的历史条件、地理环境的不同，因而又各有区别于其他民族的独特民俗。”正因为各民族的风俗习惯、文化内涵是各不相同的，来自其他国家、其他民族的旅游者才会产生新奇的感受，同时，也只有能充分体现这种独特的民族文化的旅游购物品，才能激起旅游购物的兴趣。对来云南旅游的旅游者来说，除了观赏绚丽多姿的自然风光和感受丰富多彩的民俗活动外，也希望购买体现各民族文化内涵的各种旅游购物品。

民族性在旅游购物品设计中具体的体现为，寻找、挖掘不同民族的各种文化，经过一定的设计加工后，使之成为游客乐意接受的旅游购物品。这些文化包括：服饰文化、居住文化、饮食文化、生产文化、婚恋文化等。

旅游购物品设计中，会涉及一些颜色和图案的使用，设计人员应掌握不同国家、不同民族的喜好和禁忌习俗，以避免在销售、馈赠中造成误会，因为不同民族文化会产生排斥性。如荷花在中国、印度、斯里兰卡、埃及、泰国、孟加拉等国评价很高，赞其“出污泥而不染，濯清涟而不妖”，素有“花中君子”之称。

因此荷花造型或图案，往往被用于一些旅游购物品的设计之中，例如用于苏绣、湘绣及一些包装中，较受东南亚游客的喜爱。可是荷花在日本却被认为是不吉祥之物，它意味着祭奠。我国的国画有相当一部分表现的是荷花，若把这样的国画当做礼品送给日本游客，就很不妥当。而如果送给日本人表现菊花的国画，那他们会很高兴，因为菊花是日本皇室的专用花卉，日本人对菊花极为尊重。

印度、泰国等东南亚国家，以及云南的德宏、西双版纳等旅游地，把大象当作吉祥动物，代表智慧、力量和忠诚。但在英国却忌用大象图案，认为它是蠢笨的象征。云南省许多工艺品、旅游纪念品中都采用大象图案，例如用于壁饰、衣服、帽子和各种木雕。这类旅游购物品就不适宜销售或馈赠给西方游客。

由此可见，具有民族性的旅游购物品，对游客不仅具有一定的吸引力，也有一定的排斥作用，我们在旅游购物品的设计中，要有针对性地加以利用，以满足来自不同民族的旅游者的旅游购物品需求。

（二）旅游购物品设计中保留民族文化的独特性

不同的国家和民族由于所处的历史条件、地理环境的不同，其所表现出来的观念、文化、民俗和风情也是迥然各异的。正如《世界自然宪章》所宣称的："文明根源于自然，它塑造人类的文化，并影响了所有的艺术和科学成就。"各民族用不同的社会生态适应方式来解决衣、食、住、行等一系列的问题，因此也就出现了风格各异的民族文化。通过不同民族的生活用具、生产用具及娱乐用具，可以物化这种独特的文化。这种独特的文化经过一定的设计和艺术加工，往往就成为当地最好的旅游购物品。以藏区为例，游客喜欢购买藏区的服饰、装饰品、牦牛制品、乳制品等，通过他们可以反映藏族文化的独特性。藏族因居住高寒山区，其服饰用料厚实，款式雍容大方，多为长袍、羊皮坎肩、束腰，脚穿既防寒又便于骑马的皮筒靴。在他们的饮食结构里，酥油茶必不可少。制成酥油的牦牛乳富含蛋白质和脂肪，饮后能在身体里产生出很大热量以抵御高原上刺骨的寒风。酥油茶在藏民的生活中是如此重要，从而成为藏区的一大文化特色。因此，酥油茶成为藏区独特饮食文化的重要组成部分。

（三）旅游购物品设计中再现民族文化的真实性

各个国家和民族所具有的文化是在长期的生产生活中形成的，具有真实性。从居住到饮食，从服饰到用具，都体现出这个民族的思想观念和文化传统。

一个地方的民族文化是在其独特的环境中，经过长期的生活、生产实践而形成的。旅游购物品的设计中，是以真实的民族文化凝结的具体的用具、象征物、器件、饰品、建筑等为基础，进一步挖掘其文化内涵和艺术内涵，使文化蕴涵于其中，反映在具体的旅游购物品上。例如对香格里拉松赞林寺宗教旅游购物品的设计，是以反映藏传佛教文化特色的资源作为旅游购物品设计的基础，包括其壁画、寺庙建筑、各类佛事活动用具、僧侣生活的日常用具等，可以通过设计制作明信片、宣传册、录音带和 VCD 光盘，反映松赞林寺的宗教特色；利用唐卡形式设计宗教旅游购物品；对其宗教法器和面具进行设计。这样的设计根本目的一方面是再现真实的藏传佛教文化，另一方面是在设计的过程中，注重艺术的加工，在突出藏传佛教神秘的同时，更体现旅游购物品的艺术价值和收藏价值。

五、旅游购物品设计的环保导向

旅游购物品设计的环保导向是与旅游业可持续发展相一致的，世界环境和发展协会对“可持续发展”的定义是“发展既要满足当前需要，又不能妨碍未来生产能力的壮大的需要”。协会认为“要使对资源的利用、投资方向、技术发展方向、机构变化进程与当前及未来的需要一致”。使旅游业可持续发展的根本是彻底抛弃“先污染，后治理”的观念，使旅游开发在各个阶段上、各个要素上都能与环境保持协调，保住旅游业赖以生存发展的自然文化资源，从而获得可持续发展。

旅游购物是旅游业的有机构成要素，旅游购物品生产经营活动是旅游经济增长的重要源泉。旅游业可持续发展的概念与促进旅游地经济增长的观点是一致的，环境保护是摆脱贫困、改善生活质量的基础和前提。旅游购物品的生产经营作为一种经济活动，其设计必须遵循环保导向，只有这样才能在实现生态效益和社会效益的前提下，更好地实现其既得经济效益。

旅游购物品一方面是旅游地文化的沉淀，具有较强的地域特色；另一方面，旅游购物品也是体现旅游地物质资源特色的途径之一。随着环保意识的提高，设计中首先要涉及的问题是，选择何种材料制作旅游购物品，同时还应考虑到此种材料的再生能力如何、对生态系统平衡所起的作用以及大量使用后导致的生态后果。

对于旅游地的特色资源，如果其资源的再生能力较强，作为旅游购物品制作材料在设计时，可从规模上多考虑，不仅满足旅游地游客的需求，还可行销到国内、乃至于国外的市场。例如苏杭的刺绣产品，其原材料可通过扩大桑蚕的养殖而获得，不会影响当地的生态环境，因此，可以形成规模生产，其旅游购物品可根据不同的市场需求，从款式、图案、风格、外观等方面进行设计。

对于旅游地那些再生能力较低的特色资源，设计旅游购物品的选材时，应尽

可能减少使用，但为了满足游客的猎奇心理，可作相应的变通。一方面是从用量上进行控制，只是作为一些点缀或装饰；另一方面是制作成原材料标本，提高其科学含量和文化含量。例如，香格里拉中甸生物多样性会给游客留下深刻的印象，结合到当地的民族文化和宗教文化，都希望能带走用当地特产的优质木材制成的文化旅游购物品，如用云杉、冷杉、黄杨木、杜鹃花根等制成的木雕、木碗等。由于高原植物的生长速度较慢，其再生能力相对较弱，运用其作为旅游购物品的制作材料受到一定的限制，为了尽量减少对珍贵木材的使用，在用量上进行控制，变木雕为小的精致挂件，造型可取材于藏族文化和藏传佛教中的菩萨、金刚及护法神等；木碗从大的变为小的，从造型、工艺及包装上下工夫；同时，为了满足部分科考旅游者的需求，可取少量的不同材料制作成香格里拉木材标本，标上相应的种、类、科、属等以及拉丁文名、产地。设计者利用人工合成材料和染料取代自然材料和染料，以逐步解决自然资源枯竭问题，同时从形式上还尽力维持这些人工合成物的“自然性”。利用科技性进行变通和设计，可在满足游客需求的情况下，减少珍贵资源的使用，同时，经过艺术的设计和科学的利用，提高了旅游购物品的艺术含量和科学含量，并在包装、款式、造型方面给予充分考虑，提高了旅游购物品的附加值，更好地实现其旅游购物品的经济效益。对于珍稀动物，仅供旅游者观赏、拍照，严禁作为旅游者餐桌上的特色野味。

旅游购物品一方面体现旅游地物质资源状况，同时，也是体现旅游地地域文化的载体，旅游业的可持续发展不仅体现在对自然资源的保护上，同时还要保护旅游的人文景观。旅游购物品设计时，其设计灵感的获得可源于旅游地的建筑物、雕像、塑像、民间传说等，但绝不能破坏这些文物。例如云南剑川的石窟艺术，是我国难得的石雕珍品，一些人为了牟取暴利，竟然凿下其雕像的头、手等卖给旅游者，对国家的重点文物造成了极大的破坏。针对这种情况，一方面对于这些牟取暴利者给予严厉的法律制裁，对旅游者进行文物保护教育；另一方面，为了满足游客对石窟雕塑的兴趣，可微缩雕塑、建筑物进行仿古设计生产。这样在对旅游地文化保护的前提下，实现了旅游购物品的经济效益。

可持续发展是当今社会发展的主流，良好的自然景观和人文景观是旅游吸引的关键，因此，旅游地环保就显得更加重要，同时，旅游地也是对游客进行生态教育的最好素材，不管是正向的生态景观，还是逆向的生态景观，都能激发游客环境保护意识。旅游购物品的设计可引申环保的内涵，设计一些刻有当地国家保护动物、保护植物图像的旅游纪念品，挖掘人与自然和谐一致的生态思想。

第三节　旅游购物品的审美

美学家叶朗认为："旅游，从本质上说，就是一种审美活动，旅游涉及审美的一切领域，又涉及审美的一切形态，旅游活动就是审美活动。"作为旅游活动重要因素之一的旅游购物，更能充分体现出"旅游活动就是审美活动"的外在属性和内在思想。游客异地购物除少数用于旅游消耗，更多的是为了日后的纪念、馈赠、收藏等，只有符合游客审美情趣的旅游购物品，才可能得到游客的青睐。旅游购物品设计中融入审美意识是非常必要的。

一、审美的概念

旅游者来自五湖四海，来自不同的国度，具有不同的文化背景，个人的社会地位、生活阅历、价值观念都有很大的差异，这就形成了旅游者与此相适应的审美意识及个性。这种审美意识同时体现在对旅游购物品的购买上。

（一）审美关系概念

美学是以审美关系为中心的，把美、审美和艺术统一起来进行研究的学科。在审美关系中，美是客体，审美是主体，美的形式就是和谐。为了认识客体，不能仅限于从客体方面去考察，也要研究主体，研究主体的认识能力和方法。

审美关系是人类实践关系、认识关系发展到一定阶段而产生的，是人与自然所建立的主要关系之一。在人类实践关系、认识关系和审美关系中，体现出真、善、美三者的关系及人类对它的追求。认识关系的特点在于，认识是在对客观对象直接感觉的基础上，由感觉上升为概念，并以概念为中介，在概念与概念对立统一的过程中，在概念的辩证运动中，揭示客观对象的本质和规律。这种认识关系所要回答的是对象"是什么"的问题，它追求的目标是"真"。实践关系的特点在于，实践是人类从一定自觉的目的出发，借助于某种工具和手段，改变对象的性质和形态，使之服从于主管需要的一种物质性的活动，它所回答的是"世界应该是什么"，它所追求的目标是"善"，它所建立的是目的和手段的关系，是一种功利关系。

审美关系是介于认识关系和实践关系之间的一种具有新性质的更高层次的关系。审美从直接感受开始，却始终不脱离直观表象和感情体验的形式，始终守在这个情感形式里面。正是这种情感的形式，才使它保持了审美的自由品格。体现

在两个方面，其一，艺术创造和审美活动都有一定的目的性。其二，艺术创造和审美活动有时表现为一种物质的实践活动。旅游购物品中的工艺美术就是工业劳动，搞雕塑，尤其是石雕，是一种很重的体力劳动。审美活动本质上是意识的，但同时具有物质基础、具有实践性的特点。审美活动不同于直接的伦理实践，其目的有时并不是很自觉、很明确的。当游客看到贵州苗乡精美的、富有特色的民族服饰时，往往会被那种巧夺天工的工艺和设计所震撼，进入一种物我统一、物我两忘、难分你我的审美境界。

审美关系的特点在于，审美关系中包含主体和客体，旅游购物品审美主体为游客的审美感受、审美意识；审美客体是指旅游购物品的“美”如何产生以及“美”的内涵何在。

（二）旅游者与旅游购物品的审美关系

旅游者与旅游购物品的审美关系主要表现为以下几方面：

（1）审美需要的旅游购物品属于人类需求阶梯上的较高层次，不涉及人的生存，但必须以生存需要的满足为前提。

（2）人与审美对象的审美关系，受一定物质条件所限制，带有浓厚功利色彩。如：审美主体的审美观，旅游购物品的质地、材料、用途、色彩、制作水平，价格等。

（3）人与旅游购物品的审美关系具有很强的地缘性。旅游购物品作为某次旅游活动的见证，使审美主体触物思情，禁不住回忆起昔日旅行游览中的人、事，而未到过这一旅游地的人，则不会有此深厚的感情。

（4）审美主体和审美对象契合无间、物我同一的审美关系。这种审美关系中的旅游购物品已成为一种象征，带上了审美主体的情感色彩。如：玉在中国古代被视为仁德、智慧、高尚的象征，往往把君子与之相提并论。

二、审美与旅游购物品

旅游购物品是旅游地物质文明的体现及精神文明的艺术沉淀，本身就是美的化身，这种美源于旅游购物品的特征。旅游者选购旅游购物品的过程就是审美的过程，旅游者购买旅游购物品的目的更多的就是为了实现其审美愿望。

（一）旅游购物品具有集实用性、艺术性和纪念性为一体的特征

旅游购物品中艺术性、纪念性是首要属性，而实用性是其作为商品的一般属性。旅游购物品的这三性是互相交融在一起的，中国的陶瓷、砚台，典雅、古

朴、精美，欧美等西方传统银具器皿，高贵、漂亮，都体现出一种艺术美，而同时又往往具备很高的实用性，一旦被旅游者购买则又带上了纪念意义。旅游购物品中，绝大多数属于造型艺术，即使是当地的土特产，在包装上也要强调包装艺术，具有一定的艺术性、一定的美学价值和丰富的文化内涵是旅游购物品的一大特点。旅游购物品的艺术性主要表现为以下两方面：一是形式美，由造型美和装饰美构成；二是内容美，表达了创作者的情感、意志，并能反映出一定的哲理，且为功用目的服务。纪念性特点要求旅游购物品就地取材，就地生产，就地销售，以保留其原汁原味的风格，否则其纪念性将大大降低乃至完全丧失。如西安兵马俑仿制品，出现在与兵马俑的文化背景毫不相关的西双版纳集市上，就会显得滑稽可笑。旅游购物品实用性的范围很广泛，旅游购物品不但能够满足旅行、游览过程中的实际需要（如草帽、折伞、手杖、挎包等），还可以满足旅游者供自己观赏、装饰或馈赠亲友的需要。

（二）旅游购物品具有集民俗文化性和国际性为一体的特征

不同民族、不同社会历史背景、不同地理环境，使旅游购物品体现出不同的民俗文化特色。地方特色和民族特色是旅游购物品设计开发的指导思想之一。旅游购物品之所以具有艺术性、纪念性，与其民俗文化性紧密相关，可以说后者正是前两者的源泉和内涵。不同历史文化传承、不同民族心态、不同地域特征、不同社会发展阶段下产生的艺术，反映出不同的生活方式、风俗习惯、宗教信仰、图腾崇拜和审美观念。旅游购物品不仅要具有民俗文化性，还要具有国际性。因为商品必须符合国际审美标准，才能得到来自不同民族的游客的认可和欢迎，也才会有发展前景。例如地处中国西南边陲的云南，拥有25种少数民族，每一种民族都有其独特的文化和信仰，最能反映云南少数民族文化的载体是各具特色的脸谱。在云南，脸谱又称为吞口面具或鬼脸壳，这种脸谱从外观造型和制作材料看，比中原脸谱更有原始性和粗拙的雄壮美。如电影《兰陵王》中的木雕面具，禄丰彝族火把节耍大刀舞的面具，文山壮族草编面具等，这些由木雕、陶塑、纸裱、草编、兽皮缝制，或葫芦瓢、棕皮等制作的手工艺品，造型夸张、怪诞、恐怖，色彩对比强烈，表现了少数民族图腾崇拜的痕迹和不同于中原的边疆民族文化，旅游购物品融入这种民族文化，往往更能和来自世界各地的旅游者的审美情趣相吻合。

（三）旅游购物品具有集现代性和科技性为一体的特征

旅游购物品的定义指出了它的艺术性、实用性、纪念性和民俗文化性，但旅

游购物品还反映出现代性和科技性的特点。旅游业的现代性特点决定了旅游购物品的现代性。旅游购物品是随旅游业的发展而逐步成长起来的，其作为商品的职能决定了其规模化生产和市场销售的发展道路。为适应市场的大量需要，一些本是由传统手工制作的旅游购物品转为大机器生产，带上机械的共性美；本是由艺人、艺术家进行的“创作”，变为由专业设计者从事“设计”，充实旅游购物品的文化内涵及审美价值，同时在设计中融入设计者的个性，以开放性、世界性、统一性等进一步体现旅游购物品的现代性。

旅游购物品的科技性有两种内涵。一是指物品真实地代表了某一科学原理，如中国古代风筝的制作竟与今天飞机的某些原理不谋而合，反映中国古人对蓝天的向往；二是指物品本身运用了某些科学技术的产物，如现在国际旅游购物品市场上风行尝试革新、采用新材料“回归自然”的潮流，革新主义者利用新的人工合成技术，运用已接触到的新材料、新色彩，改变原有主题与设计，或通过增加设计的复杂程度和装饰物的手法，把产品做得更精巧，以追求时代感，使之适合大众审美品味。科技性是旅游购物品的科技创造美，体现了人类的聪明才智和创造性。

以上旅游购物品的特性，说明了旅游购物品审美的重要性，更进一步证明了旅游购物品在设计中融入审美观念、审美意识的必要性。

三、旅游购物品的审美内容及特征

旅游购物品是内容美、形式美和材质自然美的组合体，这三者是旅游购物品最显著的审美内容及特征，美的内涵、美的材质和美的表现形式构成了旅游购物品的艺术魅力。

（一）旅游购物品的内容美

旅游购物品的内容美就是它所具备的功用。美是什么？人类早期的审美关系中，有用与否是唯一的标准，对人类有用的就美，反之则丑。《说文解字》道：“美，甘也。从羊从大，羊在六畜，主给膳也，美与膳同也。”也就是说羊大为美。金文的“美”字是一个戴羊头装饰舞蹈的人，据此，有人认为“羊人为美”是“美”字的由来。孟轲认为“充实之谓美，充实而有光辉之谓大”，车尔尼雪夫斯基认为“任何东西，凡是我们在其中看见的，我们所理解和希望的，我们所喜欢的那种生活的，便是美”。这些理论认为的美都带有了浓厚的功利色彩。

功利实用是旅游购物品最直观的审美价值，对于创作、生产者，旅游购物品能表达一定的情感、观念、意志；对于旅游者，旅游购物品可以直接满足实用需要或作为纪念、收藏、装饰、陈列、馈赠亲友之用，能满足购买者一定的生理和心理需求。

（二）旅游购物品的形式美

游客接触到某一旅游购物品时，首先映入眼帘的是该物品的外观造型、色彩、线条，即形式美。形式美是外部表现形态的造型美和装饰美的结合，是内在功用美的载体和表现。美的形式往往令人赏心悦目、爱不释手，而造型优美独特、富有特点是旅游购物品形式美的基点。旅游购物品形式美主要表现为：

1. 外形结构美

旅游购物品中特别是工艺品和艺术品，吸引游客之处在于其独特的造型，造型艺术是体现旅游购物品艺术品味的重要内容。因此在造型艺术的设计创作中必须注重外形结构，如青铜器纹饰、民间玩具和民间年画、皮影中的形象，都突出整体外形的结构形式美，壁挂、绘画等远观的装饰物更要注重外形结构，要求形体起伏分明，轮廓边线饱满，比例协调自然，而象牙雕刻、玉雕等，不但要远观优美，还要近看精美。

2. 线条造型美

线是组成形体的四要素（点、线、面、体）之一，线分直线和曲线，直线明快爽朗、富有气势，曲线流动变化、起伏曲折，“大漠孤烟直，长河落日圆”，一直一曲相得益彰，完美和谐。工艺美术品中最常见的线形，也许要数“S”形了，“S”线形的造型柔美之中显对比，现今，印度的传统工艺仍以各种表现形式体现这一特点。中外传统装饰壁画、工艺雕刻中的人物造型以及表现动态、衣襟、行云、流水时也往往运用“S”线型。各种牙雕、玉雕、石雕、木刻、陶瓷等的造型是这种“S”型的高度概括、夸张或变形，表现出和谐均衡美、节奏变动美。

3. 色彩表现美

色彩给人的感觉最鲜明、最强烈，旅游购物品上的装饰色彩并不是照搬自然色彩，而是来源于创作者对生活基础和写生色彩的理解和概括，装饰色彩要求色彩的这种概括性和装饰性达到一定程度的审美功能。许多工艺美术品（如玉雕、石雕、木雕等）的色彩体现出了工艺材料本身质地的自然美，达到了装饰色彩和自然色彩的高度统一，而装饰色彩的象征色彩则体现了色彩的对比与调和、反复与渐近、平淡与浓烈。

4. 包装的形式美

包装美是一种附加的形式美。精美的包装也是旅游购物品吸引游客的重要原

因，有关其内容将在后面详细阐述。

（三）材质自然美

特种工艺品是旅游购物品中的重要组成部分，而特种工艺品往往采用珍贵材料，这些材料华丽、高贵，洁净、雅致，本身就有自己特定的美质，再加上艺术家、能工巧匠的精心发挥、潜心设计和巧夺天工的美化加工，更使其锦上添花、美不胜收。珠光宝气的水晶、钻石、玛瑙、金银饰品，冰清玉洁、晶莹剔透的瓷器，古朴凝重、厚实无华的陶器，这都是原材料质地自然美和后天人工艺术创造美的结晶。

旅游购物品审美特征的描述与中国古典美学是一致的，中国古典美学以和谐为美，强调把复杂、多余的或对立的元素组成为一个均衡、稳定、有序的和谐整体，排除和反对不和谐、不均衡、不稳定、无序的组合方式。在这两者之间“持两用中”，就是把“中”看做这种和谐的唯一尺度。在旅游购物品的审美特征中，无论是其内容、外形还是材质，都贯穿着“和谐就是美”的古典审美观。

人们在选购旅游购物品时，不但追求旅游购物品的内容美，还追求形式美、材质自然美。如游客购买旅游地特色服饰，如果仅仅是用来遮体御寒，那只要是衣服足矣，而他们选择时却更多把注意力放在民俗传统和地方特色是否突出、制作是否精细、质地是否优良舒适、式样是否美观大方等。他们之所以这样选择，那是因为异地民族服饰的购买本来就是追新猎奇，求取感官上的舒适、愉悦和审美的快意。宜兴紫砂陶有茶壶、茶杯、花盆、花瓶、雕塑工艺品等二千多种，仅著名的茶壶品种就有汉云壶、提壁壶、咏梅壶、报春壶、松鼠葡萄壶、藕形壶、荷叶壶、南瓜壶等，这些紫砂陶不但质地讲究，色泽素雅，造型千姿百态，风情万般，且实用性很强。

旅游购物品不同的文化背景、浓郁的民俗风情和地方特色，决定了它材料的原生性、多样性和工艺制作的地区性、延续性，再加以造型的独到设计，色彩装饰的精心安排，使之成为从自然到人文，从原始到现代的包罗万象、缤纷五彩的世界。进行旅游购物品的设计时，应在兼顾功利实用、原材料结构和物理质地的基础上，加以大胆创新、美化，使其成为一定感性色彩和审美价值的产物。

第四节　旅游购物品的包装装潢设计

包装是商品生产的继续，商品只有经过包装才能进入流通领域，由于旅游购

物品具有较其他一般商品不同的属性及消费者购买特性，包装成为构成旅游购物品极为重要的有机组成部分。旅游购物品的包装不仅可以保护其在流通过程中品质完好、便于游客携带、增加旅游购物品的附加价值，同时，有创意的、精美的、富含地方民族文化韵味的包装设计更能激起游客的购买欲，实现游客旅游购物品的购买行为。

一、包装装潢设计的概念

商品的包装装潢设计包括包装和设计两部分。按我国《包装通用术语》国家标准，包装可解释为："为在流通过程中保护产品、方便储运、促进销售，按一定技术方法而采用的容器、材料及辅助物等的总体名称。也指为了达到上述目的而采用容器、材料和辅助物的过程中施加一定技术方法等的操作活动。"

在商品经济的世界里，商品包装装潢设计成为衡量商品质量的一个重要标志和决定顾客对商品购买取舍的直观因素。商品包装装潢设计是指对包装进行造型和表面设计。在科学合理的基础上，加以装饰和美化，使包装造型、装帧、画面、色彩、商标、标志等各个方面构成一个艺术整体。一般说来，成功的包装装潢设计应具备以下五个要素：

1. 货架印象

商品通常放在货架上展示给顾客，特别是在自选商场，顾客自己直接挑选商品。包装装潢设计别致、精巧，会使商品在货架上别具一格，对顾客产生强烈的吸引力。

2. 可读性

包装上的文字要清晰、易读，产品说明要用简单、直接的文字表达出来，使顾客一目了然。

3. 外观（图案）

包装装潢图案要美观大方，富有艺术性，色彩要协调。例如早餐用的食品包装，用公鸡啼鸣的图案来象征美好一天的开端，就会使顾客在进餐时心情愉快。

4. 商标印象

商标设计要清晰醒目，能够反映商品及厂家特色，从而产生过目不忘的效果。

5. 功能特点说明

对于商品的功能、特点、开包方式、注意事项，要用简单明了的文字或图案表示出来，以方便顾客挑选。食品包装要标明食品重量、组成成分及食品生产期、有效期；药品包装要说明禁忌及服用方法和注意事项，以保证服用安全。

二、包装装潢设计在旅游购物品经营中的作用

“货卖一张皮”的谚语，形象地说明了商品包装装潢的重要性。早在古代，我国商人就懂得这一点。“买椟还珠”说的是楚国商人到郑国去卖珍珠，为了吸引买主，给珍珠做了一个华美精致的盒子，果然郑国人一下就看中并买下了。但是买主只留下了盒子，却把珍珠还给了楚国商人。这个成语虽然讽刺了郑国人没有眼力，取舍不当，但也反映了楚国商人经营的绝妙之处——重视商品包装装潢。

随着世界各国社会经济和科学技术的发展，人们对商品包装的要求也随之提高。特别是高收入阶层人士，在购买商品时，不但注意商品质量、牌子，更愿意购买有精美装潢的商品，以表明自己的身份和地位。旅游购物商店、商场、购物中心的销售对象主要是游客，如果所经营商品的包装装潢富有特色，就会迎合游客求新、好奇的欲望，促使他们买下更多的旅游购物品。

包装装潢设计是商品必不可少的外部形式，它可以起保护商品、美化商品、宣传商品的作用。“好马要配好鞍”，好商品也要有好包装。包装是外表形式，商品是内容，二者是统一的。二者统一可以显示出其和谐美；二者不统一，就不和谐。一个人容貌姣好，但如果穿上褴褛的衣衫，总会令人感到遗憾。包装装潢之所以重要，就在于它作为商品的外部形式，积极能动地反作用于商品，而不是消极的附属物。具体来说，旅游购物品的包装装潢有以下作用：

（一）精美的包装设计可以增加旅游购物品的附加值

比较一下没有包装和包装过的商品、包装好和包装差的商品的价格，即可一目了然。包装的价值增值作用来自凝结在包装中的社会劳动，包装需要消耗材料，即物化了的社会劳动，需要消耗人力即活的社会劳动，这些消耗必须在商品实现其价值时得到补偿。商品价格是以价值为基础的，价值量又是由凝结在商品中的社会必要劳动时间决定的，所以包装凝结在商品中的劳动，就必然要增加商品价值。而装潢讲究、制作精细的商品包装所凝结的人类劳动，包含了更多的复杂劳动。在同一劳动时间内，复杂劳动所创造的价值要高于简单劳动所创造的价值，所以包装精致的旅游购物品比包装简陋的旅游购物品具有更高的价值。

（二）精美的包装设计可以增加旅游购物品的审美价值

如果包装装潢体现商品的内在质量和价值，形象鲜明，造型结构方便实用，构图、画面、色彩能够迎合不同国家游客的消费心理，使他们体会到商品包装装

潢的美，从而引起其强烈的占有欲望，就会给商品打开销路，并卖出好价钱。也就是说，如果旅游购物品包装质量好、装潢吸引游客，就可使售价提高，使商品发生价值增值。

（三）包装装潢有助于旅游购物品实现其价值

通常消费者购买行为的发生，表现为下面的心理过程：注意→兴趣→联想→欲望→比较→信念→决心→行动。外国游客到中国来是想要了解中国的风土人情、经济发展情况，游览壮丽的景色。而在这陌生的国度里，他们在购物时首先接触到的就是商品的外部形式——包装装潢。对商品第一印象的好与坏，感兴趣与否，往往决定着游客购买冲动的产生与否。奇特、精美、华丽、具有民族传统特色包装的旅游购物品常常能够引起他们的兴趣，触发其购买行动，使商品价值最终得到实现。而那些包装装潢色彩昏暗、陈旧，图案乏味的商品就缺乏这种魅力，难以畅销，给经营带来困难。如北京某公司出售的紫砂茶壶，用很粗糙的黄马粪纸盒包装，纸盒上面用圆珠笔歪歪斜斜地写上价格，外国游客看后，啼笑皆非，无人问津。

我国旅游购物品质量普遍较低，不仅花色品种单调，装潢水平也很差。艺术品、纪念品装潢薄弱，远远不能满足外国游客的心理需要，不少游客反映我国旅游购物品在包装、款式等方面是“老面孔”、千篇一律，几十年如一日。这样一来，旅游者对旅游购物品缺乏兴趣，外国旅游者用于购物的货币支出计划往往不能实现。面对这种现状，我们急需在旅游购物品包装装潢上狠下工夫，力争在最短时间内，改变这种局面，使我国旅游购物品经营得到进一步发展。

旅游购物品的包装装潢还具有广告作用，即宣传和推销商品的作用。包装装潢的美化可增大对旅客的诱惑力，激发消费者的购买欲，达到扩大销售的目的。旅游购物品陈列在柜台、货架或橱窗里，就成了商品直接的实物广告，势必引起游客的注意。因此，包装装潢被称为无声的推销员。首先，商品的包装装潢形象地突出了商品的功能、成分、产地，商标，给游客一种鲜明、生动、具体的印象；其次，商品包装装潢的广告作用还具有持续性，新颖别致的包装将给游客留下极深的印象，不少游客在买到一件称心如意的、能够反映旅游地方特色、富有纪念意义的旅游购物品后，都会觉得不虚此行，并留下美好回忆，从而增加旅游生活的愉快感受。同时，通过旅游者在亲友面前展示，介绍或馈赠旅游购物品，将会增加外国人对中国的了解，从而吸引更多的游客前来旅游和购物。还有一种情况，商品虽然消耗掉了，但是别具一格的包装仍然留在旅游者手中，被作为艺术品加以保存，于是这种旅游购物品逐渐被他人认知，从而产生购买的欲望。

“是商品必须有包装，是包装必定有装潢”。有不少新产品正是在生产设计中，把包装与销售结合为一体，发挥包装的促销作用，以惹人喜爱的包装装潢一举成功，很快进入名牌行列，从而畅销不衰。

从另一角度说，包装装潢的目的就是为了销售，即保护商品，使之完整无损地进入商品流通领域，并方便、安全地到达销售地区、销售网点，其终端环节就是销售。通过包装装潢使商品便于携带，便于消费。这诸多“方便”是手段，“销售”才是真正目的。在当今竞争激烈的商品销售市场上，包装装潢被用来作为扩大商品销售的策略和手段，在多数经营者的认识中，已逐步深化。

（四）旅游购物品的包装装潢具有保护商品和方便携带的作用

旅游购物品包装随同商品一起出售给游客，包装要大小适当。可根据情况采用单件、多件组合和配套等各种规格，做到形式多样，便于游客携带、保存和使用。商品最外层的包装，通过各种材料、各种形式，将商品严实包裹起来，使商品不直接与外界接触，可以防止污染、磨损。对于进行国际旅游的游客，这一点更为重要。如设计出若干大小不同的手提式塑料袋，印上醒目、色彩艳丽的商店名称，游客购物完毕，售货员把商品整整齐齐地装入袋中，客气地交给消费者，这样就为游客提供了方便，使他们感到愉快、满意。又如茶叶是一种吸附异味能力较强的商品，为保证游客所购茶叶的质量，我国现在采用多层复合喷铝袋，抽氧充氮，使茶叶具有防潮、抗紫外线性能，茶叶中的维生素 C 可以保持一年以上。在此基础上，再进一步加以装潢，在包装袋上印上中国名胜古迹的图案。

总之，商品包装装潢在现代旅游购物品经营中的地位越来越高，正是靠包装装潢，丰富多样的旅游购物品才显得五彩缤纷，更富魅力。因此，包装装潢不失为旅游购物品营销活动的有效方法和手段。

三、旅游购物品包装装潢设计的原则

旅游购物品同一般商品不完全相同，有其特殊性，在旅游购物品的包装装潢设计中有所侧重。一般说，旅游购物品的包装装潢设计应遵循以下原则：

（一）保持商品质量，对商品外形、品质不构成不利影响

包装是用来直接盛装旅游购物品的，所以在设计包装时，应首先根据不损害商品及不伤害消费者安全、健康的原则，选择适当的包装材料，注意使包装的结构、造型和包装材料与被包装商品的性质相适应，绝不能对被包装的商品产生不利影响。只有如此，才能使商品的品质免受影响。旅游购物品种类繁多、性质极

为复杂，所以必须根据商品的特性选用适宜的包装。如玻璃制品、陶瓷制品、手工艺品、名酒等，考虑到游客要进行长途旅行，应采用抗压、防震性强、坚固，内壁附有衬垫的材料和轻便、易于携带的包装。对于吸湿怕潮商品，其包装应能保持干燥，并且有防潮性能等。

（二）便于游客使用和携带

要根据旅游者的特点，在商品包装、造型结构、包装材料等方面，考虑如何便于旅游者使用和携带。如采用密封结构的金属、玻璃、塑料等包装容器，应制成容易开启的易开瓶、易开盒等。奶粉、麦片等粉状、小片状的商品包装应设计成使用时可开启、用毕能关闭的斗口。流质商品可采用软塑料包装。为适于野外旅行，便于加热，某些罐头食品的包装可制成锅形罐。香水、液体杀虫剂等液体商品可采用喷雾包装等等。

商品便于携带也对游客选购起相当作用。旅游购物品包装的造型结构、长宽及高度的设计，应便于游客携带。如有些小酒瓶的造型可设计成正面稍凸，背面稍凹的扁形瓶，便于放在后裤袋中。有些较大的、既不能放在口袋里，又不便于手拿的商品，可在包装上附设手提结构等等。

（三）便于陈列展销

旅游购物品销售对象是游客，他们来自不同的国家和地区，对各种商品及其用途不甚了解，所以旅游购物品的陈列方式，对销售就有了很重要的意义。一般商品在商店中要通过堆叠或悬挂等方式陈列销售，所以商品包装造型与装潢要适应陈列展销的需要。如某些折叠式纸盒小包装，既便于陈列又便于携带，应突出正面装潢，以加强宣传效果。

陈列不方便、堆放又不美观的商品，可采用吊钩、吊带、网兜，或用塑料制的正面为全透明或开天窗的带有挂孔或挂钩的盒、袋、套等挂式包装，既能充分利用货架空间，又使商品展现在游客面前，便于选购。玩具、服装等陈列可采用此法。

（四）注意不同国别游客对包装装潢的习惯爱好

商品包装上通常要印有商品图案、商品名称和关于重量、数量、规格、成分、产地、用途、使用方法等等的文字说明，其包装上的文字至少应有英文、日文等不同文字。

1. 文字说明

不同国家、不同地区的消费者对包装的文字说明有不同的要求和习惯。不符

合习惯的包装就不易被游客接受，如澳大利亚规定罐头的商标、牌号必须突出明显。中国香港1987年8月9日实施的《食品标签法》规定，一切先包装好的食物，必须在其商标纸上用中文或英文写明产品的名称、成分、重量及食用期限等。因此，包装上的文字说明应尽量符合国际惯例，使游客对商品产生信任感。对于食品、药品、化妆品等要注明成分、含量、使用方法、保管方法、有效期限。有的还应加特别说明，如"不加糖精""没有副作用""孕妇禁用"等。

2. 颜色、图案

商品的颜色、图案是装潢的基本要素，是商品外在的色彩和风格。不同的国家和地区，由于社会制度、宗教信仰和风俗习惯的不同，对颜色图案有不同的禁忌和爱好。在涉外商店、商场中，来自五湖四海的远方客人，不仅经济状况、购买力高低不一，而且因历史、地理和观念的差异，其爱好和禁忌大不相同。如委内瑞拉、德国最喜欢黄色，而苏联认为黄色的蔷薇花意味着不吉利，法国和马来西亚民间则禁忌黄颜色。同是大象图案，在马来西亚为人喜好，在英国则成为禁忌。美国禁用蝙蝠，视之为恐怖和死亡的象征。

下面列出的部分国家（地区）喜爱与禁忌的色彩与图案表，供参考。

表7-1 部分国家（地区）喜爱与禁忌的色彩、图案

国家（地区） \ 喜爱与禁忌		喜爱的色彩	禁忌的色彩	喜爱的图案	禁忌的图案
欧洲	西德	南方喜爱鲜艳的色彩	茶色、深蓝色、黑色衬衫红色领带		
	法国	东部男孩喜爱蓝色，少女喜爱粉红色	墨绿色		核桃、仙鹤
	意大利	绿、黄、砖红色			菊花
	瑞士		黑		猫头鹰、羊
	英国				象、山羊

续 表

国家（地区）		喜爱的色彩	禁忌的色彩	喜爱的图案	禁忌的图案
北非	埃及		蓝		
	突尼斯				狗（不洁之物）
	摩洛哥	稍暗的鲜明色彩			
拉美	巴西		紫色、黄色、暗黄色		
	秘鲁		紫色		
	古巴	鲜明色彩			
	委内瑞拉	黄	红、绿、茶、黑、白五种颜色不宜用在包装上		
	厄瓜多尔	凉爽地区喜爱暗色、沿海地区喜爱白、明朗色			
亚洲	日本	红	绿	鸭子	荷花、狐狸
	马来西亚	绿	黄（皇室使用）	象	
	泰国	鲜明的色彩			
	缅甸	鲜明的色彩			

（五）迎合游客的消费心理

现代社会生活的特点是突出个性追求和主张自由选择，这在商品的爱好和选购上体现得更为明显。由于旅游者的国别、年龄、性别、旅游目的各自不同，喜好也不尽相同，所以旅游购物品的包装装潢也要根据不同类型的游客而有所区别。

对于注重商品包装的游客，为满足他们的要求，应不断更新包装装潢，使之适应时尚的变化，富有时代感，尽量采用新型的包装材料，造型也应新颖大方；对于讲求包装美观大方的游客，我们在设计时，应使包装装潢富于艺术性，既给人以美的享受，同时又起到渲染、烘托产品的作用；针对追求仿古、别致风格包

装的游客，设计时应力求既体现出中华民族灿烂的传统文化，又发掘出新意，做到古为今用，如采用古诗、古画、文物、古董图片以及历史典故等，来衬托产品，使之富于特色；针对喜好高档、华贵商品的游客，设计包装时要突出商品的价值，造型及图案要清新、简洁、庄重大方，同时选用高档包装材料。

（六）造型新颖，突出商品形象，富于艺术魅力

商品包装的好坏，对消费者的选购具有相当大的影响。但包装终究不是商品本身，消费者最关心的还是包装内的实物。因此，在设计商品包装装潢时，要突出商品形象，起到一种锦上添花的作用，而不能喧宾夺主，使商品在精美包装面前黯然失色，更不能出现像曾有过的“一等产品，二等包装、三等价格”的情况。采用印有真实商品图案或照片的包装，也能带给游客好感，它可使游客间接地了解到商品。采用惯用型包装或老系列包装，也是一种突出商品形象的好办法。消费者只要一看到这种包装，就能想起该商品的形象。如可口可乐、雪碧、百事可乐等的包装，其色彩和图案就很有吸引力。

商品美观大方、艺术、漂亮，是吸引消费者的重要因素，旅游购物品的包装装潢也同样如此。生动别致、色彩迷人的商品包装，不仅能给游客以美的享受，有利于对商品建立好感，而且能够使潜在购买者变为现实购买者，甚至习惯购买者。如珠宝制品、金银首饰、著名工艺品的包装精美、华丽，富于艺术价值，能有效地突出商品的昂贵价值，给游客以某种社会需要方面的满足。

我国包装装潢的美术设计主要有两种风格：一种是民族传统风格，如龙凤呈祥、敦煌飞天、仕女宫灯、彩俑古鼎、山水寺庙、福禄寿禧；另一种是现代艺术风格，如抽象的图案、不规则线条、近似油画的色彩、自然主义倾向等等。此外，彩色照片的出现，也为包装装潢增添了新的风采。无论采用哪种设计，都要根据游客类型以及商品种类，做到欣赏美与宣传美相结合，形象美与色彩美相结合，使包装装潢富于艺术魅力，给游客以良好的第一印象。

（七）具有民族特色

民族特色是旅游购物品包装装潢的生命力的源泉。外国人要买的是中国商品，越有中国特色的商品就越具有吸引力。众多外国游客到北京来观光，就是因为这里有富丽堂皇的故宫、雄伟巍峨的长城、神秘奇美的地下宫殿。这些具有中国特色的古代文明对国外旅游者具有特殊的魅力，如果失去这些特色，只是一片洋楼、满街汽车，北京对他们还会有这样的魅力吗？有位著名服装设计家说过，最有民族性的服装，也就最有国际性。国际性与民族性是辩证的统一，没有民族

性，就不可能有国际性。我国在国际上获奖的商品包装无一不是具有民族特色的。如在1989年世界包装组织“世界之星”包装设计竞赛获荣誉奖的“金酒”包装，其装潢设计就具有浓厚的中国传统特色，酒瓶用咖啡色陶泥注浆烧制而成，正中雕出我国古代的小钱币，钱币四方刻出酒名，再从瓶头悬挂红色丝穗带，显出一种高雅气质。酒瓶装入一个用湘西土家织锦手法编织的袋子，袋上以黑黄两色印有同样的古钱图案，更添一分传统特色。最外面用竹条编织的框盒包装，既安全又露出里面的土家锦织袋，视觉效果丰富强烈。这个设计，挖掘出了我国传统材料的美感，并将它们有机地、完美地结合在一个包装作品中。

我国具有悠久的历史和文化，神话寓言灿若星河，传闻轶事多似繁星，历代艺术遗产丰富多彩，这些都为旅游购物品包装装潢的民族化提供了丰富的宝藏。目前在市场上出售的茶叶、酒类、瓷器、土特产品以及纺织品等都采用竹雕、竹编、藤条、麦秸等作包装材料，经过设计者艺术加工，构成了样式别致、携带方便、格调朴实、富有浓郁的民族乡土风味的包装，受到国内外消费者的欢迎。如书画竹盒茶叶包装，其特点是造型古朴、质地光滑、雕刻精细、富有浓厚的民族风格，并充分发挥了中国传统的竹刻艺术特色。又如熊猫是中国的特产，所以设计独特的大熊猫图案的商品就大受游客的欢迎。凡此种种，不胜枚举。总之，旅游购物品包装的设计者要对民族传统加以消化、融会、创新，以别具特色的包装来吸引游客。

（八）采用新型包装材料

在现代科学技术不断出现新成果的今天，不但许多商品的结构、功能、款式在发生日新月异的变化，而且许多闻所未闻的新产品也在大量涌现。在这种条件下，消费者心理也在发生变化，尤其是游客，走遍世界，掌握世界最新消费信息，对商品包装现代化的要求十分强烈。因此，采用富有时代气息和现代色彩的包装，就可以获得游客的好感，为旅游购物品打开销路。过去我们采用草绳作瓷器包装，从保护商品的角度看是可行的，但从审美和卫生角度看就行不通了。加拿大、日本、毛里求斯、新西兰、伊拉克、澳大利亚等国已禁止用稻草、干草、报纸屑作包装材料。

目前，在国际市场上所采用包装材料中，塑料的消费量大大增加，常见的有防潮、热封性能好的高压聚乙烯、低压聚乙烯，透明度好的聚丙烯、聚苯乙烯，聚氯乙烯、可发性聚苯乙烯，以及尼龙、维尼纶、聚偏二氯乙烯、聚碳酸酯、醋酸纤维素、聚乙烯醇等十余种。复合材料的应用也日益增多，应用范围日益广泛。复合材料种类繁多，除多种塑料复合材料外，还有塑料与玻璃纸、铝箔等高

耐压的复合材料等。复合材料的特点是具有商品包装所需要的各种性能，可以耐冷冻、耐高温、耐油脂、防潮、防酸、防盐渍、防渗漏、隔异味等。某些复合材料可用于蒸煮、烘烤加热等。新的包装技术如吸塑包装、收缩包装、真空包装、发泡体包装亦被广泛采用。新型包装材料和新的包装技术，能够赋予商品以新颖别致、美观大方的外表，使商品轻便、洁净、牢固，有利于美化商品、宣传商品、保护商品。如一些食品饮料采用铝箔密封包装，鲜奶采用防热塑料密封，电子玩具采用塑料压模包装等，都可以收到良好效果，使游客买了感到高兴，用时放心。

四、旅游购物品市场营销中的包装装潢策略

包装装潢策略是指设计人员在深入分析研究商品、市场和消费心理等诸方面因素并进行综合概括的基础上，根据包装设计所必须遵循的原则，提出既能突出商品形象，又能适应市场竞争的包装装潢方案，从而满足消费者需要的策略。

包装装潢运用得是否得当，直接关系到旅游购物品在市场上的竞争能力，关系到销售活动的成败。所以，关于包装装潢策略的研究，在旅游购物品经营中有着十分重要的意义，必须加以重视。

（一）旅游购物品陈列、识别的包装装潢策略

这种包装装潢具有很强的视觉冲击力和陈列效果，其目的是诱发游客的购买欲望。

1. 名牌标价

商品的标价是商品装潢的组成部分，在一些旅游发达国家的市场上，标价的方式已越来越朝艺术性方向发展。价格的标牌采用金属、塑料、玻璃、木、纸等不同质地、不同颜色、不同造型的材料，放置在显而易见的适宜部位。艺术性强的标牌会赋予商品以新的色彩，引起游客的极大兴趣。如西班牙某商店展示绿色女式高级羊绒衫，上系金色项链，再挂上白色心形价牌小吊坠，顿时给羊绒衫增添了光辉，更烘托出女性的魅力，对游客有很大吸引力。

我国旅游购物品的标价方式比较单一、呆板，没有发挥标牌对商品的装潢作用，游客看后感到乏味。因此，必须及时吸取国外的商品装潢经验和最新成果，跟上时代潮流。

2. 透明包装与“开窗”包装

透明包装有全透明包装和部分透明包装。“开窗”包装则是在包装某一部位开一窗口，用玻璃纸或透明薄膜封闭，把商品最适合展销部分显示出来。这类包

装可以充分利用商品本身的形象和质感进行宣传和招徕顾客。开窗和透明部位，要与包装装潢整个造型、图案、文字相协调，并注意不影响包装的强度。透明和开窗的位置与面积，应视商品的特点而定。如服装盒透明面积要大一些，位置最好在服装的领部；食品看局部就知全貌，开窗面积可以小一些。

3. 传统包装装潢

我国有些商品已在国内外游客心目中有相当地位，他们熟悉商品的包装造型和画面，如各类名烟、名酒。对于这类商品，不必再做什么装潢改动，仍然采用传统包装，易于游客识别和购买，这是一种适应消费者购买经验以保持商品主顾的做法。

4. 展开式包装装潢

它是结合商品的形状特点而设计的一种纸盒，造型灵巧，图案美观。关闭时盒型平整，对装运堆码均无影响。盒盖打开商品即展示出来，纸盒仍可摆放平稳。这种包装，做到了与商品相互映衬，可以发挥较好的展销作用。

5. 悬挂式包装

这种包装设有吊钩、吊带、网兜、挂孔等装置，方便陈列。陈列时可悬挂在橱窗和货架的空间或边沿、壁角处。如热成型的贴体包装与泡罩包装，盒形与袋形包装，套装式与卡纸式包装等。

6. 堆叠式包装

主要是为方便商品陈列，其占用橱窗和货架面积较小，重复堆叠不倾斜。其造型特点是容器顶部有内径大于底部的凸出边沿，使商品堆叠时底部和下面的容器相吻合。

7. 系列包装

这是为系列商品（如化妆品、食品等）而设计的包装。用途相似、品质相近、商标相同的商品，其包装图案、形状、色彩相同或类似，采用系列包装，便于游客识别，缩短他们识别商品的过程，并增加对这一系列商品的信任感。有的系列包装，每个包装有单独的画面，但把一组包装组合起来，就构成一幅大的完整画面，具有意想不到的陈列效果。

（二）适于游客携带使用的包装装潢策略

这种包装给游客一种便利、省时之感，可以避免在旅途中因购物而造成的各种麻烦。

1. 携带包装

包装便于游客携带十分重要，设计装潢时，要尽量使商品易拿可提。可采用

折叠式凸出提手、瓶身凸凹条纹、纸袋与塑料袋开口部位嵌硬质塑料提手圈以及拎包式、提袋式、皮箱式等实用包装。

2. **易开包装**

瓶、罐、盒等容器开启是否方便，是游客购物时十分关心的问题。为此，容器上要附加易开装置，如金属罐采用拉片式、拉环式、撕带式、按钮式，塑料瓶的盖可采取冷却前套上封牢的“扯剥盖”等。

3. **喷雾包装**

主要是便于使用，它是一种整体的、装有阀门的包装，按动阀门开关或挤压软质容器壁，就可以喷射出容器内的液体商品，如香水、杀虫剂等。

4. **配套包装**

是将使用上有联系的商品装入一个包装，配成套销售。如成套的餐具、茶具等。目前在市场上还有茶叶和茶具的配套销售，将茶叶装入罐中，再配两个小茶杯，包装材料讲究，印刷精美。

5. **多用包装**

指有多种用途或能周转使用的包装形式，除了作商品包装外，还有其他用途，具有实用性、耐用性、艺术性的特点。如有些容器的造型设计成杯、瓶、工艺品等式样。待商品消费掉后，其外包装便可做日常用品或美术品摆设等。利用游客希望一物多用的心理，用这种包装吸引他们购买。

6. **分量包装**

指对商品按不同数量进行包装，如150克或250克装白兰地酒等。这种包装比较科学，能够适应不同游客的消费习惯和生理特点。尤其适合游客试用中国产品从小量开始的购买习惯，有利于游客逐渐接受商品。如一人量、二人量的食品蔬菜等包装，最适于游客购买。

7. **附赠品包装**

它是现代市场营销的重要包装策略之一，尤其在食品市场具有影响力。通过赠品来吸引游客，极易引起重复购买。如在糖果盒内附一件小工艺品，在名酒包装内附赠一支小巧玲珑的酒杯等等。

（三）适应不同消费水平的包装装潢策略

1. **中高档包装**

其包装材料应选择高质量的，如各种楠、檀、樟木，绫、绢、织锦缎及高级瓷器等，图案设计应考虑或古朴典雅、或高贵华丽。此外，印刷精美、制作讲究，也是非常必要的。这类商品的销售对象为中高等收入水平的游客，采用中高

档包装可以表明其身份地位。

中档商品包装往往还采用比较现代化的包装材料和技术，如塑料、铝箔、尼龙等，设计图案富有强烈时代感，做工也比较精细，线条明快，能够满足高、中等收入游客的需要。

2. 特殊包装

指针对特殊商品，专门设计包装形式。如珍贵药材、艺术品、珠宝首饰、古董、字画等。这类商品包装装潢往往构思巧妙、材料上等、制作精细、保护性强，甚至连包装本身也成了艺术品。如我国人参包装，采用上等材料制成包装盒，以缎面裱里，红丝绒衬垫，给人以货真价实之感，让游客感到其身价不凡，购买时也愿意付出高价。

3. 礼品包装

指用于馈赠的商品包装形式。很多游客都愿买些礼品送给国内外的朋友，这类商品包装应力求富丽堂皇，富有喜庆色彩，能够提高礼品的格调。中国礼品包装要有中国特色，设计时一般采取福、禄、寿、禧、鱼，凤、麒麟、龙、仙、佛等文字图案，被馈赠者看到后，会产生喜悦之情。

4. 简便包装

是一种成本低廉，构造简单的包装。通常用于游客使用的日常生活用品、熟食制品、蔬菜、水果、时装等。这类包装着眼于保持商品的清洁卫生和便于携带，主要采用塑料袋、塑料盒等形式。

（四）按游客性别、年龄设计包装的策略

不同性别年龄的人，其购物心理和审美观念不同，因而不仅在商品的选择上，而且对商品的包装也有不同的标准。

1. 男性化包装

以男性为主要消费对象的商品，包装设计要庄重、大方，突出实用性和科学性。

2. 女性化包装

以女性为销售对象的商品，包装设计的线条要柔和、丰富，应注意色彩别致，造型精巧，突出艺术性和流行性。

3. 老年人消费品包装

主要销售对象是老年人的商品，包装要朴实、庄重，便于携带、使用，并有一定传统性和实用性。老年人消费的食品、药品、滋补品等，图案设计要简单，文字要清晰。

4. **中青年消费品包装**

中青年游客，对商品既要求具有艺术性，又讲求实用性，既要有流行性、科学性，又要有便利性。设计包装时应主要考虑中青年对新事物反应敏锐、心境变化快、模仿力强、喜欢标新立异的特点，在包装材料的选择和设计方法的运用上要尽量多样化。

5. **少年儿童消费品包装**

少年儿童在游客中所占比例不大，但随着儿童在家长心目中地位的提高，玩具市场也不容忽视。儿童商品应形象生动，色彩鲜艳，有一定知识性、超时性，既可诱发儿童的好奇心、求知欲，又满足他们的享受欲望。我国玩具深受游客喜爱，如果在包装装潢上再下些工夫，今后发展将更为有利。

案例分析

啤酒瓶：从玻璃到塑料——米勒公司包装革新之路①

长期以来，用玻璃瓶和易拉罐盛装啤酒已成为很多企业的思维定式，用塑料瓶装啤酒不仅仅是包装的改进，也是产品的创新。第 12 届杜邦包装创新金奖就被米勒啤酒公司的 330ml 塑料瓶装米勒淡啤（Miller Lite）收入囊中，其实塑料瓶装啤酒并不是米勒公司的专利，第一家推出塑料瓶装啤酒的公司是澳大利亚福斯特公司（Foster Brewing）下属的卡尔顿联合酿酒公司。但他们失败了，有鉴于此，米勒公司吸取了远在大洋彼岸的同行的教训，在推出 330ml 塑料瓶装米勒淡啤之前，进行了深入的消费者心理分析和长达 18 个月的测试营销（Test Marketing），最终让消费者接受了用塑料瓶装啤酒这一全新的概念。

塑料瓶装啤酒首创者折戟

从 1996 年以后，世界各大啤酒制造商开始和塑料制品公司共同研究用塑料瓶装啤酒的可能性。塑料瓶用于矿泉水、果汁、汽水等产品已经获得了很大的成功，近年，经过原料加工、机械以及瓶型设计等全方位的攻关，塑料啤酒瓶在阻透、味道和货架寿命方面已经取得了长足的进步。

与玻璃瓶和铝制易拉罐相比，塑料瓶具有很多优点：1. 同等容积的塑料瓶比玻璃瓶要轻 30%，既节省了制造商的运输费用又方便消费者携带；2. 不易碎，安全；3. 回收的效率高、费用低；4. 啤酒瓶盖可以重复使用，消费者不用一次将

① 资料来源：《成功营销》，作者：王卓，2006-3-6.

一瓶啤酒喝完；5. 相对于铝制易拉罐，塑料瓶装啤酒的口感更加新鲜；6. 相对于玻璃瓶和易拉罐，塑料瓶更便于消费者手握；7. 相对于易拉罐，塑料瓶的外观更加高档（比较像玻璃瓶）。这些优点使得啤酒商认为塑料瓶装啤酒在不久的将来完全可以成为啤酒包装的一种趋势，各大塑料制品公司非常关注这一块市场。

最早采取行动的是澳大利亚最大的酿酒商福斯特公司（ Foster ）旗下的卡尔顿联合公司，他们在 1996 年底的春夏季（和北半球的季节正好相反）在墨尔本和悉尼等大城市推出了塑料瓶装的“卡尔顿冰啤”（ Carl - ton Cold ）。这是一种用冷过滤法酿造的啤酒，是卡尔顿联合公司的招牌产品，主要定位于高端市场，是澳大利亚市场上销量最好的啤酒之一。但是这一包装上的创新并没有得到消费者的认可，一年之后的 1997 年末，卡尔顿联合公司停止了“卡尔顿冰啤”塑料瓶装的市场投放，重新采用传统的玻璃瓶，并推出了“没有什么比冰啤更加新鲜”（ Nothingsas fresh as Coldie ）广告，以期挽回市场损失。

米勒成功启用塑料瓶

市场调研：消费者能接受塑料瓶装啤酒

“卡尔顿”的教训让其他的啤酒商对塑料瓶装啤酒的开发和投入市场采取了慎重的态度，大部分啤酒营销人员认为，目前消费者对塑料瓶装啤酒的接受度不高。

但素有创新精神的米勒公司从不轻意下结论，他们从 1997 年 9 月开始，进行了为期近一年的深入的市场调研。米勒公司一共测试了 457 名饮用啤酒者，分析了他们在品尝塑料瓶装啤酒之前和之后的看法。分析他们会在什么情况下购买塑料瓶装啤酒？或因为什么原因而不愿意购买塑料瓶装啤酒……

82% 的测试者在品尝过啤酒以后认为塑料瓶适合作为啤酒的盛装容器；91% 的测试者认为塑料瓶装啤酒的质量达到或超过了他们的预想；40% 的测试者表示非常愿意或愿意购买塑料瓶装啤酒。测试的结果显示“环境保护”运动在西方的盛行和消费者对于创新包装的喜爱，只要啤酒瓶的设计尽量地靠近玻璃瓶装啤酒和营销方法得当，塑料瓶啤酒是完全可以克服给人质量不佳的印象。

米勒公司这次推出塑料瓶装“莱特”不仅是故伎重施，而是轻车熟路，驾轻就熟。选择用“莱特”来进行市场测试的一个重要原因，是因为“莱特”的消费群体主要集中在受教育程度较高、对新事物接受能力较强的年轻人，这一部分消费者无疑对于塑料瓶装啤酒这一包装的创新也最有兴趣。

测试营销：消费者对塑料瓶装啤酒反映很好

虽然米勒公司通过消费者调查分析得到了肯定的结果，但是要在全国范围内大规模的投放市场对公司来说依然是一种比较危险的行为。因此，米勒公司在全

国上市之前选用“米勒淡啤”品牌（MillerLite）分别在六个城市/地区进行了为期18个月的测试市场的试验，然后根据试验结果决定是否公司的全线产品均推出塑料瓶包装，是否在全国范围内推出。

米勒公司最终选择了洛杉矶（加利福利亚洲）、菲尼克斯/图森（亚利桑那州）、达拉斯/沃思堡（得克萨斯州）、圣安东尼奥（得克萨斯州）、迈阿密（佛罗里达州）和诺弗克（弗吉尼亚州）六个城市为测试市场的目标，这六个城市在竞争环境、价格和口味偏好上都不相同，基本能够涵盖和代表整个美国的市场情况。

当年“卡尔顿冰啤”主要通过街角店、便利店和酒吧等地来销售塑料瓶装啤酒，也许这正是它们失利的原因之一，因为，塑料瓶装啤酒在外观上显得并不高档，很难打入酒吧等销售渠道。米勒公司吸取了它的教训，在销售渠道上选择了运动场馆（包括棒球场、NBA场馆、赛车场）和音乐会，进入了二十家国家足球联盟运动场、主要的棒球联盟运动场、八个NBA和曲棍球球场，并赞助了当年的伍德斯多克音乐节（每年8月在纽约州东南部Woodstock举行的摇滚音乐节）。这些都是“莱特”的目标消费者（21岁~35岁，充满活力的年轻人）经常出入的场所。美国的年轻人在观看音乐会和体育比赛时一般都手拿一只啤酒，有盖子、轻巧、不易破碎的啤酒瓶不仅方便了消费者，也因其不会像玻璃啤酒瓶一样破碎，造成危险，从而受到了场馆管理者的欢迎。

米勒公司测试市场的目标是在第二年塑料瓶装啤酒在投放市场的份额能达到7%，18个月以后，塑料瓶装米勒“莱特”啤酒的销量已经占到这六个市场“莱特”啤酒总销量的10%。如此乐观的数字使米勒公司的营销人员最终决定于2000年3月在全国范围推出“莱特”塑料瓶装啤酒。

现在距米勒公司在全美推出塑料瓶装“莱特”啤酒已经过去了两年，虽然塑料瓶装啤酒还没有成为啤酒行业的主流趋势，但是其他各大公司（如嘉士伯、AB、Coors、Jim Beam、Brick等）都闻风而动，相继推出了塑料瓶装啤酒，而且这个包装也受到了各个环保集团的赞誉，对于提升公司的公众形象大有益处。米勒公司在不到十年的时间内在群雄逐鹿的美国市场能够从第八位上升到第二位，并一直保持二十多年，敢于创新和严谨的营销策略肯定是他们成功的重要原因。

案例问题

1. 为什么第一家推出塑料瓶装啤酒的澳大利亚福斯特公司失败了，而米勒公司却成功地启用了塑料瓶装啤酒？

2. 米勒公司包装革新的成功说明了什么？

本章小结

本章从旅游购物品设计的基本概念、旅游购物品的设计导向、旅游购物品的审美和旅游购物品的包装装潢设计四个方面对旅游购物品设计进行了详细的阐述。

旅游购物品设计包含三个构成层次：核心产品的设计、有形产品的设计和延伸产品的设计。

旅游购物品的设计导向主要有个性化导向、心理导向、优势化导向、民族化导向和环保导向。在此基础上，我们介绍了旅游购物品与审美的关系，重点分析了旅游购物品的审美内容及特征。

商品的包装装潢设计包括包装和设计两部分。包装装潢设计在旅游购物品经营中有着十分重要的作用，结合市场营销的实际，提出了旅游购物品包装装潢设计的八大原则和包装装潢的四大策略。

复习与思考

1. 旅游购物品设计的构成层次包括哪些内容？
2. 旅游购物品的设计导向有哪些？
3. 简述旅游购物品的审美内容及特征。
4. 旅游购物品包装装潢设计的原则有哪些？
5. 在旅游购物品市场营销中有哪些具体的包装装潢策略？

网上作业

根据网上收集的各地区旅游购物品的包装装潢策略，并结合本章所学知识，针对你所在地区旅游购物品包装装潢的实际提出几点改进的建议。

第8章　旅游购物品市场营销

学习目的

- 了解市场营销学的基本知识
- 掌握旅游购物品市场营销环境分析的内容
- 重点掌握旅游购物品营销策略和旅游购物品市场营销管理

在现代市场经济条件下，由于旅游购物品的种类繁多，旅游者的可选择性很强，加上旅游活动的范围不断扩大，使旅游购物品企业面临着竞争十分激烈的市场环境，市场营销对旅游购物品企业显得越发重要。旅游购物品企业要想在这种环境下求得生存和发展，就必须对市场营销环境进行深入的分析研究；采取灵活多变的市场营销策略，就必须根据市场环境的变化，对市场营销的各种因素进行有效的管理。

第一节　市场营销学简介

一、市场营销的含义

市场营销学一词译自英文“Marketing”，是20世纪发源于美国的一门专门研究市场的新兴学科。一般而言，市场营销包含两层含义，一是指企业具体的市场营销活动及行为，另一层含义是指研究企业的市场营销活动及行为的学科。

市场营销是企业的一种市场营销行为，它所涉及的原理、方法、技巧和内容都关系到企业经营的成败，并且它还是一种现代企业行为。对于市场营销行为大致有以下几种代表性的描述：

（1）市场营销是把适当的货物和服务，在适当的地点、适当的时间以适当的价格，用适当的方式售给适当的买方。

（2）市场营销是判断消费者对商品和服务的需求，刺激商品和服务的出售，并把它分配到最终消费者，完成企业利润的全过程。

（3）市场营销是把产品或劳务从生产者引导到消费者或用户的一切企业活动。

（4）市场营销是企业向社会创造和传递一种新的生活标准。

（5）市场营销是通过交易过程引导满足需求和欲望的人类活动。

这些说法都对市场营销活动作了最基本的概括，他们从不同的立场和角度，对市场营销做出独到而深刻的见解。我们如果从市场营销学的研究对象来考虑，那么就可以对市场营销定义为：市场营销是企业的一种市场经营活动，它主要研究卖方的产品和劳务是如何转移到消费者和用户手中的全过程，它是从卖方（主要是商品生产者）的角度，也就是作为供给的一方来研究如何适应市场需要，如何使产品具有吸引力和竞争力、市场定价合理、商品购买方便，使买方（主要是商品消费者）满意，从而提高企业的市场占有率和经济效益。

二、市场营销学的核心概念

研究市场营销，就必须掌握它的一些基本的核心概念。

（一）需要、欲望和需求

人类的各种需要和欲望是市场营销思想的出发点。人们需要食品、空气、水、衣物和住所以维持生存，人们对娱乐、教育和其他种种事物也有着强烈的欲望，而且人们对基本产品和服务的某种特定形式也表现出强烈的爱好。不过，需要、欲望、需求三者是有区别的，对它们进行区分是可能的，而且有着重要的意义。人类的需要是指没有得到某些基本满足的感受状态。人们为了生存而产生的对于食品、衣服、住所、安全、归宿、受人尊重等的需要，但这些需要都不是营销者所能创造的，它们存在于营销活动发生之前。人的欲望是指对具体满足物的愿望。人类的需要并不多，但他们的欲望都是很多的。各种社会力量和各种机构，诸如学校、家庭、商业公司等不断地激发人类形成和再形成的种种欲望。需求是指对有能力购买并且愿意购买的某个具体产品的欲望。当人们具有购买能力时，欲望便转化为需求。因而，企业不仅需要估计有多少人想要本企业的产品，更主要的是了解有多少人真正愿意并且有能力购买。营销者并不创造需要，需要是早就存在于营销之前；营销者连同社会上的其他因素，只影响了人们的欲望。营销者不创造对社会地位的需要，但可通过制造适当的产品，使其富有吸引力，并使目标消费者容易得到，从而影响需求。

在第3章我们提到过著名的马斯洛需求层次。马斯洛认为，人的需要可按层次排列，先满足最迫切的需要，然后再满足其他需要。马斯洛需求层次理论可以帮助企业的营销人员了解什么样的产品如何才能满足潜在消费者的需求。

（二）产品

从广义上来说，任何能用来满足人类某种欲望或需要的东西都是产品。一般常用产品和服务这两个词来区分实体产品和无形产品。实体产品是一种实物，如一辆小汽车、一杯茶。人们购买实体产品的主要目的不在于拥有该产品，而在于使用它来满足欲望，如买小汽车不是为了观赏，而是它可以提供交通服务，买茶也不是为了观赏，而是为了解渴，所以实体产品实际上是向人们传送服务的工具。当然，服务的传送可以是产品实体，也可以通过其他途径，如人、活动、组织、地点等。换句话说，产品也就是一切能够满足需要和欲望的媒介物，它一般由三个因素组成：实体商品、服务和创意。例如，一家快餐厅供应商品（汉堡包、饮料），服务（销售过程、安排座位）和创意（节省时间）。

（三）价值、成本和满足

所谓价值，是指消费者对产品满足各种需要的能力评估，如消费者可以把产品按最喜欢的到最不喜欢的次序排列，位于顶端的那个最喜欢的产品对他来说价值最大。

为完成某一目标，比如旅游，有多种可供选择的产品：步行、骑自行车、乘坐火车或飞机等，同时也要满足不同的目标，包括费用、速度、安全和便利等。显然，最为满意的产品——理想产品是一种能迅速地、绝对安全地、不费力地、花钱很少地使人达到目的的产品，则这个产品的价值也就越大，在目标确立后就可以作出合适的选择。总之，因为许多产品都能够满足某个特定的需要，所以产品的选择要受到价值、成本和期望满足三个概念的指导，价值应是在最低的获取、拥有和使用成本之下要求的顾客满足。

（四）交换和交易

通常，一个人可以用以下四种方式来获得所需产品：自行生产，强制获得，乞讨，交换。

营销活动产生于第四种获得产品的方式——交换。交换是构成营销基础的一个概念，是指通过提供某种东西作为回报，从某人那儿取得所要的东西的行为。交换的发生必须具备五个条件：①至少要有两个方面；②每一方面都有被对方认

为有价值的东西；③每一方面都能沟通信息和传送货物；④每一方都可以自由接受或拒绝对方的产品；⑤每一方都认为与对方交易是适当的或称心如意的。具备了上述条件，就有可能发生交换行为。而交换能否真正产生，取决于买卖双方能否通过交换而比交换前得到更多的满足，所以交换也可描述成一个价值创造过程。

如果双方正在谈判，并趋于达成协议，意味着他们正在进行交换；而一旦达成协议，我们就说发生了交易行为。交易是交换活动的基本单元，交易是由双方之间的价值交换所构成的，是 A 把 X 给予 B 以换得 Y。一般来说，要借助合同法等法律规章来支持和强制交易双方来执行协议。作为一个企业的营销人员，为了把潜在交易转化为现实，要仔细地分析另一方需要些什么和自己可以提供给什么，从中发现一致之处，找到交易基础，然后再实施各种努力达成协议，实现交易。

（五）关系和网络

一个比较精明的企业都会努力同有价值的客户、分销商和供应商建立长期的、互相信任的“双赢”关系。这些关系是靠不断承认和给予对方高质量的产品、优良的服务和公平的价格来实现的，这种关系营销的结果是建立了与有关方面的经济、技术和社会各方面的纽带关系，可以减少交易成本和时间。关系营销的最终结果是建立起了公司的营销网络。营销网络由公司与所有它的利益有关者（顾客、员工、供应商、分销商、零售商、广告代理人、大学科学家和其他人）建立的一种互利的业务关系，一个建立了较好关系网的公司也必将在竞争中获胜。

（六）市场

市场是由那些具有特定的需要或欲望，而且愿意并能够通过交换来满足某种需要或欲望的全部潜在顾客所构成的。市场的大小就取决于那些表示有某种需要，并拥有是别人感兴趣的资源，而愿意以这种资源来换取其需要的东西的人数的多少。市场一般用来概括一定的时空下商品交换关系的总和。在营销者看来，卖主构成行业，买主则构成市场。卖方把商品、服务以及信息传送到市场，又从买主那儿收到货币和情报。现代社会经济中充满了市场，并且每一个国家的经济乃至整个世界的经济都是由各种市场组成的复杂体系，而这些市场则由交换过程彼此联结在一起。

（七）营销者和潜在顾客

营销是指与市场有关的人类活动。它是以满足人类各种需要和欲望为目的的，通过市场变潜在交换为现实交换的活动。营销的产生是基于这一现实，即人类是受需要的欲望支配的。需要和欲望要通过获取可以满足这些需要和欲望的产品来得到满足，而在对产品作选择时，要以价值和期望满足为指导。

在交换双方中，如果一方比另一方更为主动、积极的寻求交换，我们就把前者称为营销者，另一方称为潜在顾客。营销者是指希望从他人那儿得到资源并愿以某种有价值之物作为交换的人。潜在顾客是指营销者所确定的有潜在愿望和能力进行交换价值的人。营销者可以是一个卖主，也可以是一个买主。如果买卖双方都在积极寻求交换，则双方都称为营销者，这种营销称为相互营销。

三、市场营销观念的演变

市场营销观念是一个哲学观念，是企业在市场营销活动中所遵循的指导思想和经营哲学，是企业处理企业、消费者与社会三者关系的原则。市场营销观念正确与否，关系到企业的生产营销能否成功，关系到企业的兴衰成败。近百余年来，在西方企业市场营销活动中，随着经济发展和形势变化，市场营销观念主要经历了以下五个阶段的演变：

（一）生产观念

生产观念是一种最古老、最传统的指导企业市场营销活动的观念。这种观念认为：消费者喜爱那些可到处买到并且价格低廉的产品，因而生产导向型企业的管理当局总是致力于获得高生产效率和广泛的销售覆盖面。

20 世纪 20 年代以前，生产的发展不能满足需求的增长，多数商品都处于供不应求的地位，在这种卖方市场下，只要有商品，质量过关，价格便宜，就不愁在市场上找不到销路，许多商品都是顾客上门求购。于是在这种卖方市场下生产观念就应运而生，在这种观念的指导下，企业以产定销，关注于集中一切力量来扩大生产、降低成本，生产出尽可能多的产品来取得更多的利润。这种生产导向型的企业提出的口号是“我们会生产什么就卖什么”，不讲究市场营销。

企业奉行生产观念是有一定前提条件的：一种情况是以产品供不应求的卖方市场为存在条件；另外一种情况是产品成本很高的企业，为了提高生产率，降低成本来扩大市场，也奉行生产观念。然而，一旦市场形势发生了变化，比如说不再是卖方市场，而处于买方市场，生产观念就不合时宜，会成为企业的严重障碍，企业在新形势下必须用新的观念作为指导。

（二）产品观念

产品观念也是一种古老的指导企业市场营销管理的思想。产品观念认为，消费者最喜欢那些高质量、多功能和有特色的产品，因而，产品导向型企业管理当局总是致力于生产高值产品，并不断地改进产品，使之日臻完美。

产品观念的奉行，容易使企业患上“营销近视症”，即不适当地把注意力放在产品上，而不是放在消费者的需要上。这些企业将自己的注意力集中在现有产品上，集中主要的技术、资源进行产品的研究和大规模的生产，他们看不到消费者需求带来了商品的更新换代。总以为本企业的产品是必不可少的，永远不会被淘汰的。他们更是没有看出在新的市场形势下，营销策略应随市场情况的变化而变化，总以为只要有好的产品就不怕顾客不上门，以产品的不变去应市场之万变，因而不能随顾客需求变化及市场形势的发展去及早地预测和顺应这种变化，树立新的市场营销观念和策略，最终必定会导致企业经营的挫折和失败。

（三）推销/销售观念

推销/销售观念也是一种为许多企业所奉行的一种市场营销观念。这种观念认为，如果听其自然，消费者通常不会足量购买某一企业的产品，因而企业必须积极推销和进行大量促销活动。企业如果能针对消费者的心理，采取一系列有效的推销和进行大量的促销手段，使消费者对企业的产品发生兴趣，刺激消费者大量购买是完全有可能的。

推销/促销观念是卖方市场向买方市场转化期间产生的。第一次世界大战结束以后，由于科技进步、科学管理和大规模生产的推广，商品产量迅速增加，逐渐出现市场商品供过于求的状况。企业间竞争日益激烈，尤其是1929年的世界性经济危机，更使许多企业家认识到产品销路成了企业生死攸关的问题。企业不能只集中力量发展生产，价廉物美的产品也未必能卖得出去。企业要在日益激烈的竞争中求得生存和发展，必须重视和加强推销工作。

推销/销售观念仍然还没有摆脱企业以生产为中心的思想束缚，它被大量应用于推销那些购买者不太想要去购买的非渴求商品。大多数公司在产品过剩时，也常常奉行推销观念。这种建立在强化推销基础上的企业生产营销管理存在着很大的风险，因而，奉行这种观念的企业在市场竞争中仍难以摆脱销售被动的困境。

（四）营销观念

营销观念的形成是市场观念的一次“革命”，它是作为对上述诸观念的挑战而出现的一种崭新的企业经营哲学。营销的观念认为，实现企业诸目标的关键在于正确确定目标市场的需要和欲望，并且比竞争对手更有效、更有力地传送目标市场所期望满足的东西。营销观念的形成不仅从形式上更从本质上改变了企业营销活动的指导原则，使企业经营哲学从以产定销变为以销定产，第一次摆正了企业和顾客的位置，所以是市场观念的一次重大革命。在这种观念下，企业的一切活动都以顾客为中心，企业把满足消费者的需求和欲望作为自己的责任，喊出了“顾客需要什么，我们就生产什么”、“顾客是上帝”的口号。

（五）社会营销观念

社会营销观念是用来修正取代市场营销观念的。这种观念认为，企业的任务是确定诸目标市场的需要、欲望和利益，并以保护或者提高消费者和社会福利的方式，比竞争者更有力地向目标市场提供所期待的满足。

20世纪70年代开始，为了保护消费者的利益，美国等国家陆续成立了消费者联盟。保护消费者利益和长远社会福利之间隐含的冲突，在环境恶化、资源短缺、人口爆炸、世界性通货膨胀、社会服务被忽视的年代里，一个企业仅仅奉行营销观念是不适当的，它往往会导致资源浪费、环境污染等很多弊病。因此，一些西方学者提出了一些新观念来修正或取代营销观念，如“人性观念”“绿色营销观念”等等，所有这些新观念都是从不同的角度来探讨一个问题的，美国著名市场学家菲利普·科特勒将之综合起来，提出了上述“社会营销观念”。

社会营销观念希望能够摆正企业、顾客和社会三者的利益关系，企业决策要兼顾三方面的利益，这样，企业既要发挥特长，在满足消费者需求的基础上获取经济效益，又能符合整个社会的利益，因而具有强大的生命力。

第二节　旅游购物品市场营销环境分析

一、旅游购物品市场营销环境的含义

环境通常是与特定的事物相联系的。一种生物或一个人各自的“环境”的意义是不同的。旅游购物品企业和作为旅游购物品企业的营销人员所需要认识的

是企业置身于其中的环境，这就是旅游购物品市场营销环境。

美国著名市场学家菲利普·科特勒认为：“企业的营销环境是由企业营销管理职能外部因素和力量组成的。这些因素和力量影响营销者成功地保持和发展同其目标市场顾客交换的能力。”从他的论述中，我们可以说旅游购物品市场营销环境是指与旅游购物品企业有潜在关系的所有外部力量与机构构成的一个有机的体系。因此，对营销环境的研究是旅游购物品企业市场营销活动的最基本课题。旅游购物品市场营销环境同其他市场的营销环境一样，构成是比较复杂的，它是一个多因素、多层次而不断变化的综合体。市场营销学专家霍华德认为：“企业营销活动要受到可控制因素和不可控制因素的影响。”正是因为营销环境具有不可控制性，我们才必须强调旅游购物品企业对所处环境的反应和适应。这样，企业既可以以各种不同的方式增加适应环境的能力，避免来自营销环境的威胁，也可以在变化的环境中寻找自己的新机会，并可能在一定条件下转变环境因素。现代营销理论特别强调企业对环境的能动性和反作用，企业可能通过各种方法，如公共关系手段，影响和改变环境中某些可能被改变的因素，从而为企业创造一个良好的外部条件。

通过市场营销环境的分析，可以使旅游购物品企业自觉地利用存在的各种机会，避开各种可能出现的威胁，发挥企业优势，克服企业劣势，制订出有效的市场营销战略，来实现企业的生产营销目标。旅游购物品市场营销环境分析的意义具体表现在：

1. 市场环境分析是企业市场营销活动的立足点

企业的市场营销活动，是在复杂的市场环境中进行的。社会生产水平、技术进步变化趋势、社会经济管理体制、国家一定时期的政治经济任务，都直接或间接地影响着企业的生产经营活动，左右着企业的发展。成功的企业经营者，都十分重视调查与分析市场营销环境。营销者必须时时注意对营销环境进行调查、预测和分析，然后据此确定经营战略和战术，并相应的调整企业的组织机构和管理体制，使之与变化了的环境相适应。

2. 市场环境分析可以使企业发现经营机会，避免环境威胁

所谓环境威胁，就是营销环境中对企业营销不利的趋势，对此如果没有适当的应变措施，则可能导致某个品牌、某种产品甚至整个企业的衰退或被淘汰；而营销机会则是企业能取得竞争优势和差别利益的市场机会。在现实生活中，机会和威胁往往同时并存。营销的任务就在于善于抓住机会，化解威胁，以有力措施迎接市场上的挑战。营销环境的变化不断造成新的机会和新的威胁，同时给另一些企业提供机会。所以，企业就要善于抓住机会，做到在竞争中求生存，在变化中求稳定，在经营中争效益。

3. 市场环境分析使企业的经营决策具有科学依据

企业市场经营受着诸多环境因素的制约，是一个复杂的系统，也是企业的外部环境、内部条件与经营目标的动态平衡，是科学决策的必要条件。企业必须了解自己所拥有的资产和能力，包括生产能力、营销能力、产品开发能力等，通过分析企业内部条件，找出自己的优势和缺陷。所谓优势是指企业具有特殊的能力和有利的条件，优势并不只限于企业有能力去做什么，而且还是在某些方面有特殊能力。我们说某一特殊的优势确实能给企业带来市场上相对的有利条件，但必须善于发挥，通过内、外部环境分析作出客观的判断和估计，使企业在经营过程中资源得到最优配置，寻找机会与避免威胁，使企业取得较好的经济效益。

一般情况下，根据旅游购物品市场环境所受影响的方式，可以把旅游购物品市场营销环境分为宏观环境和微观环境两大类。宏观环境因素包括政治法律环境、文化环境、社会环境、经济环境、人口环境、科学技术环境、自然环境等方面。微观环境因素包括：企业、供应商、销售中介、顾客、竞争者和公众。

宏观环境和微观环境二者间并不是并列关系。宏观环境因素与旅游购物品企业不存在直接的经济利益关系，一般通过微观营销环境而作用于旅游购物品企业的市场营销活动。微观环境因素往往与旅游购物品企业有着直接的经济联系，因此，宏观环境与微观环境之间的关系是相互影响、相互制约的主从关系。旅游购物品企业要想实现有效的市场营销行为，就一定要综合考虑多种因素的作用。

二、旅游购物品市场营销宏观环境分析

旅游购物品市场营销宏观环境是指旅游购物品生产企业运行的外部环境。它对旅游购物品生产企业来说，既是不可控因素，又是不可影响的因素，但在很大程度上，市场营销宏观环境对旅游购物品生产企业的市场营销成败与否有较大的影响。市场营销人员必须根据外部环境中的各因素及其变化趋势制定自己的营销策略以期达到其市场经营目的。

（一）政治法律环境

政治法律环境主要指党和国家的方针政策，它直接关系到社会购买力的提高和市场消费的增长及其调整变化对企业产生的影响。从旅游业本身来看，一方面旅游业的发展在很大程度上促进了旅游购物品的发展。旅游消费本身的需求弹性系数较大，它不仅对价格敏感，而且受政策法规的影响较大。形成旅游活动的两大客观条件是可支配收入和闲暇时间，居民的收入决定于经济技术的发展及国家采取的分配制度，而节假日立法对旅游业的影响很大。另一方面国家对旅游购物

品的生产经营政策也会影响旅游购物品的营销环境。我国自改革开放以来，在旅游业发展的同时，就较为重视旅游购物品的开发与生产，并在政策上给予一定的优惠，例如1978年11月由国务院发出的《关于发展旅游业纪念品工艺品生产和销售几个问题的请示报告》，国务院同意专项增拨资金1 700万元，用于旅游购物品生产和包装装潢。国家一直对旅游购物品的开发与生产给予极大的关注和支持，在税收、资金、外贸进出口等方面给予优惠，并且在质量管理方面不断加大力度，从政策和法律方面给予了一定的影响。

政治环境是指旅游购物品企业市场营销活动的外部政治形势和状况给企业市场营销活动带来的或可能带来的各种影响。对国内政治环境的认识是要了解党和政府的各项方针、路线、政策的制定和调整对企业市场营销的影响。对国际政治环境的认识，是要了解“国际政治权力”与“国际政治冲突”对企业的营销活动的影响，比如两国之间出现的政治冲突导致的贸易制裁，必然会影响到旅游购物品的进出口。

对于法律环境而言，除了要研究各项与国内、国际市场营销活动有关的法律、规定，研究有关竞争的法律及环境保护、资源管理等方面的条例、规定之外，还要了解与法律的制定和执行有关的监督、管理服务于企业市场营销活动的政府部门的职能和任务。这样才会使旅游购物品企业及其营销人员了解、熟悉企业的外部环境，避免威胁，寻找机会。

所以，旅游购物品企业及其营销人员，一定要对政治法律环境有明确的了解，并且还要知道它们对企业营销活动的影响，否则将招致不可避免的损失。而对于经营出口的旅游购物品企业来说，认真研究进口国家和地区的政治法律因素对于旅游购物品的跨国销售更具有重要意义。

（二）文化环境

文化环境包括一个国家或地区在历史发展过程中形成的传统文化，又包括外来文化及传统文化和外来文化相互融合的文化。文化对个人必然有暗示、提醒、制约的力量及潜移默化的作用，人类在某种社会生活中，时间长了必然会形成某种特定的文化，包括教育水平、宗教信仰、审美观念、价值观以及风俗习惯等。它影响和支配着人们生活方式、主导要求、消费结构及人们对旅游购物品的观念态度等等，并且旅游者是在不同的社会文化背景下成长和生活的，就必然有其不同的基本观念和信仰。所以，旅游购物品营销活动必须要适应文化，尊重旅游者的文化背景，满足旅游者不同的文化需求。

旅游活动就是在接触世界各地不同的文化，旅游购物品是这种文化中的重要

组成部分，往往是当地文化的物化体现，因此在旅游购物品的开发、生产中，文化是一个重要的因素，要把特定的文化成分融入旅游购物品的开发设计之中，体现相应的文化特色，这是吸引游客购买的重要条件。从旅游动机中的文化角度看：旅游一是寻求文化差异，一是寻找文化认同，进而形成寻求“同中之异”或“异中之同”。具体到物化文化的旅游购物品上（特别是旅游纪念品和旅游艺术品），旅游消费者更是根据自己的文化判断和旅游购物品的文化含量决定购买与否。

一般来说，受教育水平高的旅游者比受教育水平低的旅游者对旅游购物品有更强的需求，因为受教育水平高的游客在对旅游购物品的文化价值判断中能产生更强的共鸣，对异域文化的追求欲望更强烈，从而更容易促成购买行为。例如，日本国民受教育程度较高，儿童人学率100%，93%的初中毕业生升入高中，40%的人升入大学。随着整个国民受教育水平的提高，促使其消费观产生了较大的变化。一个普遍的现象是有钱的人花钱的对象已从“物质”转移到“经历”上，崇尚外出旅游，体会不同的文化氛围，在购物上改变过去的单纯忠实于名牌为购买具有相当文化含量的商品，体现个性化的喜好和追求自我。旅游购物品市场营销人员要能充分理解文化及预测文化的变化，把握旅游购物品的文化营销机会，开发设计出具有文化特色和符合旅游购物品消费者文化品位的产品。

旅游购物品市场营销中，文化因素影响到旅游者的最主要的表现就是禁忌的风俗习惯。因此在对旅游购物品进行营销活动时，一定要对各种文化进行认真研究。

（三）社会环境

每个人都生长在一定的社会环境之中，并在一定的社会环境中生活和工作，他的思想和行为必定会受到这种社会环境的影响和制约。影响消费者行为的社会环境因素主要包括家庭、相关群体和社会阶层等。

1. 家庭

家庭是最基本的社会单位，家庭对购买者的购买行为影响最为强烈，每一个人都会受到来自家庭成员的影响。家庭成员的偏好、价值观等都会影响到对旅游购物品的购买。

2. 相关群体

所谓相关群体就是能影响一个人的态度、行为和价值观的群体。这个相关群体会为个人购买旅游购物品提供一个参考依据，从而导致购买行为的异同。

3. 社会阶层

同一社会阶层的成员具有相似的价值观、兴趣爱好和行为方式。不同阶层的

人会表现出不同的旅游购物品购买倾向，如上层阶层的人一般倾向于购买高档的旅游产品。故我们必须针对不同阶层采取不同的营销手段。

（四）经济环境

旅游者到达一个新的旅游地或旅游景点都会购买一些旅游纪念品、工艺美术品、土特产品以及生活必需品。旅游购物品的市场营销一方面和旅游业本身的状况密不可分，另一方面又有其特殊之处，从宏观上分析旅游购物品经济环境时，要着重分析以下经济因素：

1. 国民生产总值（GNP）

国民生产总值是一个国家某一时期所生产的以市场价格计算的最终产品与劳务的市场价值总和，它是反映国民经济发展的综合指标，而人均国民生产总值更能反映出一个国家人民的富裕程度。有研究指出，一般来说，人均国民生产总值达到300美元就会兴起国内旅游，而人均国民生产总值达到1 000美元，就会有出境旅游需求。在1997年6～8月，国家旅游局组织各有关地方旅游局分别在不同旅游城市开展了海内外旅游购物抽样调查，调查显示：海外旅游者在华人均花费948.46美元，其中购物花费为217.20美元，占人均花费的22.9%；国内游客购物花费一般占旅游支出的22%。日本人均国民生产总值在30 000美元以上，成为亚洲最大的旅游客源国之一，1990年日本出国旅游者达1 100万人次。随着我国经济的发展，国民生产总值的提高，国内旅游保持增长态势，1997年，全国国内旅游人数为6.44亿人次，总花费2 113亿，说明国内旅游业已成为国民经济新的增长点，旅游购物品的宏观经济环境条件对其开发和生产较为有利。

从全球看，凡是人均国民生产总值高的国家，也是重要旅游客源国和旅游业发达国家。

2. 个人可支配收入

个人收入是指一个国家的所有个人和家庭在一定时期，通常是一年内从各种来源所得到的收入总和。个人收入是衡量当地市场容量，反映购买力高低的重要尺度。而个人可自由支配的收入更是旅游产生的首要条件，决定了旅游消费者的购买力和消费水平，在扣除衣、食、住、行、教育、保险等必需消费后，如果没有多余的钱，那么旅游只是一种空想。在全世界范围内，各国人民可自由支配的收入在不断增加，这种增长是指除去通货膨胀而造成生活费用增加后的实际收益。预计到21世纪初，每年平均会增加1.6%。外出旅游及旅游购物将是消费这些增长了的收入的重要渠道。根据经济合作与发展组织公布的数值，其成员国国际旅游花费占个人最终花费的比重，从1980年的1.6%上升至1990年的2.8%。

在年增长率方面，国际旅游花费比个人最终消费也快得多。例如，20 世纪 90 年代的美国人把他们全部可自由支配的收入的 21% 用在旅游上，旅游购物在整个旅游消费结构中所占比重也不断提高。

需要进一步指出的是，在个人总收入与个人可自由支配收入均有增加的情况下，可自由支配的收入的增长率会更高；反之，总收入下降，可自由支配收入占总收入的比例必然下降得更快。道理很明显，因为衣食住行等必需品支出是一个相对固定的数字，总收入提高，那么人们就能拥有更多的可自由支配的货币。这与食品消费占个人总消费比重的恩格尔系数相似，或者说是恩格尔系数的一种延伸。我们可用个人可自由支配收入占总收入的比重，来反映人们参与旅游和旅游购物的强度。

P（参与旅游及旅游购物强度）=（个人总收入 - 个人生活必需品支出）/个人总收入 = 个人可自由支配收入/个人总收入

P 值越大，个人参加旅游的愿望越强，旅游购物支出可能性越大。

旅游购物品的购买即旅游购物，在某种意义上可以说是旅游活动的延伸。在食、住、行、游、购、娱等项支出中，前四项收入是基本固定的，是“有限”花费，而旅游购物则是“无限”花费，只要旅游购物品为旅游者所喜爱，他们就可以把口袋里的钱不断地花出去。个人可自由支配收入越高，旅游购物的欲望及需求就越强。

3. 消费者收入

消费者的购买力来自消费者收入，但并不是全部收入都用来购买商品和劳务，购买力只是收入的其中一部分。在研究消费收入时，要注意分析国民收入、人均国民收入、个人收入、个人可支配收入等。

4. 消费者支出模式

也称消费结构，是指消费者消费支出中的比例关系。随着经济的发展，购买食品的支出在收入中的比例越来越小。近年来，我国国内旅游购物品行业获得蓬勃发展，这不能不说与消费者支出模式的变化有着密切的关系。

5. 消费者储蓄和信贷的变化

消费者的个人收入中除购买生活必需品外，还有一部分用于银行存款和购买有价证券，这些都是推迟的购买力，推迟的购买力增加则现实的购买力就会减少。二战以后，消费者信贷发展很大，增强了购买力，这在客观上增加了对旅游购物品的需要。

（五）人口环境

人是社会的人，又是市场的主体，人口决定了市场规模。人口环境与旅游购

物品社会营销的关系十分密切。旅游购物品市场营销的人口环境因素包括了人口的数量、密度、居住地点、年龄、性别、种族、民族和职业等情况。旅游购物品市场营销人员所感兴趣的是人口数量、人口城市化及人口的年龄结构、教育程度等。旅游购物品企业营销部门应当密切注视人口的特性及其发展动向，不失时机地辨别可利用的“机会”，而在出现“威胁”时，及时地果断地调整市场营销策略，以适应人口环境的变化。

1. 人口数量及增长与旅游购物品市场

市场是由那些想买东西并且有购买能力的人（即潜在购买者）构成的，在收入接近的条件下，人口的多少决定着市场容量，一般来说人口数量与市场容量和消费需求成正比。在经济发展水平较高的国家，人口的增加意味着旅游人次的增加，从而拉动对旅游购物品的需求增长。

从世界范围看，人口增长最快的国家和地区恰恰在经济落后的地方，世界不发达地区的人口占世界人口的76%，且每年以2%的速度增长，而世界经济发达地区的人口每年的增长率只有0.6%。显而易见，经济落后的国家和地区人口的增长对旅游购物品市场的扩大作用是很小的。例如我国人口数量达13亿，真正能够旅游的人数相对来说却很少，但随着我国经济的发展，国内旅游人数在逐年增加，同时对旅游购物品的需求也在增加。所以人口数量及其增长与具体商品的市场关系还必须视消费群的特质而定。这种与特定商品需求相联系的消费群称为市场相关群体。旅游购物品市场营销要重视相关的人口数量，即注重旅游客源市场的研究。

2. 人口城市化与旅游购物品市场

旅游购物品市场需求的大小决定于旅游人数的多寡，人口城市化程度又决定着出游人数。世界城市人口在迅速增加，据联合国人口部门统计，1970年全世界两万人以上的城市人口总和为12.5亿，占全世界总人口的41%；到1980年城市人口为18.7亿，占总人口的42.2%；预计到2000年将有50%～60%的人口居住在城市。一般来说，城市居民旅游需求的人数和比例都超过农村。从世界上一些主要旅游客源国来看也是这样，城市人口多，旅游人数也多。城市人口的增多导致旅游人数的增多，从而导致对旅游购物品的需求增加。针对城市人口的需求特点设计开发旅游购物品成为营销者的一个重要课题。

1995 年中国国内城市、农村旅游基本情况

	总数（百万人次）	出游率（%）①	总花费（百万元）	人均花费（元）
全国合计	629.00	52.40	137 570	218.71
城镇居民	245.70	91.00	114 010	464.02
农村农民	383.30	41.20	23 560	61.47

资料来源：《中国旅游统计 1996 年年鉴》

3. 人口年龄结构与旅游购物品市场

各国人口的年龄结构各不相同，但目前社会人口统计最显著的特征是老龄化，中国将是世界上人口老龄化最为迅速的国家之一。只需 20 年，中国 65 岁以上人口占总人口的比例就会达到五分之一。据统计，在 1990 年，美国、加拿大人口中，55 岁以上的占 30%；到 2000 年，欧洲有四分之一的人超过 65 岁；到 2025 年全世界 60 岁以上的人将增加四倍，退休人口将占世界人口的 40%，主要旅游客源国人口老龄化趋势有增无减。随着世界人口老龄化，国际旅游呈现出显著的特点：①同以往相比，他们可自由支配的收入较多；②文化水平和受教育程度较高；③自己支配的闲暇时间长；④富于旅游经历，强调健身与放松；⑤基于价格与时间的权衡，季节性特征不明显。根据这些特征，旅游购物品市场营销者需要制定老年人旅游购物品市场开发战略，不断推出适合老年人需求的旅游购物品。

4. 受教育程度与旅游购物品市场

任何社会人口的教育水平都可以分为五类：文盲、高中以下、高中、大学、大学以上。从世界范围来看，发达国家人口受教育程度较高，而发展中国家人口受教育的程度相对较低。旅游购物品的艺术性、纪念性特征，决定其购买者必须具备相当的审美情趣和文化素质。例如一件仿制的兵马俑陶制品，对于具有相当文化程度和历史知识的人来说，就能充分理解它的历史文化价值及审美价值；倘若对于没有历史知识的、受教育程度低的人来说，它只不过是一件质地粗糙的小陶人，没有任何价值可言。一般来说，艺术、文化含量高的旅游购物品的市场需

① 出游率指城镇居民或农村农民出游的人次数占其人口数的比重。

求与游客受教育程度成正比，而对于受教育程度低的游客，旅游购物品的实用性和价格则往往是首先要考虑的因素。

（六）科学技术环境

科学技术是生产力中最活跃的因素，科学技术是第一生产力，作为营销环境的一部分，科技环境不仅直接影响旅游购物品企业内部的经营，还同时与其他环境因素互相依赖，相互作用，特别同经济环境，文化环境的关系更紧密。

技术因素会直接影响旅游购物品企业的产品开发、设计及销售，决定企业的市场竞争地位，作为旅游购物品的营销者，应该认识到运用新技术可以增加竞争优势。在旅游购物品的开发、设计和生产上，应密切关注和了解技术环境的变化，以便采取及时适当的对策。新技术给某些企业造成新的市场机会，同时还会给企业带来一定的威胁。在旅游购物品的开发生产中，由于旅游购物品的艺术性和纪念性的特点，旅游购物品的重点落在设计上。为了满足扩大的旅游市场上不同旅游消费者的需求，如果再按传统的设计方式，几十年产品不变，势必造成供给的单一化而不能体现旅游购物品的特点。随着科学技术的发展，高新技术可以运用于旅游购物品的设计与开发，从精度和质量上提高旅游购物品的附加值，进一步激发游客的购买欲望。例如计算机、柔性生产线在旅游购物品的开发和设计及生产中的使用，能够不断地适应市场的变化，以最快的速度和最高的质量满足不同旅游购物品消费者的需求。运用高新技术不仅使旅游购物品保持较高的竞争地位，而且还可以促使旅游购物品生产企业建立庞大的国际营销网络，有利于旅游购物品的销售及旅游地的广告宣传。

科学技术的快速发展也拓宽了旅游购物品市场营销的机会，比如互联网的迅速普及，旅游购物品企业就可以利用互联网来宣传推销旅游购物品，这就大大增加了旅游购物品的营销机会。

（七）自然环境

自然环境的发展变化会给旅游购物品生产企业造成一定的环境威胁和市场机会。目前这个方面的主要动向是：①某些自然资源短缺或即将短缺，②环境污染程度日益增加，③许多国家政府对自然资源的管理干预日益加强。

20 世纪 90 年代以来，国际学术界出现一种新的理论——可持续发展，该理论认为，人类应当跳出单纯追求经济增长、忽视生态环境保护的传统发展模式，通过产业结构调整与合理布局，发展高新技术，实行清洁生产和文明消费，协调环境与发展的关系，使社会的发展既能满足当代人的需求，又不对后人需求满足

构成危害，最终达成社会、经济、资源与环境的协调。

旅游业向来以“无烟产业”而自居，但从世界范围内的实际情况看，“旅游摧毁旅游”的现象比比皆是，在强调环保和可持续发展的今天，生态旅游的兴起成为必然趋势；同时，在旅游购物品生产上，绿色产品即生态旅游购物品是研究开发的主要方向，努力消除和减少生产经营对生态环境的破坏和影响。具体来讲，旅游购物品生产企业在选择生产技术、生产原料、制造程序时，应符合环保标准；在产品设计和包装、装潢设计时，应尽量降低产品包装或产品使用的剩余物，以降低对环境的不利影响。在这种情况下，旅游购物品市场营销一定要不断地分析和认识自然环境变化的趋势，最大限度地利用环境变化可能带来的市场营销机会，在旅游购物品的开发和营销中应积极开发符合当今环保要求，具有较高经济效益的旅游购物品。

二、旅游购物品市场营销微观环境分析

旅游购物品市场营销微观环境是指存在于旅游购物品企业周围并且直接影响企业市场营销活动的各种参与者，主要包括：旅游购物品企业、供应者、营销中介、顾客，竞争者和公众。他们同旅游购物品企业市场营销活动有着非常密切的联系。旅游购物品生产者应定期对企业面临的微观环境进行分析，以便更好地适应环境的变化，根据其变化，灵活调整企业的营销策略，使企业市场营销活动得以顺利开展。

（一）旅游购物品企业

旅游购物品企业市场营销部门不是孤立的，它要与旅游购物品企业的其他职能部门，如董事会、财务、研究与发展、采购、制造和会计等部门的工作紧密相连。这些部门、各管理层次之间的分工是否科学，相互间的协作是否和谐，是否能够目标一致、配合默契，都会影响企业的营销管理决策和营销方案的实施。如在营销计划的拟订中，需要得到财务部门在资金上的支持，需要得到研究与发展部门在新产品开发和设计上的相互配合，需要得到采购部门原材料供应的保障，也需要会计部门对产品成本的核算与控制等等。因此，旅游购物品企业市场营销部门一定要努力做到与其他各部门的经营目标一致，加强与其他部门的合作，协调好与其他部门的关系。

（二）供应者

供应者是指向旅游购物品企业及其竞争者提供旅游购物品生产上所需要的资

源的企业和个人，包括提供原材料、设备、能源、劳务、资金等等。供应者的力量对旅游购物品企业营销的影响是非常大的，所提供的资源价格和供应量直接影响到旅游购物品企业产品的供应、销量和利润。如果没有所需资源的良好的供应，旅游购物品企业就不可能提供市场所需的旅游购物品。因此，旅游购物品企业的供应者对旅游购物品企业市场营销活动产生直接的影响并制约着市场营销计划的制订和实施。旅游购物品企业应注意从多渠道获得供应，而不可依赖于单一的供应者，以此来避免供应者可能对自己造成的损害。

（三）营销中介

营销中介是指在促销、销售以及把产品送到最终购买者手中给旅游购物品企业提供各种服务的所有机构的总称，包括：中间商、实体分配机构、营销服务机构（调研公司，广告公司、咨询公司等）、金融中间人（银行、信托公司、保险公司等）。营销中介是市场营销中不可缺少的中间环节。这些旅游购物品营销中介一方面把有关产品信息告知现实和潜在的消费者；另一方面又要和旅行社一起共同为旅游消费者筹划适当的旅游产品组合，为现实的和潜在的旅游购物品消费者安排适当的、合理的购物时间和购物地点，使旅游购物成为旅游活动的重要组成部分和旅游的延伸。

旅游购物品营销中介一般处于旅游购物品消费者密集、客源丰富的地方，例如：旅游景点、机场、车站、港口、宾馆饭店、旅游定点商店等，这些地方有专业的旅游购物品推销人员，他们受过专业训练、经验丰富、了解市场并掌握消费者的心理，能为顾客提供有价值的信息，帮助顾客选择理想的旅游购物品。

大多数旅游购物品企业的营销活动都需要有营销中介的协助才能顺利地进行。如果旅游购物品企业资金周转不灵，则需要借助于金融中间人来进行资金的调剂。随着商品经济的发展，社会分工愈来愈细，这些中介机构的作用也就越来越大。正是由于旅游购物品中介在市场营销中的重要作用，所以选择市场中介事关重大。他们直接与旅游购物品消费者接触，了解旅游购物品消费者的需求和变化，并且对旅游购物品市场的现状和发展趋势掌握较多。因此，选择适当的营销中介，有助旅游购物品生产企业产品的开发设计及营销的顺利进行。旅游购物品企业在营销过程中，一定要处理好与这些中介机构的合作关系。

（四）顾客

顾客是旅游购物品企业微观环境中的最重要的因素，也就是旅游购物品企业的目标市场。他们是旅游购物品企业产品的最终购买者或消费者，也就是旅游购

物品企业服务的对象，企业应对它的顾客市场进行详细全面的了解，只有满足了消费者的需要，企业的市场营销工作才能得到消费者的承认。现在的社会经济活动是极其复杂、多变的，旅游者的需要也是各不相同，既有共性，又有个性，这样，对于市场上旅游者不同的变化着的需求，旅游购物品企业一定要以不同的服务营销决策的制定和服务能力的形成来与其相适应。

（五）竞争者

随着经济的发展，旅游业不断壮大，旅游市场竞争日趋激烈，作为“购”的环节，即旅游购物品的生产经营的竞争也空前膨胀。旅游购物品生产经营企业不仅要了解顾客的多样化需求，还必须了解竞争者，才能在市场竞争中获胜。

竞争者一般是指那些与本企业提供相类似的产品或服务，并且有相似目标顾客和相似价格的企业。识别竞争者对于旅游购物品生产经营企业并非易事，企业现实和潜在的竞争者范围很广，一个企业往往可能被潜在竞争者吃掉，而不是当前的主要竞争者。旅游购物品生产经营企业市场营销人员必须通过调查研究，清楚地知道谁是其竞争者。

旅游购物品企业在开展市场营销活动时，应当对竞争者的情况进行详细的了解，如竞争者的营销策略、力量、地位和反应类型等。根据竞争对手的举动，采用合适的竞争战略。旅游购物品企业必须密切注视竞争者的任何细微的变化，并就每一个变化做出相应的对策。从消费需求角度，旅游购物品企业可能面对的竞争者主要有以下几种：

1. 愿望竞争者

这是指提供不同的旅游购物品以满足不同需求的竞争者。如为满足旅游者对不同民族服饰的要求所制作的多民族服饰。

2. 平行竞争者

这是指能满足同一种需求的不同旅游购物品的竞争者。如为满足游客纪念登上长城的需求，可以有登上长城证书和长城仿制品等。

3. 产品形式竞争者

这是指生产同种产品，但提供不同规格、型号、款式的竞争者。如生产景泰蓝的竞争者。

4. 品牌竞争者

这是指产品相同、规格、型号等也相同，但品牌不同的竞争者。如为满足旅游者住宿需要的同星级酒店之间的竞争。

在分析竞争者之间的竞争程度时，可以用旅游购物品需求交叉价格弹性系数

来判断。因为旅游购物是旅游活动的延伸，是一种高级消费活动，其可替代性很强。人们可以购买这种旅游购物品而不购买那种旅游购物品，或者人们旅游购物较少，更多的消费用在吃、住、行、游、娱等方面，需求交叉价格弹性系数正是对此关系的衡量。

旅游购物品需求交叉价格弹性系数是用来考虑一种旅游购物品的需求量对另一种旅游（或旅游产品）价格变化的反映程度。在旅游购物品 Y 的价格 Py 不变的条件下，另一种旅游购物品 X 的价格 Px 的变动（变动后的价格为 Px'）会引起 Y 的需求量 Qy 的变化程度（变动后的需求量为 Qy'）。计算旅游需求交叉价格弹性系数 Exy 的公式如下：

$$Exy = \frac{(Qy' - Qy) / (Qy + Qy')}{(Px' - Px) / (Px + Px')}$$

公式表明：

（1）如果 Exy 为正数时，这两种旅游购物品为互相替代的竞争性商品。该系数数值越大，这两种商品竞争性就越大。

（2）如果 Exy 为零，那么两种商品为非竞争性的旅游购物品。

（3）如果 Exy 为负值，那么这两种旅游购物品为互补性旅游购物品，非但无竞争，还必须合并使用。

旅游购物品生产企业在确定了其竞争者后，需要估计竞争者的优势及劣势，为此需收集过去几年中关于竞争者的情报和数据。如销售额、市场占有率、边际利润、投资收益等。旅游购物品生产经营企业对此直接操作有一定难度，往往需要通过间接方式取得，企业可以对中间商和顾客进行调查，如以问卷调查形式请顾客给本企业竞争者的产品在一些重要方面分别打分，通过分数可了解竞争者的长处和劣势，还可用来比较自己和竞争者在竞争地位上的优势。在充分了解竞争优劣的情况下采取适当的竞争策略，不断扩大市场占有率。

（六）公众

旅游购物品生产经营企业的公众是指所有实际上或潜在的关注、影响着一个企业达到其目标的人和组织。作为微观环境因素的公众环境，主要表现为以下几个方面：

（1）金融公众。指关心并可能影响旅游购物品企业取得资金能力的任何集团，包括银行、投资公司、股东、证券交易所和保险公司等。

（2）媒介公众。指报社、杂志社、广播台和电视台等具有广泛影响的大众传播媒介。

（3）政府公众。指负责管理旅游购物品企业业务经营活动的有关政府机构。

（4）群众团体。指各种保护消费者权益组织、环境保护组织、少数民族组织及其他群众团体。

（5）地方公众。指旅游购物品企业附近的居民群众和社区组织。

（6）旅游购物品企业内部公众，指董事会、经理、职工等。

（7）一般群众。

旅游购物品生产企业应采取适当措施与周围各种公众搞好关系，因为这些不同公众的态度和行为会影响和制约企业的生存和发展。处理好和周围公众的关系，树立旅游购物品生产经营企业良好的信誉和形象，扩大其知名度和美誉度，这不仅需要企业内部公共关系部的努力，还需要全体员工的积极参和支持，实现“全员公关”。

第三节　旅游购物品营销策略

一、旅游购物品的产品策略

产品是旅游购物品市场营销诸因素中最为重要的因素。它是旅游购物品市场营销活动的中间媒体，通过它才能使生产者和消费者双方实现交换的目标。消费者的需要必须通过对各种产品或各项服务的消费来得到满足；旅游购物品企业只有提供满足顾客需要的产品和服务并令消费者满意，才能实现获取利润的目标。在竞争日益激烈的市场上，在有支付能力的需求与竞争优势之间建立一种平衡态势的产品策略相当关键，而且产品策略也是制定其他营销策略的基础，所以认真研究并制定有效的产品策略是企业生存发展的根本所在。

（一）旅游购物品组合策略

旅游购物品组合策略是旅游购物品市场的需要与旅游购物品企业的实力的统一，它实际上是考虑旅游购物品组合的广度、深度的问题。一般有以下几种旅游购物品组合策略：

1. 旅游购物品组合简化策略

这是旅游购物品企业缩小其产品组合广度的策略。旅游购物品企业为了有效地利用资源，就可以放弃获利小的产品系列，集中精力经营少数获利多的产品系列，扩大其生产规律，降低成本，提高资金利用率，增加企业利润。

2. 旅游购物品组合改进策略

这是旅游购物品企业改进现有产品，发展组合深度的策略。采用这种策略，可以使旅游购物品企业节约投资，减少风险，增加自己的细分市场，可以吸引到更多的顾客。

3. 商品组合扩展策略

这是旅游购物品企业为扩展经营范围，扩大旅游购物品组合广度的策略。这种策略可以充分利用自己的资源，有利于适应多种市场需求，扩大销售额，使企业的经营稳定发展，分散企业经营的风险。

4. 旅游购物品组合价格策略

这个策略又可分为以下两种具体的策略：

（1）高档旅游购物品组合策略。这是旅游购物品企业在某一产品系列中，增加高档产品的策略。这种策略可以提高企业现有产品在市场上的声望，并会增加企业产品的销售量。这种策略不容易改变企业的产品形象，且它的目标顾客也多是比较固定的。

（2）低档旅游购物品组合策略。这是旅游购物品企业在其高档产品系列中，增加廉价产品项目的策略。旅游购物品企业可以借助自己的高档产品在市场上的声望来吸引更多顾客，提高市场占有率，增加产品的销售额。这种策略虽说容易使企业降低名牌商品信誉，但它的目标顾客却是比较巨大的。

（二）旅游购物品生命周期策略

1. 旅游购物品生命周期理论

旅游购物品生命周期不是指旅游购物品的使用寿命，而是指某种旅游购物品从投放市场，经过成长期、成熟期到最后被淘汰的整个市场过程。旅游购物品生命周期从理论上可以分为投入期、成长期、成熟期和衰退期四个阶段（详见第七章第三节）。

2. 旅游购物品生命周期各阶段的营销策略

（1）旅游购物品投入期的营销策略。

A. 快速撇油策略。这种策略采用高价格和高促销的方式来推出新产品，以求迅速扩大销售额，获得较高的市场占有率。这种策略适用于一定的市场环境，即：大多数潜在消费者还不了解这种新产品；已经了解这种新产品的人急于求购并有能力照价付款；企业面临着潜在竞争者的威胁，希望能迅速使消费者建立起对自己产品的偏好。在这样的环境条件下，旅游购物品企业采用高价格是为了率先占领市场，并尽可能从产品的各个部分与其高价相匹配，而且在强大的促销势头下，产品的市场渗透得以加快，促成较多的顾客形成对产品的偏好。

B. 缓慢撇油策略。这种策略是以高价格和低促销方式推出新产品，实行高

价格是为了抓住时机尽量从每单位销售中获取更多的毛利，而采取低促销是为了降低营销费用，两方面相结合以期从市场上获取更大的利润。采用该策略的市场环境条件是：市场规模有限，大多数消费者已了解这种新产品，购买者愿意出高价，潜在竞争威胁不大，否则难以成功。

C. 快速渗透策略。这种策略是以低价格、高促销的方式推出新产品，以期迅速进入市场并取得最高的市场份额。在市场容量很大，消费者对该产品不熟悉但对价格非常敏感，潜在竞争十分激烈，随着生产规模扩大的规模化效益可以降低单位生产成本的市场环境下适合采用这种策略。通过低价渗透和大规模的促销推进，能够迅速占领市场和提高市场占有率，薄利多销。但要注意以扩大生产而降低成本，以弥补高费用低价格带来的损失。

D. 缓慢渗透策略。这种策略是以低价格和低促销来推出新产品，适用于市场容量很大、产品知名度高、消费者对价格反应敏感、存在一些潜在竞争者的市场环境。由于市场广阔、产品的需要弹性大且存在潜在竞争威胁，所以采取低价来促进销售；同时，因产品知名度高、需求弹性大，价格已受消费者欢迎，故不必花费大量的促销费用。

（2）旅游购物品成长期的营销策略。

A. 改进产品。旅游购物品企业对自己的产品进行改进，提高产品质量，增加新的功能，丰富产品式样，强化产品特色，努力树立起名牌产品，提高产品的竞争能力，满足顾客更高更广泛的需求，从而既扩大销量又限制了竞争者的加入。

B. 适时降价。旅游购物品企业在适当的时候，可以采取降价策略，以激发那些对价格比较敏感的潜在消费者、产品购买个体户实施购买；同时，低价格还能抑制竞争者的加入，这样对企业扩大市场占有率显然有很大的好处。

C. 拓宽市场。旅游购物品企业要通过市场细分，找到新的尚未满足的细分市场并迅速占领这一市场；要通过创名牌建立产品信誉来拓宽市场；还要利用开辟的分销渠道，增加销售网点，方便顾客购买来拓宽市场。

（3）旅游购物品成熟期的营销策略。

A. 旅游购物品的改进。这种策略是以产品自身的改变来满足顾客的不同需要，以扩大市场销售量。旅游购物品的改进可从如下方面着手：a. 改进质量，注重于改善产品的功能特性，如耐用性、可靠性、速度等；b. 改进特点，注重于增进产品的新特点，扩大产品的多功能性、安全性或便利性；c. 改进式样，注重于增加产品的美学要素，改变产品款式、颜色、包装等，以增强美感。

B. 旅游购物品市场的改进。这种策略是在不改变产品本身的情况下，以发掘产品的新用途、寻找新的细分市场、创造新的消费方式等去扩大市场，增加销售。通过将非顾客转变为自己产品的顾客以及进入新的细分市场，企业将拥有更多的用户；通过努力发现产品的各种新用途促进产品的销售。

C. 旅游购物品市场营销组合的改进。这种策略是通过改进旅游购物品市场营销组合的一个或几个要素来刺激销售，延长产品的市场成长期和成熟期。最常用的是通过降低价格来吸引顾客，提高竞争能力；还有提高促销水平、有效地利用广告工具、增加销售途径、提高服务质量等手段都可运用。总之，应在价格、分销、广告、销售促进、人员推销、服务这些市场营销组合工具上进行适当有效的匹配。

（4）旅游购物品衰退期的营销策略。

A. 集中性策略。把旅游购物品企业的人力、物力、财力集中到最有利的细分市场和销售渠道上去，缩短市场营销战线，从有利的市场和销售渠道中获得尽可能多的利润。

B. 连续性策略。旅游购物品企业继续保持以往的市场营销策略，保持过去同样的市场、渠道、价格和促销活动不变。这是因为新老产品之间还有一个交替阶段，或者还会有一部分顾客愿意购买老产品，所以应有计划的减产或转产，以减少企业的经济损失。

C. 转移性策略。各地区的经济发展水平是不同的，有一些旅游购物品在发达地区已是老产品，已经没有多大市场，但在边远的地区却可能是新产品，还仍然拥有一定的市场。旅游购物品企业可将目标市场在各地区之间进行转移，从而保持自己的产品销售水平不至急剧下滑。

（三）旅游新商品的开发策略

旅游购物品企业在选择新产品开发策略时应审时度势，根据具体情况，选择切合实际的策略。

1. 长短结合策略

这种策略也称储备策略，既考虑到企业的短期利益，更考虑到企业的长期利益，着眼于企业长期、稳定、持续的发展。

2. 高低结合策略

指高档产品与低档产品相结合，以满足不同消费层次的需求，提高企业经营的覆盖面。

3. 主导产品策略

任何企业都应有自身的主导旅游购物品，主导产品是资源条件与客源市场双向驱动的产物，在一定时期内相对稳定。

二、旅游购物品的品牌策略

商品品牌是现代产品的重要组成部分，在旅游购物品企业的市场营销活动中有着独特的魅力，是销售竞争的有力武器。所以，建立一个优秀的品牌，关系到旅游购物品企业的知名度和信誉。为了使品牌在旅游购物品企业的市场营销中更好地发挥作用，一般多采取以下的品牌策略：

1. 品牌质量决策

品牌的质量就是使用该品牌的产品质量，这是一个反映产品的可靠性、精确性、方便性、耐用性等属性的综合性指标，其中有些属性可以客观地予以测定，但是从市场营销的角度来看，品牌的质量应该以消费者的感觉来测度。品牌质量决策受产品本身的制约，还必须把握消费者对产品的感觉以及产品在市场上的地位，着重抓好两方面工作：首先要决定品牌的最初质量水平是低等、中等还是高等，其次还要随着时间的推移对品牌质量加以管理调整。

2. 品牌名称决策

旅游购物品企业在决定给产品使用自己的品牌之后面临着进一步的抉择，即：对本企业产品来分别使用不同的品牌，还是使用一个统一的品牌或几个品牌？一般来说，可以有以下四种选择：①对各种产品分别采用不同的品牌，即个别品牌。②对所有产品采用一个统一的品牌，即家族品牌。③对不同类别产品使用不同的品牌。④将企业名称与个别品牌相结合。旅游购物品企业应根据实际的需要进行选择。

3. 多品牌决策

多品牌决策是指对同一种类产品使用两个以上的品牌，旅游购物品企业之所以愿意同时经营多种竞争的品牌，是因为：①旅游购物品企业提供几种品牌可先赢得品牌转换者而扩大销售，事实上大多数消费者都不会因忠诚于某一品牌而对其他品牌毫不注意，他们都是不同程度的品牌转换者；②通过将品牌分别定位于不同的细分市场上，每一品牌都能吸引许多消费者；③新品牌的建立会在旅游购物品企业内部形成激励，并促进企业产品销售业绩高涨。

采取多品牌决策，并不是说品牌多多益善。如果每一品牌仅能占有很小的市场份额，而且没有很高的利润率，那么采用多品牌策略对旅游购物品企业而言，也是一种资源的浪费。

4. 品牌扩展决策

品牌扩展决策是指旅游购物品企业尽量利用已成功的品牌来推出改进型产品或新产品。一种情况是，企业先推出 A 品牌的产品，然后推出新的经过改进的 A

品牌的产品，接着又推出进一步改进、具有附加利益的A品牌新产品。另一种情况是，利用已获成功的品牌名称推出全新产品。品牌扩展策略的运用，可以使旅游购物品企业节约促销新品牌所需的大量费用，而且能使新产品被消费者很快接受。

三、旅游购物品的定价策略

旅游购物品的定价，不仅需要科学的理论和方法为指导，同时由于竞争和旅游者的需要，还必须有高明的定价策略和技巧。旅游购物品企业的定价策略就是根据旅游购物品市场的具体情况，从定价目标出发，灵活运用价格手段，使其适应市场的不同情况，实现企业的营销目标。

（一）心理定价策略

1. 尾数定价策略

这种定价策略也称为非整数策略，即给旅游购物品定一个零头数结尾的非整数价格。心理学家的研究表明，消费者习惯上乐于接受尾数为非整数的价格。

2. 整数定价策略

这种定价策略是指旅游购物品企业在定价时，采用合零凑数的方法制定整数价格。这是因为在现代旅游活动中，由于旅游购物品十分丰富，旅游者往往只能利用价格辨别产品的质量，特别是一些旅游者不太了解的旅游购物品，整数价格反而会提高产品的身价，使旅游者产生“一分钱一分货”的购买意识，从而促进旅游购物品的销售。

3. 声望定价策略

这种定价策略是指针对旅游者“价高质必优”的心理，对在旅游者心目中有信誉的产品制定较高的价格，如对某种旅游购物品来制定一个较高的价格显出产品的声望。当使用声望定价法时，要准确地制定产品最高市场可接受价，也就是说，旅游购物品都有一个最高的市场可接受价，在最高可接受价的幅度内提高产品价格时，旅游购物品需求量就会增加，但超过这个最高可接受价，旅游购物品需求量就会减少。当然，运用这种价格策略必须慎重，对于一般性的旅游购物品不宜采用。

4. 分等级定价策略

一些旅游者有时不大会感觉到价格的细微差别，旅游消费者对许多旅游购物品的需求曲线呈阶梯形状，因而旅游购物品企业就可把产品分为几档，每一档定一个价格，这样标价就可使旅游者觉得各种价格反映了产品质量上的差别，并可

简化其选购过程。但在对旅游购物品分级中，级数不宜太多，档次的差别不宜过大或过小，并且要使不同等级的产品在质量、性能、额外利益等方面有着明显的区别，使旅游者确信价格的差别是合理的。

（二）折扣价格策略

这是一种在旅游购物品的交易过程中，旅游购物品企业的基本标价不变，而通过对实际价格的调整，把一部分价格转让给购买者，鼓励旅游者大量购买自己的产品，促使旅游者改变购买时间或鼓励旅游者即时付款的价格策略。

1. 现金折扣

这种折扣又称付款期限折扣，也就是指对现金交易或按期付款的旅游购物品购买者给予价格折扣。若买方按卖方规定的付款期以前若干天内付款，卖方就给予一定的折扣，目的是鼓励买方提前付款，以尽快收回货款，加速资金周转。

2. 数量折扣

这是指旅游购物品的生产经营企业，为了鼓励旅游购物品购买者大量购买，根据购买者所购买的数量给予一定的折扣，它包括：

（1）累计数量折扣。这是指在一定时间内，旅游购物品购买者的购买总数超过一定数额时，旅游购物品企业按购买总数给予一定的折扣。一般情况下，随购买者的购买数量增多而折扣随之增大。这种定价策略有利于加强旅游购物品企业与旅游购物品购买者之间的业务关系。

（2）非累计数量折扣。这是指旅游购物品企业规定旅游购物品购买者每次购买达到一定数量或购买多种产品达到一定的金额时所给予的价格折扣，一次性购买数量越多，折扣就越大。

（3）同业折扣和佣金。这也称做功能性折扣，就是指旅游购物品的生产企业根据各类中间商在市场营销中所担负的不同职责，给予不同的价格折扣。

（4）季节折扣。是指旅游购物品企业在淡季时给予旅游购物品购买者的折扣优惠。由于在淡季时，旅游购物品企业普遍出现销售不佳的情况，因而为了吸引旅游者增加消费，旅游购物品企业往往此时就制定低于旺季的旅游购物品价格以刺激旅游者的消费欲望。

（三）区分需求价格策略

这是指相同的旅游购物品以不同的价格出售的策略，其目的是通过形成数个局部旅游购物品市场而扩大销售，增加旅游购物品企业盈利来源。它主要包括：

1. 时间差价策略

这是指旅游购物品企业按旅游者需求的时间不同而制定不同的价格。采用这

种定价策略，有利于鼓励旅游中间商和消费者增加购买的频率和力度，尤其是在淡季时更为明显。同时可减少旅游购物品企业的仓储费用，加速资金周转，从而保证旅游购物品企业在市场中保持最佳的竞争位置。

2. **产品差价策略**

这是指旅游购物品企业生产经营的产品形式不同、成本不同，但旅游购物品企业并不按照各种形式的产品成本差异比例规定不同的售价。这种定价策略之所以存在的原因就在于旅游者需求是多种多样的状态，旅游者对旅游购物品价格的认可并不完全依据其生产经营成本，而往往与对不同旅游购物品的偏好和需要程度联系在一起。这种定价策略的目的主要是为了以相同的价格，但以不同的产品形式组合来满足不同消费者的需要，使产品更具有针对性，以提高市场营销的效率。

3. **对象差价策略**

这是指旅游购物品企业针对不同旅游者的需要和购买的数量等因素，对同一旅游购物品实行不同的价格。采用这种定价策略，目的在于稳定客源，维持企业基本的销售收入。有时为了开拓新的市场，增加商品的销售，也常常应用这种策略。

4. **地理差价策略**

这是旅游购物品企业以不同的价格策略在不同地区销售同一旅游购物品，以形成同一产品在不同空间的横向价格策略组合。这种差价的最主要原因在于不同地区的旅游者具有不同的爱好和习惯，如国内旅游者与海外旅游者对同样的旅游购物品的需求强度不同，前者弱于后者，甚至有可能前者的价格低于后者的价格。

四、招徕价格策略

这种定价策略实质是发挥促销导向的作用，以特殊价格吸引旅游消费者，从整体上提高旅游购物品企业的销售收入和利润。它主要包括：

1. **亏损价格**

这是指旅游购物品企业在自己的产品结构中，把某些产品或服务的价格定得很低甚至亏损，以价格低廉迎合旅游者的“求廉”心态而招徕顾客，借机带动和扩大其他产品的销售。

2. **特殊事件价格**

这是指旅游购物品企业在某些节日和季节或在本地区举行特殊活动的时候，适度降低旅游购物品的价格以刺激旅游者，招徕生意，增加销售。这种定价策略

往往在旅游淡季时受到旅游购物品企业的重视。一般来说，采用这种策略必须要有相应的广告宣传配合，才能将这一特殊事件和信息传递给广大的旅游消费者。

五、旅游购物品的促销组合策略

旅游购物品企业促进销售的实质是旅游购物品供应者与旅游购物品消费者之间的信息沟通。旅游购物品企业的促进销售活动由一系列的活动构成，其主要手段和信息沟通方式有四种：人员推销、营业推广、广告和公共关系。这四种方式和手段的选择、运用、组合与搭配的策略就是旅游购物品促销策略组合。

1. 锥形辐射策略

锥形突破是一种很奏效的非均衡快速突破策略，它是指旅游购物品企业将自身的多种旅游购物品排成锥形阵容，而以唯我独有、最具招徕力的拳头产品作为开路先锋（锥尖），以求其像锥子一样迅速突破目标市场，然后分阶梯、分阶段连带推出丰富多样的旅游购物品。这种策略就是采用以人员推销、营业推广为主，辅之以广告宣传的商品促销组合策略。

2. 推拉策略

旅游购物品促销组合最基本的策略就是推拉策略。推式策略着眼于积极地上门，把本地或企业产品直接推向目标市场，表现为在销售渠道中，每一个环节都对下一个环节主动出击，强化顾客的购买动机，说服顾客迅速采取购买行动。这种策略是以人员推销为主，辅之以上门营业推广活动、公关活动等。推拉策略是立足于直接购买者对购买本旅游购物品的兴趣和热望，促使其主动向一些中间环节寻求指明服务，最终达到把旅游者逆向拉引到旅游购物品企业身边来的目的。这种策略则是以广告宣传和营业推广为主，辅之以公关活动等。

3. 创造需求策略

这是旅游购物品企业根据自身优势或特点，举办一些独具特色的旅游项目或活动，诱发、创造旅游购物品需求的策略。这一策略在原有市场需求的基础上，引导消费者和潜在消费者购买本企业的产品。例如在当地举办文化节、艺术节等活动吸引游客。在创造需求策略中，可采用以广告为主，辅以人员推销的方法吸引消费者。

第四节　旅游购物品市场营销管理

旅游购物品企业的市场营销活动涉及诸多复杂多变的因素，为了保证旅游购物品企业既定的市场营销目标最终得以实现，旅游购物品企业就必须根据市场环境的变化，对其市场营销的各种因素进行有效的控制和调整。这一过程就是对旅游购物品企业市场营销管理的过程，它主要由以下五个步骤组成：分析旅游购物品市场营销机会，研究和选择旅游购物品目标市场，制订旅游购物品市场营销计划，规划旅游购物品市场策略，实施和控制旅游购物品市场营销计划。

一、分析旅游购物品市场营销机会

旅游购物品市场机会就是与旅游购物品企业内部条件相适应，能够实现企业的最佳营销组合策略和营销目标，使企业能够享有竞争优势和获得局部或全局的差别利益，并且能够抓住促进企业的自身蓬勃发展的环境机会。在旅游购物品市场中，市场营销机会是大量存在的，且绝大部分的市场营销机会对每一个旅游购物品企业来说，都是平等的，关键在于旅游购物品企业能否最早发现市场营销机会，能否扬长避短，发挥自己的优势，获得比现实的竞争者和潜在的竞争者更大的差别利益，在日益加剧的市场竞争中居于领先地位。

旅游购物品市场的营销环境随时都在变化，虽然旅游购物品市场营销的环境机会是客观存在的，但由于竞争的加剧，旅游购物品企业不容易发现和获取市场营销环境机会。在这时，就要求旅游购物品企业及其营销人员必须经常进行专门的调查研究。不仅要善于寻找、识别市场营销机会，而且要善于分析和评估最适合企业的有效市场营销机会。旅游购物品企业及其营销人员不但要善于捕捉市场机会，更重要的是抢先占领相应的目标市场，否则，只会白白地丢掉市场营销机会。所以，旅游购物品生产企业必须建立一个完善的旅游购物品市场营销信息系统。

二、研究和选择旅游购物品目标市场

在现代旅游购物品市场营销中，旅游购物品企业应把旅游者的需求放在首位，只有满足了旅游者需求，旅游购物品企业才能够生存和发展。旅游购物品企业只能根据自己的任务、目标、资源和特长等选择对自己当前和今后一段时期内最为有利的一个或几个细分市场作为企业营销的重点。旅游购物品市场营销中的目标市场就是企业最终确定要进入的市场，这一过程一般分为四个步骤，即测量和预测市场需求、进行市场细分、在市场细分的基础上选择目标市场和实行市场定位。

要特别强调的是，在旅游购物品市场营销中，旅游购物品企业不仅要慎重地选择自己特定的目标服务对象，而且要更为慎重地对待自己特定的竞争者，尤其

当旅游购物品市场增长缓慢、市场竞争加剧时，针对竞争者来规划和实施市场定位，这与针对旅游消费者来规划和实施市场定位有着同等重要的地位，兼顾双方才能使自己的产品不仅在旅游购物品消费者心目中占领一个明确的、与众不同的和有吸引力的位置，而且还能够扬长避短，在竞争中处于有利的地位。

三、制订旅游购物品市场营销计划

旅游购物品市场营销战略要想得到贯彻落实，旅游购物品企业的市场营销部门还需要制订一个完善的市场营销计划，包括：产品管理和产品发展计划，价格管理和定价计划，销售渠道管理和分销计划，产品促销和促销计划。旅游购物品市场营销计划是旅游购物品市场营销管理系统中最为重要的一项内容，它通常以计划书的形式提供给主管领导。规范化的旅游购物品市场营销计划书包括以下内容：内容摘要，当前商品营销状况，营销机会和问题分析及结论，计划期营销目标，计划期营销战略，营销战略的实施计划，费用预算和利润计划，营销计划控制措施。

四、规划旅游购物品市场营销策略

由于资源具有稀缺性，因此旅游购物品企业在进行市场营销之前，一定要对企业所能够获得的资源进行优化配置。在此基础上，企业才能够有效地利用资源，选择合适的市场营销组合，并且对企业市场营销活动的费用进行估计，减少资源的浪费，以获得优化效益。

1. 旅游购物品市场营销组合

旅游购物品市场营销组合就是旅游购物品企业针对自己的目标市场，对自己掌握的产品、价格、服务、渠道、广告等营销因素进行组合，制定正确的市场营销策略，以此来保证企业的市场营销活动能够实现企业的经营目标。当然，企业的市场营销环境是复杂多变的，企业必须根据营销环境的变化对自己的市场营销策略进行灵活的变动。

2. 旅游购物品市场营销费用预算

旅游购物品企业选择、制定好自己的市场营销策略以后，就需要对营销费用进行预算，并且在营销活动中，加强对费用的控制，减少资金的浪费，以此来对企业的市场营销活动过程进行监督，帮助企业顺利地实现自己的经营目标。

五、实施和控制旅游购物品市场营销计划

这是旅游购物品企业市场营销管理过程的最后一个环节。为了更好地实施旅

游购物品市场营销计划，企业一般需要成立一个专门的营销组织，来负责整个计划的具体实施。在营销组织实施营销计划的过程中可能会出现许多意外情况，企业需要有一套反馈和控制系统，以确保营销诸目标的实现。营销控制一般有三种不同类型：

1. 年度计划控制

实行年度计划控制是为了保证企业在年度计划中所制定的销售、赢利和其他目标的实现。这一任务可分为四步：第一，企业管理层必须明确地阐明年度计划中每月、每季的目标；第二，企业管理层必须掌握衡量计划执行情况的手段；第三，企业管理层必须确定执行过程中出现严重缺口的原因；第四，企业管理层必须有最佳修正行动，以填补目标和执行之间的缺口。

2. 赢利能力控制

主要是对产品、顾客群、销售渠道和订货量大小的实际效率进行测算。

3. 战略控制

主要是评估企业的营销战略是否还适合于当前的市场条件。由于营销环境的多变，企业必须对其营销战略加以控制，以保证旅游购物品企业市场营销目标的顺利实现。

案例分析

天美时手表的品牌定位策略①

消费者一向习惯于在某些商店购买某种产品。改变这习惯相当困难，但有些公司却必须这样做，因为这是它生存的唯一道路。曾经有一家武器公司面临倒闭，幸好它把所生产的手表从珠宝店拿出来，改放到杂货店的架子上，才使公司起死回生。

这家公司名叫“华特伯利手表公司”，位于康涅狄格州密得伯利市。它在1942年曾生产炸弹引信，并成为美国生产定时炸弹引信最大的一家公司。

在“二战”结束的那一年，华特伯利公司还创下7 000万美元的营业额。不过，大部分订单却在1945年终止，到1948年时，它的年营业额跌落到3万美元。公司急需生产新产品，总裁金·雷库决定生产手表，“因为这似乎是唯一能做的事”。

战前，华特伯利公司曾生产“英格索”牌怀表，售价1美元，很受火车列车

① 资料来源：《哈佛商学院MBA案例全书》，隆瑞主编，经济日报出版社。WWW. qdedu. gor. cn.

长们的喜爱。雷库是在挪威出生的，后来进入美国哈佛大学和麻省理工学院就读，并在 1930 年回到挪威主持一家小造船厂，同时发行一份反纳粹日报。所以第二次世界大战爆发后，他就立刻逃离挪威，最后在康乃狄克定居。他和几个商人一起买下华特伯利手表公司，当时唯一目的就是要把这家公司改成国防工业公司。但在战后，由于没有了军事市场，雷库认为最实际的决定就是用公司原来生产定时引爆器时所使用的精密仪器技术，配合全自动生产设备，大量生产低成本的廉价手表。

华特伯利公司所设计的新手表采用金属轴承，比瑞士手表结构简单得多，而且坚固耐用。

雷库原以为，消费者一定还深深记着华特伯利的名字，事实上，他回忆说："当消费大众看到新上市的华特伯利手表时，他们所记得的只是 1 美元一只的怀表。在战后，1 美元是买不到手表的。"雷库于是把公司名称改为"美国时间公司"，并派出推销员拿着他们的产品向珠宝公司推销——当时，珠宝店是手表的零售据点。

雷库认为，天美时手表简便，容易操作，价格又低，应该能引起珠宝店的兴趣，但他错了，他低估了珠宝店在销售手表方面所得的利润。多年来，珠宝商卖出 100 美元一只的手表时，可获得 50 美元的利润，获利率 100%，若卖出 600 美元的手表则可获利 400 美元，利润高达 200%。

而卖一只 7 美元的天美时手表，只能赚 2.1 美元，利润仅有大约 40%，对珠宝店来说，真是蝇头小利。珠宝店拒绝代销天美时手表，成本固然是最主要的因素，第二大原因则是雷库行销计划中有一项对珠宝店很不利的地方——天美时用完即可丢弃，不必修理，天美时的推销员向珠宝店老板说，天美时手表太便宜了，万一出故障，根本不必修理，干脆换只新的。这项宣传反而对珠宝店产生反效果，珠宝店一向很重视修理手表，因为修理手表，不仅可让珠宝店从中再赚一笔，更是珠宝店对客户提供的一项服务，这是拉拢这些通常都很富裕的客户的手段之一。

天美时推销员还把他们的手表掷向墙壁，以证明天美时手表确实坚固耐用，但这种推销手段反而吓坏了珠宝店老板，他们不敢相信，珠宝店那些上流社会的客户会对这种粗鲁的做法感兴趣。当时的珠宝店是高级人士出入的场所，店内全是天鹅绒和地毯。金光闪闪，布置得富丽堂皇，天美时推销员进入这种场所，就好像是蛮牛闯进瓷器店，当然不受欢迎。

被珠宝店赶出来之后，天美时推销员又试着向礼品店及其他各种零售点推销，结果愿意让天美时手表一展身手的是街角的杂货店和药店，天美时手表和店内的伤风感冒药水及牙膏放在一起，倒也显得时髦好看。既然珠宝店看不起天美时手表，认为它是大量生产的廉价产品，药店与杂货店老板则对于能够出售手表这类“高级商品”感到十分兴奋。天美时初期售出的手表中，80%是在药店与杂货店中卖出的。

天美时这种产品与经销网的配合是很完美的。根据当初的设计目标，天美时手表本来就是一种实用、价廉、免保养的产品，天美时销售副总裁罗伯·摩尔告诉《广告时代》杂志说：“我们把天美时手表宣传成是每天必用的日常用品，而且不需使用者操心，因为它的价格实在太便宜了。”

受到初期销路不错的鼓舞，雷库接着推出一系列广告海报，强调天美时手表的坚固耐用特点。在其中一张广告海报上，高尔夫球名将班·震甘把一只天美时手表套在高尔夫球棒上。在另一张海报上，拳击手朱基·曼特则戴着天美时手表和另一名拳击手对打。这些广告画面试图强调一点：天美时手表可以戴着它进行激烈运动，仍然准确无比。不过，有些消费者仍然对此表示怀疑，他们认为照片可能是假冒的，而且静态照片比不上推销员把手表摔向墙壁那般具有震撼力。要想表现天美时手表的坚固耐用特点，静态的广告海报并不是理想的方式。

到1954年，天美时以更戏剧化的方式把相同的广告主题表现出来。天美时公司在一些销售地点举行会展，用机械手臂把一只天美时手表丢进一个水箱中，然后把水箱放在铁砧上，再拿起铁锤把水箱敲破，这时经销商拿起那只手表，请现场的参观者过目，在确定这只手表仍然很准确地走动着之后，参观者不禁对天美时手表的坚固耐用留下深刻印象。

像这种又敲又打又浸水的促销方法，在珠宝店里当然行不通，但在杂货店和药店里进行，倒是很能吸引消费者的注意，而药店和杂货店也在这时候成为天美时手表赖以维生的主要销售点。一旦低成本、免保养的手表普遍得到消费者认同后，天美时又推出防水表，以每只12.95美元价格批发给药店和杂货店，虽然有些经销商不赞成提高售价，但最后还是接受了。不久，这种天美时防水表，开始出现在药店、文具店、香烟店甚至五金店的货架上。等到天美时公司已有足够收入拍电视广告时，以前使用过的那套把手表摔向墙壁的宣传手法，再度被用上了，从1956年开始，NBC电视网著名节目主持人约翰·史瓦吉在他的综艺节目中对天美时手表展开一系列著名的“破坏试验”，他首先把一只天美时手表用力掷向一个调色盘，套句当时的广告词“不管如何整它，天美时照走不误。”

这些电视广告之所以叫座，主要是因为是现场拍下来的，不可能要摄影花招，现场观众也可以亲自检查手表有没有被摔坏。万一真有一只天美时手表在这种全国现场播出的节目中出了错，那么天美时真要破产了。所以天美时的这种做法，等于是告诉消费者，天美时对它的产品有高度信心，因为万一真有可能失败的话，任何厂商都不会冒这种险的。

当天美时上鲍伯霍特别节目或是 NBC“白皮书”这类节目时，观众马上知道有好戏可看，并对这些特别节目殷切期盼，他们会彼此互相询问：“天美时那些疯子这次又想玩什么花样了?”观众甚至会提供自己的“破坏方法”，天美时每个月平均接到几千项这类建议。即使有时候现场表演出点意外，天美时手表照样畅销，在一次现场广告时，绑在摩托艇推进器上的一只天美时手表竟然被甩得不见踪影，主持人史瓦吉很坦白地告诉现场观众“预演的时候，一点问题也没有”。观众大表不满，不过并没有影响到天美时的销路。

到 1960 年时，天美时的营业额达到 7 000 万美元，平均一年在美国卖出 700 万只手表——约占全美国手表销售总数的 1/3。另外，天美时手表也在英国占有 1/3 的市场，并在英国苏格兰，德国和法国皆有工厂生产手表，其中法国毕山康的手表厂距手表王国瑞士边界只有 278 里。1962 年，天美时推出 20 钻石的手表，售价 21.95 美元，并把售价与成本的差价比例提高为 44%，这才使得珠宝店最后终于同意加入天美时为数众多的零售点行列。

手表业同行对雷库的工程技术相当佩服。他这时已把公司改名为天美时公司，除了生产手表，还供应零件给拍立得，而曾经一度让雷库在 20 世纪 40 年代风光过一阵子的国防工业，也在 70 年代成为天美时的大主顾，因为天美时公司在纽约州艾文顿拥有“全世界最干净的房间”，专门用来研究及生产方向陀螺仪和定时器，供美国海军与空军使用。

在天美时开始生产价格较高的手表后，“破坏实验”的活动就已停止，并改走以幻想为诉求的广告路线，不过，当初对天美时严格考验的情景仍然深深印在消费大众脑海中，1986 年美式足球超级杯大赛期间，天美时推出耗资 100 万美元拍摄的一个广告片，片中又恢复采用这种严格考验的广告主题。在片中，两位潜水员发现了深埋于海底的宝藏——事实上，是用玻璃纤维和合成板制成的天美时亚特兰提斯 100 型手表的巨大模型，有 60×20 米，重一吨半。当然，这个海底宝藏还在“滴滴答答”走着。

案例问题

1. 天美时手表是如何建立自己的公众形象的?
2. 在建立起公众形象后，天美时又是如何巩固这个形象的?
3. 珠宝店为何最初拒绝代销天美时，后来又同意代销?

本章小结

本章主要介绍了有关旅游购物品市场营销的三个方面的内容：旅游购物品市场营销环境分析、旅游购物品营销策略和旅游购物品市场营销管理。

旅游购物品市场营销环境分析包括市场营销宏观环境分析和市场营销微观环境分析。

旅游购物品营销策略主要包括：旅游购物品的产品策略、旅游购物品的品牌策略、旅游购物品的定价策略和旅游购物品的促销组合策略。

旅游购物品市场营销管理主要由五个步骤组成：分析旅游购物品市场营销机会，研究和选择旅游购物品目标市场，制定旅游购物品市场营销计划，规划旅游购物品市场策略，实施和控制旅游购物品市场营销计划。

复习与思考

1. 简述市场营销观念的五次演变。
2. 请你对旅游购物品市场营销环境作简要分析。
3. 旅游购物品的产品策略主要有哪些?
4. 目前主要应用的旅游购物品的定价策略有哪些?
5. 试论述旅游购物品市场营销管理的过程。

网上作业

在网上搜集资料，请你对目前我国四大名绣（苏绣、粤绣、湘绣、蜀绣）的国内、国际市场营销环境作一份2 000 ~3 000 字左右的分析，并对其今后的市场营销管理以及营销策略提供几点战略性的意见。

第9章 旅游购物品商场布局

学习目的

- 了解旅游购物品商场布局的基本思想和商场布局的内容
- 掌握旅游购物品商场设计方案
- 重点掌握旅游购物品陈列的要求、技巧和店堂陈列的方式

旅游购物品商场布局的最终目的是为了改善购物环境，给旅游消费者以美的享受，获取最大的经济效益和社会效益。当今，设计已成为视觉文化中极为重要的一部分，旅游企业也因此将商场设计作为发展旅游购物品经济的重要手段来抓，旅游购物品商场设计主要是以美学为背景，是文化内涵和艺术的有机结合。本章从旅游购物品经营商场设计概述、方案、陈列等方面阐述商场设计的重要意义。

第一节　旅游购物品商场布局概述

旅游购物品商场布局是对旅游购物品商场的整体结构、装饰布置所进行的规划安排，是集思想性和艺术性为一体的科学工作，它起着沟通生产者与消费者的纽带作用。经营企业通过各种有效的设计方法，把丰富多彩、各具特色、日新月异、精巧美观的旅游购物品展现在消费者面前，以达到吸引消费、指导消费的目的。

一、旅游购物品商场布局与商场经营管理的关系

旅游购物品商场布局是旅游购物品商场经营管理的一部分，两者的关系主要反映在以下四个方面：

1. 旅游购物品商场的装饰布置是完善旅游购物品商场生活环境的重要环节

装饰布置是旅游购物品商场服务管理工作的一部分，无论是新建商场还是老商场，装饰布置工作都是经常的和不可少的。在老商场中，设施的更新、环境的调整都涉及装饰布置；在新建商场中，虽然建筑师和室内设计师在考虑使用方面都尽可能做到周全，但国内外许多著名的商场仍然在后期工程阶段，尤其是开业之前，要请具有管理经验的专家去做前期工作。事实上，这就是旅游购物品商场人员所从事的装饰布置工作的开始。它对完善商场生活环境是十分必要的，可以说，他们对环境的认识程度直接影响到开业后这家商场的经营环境质量的问题。

2. 旅游购物品商场的装饰布置需要体现其风格特点

世界各国和各地区，由于自然环境和习俗的不同，在建筑与室内风格上形成了各自的特点。现代许多旅游购物品商场往往强调这一点，以吸引消费者前来领略异国他乡的风土人情。在我国旅游购物品商场中，目前主要是体现中国特色和各地方色彩，同时也有选择地吸收国外具有代表性的风格，其宗旨是室内装饰布置必须与建筑风格相协调。

3. 装饰布置的艺术功效在于确立旅游购物品商场的规格情调

旅游购物品商场内的空间、色彩处理，家具的摆放和艺术品的点缀，对室内气氛的渲染和意境的创造，都是艺术的流露。正是这种流露，确立了商场的规格情调。一家旅游购物品商场的品位和等级不完全在于装饰材料豪华与否，这当中装饰布置的艺术功效可谓举足轻重。

4. 成功的装饰布置具有可观的经济效益

在旅游购物品商场里，不同规格的厅室，有不同的装饰布置要求。同样的商场建筑采用不同的装饰布置，所产生的等级规格也不同；同样的旅游购物品购物商场用普通方法布置与经过精心构思，其效果也是不一样的。事实证明，好的装饰布置不取决于投资的多少，设计构思是关键的因素。金帛绸缎固然华丽，然而乡间土布也别具风采。材料、样式、色彩布局，每一环节都反映了设计者的构思，巧妙的选择、合理的配置可以产生低投资和高效益的结果。同样，具有特色的装饰布置还会给旅游消费者留下深刻的记忆，随着他们的传播，会使商场赢得很高的声誉，从而在同行业的激烈竞争中立于不败之地。

二、旅游购物品商场布局与各类艺术的关系

旅游购物品商场内部的装饰布置属于室内环境设计范畴，它是为了满足旅游者购物时的精神需求而进行的一项工作。当强调旅游者的舒适、方便等实用功能时，所表现的是物质的一面，而当强调旅游者的陶冶性情和感受异国他乡的风土

人情时，所表现的则是精神的一面。

精神环境的创造，离不开人的文化和艺术素养。由于装饰布置是以视觉为主要审美内容的，所以首先涉及的艺术就是视觉艺术，如绘画、书法、雕塑、工艺美术、建筑和园林等。这当中又因为建筑、园林、雕塑具有环境艺术的性质，所以与装饰布置的关系更为密切。从现代室内环境设计追求声、光、色、形互相匹配的趋势看，音乐这一听觉艺术同样成为装饰布置工作所应具备的艺术修养内容之一。

（一）与环境艺术的关系

旅游购物品商场装饰布置作为环境艺术的一部分，它与同属于这范畴的建筑、园林、雕塑的关系主要表现为：

1. 建筑是装饰布置的空间基础

旅游购物品商场内部的装饰布置是建立在已有建筑的框架之内的，建筑所构成的室内环境正是装饰布置的空间基础，没有建筑便没有室内环境的装饰和布置。

无论在西方或东方，建筑与室内装饰的风格总是协调一致的。如欧洲历史上的哥特式建筑，同时就产生与其造型、纹饰完全相同的室内装饰、家具及其他陈设；文艺复兴时代的建筑，其室内陈设也是文艺复兴的样式，巴洛克式、洛可可式等每一个建筑风格的产生，都随之出现与其相匹配的室内装饰和陈设。在亚洲，中国明清时期的梁架结构建筑风格，同样反映在它的家具设计理念中，其特有的墙面构成也正适合于布置中国的书画；日本传统的仿唐式建筑，也同样配之以受中国唐朝影响的书画和陈设。

在与各类艺术的关系之中，装饰布置与建筑艺术的关系最为密切。了解建筑艺术的发生、发展以及审美特点，对把握装饰布置的艺术效果是十分必要的。

2. 园林是艺术化的环境

装饰布置是美化、优化环境的艺术，而园林的本身就是艺术化的环境。园林是通过对山水、植物、建筑等的规划布置来提供给人游赏及居住的环境，装饰布置则是在建筑空间内创造可供人生活、享受的环境，两者的目标是类似的，思维方式也是接近的。

园林艺术的最大特征是突出“景”字，中国古代园林有“障景”“借景”“框景”和“对景”等造景手法。正是“景”构成了美，也构成了园林的艺术性。室内装饰布置除了通过陈设产生美的形态，通过色彩搭配来形成气氛外，布置山水风景画更是一种绝妙的“造景”手法。装饰布置可以从园林艺术中得到很多启迪。

3. 雕塑可视为环境化的艺术

装饰布置是空间艺术，雕塑也是空间艺术。所不同的是装饰布置是使环境更适合人的生活，而雕塑则是以立体形象来表达思想、情感和供人欣赏。一件雕塑作品可以作为室内装饰，也可作为室外环境的点缀，使环境充满艺术感。雕塑形态的艺术美和构思的深刻性对室内装饰布置同样具有借鉴意义。

室内装饰布置是无声的，雕塑也是无声的，但作为艺术的创造，彼此都可展示其意欲表达的境界。

（二）与视觉艺术的关系

视觉艺术是指通过视觉来感觉和欣赏的艺术，由于建筑、园林、雕塑已归入环境艺术，故这里仅谈装饰布置与绘画、书法和工艺美术的关系。

1. 书画的平面构成同样适合于三维空间

书法和绘画都是平面艺术，书法的章法，绘画的构图与布局，与室内陈设的平面布局和立面形态在美学法则上是相通的；画面的色彩构成与室内陈设的色彩分布在视觉美感上也是一致的，一些室内设计专业的老师让学生拿着自己喜欢的画来依画中之色布置室内就是明证。对于构图、布局和色彩搭配的训练，利用书画是最为简便易行的。

当用书画来布置室内并作为环境的艺术点缀时，对于书画艺术的了解和掌握便更是显得重要。

2. 工艺美术也是生活与美学的结合

与室内装饰布置一样，工艺美术也是生活与美学的结合（广义的工艺美术包含环境艺术）。工艺美术是处于一般工业品和美术品之间的一种美化产品，它既有功能的条件，又具有审美的因素。如印花布、日用陶瓷、家具等，它们不仅表现美，而且是有用的生活品。装饰布置创造的是具有美感的生活环境，也是生活与美的结合。从这一意义上看，两者是一致的。

在内容上，工艺美术品有许多正是装饰布置的基本物品，工艺美术品的构思、形态、色彩关系直接反映到室内环境中来。所以欣赏一组室内设计作品或装饰布置的效果时，同时也是在欣赏室内的工艺美术。

（三）与听觉艺术的关系

将属于视觉范畴的室内设计或装饰布置与听觉艺术联系在一起是现代环境艺术发展的结果，而且从艺术的共性看，视觉和听觉虽通过两种感觉器官，但得到

的感受却是相通的。

1. 现代室内环境要求声、光、色、形的匹配

现代室内环境已不仅仅满足于视觉的舒适，对于其他感觉系统如听觉（声）、嗅觉（闻）、温度感觉（冷暖）同样要求达到人所能感觉的最佳状态，以取得整体的感觉效果。这些感觉中最能体现艺术的就是听觉，因为听觉中包含了音乐。

旅游商场的星级标准中对音乐作了专门的规定，三星级以上的客房必须具备音响，高星级的公共空间还应时常伴有背景音乐。优美的音乐对于调节宾客的心理、消除疲劳和改善环境气氛都有积极的意义。

音乐的表现内涵和情感是很丰富的，了解音乐常识和熟悉中外名曲，不仅对提高人的音乐素质有益，而且还有广泛的实用性。

2. "听觉空间"反映环境形态的音乐意境

构成音乐的基本要素有旋律、节奏、和声和调式等等，这些感觉也同样反映在视觉艺术中。现代室内设计师在艺术形式上从具体向抽象转变，由直观具体联想的环境创造向着运用抽象化、符号化的启迪连带意识设计手法的尝试，变视觉空间为"听觉空间"。如单纯直线和几何形体，符号化图案的反复，波浪形、锯齿形的边缘处理，以及材料的肌理效果，色彩的变幻等等，使得环境中线的纵横交错和色块的分布造成有音乐意境的空间效果，这是用视觉处理来达到听觉乐感的表现。

室内环境中各种形态所形成的节奏和韵律，各种陈设的组合、配套所产生的层次（音乐的"和声"），确定某一色彩为基调产生的色调（音乐的"调式"），这些都无不表明视觉艺术与听觉艺术之间确实存在着"通感"的桥梁。

三、旅游购物品商场布局的基本思想

旅游购物品商场装饰布置作为室内环境艺术始终处于探索和发展之中，其基本思想可以概括为三个方面的统一。

（一）功能与美感的统一

功能即是就"用"而言的，比如，旅游购物品商场装饰布置一般包括建筑空间的处理，柜台摆放位置，照明的亮度及投射范围，以及各类电器的开关位置等等。旅游购物品商场的不同场所，由于它们的用途不同，对环境设施功能要求也不同；在商场装饰布置中，材料的选择也有它特别的要求。这就是一要强调安全，二要易于清洁。商场首先要保障的是消费者的安全，具体体现在选用材料上，包括防火、防滑、防碰撞以及防盗等性能。“功能”中的安全性除了材料因素外，陈设布局中疏散通道的安排也是至关重要的。

美感是指人对美的感觉和体会，旅游购物品商场装饰布置中的狭义美感指属于视觉的形式美（即点、线、面和色的组织），如家具、灯具的造型，色彩、织物的装饰效果，观赏品的外观，以及各类物品在整体中的协调等等。广义的美感，除了形式，还包括抽象的内容，如室内的气氛、意境等等。对于美感，人类有共同之处，但也存在不少差异，这与人们的经历、修养、习惯、信仰有密切关系。在旅游购物品商场装饰布置中，我们总是以大多数人能接受的美为出发点，只是在对待特殊的消费者群体时，才考虑他们的不同审美特点。

功能和美感是旅游购物品商场装饰布置工作的两个基本出发点。合理的功能是装饰布置的前提，充满美感的视觉效果则是装饰布置的深化，是思想性、艺术性的体现。经过艺术构思、符合审美法则的装饰布置和不经筹划、随意凑合的装饰布置，其结果是完全不同的。这也正是人们将设计、装饰布置称做科学性和艺术性结合的原因所在。

（二）视觉与心理的统一

旅游购物品商场装饰布置从某种意义上说，是室内环境的再创造，这种创造主要集中于视觉上的表现，视觉直接影响人的心理；同样，要创造好的环境也就离不开对人的心理和行为习惯的研究。

心理学告诉人们，人的心理过程包括认识、情感和意志三个阶段。例如对于大海，只有看了大海那蔚蓝的色彩、起伏的波涛、一望无际的海面，然后才会产生心胸开阔、一往无前的情感。如果以同样的形式来装点室内，那也会产生类似的感觉，这是心理联想的一种形式。

心理联想是旅游购物品商场装饰布置中选择形式和内容的重要依据，其方法主要有：

1. 书画联想

书法和绘画作为室内墙面挂饰是我国室内布置的一大特色。书法作为一种文字书写艺术，不仅其字体给人以情感感受，其所书内容也给人以联想。如国内不少商场的餐厅挂有“太白醉酒”之类的书法，这种字句在此种场合下读来会让人有似醉非醉之感，视环境如仙境，从而增添几分雅兴、几分食欲。休息厅等处挂上一幅气势磅礴或意境深远的抄录唐诗宋词的书法，更会令人有无限的回味和感慨。

绘画给人的联想主要在于视觉形象，如国内不少商场的大厅有“丝绸之路”

题材的壁画，宾客身处这类厅室，就能领略古代中国与中东、欧洲丝绸贸易的壮观景象，从而增加对中国几千年文明史的认识。绘画在商场布置中十分普遍，不同的绘画题材给人以不同的联想。国画上的名山大川给人以壮丽的自然美的联想，水乡小景和花卉翎毛则给人以生活趣味的联想，传统西画栩栩如生的人物、静物和风景，以及现代派绘画的自然挥洒和情感表现，都分别给人以不同的联想。

2. 景物联想

旅游购物品商场内的景物除了绘画以外，还有图片和真景实物等，这里着重论述真景实物的效应。现代商场内大型的庭园（或称“中庭”）是土建时完成的，其间灵活的点缀有小型的盆景、盆栽和插花，它们与工艺品的最大区别是具有生命的活力，一些海鲜餐厅陈列的活鱼活虾同样也具这一性质。除了这些具有生命力的动植物给人以联想外，无生命力的摆设同样能给人以联想，产生俗话说的“睹物思情”的效果。上海锦江商场四川餐厅的“卧龙村”，墙上一张古琴，一把羽毛扇，案上一座铜香炉，这些物品的点缀，使身居室内的宾客，品食之余，更能领略三国时代蜀地（今四川）诸葛孔明的雄才大略。

作为挂饰或摆件的室内“景物”，品种繁多，给人联想较多的是古代文化和历史。而渔具、草帽、纸伞、风筝、荷包之类的物品，使人联想更多的则是人们的日常生活和风土人情。

3. 光色联想

人对光色的反应十分敏感，不同的光和色会给人以不同的联想。正因为如此，在旅游购物品商场的装饰布置中为创造不同的气氛和情调，往往采用不同的光和色。

总之，利用心理联想，创造合适的环境，是现代旅游购物品商场装饰布置的重要手法。

（三）历史文脉与时代精神的统一

旅游购物品商场装饰布置与建筑设计一样，总是从一个侧面反映一定时期的社会物质和精神生活的，总是铭刻着时代的印记。

世界上不同的国家和地区、不同的民族都有着其自身的历史和文化，在旅游购物品商场的建筑和室内陈设中，体现这一历史传统和文化脉络是十分重要的。人类社会的发展具有延续性，反映在装饰布置中也是如此。尊重历史、了解历史是创造特色内环境的必要条件，乡土气息、地方风格、民族特色都体现着一定的历史文脉。商场内的一幅画、一个摆设、一种装饰都可勾起宾客对一定历史和文化的联想，从而加深对环境内涵的认识，其精神作用是不容低估的。

然而，时代是在不断前进的，任何国家和地区随着时代的发展，文化也在进步，尤其是受科学技术的影响，人的行为模式、价值观念都在不断发生变化。旅游购物品商场装饰布置中所体现的这一变化，也正是所谓的“时代感”和“时代精神”。以物质而言，表现在设施的不断更新和生活条件的不断改善，如电视、音响、空调的普及就说明了这一点。就行为模式和观念而言，现代与传统也有很大的不同，如对自身保健的重视、猎奇心和对未来的憧憬等等，这些同样影响到对室内环境的要求。现代旅游购物品商场定期的大修小改除了物质本身以新替旧，在很大程度上也是为了体现时代精神。

历史文脉和时代精神是旅游购物品商场装饰布置中对立统一的两个方面，过分强调或忽视其中的一个方面都是不可取的。

在当今旅游日趋大众化，客源成分日趋复杂的情形下，创造具有中国特色和体现时代精神的旅游购物品商场装饰布置显得尤为必要。当然这种中国特色不是对我国传统形式的简单模仿和抄袭，而是合乎情理的自然表现。世界各国各民族的优秀的艺术精华同样可以反映在我们的装饰布置之中，其目的只有一个，那就是使宾客真正感到旅游购物品商场的舒适、温馨和充满历史文化的氛围，使其在物质生活和精神情操两方面都同时得到满足。

四、旅游购物品商场布局的内容

旅游购物品商场的经营形式有两种：一种为商场自己经营，一种为出租铺面让经商者经营。但无论何种形式，旅游购物品商场作为一个整体在进行商场布局时应注意：

（一）标牌和展示

1. 旅游购物品商场的标牌

旅游购物品商场的标牌是引导旅游者购买商品所必需的设施，它可以引起消费者的注意。商场的规模有大有小，规模越大分类越细。与之相对应，商场的标牌可以是笼统的“商场”，也可以按类别标识。商场标牌，只要在商场建筑以内，其形式与街市商店的那种用大字、大广告和大霓虹灯展示的做法就有所不同。商场内的标牌通常尺度较小，适宜近距离观看，字体高雅而醒目。少数商场属街市型的商场，如“某某商品一条街”，这条街上有多家商店，其店名标牌比起建筑内的商场标牌就要显得大一些。

2. 旅游购物品的展示

引导旅游者购物除标牌外，另一重要形式就是通过直观型的橱窗展示。旅游

购物品商场通过对橱窗的布置陈列，使商品的性能、特点、花色、品种直接展示在具有潜在购买愿望的顾客面前，并使之萌发购买动机。因商场内的封闭性的橱窗较少（因为许多商场在建筑物之内），所以大多利用陈列台，使顾客在商场外感觉为橱窗，而进入商场看到的则是陈列台。

商场的商品在一定程度上反映了商场的层次规格。高星级的旅游购物品商场在商场的橱窗陈列上很注意这一点，如珠宝、首饰、手工艺品等高档商品即使很少有人问津，却仍在高照度的橱窗内闪烁着耀眼的光辉，因为这是一种很好的广告形式，它给宾客以高贵的印象。世界上许多著名商场，正是利用这一点在自己的商场里汇集各地一流的名牌店铺，现在国内也有越来越多的高星级商场，尤其是外资企业采用这一方式。

橱窗设计的表现手法大致可以分为直接展示、寓意与联想、夸张与幽默、广告语言的运用以及系列表现几种。

以陈列展示为目的的商品陈列台和样品陈列橱窗通常设在比较醒目的位置。陈列台的广告功能体现在对顾客消费起指导作用，如时装、鞋帽的陈列台，当商品醒目地展现在顾客面前时，可使他们产生强烈的购买欲望。样品橱是用玻璃围起的，由于它比陈列台有较规则的外形，往往可以起到分割商场空间的作用。陈列台和样品橱能使顾客在较远的距离就能看到想买的商品，从而使顾客明了这些商品的区域位置，起到较好的视觉导向作用。

（二）柜台货架和旅游购物品

柜台和货架上旅游购物品的陈列对商场的整体印象和销售都十分重要。

1. 柜台

柜台是旅游购物品商场的常用设备，它的宽度在 50～55cm 之间，长度在 120～150cm 之间，高度在 80～95cm 之间。柜台造型一般有长方形、三角形、圆形等。柜台的造型与经营的商品有关系，商品的尺寸大小、价格贵贱对于柜台的要求都不一样，如珠宝首饰和精制工艺品、名贵药材等，通常其柜台上部展示空间很小，以显示其珍贵。

2. 货架

货架一般作为存放旅游购物品和展示旅游购物品的常用设备，它的宽度在 150～200cm 之间，高度在 210～240cm 之间，商品陈列面安排在 60～200cm 之间，以便于营业员操作。存放的商品不同，货架的类型与外形也不同。货架之间的距离应保证客流的畅通，一个空间内的货架其造型风格应一致以产生和谐的整体感。货架传统材料是木材、金属（钢、铝）、玻璃，在国外有使用玻璃钢取代

木材和金属、用有机玻璃取代玻璃的趋势。

3. 旅游购物品归类

旅游购物品商场的规模有大有小，大的商场不同类的商品可以归在不同的空间（或称某某专卖店），小的商场则综合了各类商品。旅游购物品的组织归类是商场经营管理的工作之一。通常从一类商品到另一类商品在内容和形式上都应有自然的过渡，符合逻辑序列，以便顾客寻找。如文房四宝总是和工艺品、古玩在一起或靠近；烟酒与食品相通，服装与绸布相近等等。

4. 旅游购物品陈列

旅游购物品的陈列有专门的技巧，如上下、疏密、搭配、挂法，这些都应从商品的性质出发。

不同的商品陈列在同一柜台上，上下顺序应合乎常理。如大小商品同柜，小商品在上；高低档商品同柜，高档商品在上；鞋帽同柜，帽子在上。

不同商品陈列在同一货架上，上面应是需展示的商品，中间是销售最快的商品，下面则是储存性商品。

不同规格的商品陈列的疏密也不一样。一般高档商品摆得比较宽松，以显示其贵重，如珠宝、首饰等，一个柜台格子可以只放少量的几件。不为人注意的商品，可以放在畅销商品的边上，以促进销售。每一商品都有其最佳的陈列方法，如服装和绸缎可以利用人体模特等。

第二节　旅游购物品商场设计方案

进入21世纪的旅游购物品商场的经营设计可以说是八仙过海，各显神通。尽管各具特色和风格，但是归根到底设计的创新为的是经营的创新。一般来说，其设计方案主要包括商场的营销方式、商场营业面积的确定、商场货位的布局和商场的环境布置四个部分。

一、旅游购物品商场的营销方式

旅游购物品商场的设计和布局取决于商品的营销方式。选用哪一种方式，应该以便利消费、满足旅游者需要、提高工作效率为原则。旅游购物品的营销方式一般有以下四种：

1. 封闭式

这种方式售货的特点是顾客与营业员之间有陈列商品的货柜相隔，顾客不能

直接拿到商品。其优点是：①可以充分地介绍和展示商品，帮助顾客挑选；②有利于商品的安全与卫生。其缺点是：①顾客不能直接接触商品，不能广泛地自由选购商品；②增加了营业员的劳动强度。这种销售方式适用于经营零星细小、交易频繁、挑选性不强的商品以及贵重商品、易污损商品、中成药品，如珠宝玉器、金银首饰、雕刻品、瓷器、民间手工艺品等。

2. 敞开式

它的特点是顾客与营业员之间不分隔，顾客可以直接选取商品，由营业员办理成交手续。这种销售方式的优点是：①顾客可自由挑选商品，称心如意；②营业员可以接近顾客，打破柜台界限，使双方关系融洽；③减轻营业员劳动强度，可以更好地照顾顾客；④可充分利用营业面积，扩大商品陈列面积，疏散顾客流量。缺点是给商品的安全管理带来难度。因此，它适用于花色规格复杂、挑选性强、体积大而笨重、营业员不易传递的商品，如工艺服装、衣料、屏风、红木家具等。

3. 自选式

这是敞开式的一种特殊形式，顾客选购商品后到出口处一次结清货款，全部商品均有包装，并标有品名、规格、价格等。宾馆和超级市场一般采取这种销售方式。其优点是：①便利选购，节约购买时间；②减少营业人员。其缺点是：①营业员不接触顾客，对消费需求难以及时掌握；②商品种类繁多，会增加顾客寻找商品的时间；③付款可能要排队，浪费顾客时间。它适用于销售有完整包装的食品、饮料、农产品和零星日用品。

4. 半敞开式

这是封闭式与敞开式销售方式的一种结合。其特点是营业员与顾客之间有明显的界限，将部分商品放置柜台上或柜外，使顾客也能接触商品进行挑选。它适用于花色规格复杂、挑选性较强的商品。

二、旅游购物品商场营业面积的确定

旅游购物品商场的营业面积是指出售旅游购物品及对旅游消费者提供服务的营业场所和消费者购买场所所占用的面积。

营业面积的确定应该依照企业本身的规模、顾客流动人次、商品成交频繁度以及经营品种的类别、多少等因素来全面分析，力求做到营业面积的大小能满足旅游者购物的需要，能基本保证企业销售的扩大和取得合理的利润。可以用营业面积与销售额的比例关系来衡量营业面积利用程度的高低。计算公式如下：

$$\text{单位营业面积销售额（元/m}^2\text{）}=\frac{\text{销售额（月、季、年）}}{\text{营业面积}}$$

根据旅游购物品的销售规律，商品档次应保持一定的比例，一般应以中、低档为主，及时调整品种结构，提高柜面服务艺术，做好售后服务，都是提高单位营业面积销售额的有效途径。

三、旅游购物品商场货位的布局

货位是指商场中存放、陈列和出售商品的各个部位所占用的营业面积。成功的布局应该是使消费者购买、流动所占用的营业面积与服务人员工作现场占用营业面积的分配趋向合理。这样，对外可以方便消费者购买、提高服务质量，对内可以提高工作效率。

货位的分布可采用以下几种基本形式：

1. 直线型的货位分布

直线型的货位分布是货位倚壁而立，货位与顾客通道都是长方形的。商场中央也可以分布几条货位。但要避免货位太长，以免消费者兜圈子。它主要适用于超级商场或大型的商场。其优点包括：①消费者对商场有一目了然的感觉，便于有目的地选购商品；②一切可用的营业面积都得到了较好的利用；③有利于营业员之间的互相合作。缺点主要是商场气氛比较平淡，限制了顾客的浏览滞留时间。

2. 曲线型或岛屿式的货位分布

曲线型的货位分布是货位与顾客通道都是曲线型的，货位分布如一个岛屿。它具有以下优点：①创造了一种活跃的气氛；②商品陈列时能突出主题；③能诱导顾客引起购买兴趣；④顾客可通向整个商场的任何方向，便于参观和选购。缺点是：①顾客的流动比较混乱，给管理带来难度；②营业面积的利用程度有一定的浪费；③不能在现场存放较多的商品，不便于随时添补商品。

3. 开架销售式

开架销售体现了“顾客第一”的宗旨，使顾客能直接感受商品的质地、花色、款式。增加了对商品的挑选余地，在心理上也能得到相应的满足。开架商场一般不采用柜台布局的半空间间隔，而代之以全空间间隔，这样就避免了商品大类间的混杂给管理带来的不便。

开架销售的内容很多，其中超级商场（即自选商场），通常是开架销售生活必需品，如食品、烟酒、洗涤剂等，这些零零碎碎的商品由顾客任意选择，这种采用包储货架敞开陈列和布局的方式，提高了货架的使用率，加上同时采用电脑收银机一次性结算也大大方便了买卖双方。

四、旅游购物品商场的环境布置

旅游购物品陈列是在一定的客观环境下进行的，商场的环境直接影响着企业在消费者心目中的形象。构成商场客观环境的要素有以下几个方面：商场的装潢、商场的色彩、商场的照明、空气的调节、适当的音响。

（一）商场的装潢

很多旅游购物品经营商店在建筑结构和营业面积上基本相同，但经过不同的装潢设计，给人的感觉就截然不同。狭小的店堂可以变得开阔明亮，陈旧的店堂可以变得富丽堂皇。目前商场的装潢采用的方式有：

1. 空间的扩展

营业厅较小或室内净高较矮的商店，采用天棚镶镜片、贴铝合金板、柱子上包镜片等方式，增加空间的感觉。也有的商店利用适当的光源做成发光顶棚，或将墙壁做成大面积的风景画面。这样既改善了室内的照明，又使消费者感到一种视觉的扩展，愿意在商店中逗留，引发很多随机的购买行为。

2. 民族风格的装潢

在商场的装潢上，采用具有本民族特色的造型或纹样，烘托商店中的商品。如经营工艺美术品的店堂，可以在墙壁上画一些隐约可见的古代战车或秦兵马俑，用来烘托工艺美术品的古典、珍贵和高雅。或追求简朴典雅的风格，如有的商场装潢，不追求富丽豪华，而追求简朴；不搞过多的装饰，而是着力体现各种材质的自然美。从而形成典雅的格调，使顾客走入店堂后产生一种清新的感觉，更令人心旷神怡。

3. 利用自然景色

有的商店想方设法去创造舒适宜人的环境，追求自然景色，采用“借景”的方法，让顾客透过大玻璃看到外面的花草树木或人工喷泉，使他们感到亲切清新，仿佛置身于大自然之中。

4. 利用艺术感染力

有的商场装潢，在店内的墙面、柱子或天棚上装饰浮雕、湿壁画、广告画、木刻画等。有的装饰画面积很大，配上古典、民族和现代的内容，很具有感染力。

商场的装潢在突出自身的特色的同时，还要注意和周围的环境相协调。

（二）商场的色彩

色彩对商品陈列的衬托，对购买心理的变化有很大的影响。商场的色彩配合和谐，能使顾客和营业员的视力得到调节，还能收到突出商品宣传、促进销售的良好效果。商场色彩的配制，应根据颜色的光学效应，视具体情况灵活掌握。

商品与货架的色彩关系是：商品的色彩鲜艳，则货架色彩宜灰；商品色浅，货架宜深；商品色深，则货架宜淡。货架应成为商品的良好的背景。在商场色彩配置中应注意：

首先，要结合店内的空间特点配置商场色彩。商场的色彩与其规模和经营的商品直接有关。一般大商场力求色彩的整体协调和淡雅，小商场则追求个性，但在色调上宜采用中性色调，彩度偏弱，以突出商品。如果商场面积很大，使用单一色彩就会使人感到单调乏味。这时就要把顶棚与墙壁、墙壁与柱子的色彩分开。多层建筑的商店，每个楼层的颜色也要有所区别。如果商场的顶棚过高，可以漆成暖色调。如果店堂的顶棚过低，可以用冷色调。靠冷、暖色来调节人们的视觉，使消费者在视觉上和心理上都感到舒服。

其次，要结合经营商品的特点配置商场色彩。如果商品归类明确，其环境色彩应明显反映出商品的特征。如食品一般以暖色装潢环境；工艺古玩类以古朴的色彩装潢；珠宝、首饰以鲜明的对比色装潢；高档工业品以黑白灰金银等金属味浓的色彩装潢；服装绸缎以和谐色装潢等等。

（三）商场的照明

商场的照明光线，应达到均匀、明亮、柔和的效果。要充分利用自然光（日光），因为人们的视觉在日光下最感舒适，商品的色彩也最自然和逼真。还可节约能源。因此，有条件的商场可多开一些宽大明亮的玻璃天窗来采集自然光线。但是，自然光的利用会受季节气候的影响，也会受商店建筑的影响，所以必要的灯光照射也是不可缺少的。商场的照明包括基本照明、商品照明和装饰照明。

基本照明要使店堂整体环境有良好的能见度。商场的光源一般以接近自然光色的冷光源为主，常用金属卤化物灯和冷白色的荧光灯。由于基本照明要在商店的建筑和装饰工作中一体安装，安装后也不宜经常或轻易变动。所以在安装时要保证使用的照明均匀，光线柔和，亮度适宜。

商品照明可以增强商品的显示效果，使消费者可以清楚地看见商品、售货员，可以准确地拿到商品，充分展现商品的色彩和质量。旅游购物品中的珠宝玉器、金银首饰、工艺美术品，可用定向的光束直射，这样既有助于消费者观看、

欣赏、选择、比较，又可显示出商品的精巧和高贵，给消费者以高雅稀有的感觉。

装饰照明可以烘托商店的购物气氛。合理的装饰照明可以改变店堂的面貌，创造和谐的购物环境。装饰照明包括装饰灯、指示灯、广告灯等。

在布光方式上常将整体照明和局部照明相结合。整体照明是求得整个商场的亮度均匀，避免各种程度的炫光，以求得良好的购物环境。局部照明则是使空间层次发生变化，增强环境气氛和商品的表现力，如射灯、筒灯和日光灯等对陈列台、货架、柜台和样品橱的照明。

商品陈列台和商品货架上的充足光线对促进商品的销售十分重要。现在有许多高档次的商场已采用整体照明兼有局部照明的做法，如在一排排整齐的天花板上嵌入筒灯，其每一筒灯都可转换角度对准陈列台、货架等上面的展示性商品。

（四）空气的调节

商场内的空气对商品的陈列，对消费者的购买和营业员的工作情绪都有很大的影响。空气的调节是商品陈列环境的重要因素。一般来说，店堂首先要利用自然通风，形成空气对流。其次是采用电风扇和排风设备。有条件的商店可设置空调设备，用于调节店堂内的温度和湿度。

（五）适当的音响

商场内的噪音会影响消费者和营业员的情绪。为了改善商场的气氛，可以定时播放一些轻松悦耳的音乐，音量应控制在不影响用普通声音说话的范围内。在商品陈列环境中，运用适当的音响可以调节消费者和营业员的心情，对促进销售有一定的积极作用。使用音响要能和商品的经营特点相配合，符合企业的经营特色，要具备适时适宜的内容，适合消费者的情绪。

第三节 旅游购物品商场经营陈列

旅游购物品陈列也是商场容貌的重要组成部分，它反映着经营企业的精神风貌和服务水准，同时也反映着物质文明和精神文明的水平。旅游购物品陈列也是社会文化领域的一种特殊的艺术形式，它给旅游消费者带来一种艺术上的享受，丰富着人们的精神生活。

一、旅游购物品陈列的艺术标准

旅游购物品陈列的艺术标准，具体说有以下几方面：

1. 陈列要具有民族特色

不同国家、不同民族都有自己独特的文化传统，这种文化传统反映在社会的各个领域。旅游购物品的陈列同样应该具有民族特色和风格。经营旅游购物品的企业要研究国内外旅游者的心理和欣赏品位，因此，旅游购物品陈列一方面要吸收国外商店陈列的一些构思和手法，另一方面不能忽视国外旅游者的猎奇心理，要在旅游购物品陈列中体现地方和民族的特色，以激发旅游消费者的购买欲望。

2. 陈列要构思新颖

陈列作为一门艺术，要做到标新立异。这里的“新”，是新颖的意思；这里的“异”，是指在保持民族特色的基础上与众不同。只有做到了新和异，商品才能显示出其魅力，给消费者以好感。目前，各旅游购物品经营企业（除专业商店外）经营的商品，其产地、型号、样式和颜色基本都是相同的。这势必导致商品陈列上的雷同和模仿。所以，在商品陈列上要有独特的艺术构思，有创新的观念，有自我表现的意识。

3. 陈列要运用巧妙的手法和讲求艺术性

艺术性要求商品陈列具有表现力。这就需要运用一些巧妙的表现手法。如：立、正、反、斜、倒置和翻折等，合理地将商品摆置得生动活泼，使消费者一目了然。在商品陈列的过程中，要善于“找巧”。在陈列中抓住各种商品的形状特点互相搭配，可以巧妙地表现出商品的特征及其魅力。陈列的巧妙还表现在要满足消费者对商品的直观性要求。如经营丝绸商品的企业，不仅要将商品展示在消费者面前，使消费者看到商品完整的图形，而且还要适应消费者穿在身上是否美观的想法，可以构思多种连衣裙、汗衫的式样，画在纸上剪裁下轮廓，然后用大头针别在展开的丝绸上，使消费者可以直观地看到，做成连衣裙是什么样的效果，是否符合自己的爱好。这就是商品陈列中的一种巧妙的表现手法。

4. 陈列要具有审美价值

商品陈列中的审美价值包括两个方面的内容。其一是内在的，即商品陈列的中心内容是要把精美的商品介绍给消费者。其二是外在的，即商品陈列的各种形式，都是为了吸引和打动消费者，给消费者一种美的艺术享受。所以在商品的陈列中，要注意商品摆置的对称、均衡、整齐、和谐、富于变化。要利用点、线、色、造型、声音、操作等多种因素和手段，作用于消费者的视觉、听觉，必要时也要作用于触觉，从而唤起消费者的购买欲望。商品陈列从审美上来说，要赏心

悦目，造型独特，动中有静，静中有动。切忌花花绿绿，令人眼花缭乱。

5. 商品陈列要有真实性

其意是指：第一，宣传的商品要真实，任何虚伪和夸大都是不允许的。第二，介绍的商品要真实。要有样品、有价格，如实地向消费者介绍商品的产地、性能、特点、用途和养护的方法。第三，陈列的商品必须是正在出售的商品，做到柜台有样、仓库有货。第四，出售的商品和陈列的样品质量应该是同一水平。

二、旅游购物品陈列的要求

旅游购物品经营企业有综合性和专业性两大类。虽然二者经营的品种、规模和使用的陈列设备各自不同，但是，在商品的陈列上都必须符合以下要求：

1. 商品陈列的目的是让消费者能看到商品，看清商品

因此，商品陈列应醒目、整洁、美观、重点突出，应在消费者的视线之内，而且能让消费者很容易看见。一般说来，小体积的商品要积小成大，形成立体形状；重点商品和销售量大的商品要突出摆放。同时，商品陈列的高度要精心设计，应避免让消费者过分地仰视和俯视。在商场的迎门处最好不要摆放陈列橱；大型旅游商场应在进门处设置平面图，以减少消费者寻找商品的时间。

2. 商品的陈列要尽可能地接近消费者

这样使消费者有一种置身于购物世界之中的感觉。同时，要能让消费者接触到商品，自由地选择、观看和触摸。有些商品需要打开包装，采取裸露式的陈列，以使消费者感到亲切。有些商品也可以陈列一些样品，提供消费者品尝和试用。如糖果、炒货可以品尝，香水可以试用，服装可以试穿，这些微小的服务和陈列措施，均会使消费者感到亲切。

3. 商品的陈列品种要丰富，数量要充足

消费者进店后，看到琳琅满目的商品，就会增强和坚定购买的信心。旅游消费者一般都是群体购买，一个人选中一种商品，其他人也会纷纷随之购买。所以，商品数量多才能满足顾客的从众心理。同时，凡是有样品陈列的商品，柜面应有货供应，要避免出现消费者看见样品有意购买，商场却无货供应的情况。

4. 陈列商品要明码标价

应该标明品名、产地、规格、等级、价格，并有简单的文字介绍，以使消费者能尽快了解商品。旅游购物品经营企业为方便国外旅游者购物，可采用中英文对照说明。

5. 连锁消费的商品，陈列位置应尽可能靠近

这样既从商品的物理性能上考虑，还要从商品销售的连带性关系上考虑，既

方便消费者选购，又可激发消费者的连带购买欲望。如字画的陈列可以连带纸、墨、笔、砚的陈列，风味食品的陈列可以连带原料和制作说明的陈列等。

6. 要根据商品的特点和销售情况来进行陈列

对一些销售次数多、销售量大、花色品种简单、不需挑选的商品，应陈列在消费者最易接触的位置。如旅游消耗品和旅游用品可陈列在商场的出入口附近较为醒目的位置，便于消费者挑选购买。对一些销售次数少、花色品种复杂、需要挑选的商品，应摆放在商场的深处或多层建筑的楼上。体积较大的笨重商品、续货频繁的商品，其陈列位置应靠近仓库，以利于搬运和添补。

7. 商品的陈列要遵循成本经济的原则

商品陈列是要支出一定的费用的，所以在陈列中要讲求经济效益的原则，在刺激需求和扩大销售的前提下，要充分发挥各种陈列设施设备的作用。

三、旅游购物品陈列的形式

1. 分类陈列

可按照旅游购物品的经营大类，按类陈列，这是一般旅游商场普遍采用的形式。

2. 主题陈列

这种陈列方式能创造一个独特的气氛，吸引消费者的注意力，从而起到指导消费、扩大销售的作用。主题可能经常变换，它的内容可包括本商场经营的重点特色商品、一年四季的时令商品、几大节日和庆典以及特殊事件等。如圣诞节来临前，可以布置一个以圣诞礼品为主题的商品陈列，必能吸引中外旅游者。

3. 挂架陈列

这是利用各种挂架向旅游者展示商品的一种陈列形式，这种形式可以便利顾客看样选购。由于商品看得见、摸得着，所以要采取措施防止商品玷污或失窃。它适用于经营服装。

4. 整体陈列

这是将整套商品完整地向消费者展示的一种陈列形式。它能启发消费者作整体设想，从而取得较好的促销效果。例如用人体模特模型，从头到脚完整的将遮阳帽、旅游服装、旅游包、鞋、手套以及其他旅游用品作为一个整体陈列出来，显得生动和形象。

5. 带包装陈列

带包装陈列最适用于超级市场，顾客可以直接选购商品，节省了陈列费用。商品应标明品名、价格、产地、等级等，以避免顾客询问。挑选性不太强的品种

及较为简单的商品适用于带包装陈列，商场内可以设立专柜，开架敞开陈列。

四、旅游购物品陈列的技巧

在旅游购物品陈列中，通过长期的实践活动，人们探索出了很多陈列的技巧。具体而言有如下几种：

1. 分类陈列技巧

旅游购物品就其品种来说，可以分成很多类别。如工艺美术品、轻纺产品、文物制品、土特产品、中成药、纪念品等。分类陈列是把用途原料或工艺相同或相近的商品放在一起，消费者能够在较短的时间内对同类商品进行比较。如旅游者想购买工艺品，就可以在工艺品专柜进行选择。

2. 分系统陈列技巧

在旅游购物品中有的商品用途相同但不同类；有的商品既不同类，用途也不同，只是采用的制作原料相同。陈列时要抓住它们在原料上的或用途上的共同点，按系统进行陈列。例如塑料制品中的塑料餐具、塑料衣架以及塑料小制品，虽用途不同，但原料是属于同一系统。再比如雨具，各种雨具虽然样式上、原料上有所不同，但用途是一致的，将它们陈列在一起，有助于促进销售。

3. 分季节陈列技巧

一年有四季，旅游有淡旺季；旅游购物因而也有高峰和低谷。商品的陈列要按季节的变化进行调整。在旅游旺季，商品的陈列要多品种多数量；而在旅游淡季，商品的陈列可以在品种数量上相应减少。同时，要根据季节的变化，适当调整旅游购物品种类和色调。

4. 分档次陈列技巧

旅游购物品中有很多高档的贵金属制品和珠宝玉器，高档商品要采用封闭式陈列，防止被人触摸和盗窃。需要鉴别色泽的商品则要尽量陈列在自然光线充足的地方。

5. 分色彩陈列技巧

同一类商品可能会有多种色彩，如丝绸，这类商品就应该注意陈列中的色彩组合问题。陈列时要用色彩鲜艳的商品去衬托色彩较淡或较深的，以求整体陈列的效果。

6. 分重点陈列技巧

有的旅游购物品经营企业，其营业面积小，而经营的品种多，按常规的陈列技巧不能满足实际需要。在此情况下，一般可以利用不同的空间和照明分重点陈列，把销售量大的商品放在重点位置陈列。同时，在经营中营业员也要注意对陈列在非重点位置商品的介绍，以弥补商品陈列上的不足。

五、旅游购物品店堂陈列的方式

旅游购物品店堂陈列的方式一般有橱柜陈列、架顶陈列、地面陈列和案头陈列等几种。

1. 橱柜陈列

橱柜陈列是商品陈列的主要方式。旅游商店日常出售的商品基本都是陈列在橱柜之中的。橱柜陈列的方式有：①陈列橱柜。陈列橱柜有两种形式。一种是随建筑物一体建造，向墙内凹进一部分，表面装镶玻璃来陈列商品。另一种是用金属或木料制成的，贴放在墙面上，形成一个凸出来的橱柜。橱柜陈列节省营业面积，而且可以灵活放置。如走道、扶梯口和商店出入口均可放置橱柜，以展示更多的商品。②围柱陈列橱。围柱陈列橱是围绕建筑物的柱子摆放橱柜。它一般都是用玻璃柜，以增强美感和透明度。③陈列立橱。陈列立橱是四面装镶玻璃，顾客可以从各个方向欣赏陈列的商品。这种陈列形式立体感强，可以给顾客造成一种身临其境的感觉。

2. 架顶陈列

架顶陈列是利用货架的顶部进行商品陈列。这种陈列只占空间而不占面积，是一种广泛使用的陈列方法。放到架顶上的商品，消费者远远就可以见到，架顶陈列因而又可起到导购的作用。架顶陈列的方式有：①架顶顶箱陈列。是在架顶上放一个陈列箱，箱中放入陈列的商品。②架顶板面陈列。是在架顶上放不同形状大小的板面来衬托商品。板面可以是有机玻璃的，也可以是铝铂纸的。可在板面上配照片和宣传文字，以增强陈列的效果。③架顶立体陈列。在架顶放置各种立体造型物，在其上放置商品，以增强陈列的立体感。④架顶堆码陈列。在架顶上将商品整齐堆码，分出层次和形状，以展示商品的自然美。

3. 地面陈列

地面陈列是在店堂中的地面上利用各种设备进行商品陈列。具体方式有：陈列台、陈列塔、支架陈列三种。

地面陈列常用的艺术表现手法，一是特写陈列。运用不同的艺术表现形式，集中突出陈列某种产品，一般用于宣传新产品、特色产品和名牌产品。二是系统陈列。根据商品的类别、性能或质地以及连带性关系，系统组成一个整体造型，以唤起消费者连带性的购买欲望。三是主题陈列。一般是结合一定的节日或盛会，烘托气氛。如为迎接圣诞节，可用圣诞树、圣诞老人、圣诞礼物等组成主题陈列。四是综合陈列。把商店经营的多种多类的商品集中陈列在一起，以反映企

业部分经营范围。

4. 案头陈列

案头陈列是把商品直接陈列在柜台上。陈列的形式有：①小玻璃柜陈列。如一些化妆品、香水、纪念品等，可放在小玻璃柜中陈列在柜台上。②商品堆码陈列。如一些名酒或香烟，堆码在柜台上供消费者选购。③样品展示架陈列。用展示架陈列商品，同时展示商品的说明。

案例分析

商业空间设计的潜力与趋势①

随着经济与生活环境水准的提升以及人们休闲时间的增加，逛街、购物已逐渐被视为生活中不可或缺的必要“活动”与动态元素。它可以是一种人文活动，也可以是商业活动，更可以被视为是一种艺术，或环境认知与教育的多向度活动。为此，如何在现有体制下提供一个合理、人性且有效率的商业环境已是文明生活的一环了。

中国台湾的商业环境绝对有其商业发展空间的特色与魅力，如何找寻自我潜力、开拓可行机制并使之能成真则应是规划设计者的首要任务：

1. 城镇风貌的再造

城镇风貌的再造不应再只是作样板式的牌示、店面或一窝蜂式的产品贩卖，它应亟求的是独特性、稀有性，例如嘉义梅山的赏梅，而梅山小镇的风土景观应融入其衣食住行之中。

阿里山车站前的商店街不仅有历史、文化的根基，更有自然景观气象万千的珍稀性。为此，如何让商店街有原味，街道铺面能与当地景物融合，必须再从其“原风景”中找寻线索与答案。

北埔小镇的客家街景，也是人文、历史与风土民情的融合体，如何能让使用者、消费者有时空融合、真实历境的震撼与感受，需要有软硬件的整合。

东势溪畔山城的水果原乡加上客家文化与山水的美，如能配合当地旧火车站更新与水岸休闲空间的规划，必能创造更有活力的小镇新商业经济发展利基。

天母是中国台湾具有西方特色的国际村，在空间尺度与夜间景观的创建上展现了与传统夜市不同的精致风貌。

2. 时空的延展

九份小镇、台金矿区、台东成功渔港或屏东旧好茶部落乃至台北东区的

---

① 资料来源：renew. csd. org. tw.

PUB，其实这些商业空间的环境虽有其个别特色，然而在中国台湾，最大的区别在于其如何掌握时间的无界与空间的延展，亦即夜间景观的创造几乎可一年四季无休止地连续进行。新加坡河畔的商业街展现了老街坊与新商业大楼特区的对比，却也是迷人之处，空间尺度的对比，时空的转换以及活动的参与，无一不烙上深深的人文气息与文化传承。

3. 创造适宜的环境

商业空间环境的规划设计除了在空间与动线管理串连上应考量效率外，在信息与服务方面尤应兼顾大众化的需求。此外，如何将效率落实到实际运营与经济可行性的层面，尤应顺应世界潮流，依循城乡可持续建设与绿色建筑的规范，节能、省料、减废以及创造环境适宜（Amenity）的新观念。换言之，亦即应落实与环境友善的设计观念。

商业空间既是一种空间（Space），也是一种环境（Environment），它不只是平面的，还可以融合三维空间与时间，甚至人的各种知觉体验。为此，重新思考从事商业活动的环境心理，以及动态体验，或时空人际互动，均是21世纪开创崭新商业环境空间的契机。

《清明上河图》中在石桥上缤纷热闹的络绎人潮，反映了当时社会的缩影，同样地，现代商业空间环境的创造也都应该有这样的一个愿景——追求自主、自在且自由的活动机制，也追求适意、艺术且人性的活动空间。

案例问题

1. 如何将“时空的延展”的设计理念运用于旅游购物品商场的布局设计中？
2. 通过本案例所述给你带来了什么启发？

本章小结

本章主要介绍了旅游购物品商场布局概述、旅游购物品商场设计方案和旅游购物品商场经营陈列。

首先区分了商场布局与商场经营管理、商场布局与各类艺术的关系，进而阐述了商场布局的基本思想和商场布局的内容。

旅游购物品商场的设计方案主要包括商场的营销方式、商场营业面积的确定、商场货位的布局和商场的环境布置四个部分。从旅游购物品陈列的艺术标准、陈列的要求、形式、技巧和店堂陈列的方式五个方面具体介绍了有关旅游购

物品商场经营陈列方面的知识。

复习与思考

1. 试简述旅游购物品商场布局的基本思想。
2. 商场布局具体包括哪些内容？
3. 如何布置旅游购物品商场的环境？
4. 旅游购物品的陈列需要遵循哪些要求？
5. 旅游购物品店堂陈列主要有哪些方式？

网上作业

在网上搜集有关我国茶叶的资料，从茶叶的特点出发，结合旅游购物品商场经营设计的有关知识，分析目前我国茶叶零售商在商场设计上的长处和不足。

第10章

旅游购物品质量管理

学习目的

- 了解保证和提高旅游购物品质量的重要意义
- 掌握旅游购物品质量的基本知识
- 重点掌握旅游购物品质量管理的内容

当今世界各国旅游业都极为重视旅游购物品质量，把旅游购物品质量视为关系到旅游企业乃至整个旅游业兴衰之所在。保证和提高旅游购物品质量，关键在于严格的、科学的质量管理。旅游购物品质量是本章研究的中心内容。本章围绕这个中心阐述影响旅游购物品质量的因素、旅游购物品质量的特点、旅游购物品质量的意义和旅游购物品质量管理以及 ISO 9000 与旅游购物品的质量管理等内容。

第一节　旅游购物品质量

一、旅游购物品质量的概念

旅游购物品质量是指“旅游购物品、过程或服务满足规定或潜在需要的特征和特性总和”。在这个定义中的“规定”是旅游购物品或服务标准和规范（如合同、协议、政府法令等）。“需要”一般可转化成有指标的特征和特性，可以包括使用性能、安全性、可靠性、特色性、传统性、纪念性、文化性、可维修性、经济性和环保性要求等几个方面。“需要”往往随时间而变化。旅游购物品质量是指旅游购物品性能满足消费者需求的程度，反映旅游购物品个体的使用价值。对旅游购物品质量的理解，要从更广的社会和市场角度去理解，不能仅仅只从旅游购物品的自然质量的狭义角度理解。所以，广义的旅游购物品质量即社会质

量，是指评价旅游购物品满足使用和消费需要程度的各种自然、经济、社会属性的综合。广义的旅游购物品质量，实际上就是旅游者需要的商品质量。一件旅游购物品虽然材料做工都不错，但由于无特色性和纪念性而不能畅销，其原因就是受到了旅游购物品的经济、社会属性因素的影响。可见，旅游购物品质量的定义不能光从自然、技术概念的狭义角度出发，不考虑它的社会因素是不行的。

二、旅游购物品质量的构成

广义的旅游购物品质量是由旅游购物品的自然质量和社会质量综合构成的。

1. 自然属性因素

旅游购物品的自然属性因素，体现的是商品的自然质量，也是技术质量。旅游购物品质量的自然属性，具体又可分为：

(1) 静态自然属性，如性状（成分、形态、规格）、结构、缺陷等。这些性质的综合，组成了旅游购物品质量的基础因素。旅游购物品的静态自然属性因素，是旅游购物品在非使用状态的性质。

(2) 动态自然属性，表现旅游购物品的变化性能，它是生产工艺中形成的。例如硬度、强度、延伸性、弹性、耐水、耐热、耐腐蚀、通气性、收缩性等。旅游购物品性能是旅游购物品体现在使用状态的效用。它的测定须在一定的复合运动条件下经常进行，较静态自然属性更难测定。

(3) 感官准自然属性，也称准客观质量因素，是指旅游购物品给消费者感觉器官（视觉、听觉、触觉、嗅觉、味觉）的直接感受。它包括：色泽、音色、外观、味、新鲜度、触感等。

2. 社会属性因素

由于旅游购物品是一种较为特殊的商品，所以，其质量构成还包括社会属性因素，也称特殊质量因素。它包括：艺术性、纪念性、特色性、民族性、文化性等。由于人们生活的地域不同、民族及文化教养以及兴趣、偏好、习惯等的差异，对旅游购物品质量的社会因素的评审标准也有着不同的要求。

所以，旅游购物品的质量还必须从它满足社会利益需要的程度方面来衡量。如是否违反社会道德、对环境造成污染、浪费有限资源和能源等。一种旅游购物品不管其技术如何先进，只要有碍于社会利益，就难以生存和发展。

三、旅游购物品质量的特点

1. 旅游购物品质量是指旅游购物品能满足旅游者和用户需求的程度

旅游购物品的使用价值的内涵要比一般商品的内涵广泛得多。它除了指商品的有用性以外，还包括旅游购物品的民族性、地方性、纪念性、文化性等。所以，旅游购物品的质量的构成要素要比一般商品广泛得多。

2. 旅游购物品质量具有二重性：物质性和社会性

这是指旅游购物品质量既要用物质、技术等自然因素来衡量，同时也要用文化传统、地方特色、民族工艺等社会因素来衡量。物质性和社会性都是旅游购物品质量构成不可缺少的因素。

3. 对旅游购物品质量的判断标准也具有二重性：客观性和主观性

旅游购物品质量首先要与某一相应的标准规定相符合，具有客观性、可检测性，可以用数据表示、可以标准化。它的确定一般需要一定的检测技术或经验，这就是旅游购物品质量的客观标准。但是，旅游购物品是用来满足来自四面八方的旅游者需要的，这些旅游者由于国籍、文化、民族、习惯、经济、性别、年龄、宗教信仰等等的不同，对旅游购物品质量的要求会有所不同。例如，美国旅游者对中国丝绸制品较为感兴趣，而日本的旅客却比较喜欢中国的古玩、字画。又如，我国出口的 18 件装的莲花茶具，外有精致的美术包装，畅销英国。而同样的茶具在日本却滞销，原因是日本人认为莲花不吉利，忌用莲花装潢。

四、旅游购物品质量的基本要求

旅游购物品质量的要求是根据其用途、使用方法以及消费和社会需求提出来的。

1. 适用性

这是指旅游购物品满足人们主要用途所必须具备的质量要求，是构成该商品使用价值的基本条件。由于各种旅游购物品的用途不同，其适用性的要求也不同；即使是同一类商品，由于品种不同，用途也各不相同。旅游购物品适用性的特点在于它的多用性，既可作实物使用又可满足精神文化用途。旅游购物品的多用性扩大了旅游购物品的适用范围。

2. 安全卫生与环境要求

安全卫生是指旅游购物品在使用时不能影响人体健康和人身安全的质量特性。环境要求是指旅游购物品在生产、流通、储存直至消费以及废弃阶段，均不致对社会和人类生存环境造成危害。

3. 耐用性

耐用性是指旅游购物品抵抗各种外界因素对它的破坏的性能，反映了旅游购物品坚固耐用的程度。它直接影响旅游购物品的使用期限，它是评价旅游购物品的一个重要质量特性。

4. 艺术性

艺术性是指旅游购物品要美观、新颖、有特色，能给人以美的艺术享受。要使旅游购物品具有艺术性，不仅要提高生产工艺水平，而且把民族特色、地方特色同时代特色和现代人的艺术欣赏习惯结合起来。

5. 纪念性

纪念性是指旅游购物品的时间、活动与地方特征等，使商品能显示出旅游目的地国家或地区的特点。旅游者来访的时期和参加活动的标志，便于旅游者带回去后，仍能留下或引起美好的回忆。

6. 礼品性

礼品性是指旅游购物品不仅要美观，而且要注意颜色、规格与包装，既便于旅游者携带，又能给人以华丽、高贵的感觉，旅游者带回去后可以馈赠亲友。

7. 经济性

经济性是指旅游购物品的物美价廉，即旅游购物品不仅内在质量好，而且要求旅游购物品生产和流通成本低廉。旅游购物品的生产者、经营者、消费者都用尽可能少的费用获得较高的商品质量。经济性反映了旅游购物品生命周期费用及商品质量的最佳水平。离开经济性孤立地谈质量，没有任何实际意义，对旅游购物品的生产者、经营者来说，为保证消费者获得满意的质量所发生的费用以及不能获得消费者满意的质量所造成的损失即质量成本，越低越好。对旅游购物品的购买者来说，旅游购物品的质量最佳经济水平应是旅游购物品在消费或使用过程中所支付总费用的最低点。

8. 信息性

信息性是指依照旅游购物品有关的质量法规，生产经营者有责任和义务通过其商品或商品包装上的规定标志以及包装内必备的有关文件，向消费者提供有用的质量信息。旅游购物品或包装上的规定标志一般有：质量检验合格证，商品名称，生产厂名、厂址，产品规格、型号、等级，主要技术指标或成分、含量，商品技术标准编号，用法、使用注意事项，商标、优质标志或认证标志等。

五、影响旅游购物品质量的因素

1. 原材料

原材料质量是决定旅游购物品质量的基本因素。由于原材料的成分、结构、性质的不同，决定着所形成旅游购物品质量的不同。原材料是构成旅游购物品的原始物质，或者是形成旅游购物品的基础物料，所以原材料的质量特性是生产旅游购物品质量的特性的基础，原材料质量的优劣直接影响半成品或成品商品的质量等级。例如，以细嫩鲜叶制成的绿茶和花茶，有效成分含量高，色、香、味、形俱佳；而以老叶制成的茶叶则质量差。因此，在分析和鉴别旅游购物品质量时，首先要对原材料的质量进行分析。原材料对旅游购物品质量的影响主要体现在原料的成分、性质、结构、产地、品质等的差异性，以及不同原料的配比。例如，硅砂的含硅量和含铁量不同，制出的玻璃制品的透明度和色泽差异很大。

研究构成旅游购物品的原材料，可以明确旅游购物品的质量特征和对旅游购物品质量的基本要求。在选购原材料时，必须研究原材料的成分、结构和性质等对成品的影响，以确定选择原料的标准，把好原料质量关。

2. 生产工艺和设备

生产工艺及设备对旅游购物品质量也有重要的影响。同样的原材料在不同的工艺路线下会形成不同的旅游购物品质量。例如，机器压制玻璃杯和人工吹制玻璃杯在厚度、透明度、耐温急变性等方面相差很大。生产工艺对旅游购物品质量起决定作用的有配方、操作规程、设备条件、技术水平等。旅游购物品的有用性及外形和结构，都是在生产工艺过程形成并固定下来的。工艺不但可以提高质量，也可以改变质量。当生产按一定工艺程序进行时，若在一些主要工序上未按工艺标准的技术要求操作，就可能形成制成品的质量缺陷，造成质量下降。例如，制作过程中发酵不充分的红茶会降低成品色、香、味。

设备质量也是影响旅游购物品质量的一个环境因素。设备的故障往往是出现不合格品的重要原因之一。因此，加强设备管理与设备保养工作，防止故障发生和降低故障发生率、保持设备加工精度是保持商品质量的必要条件。

3. 产品设计

旅游购物品设计是形成旅游购物品质量的前提。质量好的旅游购物品必须有好的设计。提高产品质量，既要不断改进老产品，又要积极发展新产品。改进老产品和发展新产品，都要经过一个科学的产品设计过程，如果设计质量不好，准备仓促、草率投产会给旅游购物品质量留下许多后遗症。

保证设计质量要搞好市场调查研究工作。首先，要充分研究旅游者的购物心理，要根据旅游者的民族、文化、宗教、经济、年龄、性别等方面的差异以及旅游者的审美观来设计旅游购物品。其次，要研究旅游购物品美流行的发展趋势及变化规律，使旅游购物品设计具有超前性。最后，要采用先进性的科学技术、借鉴国内外同类先进产品的长处，结合本地区的自然资源，民族文化及传统技术，使旅游购物品设计符合国际市场的需要。

4. 运输

旅游购物品运输对旅游购物品质量有着重要影响，因为旅游购物品在运输过程中会受到冲击、挤压、颠簸、振动等物理机械作用的影响，在装卸过程中还会

发生碰撞、破碎等现象，这不仅会增加旅游购物品的消耗，而且会降低旅游购物品的品质。运输旅游购物品质量的好坏，与运程的远近、运输时间多少、运输方式、运输工具的条件等有关。要保证旅游购物品在运输过程不降低质量就要选择恰当的运输工具、路线、方式、时间。

5. 储存

旅游购物品储存期间的质量变化与旅游购物品的耐储性、仓库门外环境条件、储存场所的适宜性、储存期长短、养护和保管的技术与措施等因素有关。仓储的环境条件，包括光线、温度、湿度、气体、水分、害虫、微生物等许多因素，是旅游购物品储存期间发生质量变化的外因。旅游购物品储存质量以旅游购物品养护和保管工作质量为前提，有储存就必须要有养护和保管。通过采取一系列保养和维护仓储商品质量的技术和管理手段，可以有效地控制储存环境因素，减少或减缓外界因素对仓储旅游购物品质量的不良影响。

6. 销售服务

销售服务过程中的进货验收、入库短期存放、商品陈列、提货搬运、包装服务、技术咨询、维修和退换服务等工作质量都会影响旅游者所购旅游购物品质量。例如，旅游购物品暴露式陈列、陈列时间过长、陈列环境及卫生条件差等，会使旅游购物品在外力、温度、湿度、光、热、微生物、环境污染等影响下发生质量的变化。旅游购物品良好的销售服务质量已逐渐被消费者视为旅游购物品质量的重要组成部分。旅游购物品销售服务的怠慢无礼、敲诈欺凌等不良行为也会影响旅游购物品的质量。

第二节　保证和提高旅游购物品质量的重要意义

从市场战略看，市场竞争归根到底主要是商品质量的竞争，质量是商品的生命。市场竞争的核心是技术进步和管理进步，它集中反映在商品质量上。传统的数量与价格之争已为质量和高技术的竞争所取代，质量成为旅游购物品进入市场的通行证，成为旅游经济顺利发展的主要手段。

一、保证和提高旅游购物品质量是我国旅游业健康发展的重要条件

我国发展旅游业的根本宗旨是：以新型高级的消费形式去满足国内外旅游者物质和精神文化的要求。旅游购物品质量的好坏直接关系到旅游者的利益。旅游

购物品是旅游活动的六大要素之一，如果生产和供应的旅游购物品质量差，不仅不能满足旅游者的需要，还会造成资源浪费，给国家带来经济损失。旅游购物品质量好、物美价廉，就能更好地满足旅游者的需要，从而提高旅游企业的生产力，使我国旅游事业健康发展。

二、保证和提高旅游购物品质量是增强旅游业整体素质的重要方面

旅游购物品质量依赖于生产企业的技术进步和管理进步。旅游购物品质量的提高，是通过生产过程、销售过程和售后服务等一系列工作过程来实现的。旅游购物品质量涉及企业内部的各个部门、各个工作环节和各个工作过程，这是必须靠各方面协调一致和互相配合才能完成的。提高旅游购物品质量要求提高旅游企业的整体素质。旅游企业整体素质主要是包括人员素质、技术素质和营销管理素质。在旅游市场上，旅游企业的整体素质决定企业的生存能力、应变能力和竞争能力。旅游购物品质量的管理是企业内部生产活动的中心。通过对生产过程中产品质量的测定并与旅游购物品技术标准对比，如在质量上出现偏差，则要及时查找原因、采取措施、及时调整生产工艺，以保证质量，这一系列的工作是伴随着生产过程不断进行的。随着企业质量工作不断完善，就会不断推动质量管理工作的完善，并不断促进企业规章制度的完善和管理水平的提高，从而提高企业整体素质。

三、保证和提高旅游购物品质量是提高企业经济效益的关键

旅游购物品质量的优劣能直接影响到旅游购物品使用价值的实现。如果旅游购物品质量差，就会失去顾客和市场，造成产品积压，这样就积压了资金，影响了扩大再生产和正常流通，甚至会导致企业破产。反之，提高旅游购物品质量，可以使废品、次品、返修品带来的损失减少，使因顾客退货、索赔、调换及其他质量问题的处理所带来的损失减少，使旅游购物品市场扩大从而使商品销量增加，使优质品率上升而获得优质优价，这样就能为企业带来可观的经济效益。效益是质量的结果，有质量才能有效益，没有质量就没有效益。所以，生产企业要发展生产，流通企业要搞活流通，扩大经营，都必须首先抓旅游购物品的质量问题。

四、保证和提高旅游购物品质量可增强企业的市场竞争力

市场竞争的基本规律是优胜劣汰。企业能否在竞争中生存发展，关键要看其

旅游购物品能否使消费者满意，因此市场竞争就是质量竞争。随着生产技术水平的发展，人们生活水平不断提高，消费者对旅游购物品在使用性能、特色、外观、包装、服务上提出了更高的全面质量要求，高质量已成为市场发展和繁荣的重要手段。我国已经加入了世界贸易组织，国内与国际两个市场将更加紧密地结合在一起，各类旅游企业都不同程度地面临着参与国际市场竞争的考验。在今后，市场竞争的重点将由价格竞争转移到以旅游购物品质量为主的非价格竞争，单一的价格竞争方式难以取得预期的良好效果。只有保证和不断提高旅游购物品质量，才能在国际、国内市场竞争中取得主动权，旅游购物品质量已成决定胜负的关键。如果我们不重视质量，就会丢掉市场，丧失经济利益和生存环境。加入WTO，一方面会对我国旅游市场的完善和规范化起到催化作用；另一方面也带来了发达国家凭借其先进的科学技术和现代化管理手段所生产的高质量旅游购物品的严峻挑战。要迎接这场挑战，我们必须紧紧抓住质量不放，依靠科技进步和科学管理，充分利用市场机制使自己的旅游购物品质量达到或超过世界先进水平，不断提高商品的市场占有率。

第三节　旅游购物品质量管理

保证和提高旅游购物品质量，关键在于严格的、科学的质量管理，旅游购物品质量管理和质量保证在全球范围内迅速发展，并得到了世界各国的极大重视。

一、旅游购物品质量管理中的基本概念

旅游购物品质量管理是指对旅游购物品确定和达到质量要求所必需的职能和管理活动。在旅游购物品质量管理工作中，经常使用质量方针、质量管理、质量策划、质量控制、质量保证、质量体系、质量保证模式、质量环节等基本概念。要做好旅游购物品质量管理工作，必须正确地理解和使用这些基本概念。

1. 质量方针

质量方针是指由组织的最高管理者正式发布的该组织总的质量宗旨和质量方向。这里的组织是指包括生产企业、商业企业、服务单位、独立的检验机构、独立的设计单位或者供货单位。质量方针反映了组织在质量方面的追求和对顾客的承诺，如所提供产品的质量水平、服务方向、管理质量的要求等，而不是具体的质量目标。质量方针是组织总体经营方针的一个组成部分，它与组织的总方针及并行的其他方针应相互协调，如投资方针、技术改造方针、人事方针等。

2. 质量管理

质量管理是指对确定和达到质量要求所必需的职能和活动的管理。质量管理的职能是制定并实施质量方针、质量目标和质量职责。为了达到产品质量要求，各生产、工作部门应该发挥应有的作用和应该承担一定的责任。质量管理必须以质量体系为依托，通过质量策划、质量控制、质量保证和质量改进活动发挥其职能。

3. 质量策划

质量策划是指确定质量以及采用质量体系要素的目标和要求的活动。旅游购物品质量策划的内容是对质量特性进行识别、分类和比较，以确定适宜的质量特性，并制定质量目标、质量要求和约束条件。质量策划也包括编制质量计划和做出质量改进规定的内容。

4. 质量控制

质量控制是指为达到质量要求所采取的作业技术和活动。在对旅游购物品质量控制时，需要采用一定的标准和措施来监督衡量商品质量管理的实施和完成情况，并随时纠正商品质量管理目的的实现。在产品质量形成过程中，有许多影响质量的因素，为满足质量要求，必须对影响质量的诸因素进行控制，消除导致不满意的原因。产品质量控制的特点是全方位控制、全过程控制和全员控制。

5. 质量保证

质量保证是指为了提供足够的信任，表明实体能够满足质量要求，而在质量体系中实施并根据需要进行证实的全部有计划和系统的活动。

质量保证是通过提供证据，表明旅游购物品厂家满足质量要求的承诺，从而使旅游者对这种能力产生信任。质量保证必须服务于提供信任的目的，所以，如何确定提供证据的范围、种类、提供证据的方式、方法和相应的程序以及证实的程度等均以满足需要和能够提供信任为准则。

6. 质量体系

质量体系是指旅游购物品生产设备质量、产品质量和服务质量等方面的统一。为保证旅游购物品的质量，必须把各部门、各环节、各阶段的服务质量组织起来，形成一个任务清楚、责任明确、上下对口、一环扣一环的质量管理系统。它包括：人力资源和专业技能、设计和研制设备、检验和试验设备、销售服务等。质量体系的内容要以满足质量目标的需要为准。

二、旅游购物品质量管理的基本方法

1. PDCA 循环法

旅游购物品质量的基本方法是按照计划（Plan）、实施（Do）、检查

（Check）和处理（Action）四个阶段来开展。计划—实施—检查—处理四个阶段组成一个循环，又称之为 PDCA 循环法。见图 10－1 甲。

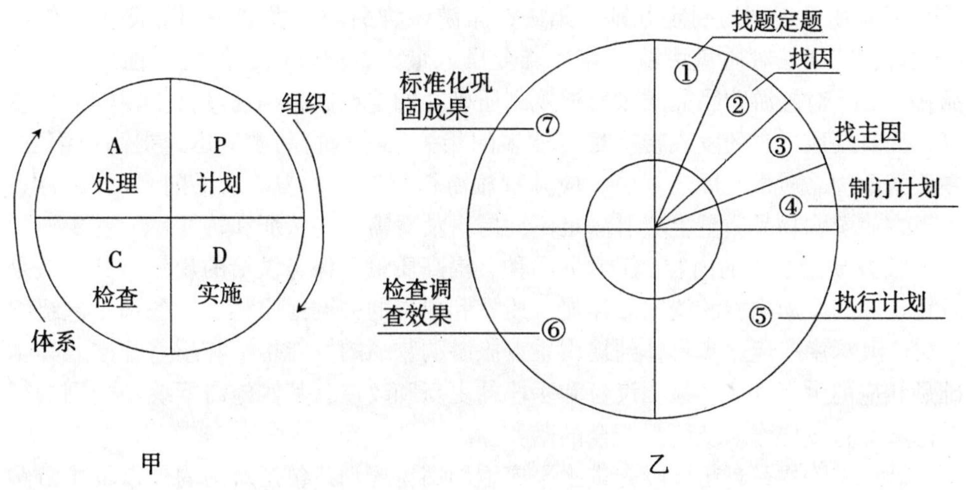

图 10-1　PDCA 循环的 4 阶段图

PDCA 循环是科学的质量管理工作程序，其基本工作内容包括：

（1）计划阶段。其任务是制订质量管理目标、质量管理计划，设立质量标准，设置质量问题检查、分析和处理的程序。

（2）实施阶段。在这个阶段，必须严格按照已定的目标和计划，按照质量标准进行生产。

（3）检查阶段。对实施后产生的效果进行检查，并把工作结果与计划对比，得出经验、找出问题、确定工作效果。

（4）处理阶段。要把成功的经验形成标准，并确定以后的工作按这个标准来做。对不成功的教训也要进行总结，以避免重犯类似的错误。对尚未解决的问题，留到下一个循环解决。

运用 PDCA 循环来进行旅游购物品质量管理，可分成 7 个步骤进行，见图 10－1 乙。

2. 旅游购物品质量规划管理

（1）旅游购物品质量规划的性质和特点。旅游购物品质量规划应是旅游产业发展规划的一个重要组成部分，是对旅游产业政策的补充和完善。它应该在旅游产业政策的基础上，对如何开发旅游新商品，提高旅游购物品性能、质量、劳动生产率、节能降耗、减少污染等方面提出相关目标，并提出技术、设备、资金保证等实施计划、步骤和具体措施。旅游购物品质量发展规划应属于国家或地区或整个行业的指导性计划，是引导企业的手段，旅游购物品质量规划的目的是发展旅游购物品品种和提高质量。

（2）质量规划的制定原则。第一，旅游购物品质量发展规划应侧重于供给的改善，特别是对质量影响面宽、资金投入量大、回收期长的战略性的旅游产品；第二，对旅游购物品质量发展规划所确立的重点旅游购物品，不仅本身质量好，而且要通过它的发展带动尽可能多的相关旅游购物品质量迅速提高；第三，在旅游购物品质量发展规划中，应体现旅游消费结构和需求水平的多层次特点，表现在旅游购物品质量上应有满足不同层次消费需要的特征和特性。

（3）质量规划的内容。①增加品种、提高质量、保障供给的规划。其重点是对直接和间接影响旅游购物品性能、质量和成本的关键性原料、设备和工艺组织攻关。其深度应能逐步具体到提出重点旅游购物品的性能指标和质量标准。其基础是相应的生产设备、检测设备和手段的更新和改造。其实施需要统一规划的行业内和跨行业协作以及所需资金的落实。

②旅游购物品赶超国际先进水平应增加销售规划，包括对国内外市场旅游购物品质量信息的收集、分析、处理、应用；国内科技成果的推广和应用；对先进技术的消化吸收；新材料、新工艺的采用；以提高旅游购物品质量及目的的技术改造；国际和国外先进标准的采用以及旅游购物品替代进口与国产化等内容。

3. 统计质量管理

统计质量管理运用数理统计技术和抽样检验方法，对产品生产过程中取得的大量数据进行分析处理，发现问题、找出规律，以保证质量。统计质量管理可分为三个阶段：统计调查和整理、统计分析及统计判断。

（1）统计调查和整理。根据需要解决的某质量问题到现场收集数据，然后整理归纳已经收集到的数据，再用数据统计表和作统计图的方法，通过使用一些统计特征数（如平均值、极差、标准偏差）来说明这批数据所代表的客观对象统计性质。

（2）统计分析。对经过整理（包括分类、分组、计算、归纳）的数据进行分析，发现规律，找出趋势和倾向，查明原因，特别注意异常波动的出现。

（3）统计判断。根据样品统计分析的结果，对所研究和分析的某具体质量问题，从总体上或发展趋势上作出科学判断。

4. 全面质量管理

全面质量管理是指企业全体职工及有关部门同心协力，把专业技术、经营管理、数理统计和思想教育结合起来，从产品的研究设计、原料采购、生产创造，一直到产品的运输、储存和售后服务为止，建立一整套质量管理工作体系，确保

产品的质量，满足消费者的要求。

全面质量管理的含义是全面的。它强调全员管理、全过程管理，管理的重点是变“事后把关”为“事先预防”，变“管结果”为“管因素”，实行“预防为主”的方针。对旅游购物品质量形成的各个环节，即从市场调研到旅游购物品计划、设计开发、制造、销售、售后服务等进行预防性管理。其过程如下：

(1) 市场调研质量管理。市场调研是商品设计开发的基础，为保证市场调研质量应注意做好以下三项工作：准确地确定市场对商品的要求；提出商品设想方案；建立信息监控和反馈系统。

(2) 设计质量管理。在整个旅游购物品质量管理形成过程中，设计质量对保证商品满足消费者和用户要求具有决定意义。如果设计质量不能满足消费者和用户的要求，就会给商品质量带来先天不足。为了保证和提高设计质量，应控制以下环节，并制定相应的程序。其主要包括：周密进行设计策划，明确目标；制定商品的测试规范；组织设计评审；设计的鉴定和确认；控制设计更改；设计复审；最终设计定型和投产。

(3) 采购质量管理。为进行正常的生产和经营活动，企业必须采购所需的原材料、元件、零部件等材料。这些采购品是企业产品的组成部分，并直接影响商品质量。因此企业应对全部采购活动进行计划和控制。为了保证采购质量，应对以下工作给予重视：编制采购计划；签订质量保证协议；制定进货检验程序；建立原材料的仓库管理制度。

(4) 工艺（过程）质量管理。工艺质量主要是指过程的技术准备质量。它是根据设计和有关技术要求，以及企业现有的资源配置情况，对生产、安装、服务等过程进行过程控制策划、过程能力验证、过程保障能力等，以便商品质量形成的各个有关过程处于受控状态。工艺质量管理的内容有以下几方面：审查商品设计；制定工艺方案；选择加工过程和工序、安排需要的设备和工具；编制工艺规程，提供正确、清晰的工艺条件和技术标准等。

(5) 生产过程质量管理。生产过程的质量管理是指从原材料入厂到制成成品整个制造过程的质量管理。其内容主要包括：根据工艺要求进行工序组织和控制；控制制造过程；对进入过程的材料和物品进行验收；在过程中确定产品的特性；保证过程设备和基本材料的一致性；控制检测过程的适宜性，加强技术检验和不合格品的控制；保持稳定的环境条件；进行适当的人员培训。

(6) 旅游购物品销售质量管理。旅游购物品销售质量管理，实际上就是商业经营各环节的旅游购物品质量管理。它包括以下几个内容：

①市场调研质量管理。市场调研能有效减少企业经营活动中的盲目性，有助于企业科学地制订购销计划，组织生产适销对路的商品；同时，也可为促进旅游

产品更新模式、调整结构、改进和提高旅游购物品质量提供可靠依据。

②运输质量管理。运输质量管理要做到及时、准确、安全、经济的要求。旅游购物品运输质量管理的内容包括：制订科学的运输计划；选择合理的运输路线；确定适宜的运输工具；采用先进、合理的运输方法；建立旅游交接验收制度，科学堆码，文明装卸。

③储存质量管理。旅游购物品储存质量管理应以防为主，最大限度地减少旅游购物品在储存期间的质量变化和损失。储存质量管理有以下内容：制定商品储存计划；建立商品出入库验收制度；选择适宜的储存条件和科学的储存养护方法；认真控制仓库温湿度，做好防霜、防虫、防污染等工作；认真做好旅游购物品的在库检查，及时发现和处理旅游购物品问题；加快旅游购物品进出库速度等。

④销售质量管理。旅游购物品的销售质量直接影响企业的信誉和消费者利益。要搞好销售质量必须做好有关销售的几方面的工作：编制旅游购物品销售计划；培训营业员；规定销售过程及其质量要求；提供深受用户满意的服务质量。

⑤售后服务质量管理。旅游购物品销售部门应通过直接或者间接的售后服务给消费者提供质量保证，为生产企业收集质量信息。售后服务质量管理的内容主要包括：制定和实行三包（包修、包换、包退）规定；开展质量咨询和质量信息反馈等。

第四节　ISO 9000 标准与旅游购物品的质量管理

随着社会的发展、科学技术的进步、全球贸易竞争加剧，全世界的人士都普遍地认识到，产品质量是企业的生命，企业持续经营的基础在于产品质量，企业经营发展的战略目光，首先放在产品质量上。

一、ISO 9000 标准的基本内容

ISO 的英文全称为 International Organization For Standardization，它是世界上最大的、最具权威性的国际标准化组织，是由 131 个国家标准化机构参加的世界性组织。其前身是 1928 年成立的国家标准化协会国际联合会（ISA）和联合国际标准协调委员会（UNSCC）。1947 年 2 月 23 日，国际标准化组织（ISO）宣告正式成立。

ISO 的宗旨是：在全世界范围内促进标准化工作的开展，以便于产品和服务

的国际交往，并扩大在知识、科学和经济方面的合作。其主要活动是制定国际标准，协调世界范围内的标准化工作，组织各成员国和各技术委员会进行情报交流，以及与其他国际机构进行合作，共同研究标准化工作。ISO 技术成果是正式出版的国际标准，即 ISO 标准。

国际标准化组织自 1987 年发布 ISO 9000 族标准以来，深得世界各国的高度重视，并被各国相继采用，至今已有一百四十多个国家和地区采用了这套标准。随着国际经济交流的蓬勃发展和贸易往来的日趋频繁，ISO 9000 族标准越来越成为需方对供方提出质量体系要求和供方证实自己能力的依据，这受到了世界各国和区域性组织的日益重视。

1999 年 9 月中旬 ISOITC 第 17 届年会在美国旧金山召开，包括中国在内的四十多个国家的 300 多名代表出席了会议。寓意于会址旧金山的著名大桥和中心议题 2000 版 ISO 9000 族标准，因而将本次会议题名为：构筑一座通向 2000 年的桥梁。

新版 ISO 9000 族标准适用于所有的产品类别、所有的行业和各种规模的组织。在经济全球一体化的今天，如何尽快应用 ISO 9000 族标准已成为中国旅游购物品生产经营企业的一项艰巨重任。我们的旅游购物品生产经营企业在旅游购物品的生产中只有尽快采用 ISO 9000 族标准，才能适应今天高度的社会竞争，也才能适应经济全球一体化的要求。

二、ISO 9000 族标准与旅游购物品的质量策划

旅游购物品企业管理者应当对企业的质量策划负责。这种策划应当注重对有效和高效地实现与组织战略相一致的质量目标及要求所需的过程作出规定。

有效和高效策划的输入包括：旅游购物品企业的战略，已确定的旅游购物品企业目标，已确定的顾客和其他相关方的需求和期望，对法律法规要求的评价，对旅游购物品性能数据的评价，对过程性能数据的评价，过去的经验教训，已显示的改进机会，相关风险的评估及减轻的数据。

旅游购物品企业的质量策划的输出应当根据以下方面来确定所需的旅游购物品实现和支持过程：组织所需的技能和知识；实施过程改进计划的职责和权限；所需的资源，如资金和基础设施；评价旅游购物品企业业绩改进成果的指标；改进的需求，包括方法和工具改进的需求；文件的需求，包括记录的需求。

旅游购物品企业管理者应当对质量策划的输出进行系统的评审，以确保组织过程的有效性和效率。

三、ISO 9000 族标准与旅游购物品质量管理的原则

为了成功地领导和运作一个旅游购物品企业，需要采用一种系统和透明的方式进行管理。针对所有相关方的要求，实施并保持持续改进其业绩的管理体系，可以使旅游购物品企业获得成功。质量管理是旅游购物品企业各项管理的内容之一。

八项质量管理原则已得到确认，最高管理者可运用这些原则，领导旅游购物品企业进行业绩改进。

1. 以顾客为关注焦点

组织依存于顾客。因此，旅游购物品企业应当理解顾客当前和未来的需求，满足顾客要求，并争取超越顾客期望。

2. 领导作用

领导者确立旅游购物品企业统一的宗旨及方向。他们应当创造并保持使员工能充分参与实现旅游购物品企业目标的内部环境。

3. 全员参与

组织中的各级人员是旅游购物品企业之根本，只有他们的充分参与，才能使他们的才干为旅游购物品企业带来收益。

4. 过程方法

将活动或过程作为过程加以管理，可以更高效地得到期望的结果。

5. 过程的系统方法

将相互关联的过程作为系统加以识别、理解和管理，有助于旅游购物品企业提供实现目标的有效性和效率。

6. 持续改进

持续改进总体业绩应当是旅游购物品企业的一个永恒目标。

7. 基于事实的决策方法

有效的决策是建立在数据和信息分析的基础上。

8. 与供方的互利关系

旅游购物品企业与供方是相互依存的，互利的关系可增强双方创造价值的能力。

以上这八项质量管理原则形成了 ISO 9000 族质量管理体系标准的基础。

四、建立和实施旅游购物品质量管理体系的方法

建立和实施旅游购物品质量管理体系的方法包括以下步骤：

（1）确定顾客和其他相关方的需求和期望；

（2）建立旅游购物品企业的质量方针和质量目标；

（3）确定实现质量目标必需的过程和职责；

（4）确定和提供实现质量目标必需的资源；

（5）规定测量每个过程的有效性和效率的方法；

（6）应用这些测量方法确定每个过程的有效性和效率；

（7）确定防止不合格产品并消除产生原因的措施；

（8）建立和应用持续改进质量管理体系的过程。

上述方法也适用于保持和改进现有旅游购物品企业的质量管理体系。

采用上述方法的旅游购物品企业能对其过程能力和产品质量树立信心，为持续改进提供基础，从而增进顾客和其他相关方满意并使旅游购物品企业取得成功。

五、旅游购物品质量管理体系的实施

旅游购物品质量管理体系的建立和实施一般分为以下七个阶段：

1. 确定顾客的需要和期望阶段

理解顾客的需要和期望是质量管理体系运行的起点。旅游购物品生产经营企业无论其所提供的有形的商品或是无形的服务都必须能够符合顾客的需要和期望，才能够顺利地实现企业的销售目标。

2. 建立企业的质量方针和目标阶段

旅游购物品生产经营企业的质量方针应就其产品和服务满足顾客和法规的要求，以及对质量管理体系的持续改进作出承诺，它是由最高管理者正式发布的与质量有关的企业的总的意图和方向。企业最高管理者应确保在企业的相关职能和层次上建立一定的质量目标，它应是可测量的，并与质量方针，包括持续改进的承诺保持一致。

3. 确定企业实现质量目标必需的过程和职责阶段

旅游购物品生产经营企业应根据既定的质量目标，确定本企业质量管理体系所需的过程，并对所有员工都应赋予相应的权限和职责，建立相关的质量管理部门，从而使他们为实现质量目标作出贡献，以促进有效的质量管理。

4. 确定并提供实现质量目标的必需资源阶段

企业要实现已定的质量目标必然要花费一定的相关资源，企业经营者应该确定好所需花费的各种相关资源并及时地提供，才能够保障企业质量管理过程的有效进行。

5. **规定测量每个过程的有效性和效率的方法阶段**

旅游购物品生产经营企业应监视顾客满意或不满意的信息，作为对质量管理体系业绩的一种测量。这可以采用描述统计技术，构造相应的指标用于评价；也可以根据各信息项的重要度，构造数学模型，将其统计结果用于评价。企业应该用这些测量方法确定每个过程的有效性和效率。

6. 确定防止不合格并消除产生原因的措施阶段

旅游购物品生产企业应建立、保持和有效地实施其所提供的产品或服务的不合格品的控制程序，防止不合格现象的出现，并对其可能产生的各种原因作预先的防止措施，以使其提供的产品或服务符合顾客的需要和期望。

7. 建立和应用持续改进质量管理体系的过程阶段

旅游购物品生产经营企业应不断寻求对其质量管理过程的改进，而不是等出现了问题才去寻找改进的机会。企业应通过使用质量方针、目标、审核结果、数据分析、纠正和预防措施以及管理评审，来促进企业质量管理体系的持续改进。

概言之，ISO 9000 族质量管理体系采用过程方法管理组织，以过程为基础的质量管理体系模式如图 10－2 所示：

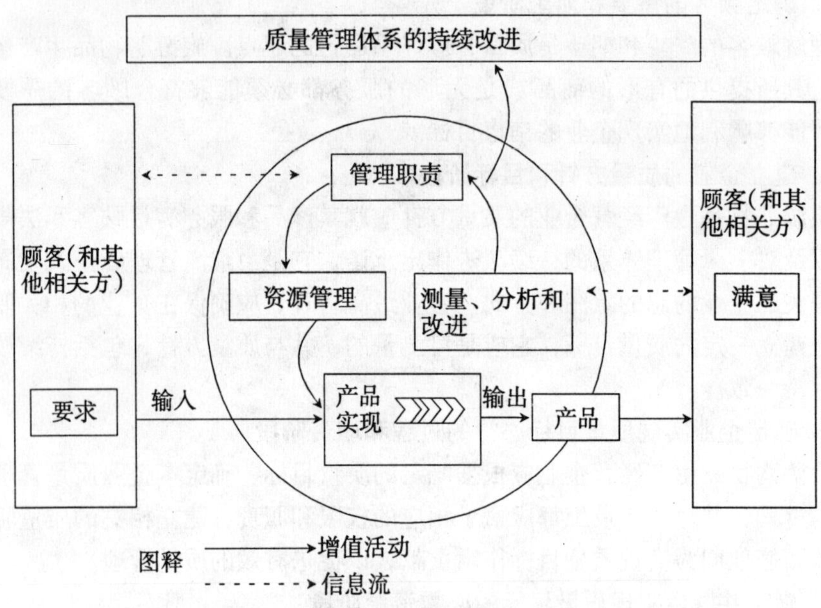

图 10–2　以过程为基础的质量管理体系

资料来源：罗国英《2000 版 ISO 9000 族标准质量管理体系教程》，中国经济出版社 2000 年版。

六、旅游购物品质量管理体系的作用

我国加入世贸组织之后，我国市场将进一步对外开放，国内旅游购物品企业原有的各种保护屏障逐渐被撤除，国外旅游购物品将更方便地进入我国旅游购物品市场，旅游购物品市场进入一个“国际级”较量的阶段。这当中必然会对质量提出更高的要求，产品质量是国内旅游购物品企业首当其冲的一个大问题，质量将名副其实地直接决定旅游购物品生产经营企业的生死存亡，直接决定我国旅游市场的兴衰。

在这样一种情况下，我国的旅游购物品生产经营企业根据 ISO 9000 族系列标准尽快建立起旅游购物品质量管理体系，提高旅游购物品的质量，对我国的旅游购物品生产经营企业适应市场竞争的要求，适应全球经济一体化的挑战，将产生极为重要的作用，这主要体现在以下几方面：

1. 满足顾客的需求，保证良好的经济效益

旅游购物品相对其他商品而言，是一种特殊的商品，旅游购物品生产经营企业取得成功的关键是生产和提供的各种旅游购物品能够持续地符合顾客的要求，并让顾客满意得到其信赖。这一切都必须通过满足顾客的需要和期望来实现。

建立旅游购物品质量管理体系，可使企业更好地理解顾客的需要和期望，确保企业根据顾客的需要和期望来建立相关的质量目标，促进企业所生产的产品质量符合顾客的需求，从而保证企业获得良好的经济效益。

2. 全员参与，发挥旅游购物品生产经营企业领导者的领导作用

旅游购物品质量管理体系的建立与发展，并不是靠某一个人、某一个部门来完成的，它需要全体企业员工的参与，只有如此，才可以保证旅游购物品质量管理体系的建立与发展。

建立旅游购物品质量管理体系以后，企业最高管理层必然会努力创造一个良好的组织内部环境，鼓励和促进企业内部所有员工共同为实现企业既定的质量方针和质量目标作出应有的贡献。领导者必须采用规定的统一方法实施和评价各项质量活动，从而更好地发挥企业领导者的领导作用。

3. 提高旅游购物品生产经营企业的经营管理决策水平

在开展质量管理的各项活动中，旅游购物品质量管理体系要求旅游购物品生产经营企业采用过程的方法来对生产的旅游购物品加以控制，以确保每个过程的质量，并高效率地达到企业预期的效果。

旅游购物品生产经营企业为确保实现预期的质量目标，必定会通过合理地安排过程，对关键和重要的过程进行重点管理。并且企业决策者在进行企业的各项决策时，必定会根据相关的数据和信息作出正确的、有把握的决策以确保企业决策的有效性。所有这一切，都会提高企业的经营管理决策水平。

4. 保持旅游购物品在市场上的活力

旅游购物品质量管理体系要求旅游购物品生产经营企业必须对其产品进行持续改进，并保持一个互利的供方关系。持续改进可以确保企业对各种可能改进的机会作出快速的反应，并会有效地增强企业在市场上的竞争力，增强企业产品在市场上的竞争力。

互利的供方关系会使旅游购物品生产企业与供方结成联盟或保持合作伙伴的关系，对顾客和市场需求的变化能够共同地作出灵活和迅速的反应。所有这些必然会使旅游购物品保持旺盛的活力，增强在市场上的竞争力。

案例分析

某电吹风厂确保产品质量的做法

某电吹风厂生产一种微型电吹风，供各类旅游者旅行途中随身使用。该厂坚持一贯的方针即追求世界最高质量水平，他们采取了一系列生产管理活动，以确保产品质量，以满足消费者需要。具体做法如下：

1. 设计程序

设计人员要将来自顾客的多种多样质量要求确切地画成图画。为防止设计程序发生反常，该厂以如下各项活动作为工作重点：

(1) 在设计完成之后，由技术、加工、组装等专家小组对此设计，从产品的可靠性、机能、制造、生产效率、事后服务等提出有关潜在于设计上的问题，进行设计审查。

(2) 集中设计事例、分析外部技术信息、积累技术。

(3) 通过研究不良事例，防止废品再次发生。

2. 创造工序

它包括购进部件、部件加工、组装工序在内的制造工序。为维持、改进制造质量需要开展如下活动：

(1) 根据图面做出标准和确认的项目，进行作业人员的自主检查。

(2) 分析废品的原因，防止再次发生，并在车间进行培训。

(3) 加强设备、仪器的管理。

(4) 要使部件加工、组装作业标准化，并进行技能培训。

3. 检查、试验工序

(1) 根据部件的重要分类，对重要部件作重点检查。

(2) 提供有助于工序管理的检查信息。

(3) 在组装后的试验工序里，根据前工序质量信息，进行调整作业和准备试验事例。

(4) 实行检验人员和顾客一起的现场检查。

4. 事后服务

产品在出厂以后，为了维持产品的稳定运转，要开展如下活动：

(1) 加强库存管理，补充部件及时交货。

(2) 实行定期检查。

(3) 对故障进行分析，防止再次发生。

(4) 进行以提高服务技术为目的的技能培训及根据实例研究解决故障的方法。

(5) 要使机械使用说明书写得平易近人，并对顾客使用机械进行指导。

最重要的是，该厂在全体工作人员中树立了“质量就是生命的意识”，彻底贯彻全面质量管理措施来保证产品质量，满足消费需要，使企业取得较好的经济效益和社会效益。

本章小结

本章主要介绍了旅游购物品质量的基本知识、保证和提高旅游购物品质量的重要意义以及旅游购物品质量管理这三节的内容。

旅游购物品质量是指“旅游购物品、过程或服务满足规定或潜在需要的特征和特性总和”。广义的旅游购物品质量是由旅游购物品的自然质量和社会质量综合构成的。本节重点介绍了旅游购物品质量的特点、基本要求以及影响旅游购物品质量的因素。

保证和提高旅游购物品质量的重要意义体现在四个方面。

要做好旅游购物品质量管理工作，必须正确地理解和使用在旅游购物品质量管理工作中经常使用的一些基本概念，如质量方针、质量管理、质量策划、质量控制、质量保证等。旅游购物品质量管理的基本方法包括：PDCA 循环法、旅游购物品质量规划管理、统计质量管理、全面质量管理。

在国际贸易不断扩展的今天，如何尽快应用 ISO 9000 族标准已成为我国旅游购物品生产经营企业的一项艰巨重任（任务）。我们的旅游购物品生产经营企业在旅游购物品的生产中只有尽快采用 ISO 9000 族标准，才能适应今天高度的社会竞争，也才能适应经济全球一体化的要求。

复习与思考

1. 影响旅游购物品质量的因素有哪些？
2. 保证和提高旅游购物品质量有什么重要意义？
3. 简述旅游购物品质量管理有哪些基本方法？
4. 试论述全面质量管理的定义及内容。
5. 绘图并说明旅游购物品质量管理体系的实施过程。

网上作业

在网上搜集旅游购物品质量管理方面的资料，并将其与一般商品的质量管理和国际标准作一比较，分析目前我国旅游购物品质量管理主要采用的基本方法的利弊。

第11章 旅游购物品的发展趋势

学习目的

- 了解全球一体化的旅游购物品的基本内容
- 掌握我国旅游购物品发展的现状及对策
- 重点掌握旅游购物品的发展趋势

在旅游目的地供给弹性有限的情况下，特别是在我国旅游业开始进入常规化成熟型发展阶段，发展旅游购物品不仅体现为对经济的推进作用，更重要的是能否最大限度地吸引旅游者购物，这已经成为一个国家旅游业发展程度的重要标志。旅游购物已成为现代旅游活动中不可缺少的组成部分，由此形成的收入也成为旅游经营收入中最重要的构成部分。与此同时，旅游购物对目的地的非破坏性，越来越受到发展旅游业的国家和地区政府的重视。旅游业的迅猛发展，必将为旅游购物品的发展提供“海阔凭鱼跃，天高任鸟飞”的广阔空间。

第一节　我国旅游购物品发展的现状及对策

一、我国旅游购物品发展的现状

我国悠久的历史孕育了古老而灿烂的华夏文明，中国的工艺品和民间艺术品可谓种类繁多、浩如烟海。像瓷器、景泰蓝、唐三彩、兵马俑、中国书画等在国际上都有着较高的知名度和影响力，有的甚至可以说是“中国”的代表。自改革开放以来，相关行业在继承、完善传统工艺的基础上，推陈出新，进一步发展传统艺术，使之形式不断完善，内容不断丰富，并渗透到生活的各个领域。在此带动下，我国旅游购物品的生产和销售也有了长足的进步和较快的发展，旅游购物收入占旅游总收入的比重逐年上升，成为旅游经济增长的一个重要支点。1999

年我国旅游购物品外汇收入达27.71亿美元，占当年旅游外汇收入的19.7%，比1995年旅游购物品销售外汇收入的16.41亿美元增加了11.3亿美元，年均递增13.99%。同时，国内旅游购物品销售收入也有较大幅度的增长。

但是，从横向比较看，我国旅游购物品的生产和销售仍存在较大差距。在旅游业发达的国家和地区，旅游购物收入一般占到旅游业总收入的40%以上。如新加坡占到59.6%，美国占到54.7%，法国占到52.1%，泰国占到42.8%，我国香港特别行政区占到49.6%。即使在旅游业发展中国家，旅游购物收入的比重一般也在20%以上，如印度尼西亚为24.0%，韩国为23.7%，马来西亚为21.2%，我国则基本在20%左右徘徊。显然，这与我国作为21世纪旅游大国的地位是不相称的。

目前，我国旅游购物品的发展存在的问题较多，可归结如下：

1. 旅游纪念品缺乏吸引力，价格偏高，令人望而却步

根据对旅游购物的专门调查，被调查游客在被问及在旅游目的地购物主要选择什么时，有67.7%的人选择了购买土特产，而只有27.6%的人选择购买旅游纪念品。一向被旅游专家们寄予厚望的旅游纪念品，之所以比不过传统的土特产，主要原因是旅游纪念品没有特色、没有个性，缺乏吸引力。外出旅游归来，除了一大摞照片以外，便再也拿不出什么可作为留念的东西了，几乎每一位外出旅游过的人都会碰到这样买无可买的尴尬与烦恼。故宫门前出售的旅游品，在长城脚下一样能买到；名胜风景区的纪念品，在城里的百货商店中并不鲜见，甚至更加丰富多彩；在北京旅游时爱如珍宝的东西，到了南京、上海、广州才发现原来遍街都是。而游客在大多数旅游景点看到的纪念品，也不外乎都是些项链、扇子等极简单的工艺品。景点特色和地域差别如此之大，而出售的商品却一模一样，我们旅游购物品设计生产的滞后于此可见一斑。通常，游客希望买到的是这样的纪念品：它是精心设计制作的，能够充分地反映该旅游点的特征，含义隽永，意蕴悠长，一见到它就能够想起那个地方的钟灵毓秀，物华天宝。

另外，目前纪念品的价格定位和市民的心理价位也有较大的距离。据调查，8.8%的人选择购买10元以下的旅游纪念品，而53.9%的人心理价位在10至15元，23.5%的人选择50至100元，只有9.4%的人愿意选择100元以上的纪念品。由此可见，超过九成的游客的心理价位在100元以下，大多数旅游者在昂贵的旅游纪念品面前还是望而却步。但国内的旅游纪念品，动辄数百元、上千元，而价位较低的又缺乏创意，工艺粗糙。

2. 质量问题令人担忧

质量问题是让游客在选择旅游购物品时陷入苦恼的另外一个因素。旅游购物品尤其是旅游纪念品，游客都希望能保存得越久越好，同时也希望它能做得精美

一些、细致一些。可是据调查发现，绝大多数旅游购物品都存在着质量问题。

首先是工艺粗糙。有的纪念品创意不错，如长城上卖的那种长城模型就很有纪念意义，可是工艺看去很是粗糙，让人敬而远之。

其次是质量不高。旅游纪念品不在多，最重要的是货真价实，具有地方特色，游客在某景区热衷于购买某种纪念品，一是奔它的特点而来，二是倾慕它的正宗产地之名气而购，都想买到真品。如南京的雨花石、洛阳的唐三彩、宜兴的紫砂茶具等。因此，在旅游纪念品的生产中，要严格按照工艺标准精心制作，切忌偷工减料，忽视质量。一些具有地方特色的农副土特产品，如桂林的沙田柚、罗汉果，张家界的板栗、猕猴桃，西安临潼的石榴，粤北地区的冬菇、冬笋、白毛茶等，也要精心栽培，保持它们的原汁原味，防止退化变质。这样，才能受到游客的青睐。

旅游购物品的质量问题不是关乎国计民生的大事，但它却影响着这个行业的发展与壮大。如果我们要想让旅游购物品有一个较大的发展的话，就必须重视旅游购物品的质量问题。

3. 市场秩序混乱，假冒伪劣盛行，市场亟须规范

目前经销旅游购物品的渠道主要有两个：一是国有商店，二是个体摊贩。一般说来，国有商店内的纪念品档次较高，设计、工艺等多为上乘，但价格很高。个体摊贩上的纪念品档次较低，但价格可自由浮动，较国有商店便宜。不过这个自由浮动的价格却带有随意性，这就给个体摊贩以可乘之机，他们或是漫天要价，或是竞相压价，这都十分不利于旅游品市场的发展，需要有关部门加以整顿清理。另外，市场还普遍存在“劣币驱逐良币”的现象，一旦有创意新、制作精良的旅游购物品出现，必然有质量次、成本低的生产者跟进。若没有规范的市场秩序，假货就会把真货挤垮，生产真货者也不再有创新发展的动力。

4. 旅游购物品生产、销售环节问题多多

多数地方旅游购物品生产分散、加工工艺水平不高，花色品种少，不能较好地满足游客的多样性需求，也尚未形成具有特色的较大生产规模的名牌旅游购物品和厂家。同时，销售环节由于包装、运输、宣传、分销等多方面的原因，使我国多数旅游购物品不具备比较优势，销售不旺。

5. 缺乏针对国际旅游者的购物优惠制

我国消费品的关税水平高于多数发达国家，并且没有普遍实行购物退税制度，免税店的经营模式和布局也不尽合理，大大限制了海外旅游者的购物消费。

总之，诸多因素的存在和限制，使我们旅游购物品的生产和销售成为我国旅游业发展的薄弱环节。尤其进入 20 世纪 90 年代以后，随着我国旅游业的迅猛发展，旅游购物品生产和销售滞后的问题日益突出，不仅影响到旅游业综合经济效益的提高，也制约着旅游业对相关产业带动效应的有效发挥。因此，必须提高认识，加快旅游购物品的开发、生产和销售，把旅游购物品生产和销售培育成旅游业重要的经济“增长点”。

二、我国旅游购物品发展的对策

1. 要树立大旅游购物品的概念

我国旅游业发展到今天，在关于什么是旅游购物品的认识问题上，仍然存在着极其普遍的旅游购物品就是指旅游纪念品、旅游工艺品的狭义认识，极大地制约和束缚了从更广阔的商品范畴去开展旅游购物工作。随着我国旅游业的迅速发展和商品市场的繁荣，旅游者实际购买的商品已远远超出单一的旅游纪念品、旅游工艺品。现代意义的旅游购物品绝不仅仅是文房四宝和中国的工艺品，凡是海内外旅游者在中国或旅游目的地愿意购买的东西都应该视为旅游购物品。旅游购物品的内涵也应该从昂贵精巧的工艺品为主体框架的束缚中摆脱出来，将低值易耗商品纳入旅游购物品的范畴。旅游购物品是指旅游工艺品、旅游纪念品、旅游用品和旅游食品等。另一方面，若要大幅度提高旅游购物在旅游消费中的比例，工作重点不能完全放在旅游纪念品上。比如游客在巴黎的购物量大，主要开支在时装、皮具、香水和口红等化妆品上，而绝非纪念品商店中的埃菲尔铁塔模型和风光明信片。因此，积极发展旅游购物，必须彻底转变对旅游购物品的狭义认识，树立大旅游购物品的意识。

2. 以市场为导向，推进旅游购物品的开发、生产和销售

旅游购物品是伴随着旅游业的兴起而出现的一种特殊商品，也是一种市场导向性很强的产品。它除了具有一般商品的特性外，还要满足旅游者的需求，具有特色性、工艺性、礼品性、纪念性及方便携带等特殊属性。目前，许多旅游购物品开发不成功或投入市场销售乏力的根本原因，主要是过分强调资源导向型商品的开发，忽略了对旅游消费市场的深入分析和研究。因此，要加快旅游购物品的发展，就必须更新观念，认真研究和分析旅游购物品消费的特点和旅游者的购物偏好，以旅游市场为导向，在旅游购物品的开发、生产和销售上狠下工夫。

在旅游购物品的开发上，必须认真分析和掌握旅游者的偏好，正确地进行市场定位、商品定位和价格定位，才能针对不同的旅游消费群体需求，开发出适应不同层次旅游者偏好的、物美价廉、适销对路的旅游购物品。此外，不同的旅游消费群体购物偏好也有所不同，例如欧美游客对中国的仿古工艺品、瓷器、旧货、手工地毯、丝毯、民族用品比较喜爱，景泰蓝、雕漆、花丝镶嵌等经常是他们选购的目标，他们欣赏的是古风古韵的东方气息；东南亚邻近国家的旅游者，

由于和我国有相近的文化渊源，所以他们更对民族工艺品情有独钟，对中国的书画、中成药制品、茶叶等商品的购买比例要明显高于欧美旅游者。而日本、韩国、中国台湾等国家和地区的游客通常会选择丝绸面料、服装、文房四宝、手绘文化衫等易于携带的纪念品。又如，在价格上，海外游客对我们旅游购物品价格的评价也不尽相同。因此，只有通过对旅游购物品进行市场分析，掌握不同旅游消费群体的特点及偏好，才能对旅游购物品的开发进行正确的市场定位和价格定位，以确保所开发的旅游购物品具有广阔的市场吸引力。

在旅游购物品的生产上，也要针对消费者的特点，正确处理好大量生产和单件小批量生产、现代新技术加工和传统手工加工、精细产品和一般产品的矛盾，不断突出和提高旅游购物品的特色和质量。同时，旅游购物品的开发和生产还要突出地方民族特色，具有较强的纪念性，讲求产品质量，做到质价相符，并且高度重视旅游购物品的包装和装潢，方便携带和托运。

在旅游购物品的销售上，要正确处理好旅游购物时间、购物地点、购物方式及购物引导等问题，同时要积极开拓国外旅游购物品市场。目前，在旅游购物时间上，一方面存在指定购物次数频繁而引起旅游者反感，但另一方面旅游者又没有充足的购物时间买自己喜爱的旅游购物品的矛盾。另外，在购物地点的选择上，大多数游客喜欢在综合商店、免税商店及宾馆商品部购物，只有少数游客在旅游定点商店及景区景点购物。在购物方式上，多数游客倾向自由购物而仅有少数愿意随团购物。因此，在旅游过程中，指定购物的次数应适当减少，而自由购物的时间则应适当增加。同时应逐步建立相对集中的旅游购物品购物市场，便于旅游者比较和选购，从而提高旅游者的购物消费支出。

3. 提高旅游购物品的经营能力

提高经营能力是发展旅游购物品的一个重要策略。首先要增强企业的融资能力。针对旅游购物品生产企业融资能力弱的特点，从旅游发展专项资金中划出一部分、企业自筹一部分，建立一定规模的旅游购物品贷款风险金，实施“旅游购物品企业风险担保金”制度，积极推荐符合条件的旅游购物品企业上市。各商业银行、农村信用社每年应安排一定的信贷资金，支持有效益、守信用的重点旅游购物品企业和个体私营旅游购物品生产经营者，为促进旅游购物品的较快发展提供有效的信贷支持和良好的金融服务。其次，形成拳头旅游购物品并使之成为世界知名商品。要依托现有骨干企业，依靠科技进步和技术创新，着力加强优秀旅游购物品与相关技术的开发。优势企业也要结合自身实际，制定拳头旅游购物品和国际品牌商品的发展目标，同时与有关部门和新闻媒体积极配合，为优秀旅游购物品的培育创造条件。再次，形成多种有特色的销售渠道，比如“前店后厂”模式，将旅游内容及旅游购物品购买有机结合在一起，同时要形成优质服务体系。最后，旅游购物品的销售场所应形成规模，形成超级多功能的购物环境，集休闲化、餐饮化、娱乐化、会议化、金融化等于一体的大型购物中心。

4. 条件适宜地区应着重发展旅游购物

“行、住、游”基础设施已趋于完善的地区，应转而侧重发展旅游购物。世界旅游业较发达的国家的成功经验表明，旅游业要想获得最佳产业效益并保持持续、稳定的发展，必须以“食、住、行、游、购、娱”六大要素的配套协调发展为基础。当一个地区的“行、住、游”基础设施已趋于完善，并因此已获得相对稳定的外汇收入后，旅游业要想取得更大的经济效益，一定要加强薄弱环节的建设，其中尤其要突出发展旅游购物，并在规划、政策措施、资金投入等方面落在实处。口岸城市应作为发展国际旅游购物的重点地区；作为国内旅游集散地的中心城市，应培育和发展旅游购物市场；我国的中心城市，既是各地的商业中心，又是国内外游客的集散地，更应是国内外游客最理想的购物地。

5. 要不断推出有利于发展旅游购物品的新举措

(1) 应借鉴并尽早推出对海外入境旅游者实行购物退税制。对境外旅游者购物实行退税制，是世界旅游业发达国家普遍实行的吸引入境旅游者购物的一项优惠政策。我国消费品的关税水平高于多数发达国家，并且没有普遍实行购物退税制度，免税店的经营模式和布局也不尽合理，大大限制了海外旅游者的购物消费。因此，积极借鉴国外经验，尽快推出适合我国国情的购物退税制，与国际惯例接轨，是发展我国旅游购物工作的必要措施。

(2) 加强对旅游者的导购宣传。旅游购物工作的实质就是引导旅游者购买商品，扩大旅游者购物消费的支出。正确引导与能否提供满足旅游者需求的商品是开展这一工作的两大关键环节。就旅游部门而言，应当以引导为重点，并围绕怎样引导的问题开展工作。长期以来，我国旅游行业的宣传促销工作缺少对旅游者购物的引导性宣传。因此，在现阶段散客旅游已明显高于团体旅游的情况下，各级旅游行政管理部门要把旅游导购作为宣传促销的主题之一，要在对本地区旅游购物品作普遍调查的基础上，将适于旅游者选购的名特优商品和购物场所汇编成具有实际导购意义的宣传手册，并采取各种行之有效的传播方式，积极引导旅游者购物，扩大旅游者的购物消费。

(3) 开展“旅游购物步行街”的创建工作。旅游购物步行街在世界旅游业发达国家的城市中十分普遍，它是作为现代旅游丰富旅游活动形式、完善旅游产品结构、创造良好旅游购物环境、扩大旅游购物消费的重要措施。完善配套的市政建设、良好的商品经济基础和大量流动的旅游者，是建立旅游购物步行街的基本要素和条件。因此，在我国旅游中心城市，应当结合各自城市的特点，积极创造条件，开展旅游购物步行街的创建工作。

(4) 景区景点要加强旅游纪念品的销售和监督管理工作。要彻底解决我国旅游纪念品雷同的问题，就应当从景区景点旅游纪念品的销售和管理入手。景区景点经销的旅游纪念品应是具有体现景区景点特征的旅游纪念品。这样，各景区景点旅游纪念品的对比就愈强烈，特色就愈鲜明，也就越能最大限度地满足和吸引旅游者购物。同时，各级旅游行政管理部门要加强对旅游定点商店和旅游购物品销售的执法监督和管理，最大限度地杜绝旅游购物品销售中假冒伪劣、以次充好、高额回扣等不良现象的发生。工商部门、技术监督部门也应积极协同配合，为旅游购物品销售营造一个良好的市场环境，确保国内外游客在旅游购物中买得放心、买得舒心。

(5) 加大政府对旅游购物品的扶持力度。旅游业在我国是一个政府主导型发展的新兴产业，旅游业的快速发展与政府的积极培育和推进是密不可分的。因此，在旅游购物品的开发、生产和销售上也离不开政府的积极扶持和推进。政府的扶持推进主要体现在政策、资金及服务三方面。从政策上，各级政府及相关部门应在国家的政策范围内，积极从工商、税收、价格、贷款等方面对旅游购物品的开发、生产和销售给予一定的优惠和扶持。从资金上，各级政府应针对目前旅游购物品开发、生产企业规模小、资金筹措能力弱的状况，从财政支出中划出一定资金建立“旅游购物品开发风险基金”，以促进旅游购物品的开发和生产，尤其对名牌旅游产品的培育应给予一定的资金扶持。从服务上，各级政府有关部门应统一思想，提高认识，从旅游购物品发展规划、政策指导、信息咨询、科技开发、招商引资、市场培育等各方面为旅游购物品生产和销售企业提供服务支持，为旅游购物品发展创造一个良好的环境和条件。

促进旅游购物品的发展所要做的工作很多，但最根本的是要在旅游业乃至全社会形成一种重视和发展旅游购物的氛围，要使各级政府、各行业主管部门、商品生产企业和流通部门达成共识，为培育和发展旅游购物市场，扩大旅游购物收入，促进我国旅游业实现增长方式的转变而努力。

第二节　旅游购物品的发展趋势

一、旅游购物品的生态化趋势

近年来，随着生态旅游的悄然兴起以及“保护生态环境”“人与自然——和谐发展”等观念意识的转变和不断加强，身居繁华喧嚣的都市人开始寻求返璞归真，崇尚自然，对各种绿色产品，大到绿色汽车、电动自行车，小至无磷洗衣粉、环保洗衣球等日渐青睐有加，成为都市居民消费的一种新时尚。旅游购物品的发展也必须紧紧跟随这一潮流，顺应自然、社会及时代的发展规律，步入生态化进程。

1. 绿色工艺品登堂入室

（1）柳编制品纷至沓来。柳条箱、柳条书架，这些在20世纪30年代的老电影中常常见到的东西，如今又在都市百姓的家中悄然回归。一些家庭以选择柳条家具及饰品来展示自己崇尚自然、寻求文化气息的情趣。如今随便到哪一家家具专卖店，都可看到各种柳制品琳琅满目：柳编衣箱、书架、幼儿睡的摇篮等，自然古朴、别致清新，带有浓郁的乡土气息。其价格也很便宜，一件柳编衣箱只要七八十元，一个书架也不过上百元左右，最贵的柳编衣柜也只有三四百元。现代的柳制品融入了精致的工艺技术和艺术的创造手段，成了真正的柳艺。

（2）竹制品风光依旧。平整、细致、光滑的竹制凉席美观、凉爽、舒适、耐用，已成为人们添置凉席的首选目标。新颖的竹制保健席采用大麻纤维，看上去如同精美包边的绣花床毯，睡时不仅清凉舒适、柔软耐折、不易磨损，而且还起到透气性好、吸汗爽身、抗霉杀菌等保健作用；竹制“麻将式”凉席市场看好，这种凉席由一块块麻将牌大小的竹片制成，这些竹片经刮削、打磨、镂空等工序，手感光滑柔和、外观古朴典雅，购者不仅取其透气凉爽的实用价值，更多的则是追求艺术享受。此外，竹沙发、椅凳、茶几、书架、躺椅等竹制家具大行其道，有些竹制品甚至成了居室装潢不可缺少的配角。

（3）藤制品走俏市场。在过去一段相当长的年代里，藤制家具一直是我国南方城乡家庭的常用家具。后来，随着新式木制家具、金属家具、沙发等的兴起以及传统红木家具的回潮，藤制家具一度淡出。近年来，随着人们环保意识的提高和回归自然潮流的盛行，藤制家具又重新走俏市场，成为居家装潢与摆设的珍品。藤制家具种类繁多，主要分成两大类：一类是利用粗藤弯曲而制成富有线条美的藤制产品；另一类是以编织为主犹如工艺品般的藤制产品，其编织技巧讲究不同编织手法并构成不同花纹图案，因而备受人们尤其国外游客的欢迎。以往的藤制品给人的印象往往是表面粗糙、易受虫蛀、不易久存，给人的感觉是品质差、档次低，而现代的藤制品已在制作工艺上克服了这些缺点。现代的藤制品是以手工制作为主，其原料多采用进口材料，弹性、柔软性好，在制作过程中，还经过紫外线照射消毒、蒸汽高温处理，具有防霉防蛀的特点。如今的藤器在造型上已经从传统的框架里跳了出来，充满了现代气息和时尚韵味，并已突破了仅用于家具的狭窄范围，走向了生活化、多功能化之路。

2. 绿色食品备受青睐

俗话说“民以食为天”，随着人们生活水平的不断提高，物质产品的日愈丰

富，在中国这个具有上千年饮食文化历史的国度里，人们已不再满足于“吃饱穿暖”的基本需求。取而代之，有益于身体健康或对身体有保健作用的食品成为首选。绿色食品，其原料均取自天然，采用科学配方和先进生产工艺精制而成，且不含任何化学成分和添加剂。由于其纯天然、无污染、具有保健作用之功效顺应了当今的环保意识和人们膳食结构调整的需要而备受世人青睐。目前，无论是在一些大型的购物中心、定点购物商店，还是街头小巷的普通便民小商店中，标有“绿色食品”字样的各式食品随处可见。为了适应人们对绿色食品的需要，一些星级酒店率先推出了“绿色餐厅”，开始了一些食品结构改善的尝试，采购部只采购有“绿色商标”的原材料，餐饮部正在推出各式各样的绿色食品。

走进千家万户，登堂入室进入酒店的绿色食品，已成为饮食文化的发展方向，还正以一种全新的概念潜移默化地影响、改变、丰富着我国的饮食文化。广阔的需求市场，众多的绿色食品原料，必将对作为旅游业重要部门之一的餐饮业产生巨大而深远的影响，并将成为带动餐饮业发展的一个新亮点。

3. 绿色用品悄然兴起

随着世界范围内环保意识的加强、提高及新技术、新成果的广泛应用，无污染、无公害的绿色用品在各行各业中悄然兴起，影响着社会的方方面面。据专家预测，21 世纪，饭店业发展的一大趋势是饭店环境向绿色化方向发展，即通过创建“绿色楼层”“绿色客房”乃至“绿色餐厅”，饭店与客人共同努力，以减少能源和资源消耗、消除污染、优化生存空间为目的，共同营造“绿色饭店”。目前，我国青岛市的一些星级酒店已率先推出“绿色客房”：房内布置均为全棉制品和绿色植物，所有可能造成污染的塑料袋、塑料制品被环保型纸制品取代；为解决客人饮用水的纯度与净化，淘汰了用暖壶送水的服务程序，而代之以每个客房安装净化水器，同时配备小型电热壶；出于对吸烟客人健康保护的考虑，有的酒店特别制作了一批“香烟焦油净化器”，放在吸烟客人的房间内……据了解，各酒店所设的“绿色客房”已成为酒店入住率最高的房间且供不应求，数量亟须增加，为酒店创造了良好的社会与经济效益。作为旅游业三大支柱产业之一的饭店业迈出的成功一步，必将带动整个旅游业顺应时代潮流，为绿色用品的兴起与发展创造广阔的空间。

二、旅游购物品的个性化趋势

旅游者在目的地购物是旅游的非基本活动，之所以远离常住地购买是因为它与常住地的商品不同。当然，有些旅游购物品是旅游过程中必须购买的，而其购买量及频度也是受独特性决定的。独特性表现在：地方性、民族性；同质低价

格；高质量可接受价格；品种样式新颖，让人爱不释手；符合观念时尚趋势。因此，旅游购物品尤其是旅游纪念品的发展必须以个性立市，具备不可替代的地域文化特征。鲜明的个性与突出的特色是旅游购物品的精髓所在。

旅游购物品的个性化具体表现在三个方面：

1. 产品设计的独特性

我国的旅游购物品中，传统工艺占了较大比重，有些产品虽然技艺精湛，但设计观念仍显滞后。而有些产品的设计则对消费者的心理揣摩不够，对于“旅游购物品”概念的理解过于肤浅。例如某厂家设计的一种礼品烟，只在烟盒上印有天坛、北海等风光图案。同样是烟，日本的名牌柔和七星就为旅游者设想得十分周到，它设计推出一种5根一盒的小包装，精致小巧，旅游者买回去送人，既有面子（送的是名牌），又没有过重的经济负担。又如，在夏威夷流行的一种最时髦、最畅销的时装，它是早期流落到夏威夷的中国人，把西方的罗裙与中国的旗袍综合而成的一种日本、西欧、美国人都喜欢的女式时装，英文称做MuMu，译音“摸摸”，前去夏威夷的度假旅游者都要买一件，价格从40美元到150美元不等。夏威夷度假旅馆的女服务员，都身穿这种时髦的“摸摸”时装，在服务活动中很自然地向客人展示这种新颖、别致、大方独特的夏威夷女式时装，代替时装模特向客人兜售。相比之下，我们的设计还有待于进一步进行大胆的创新。

2. 生产工艺的独特性

旅游购物品必须具有工艺性，即运用工艺手段和各种专业技巧进行制作或生产，以精湛的技艺留下工艺特征。例如我国传统手工艺品中的象牙球雕刻，层层精细雕琢，玲珑剔透，巧夺天工，可以说是工艺美的典型作品。旅游购物品独特的工艺美正是刺激游客尤其国外旅游者购物消费的一个重要因素。

旅游购物品工艺的独特性，主要取决于不同的工艺手段和生产方式所形成的工艺美特征。民间工艺在制作技巧上有明显的传承性，表现为质朴纯正，如刺绣、挑补花、草藤柳编、蓝印花布等。这些民间工艺品在创作思想及创作目的上有明显的统一性，其风格和形式又有明显的地域性。特种工艺的工艺特征，由于是利用某种珍贵或特殊材料精心设计并采用特种技艺加工而成，故均以丰富、强烈而完美的装饰性为特征，体现出材质美和工艺美，如象牙雕、玉雕、雕漆、景泰蓝等。现代工艺的工艺特征，则是改变了单纯的手工作业，采用现代工业制造技术进行批量化生产。现代工艺注重新工艺、新材料、新技术及现代装饰手法的运用，以精确完美的造型，体现出现代感的工艺美，如机印花布、包装装潢、塑料工艺等。

中华民族拥有诸多独有的民间绝艺，如蛋雕、麦秸画、蝴蝶画、绢绣等。它们是我国民间工艺的瑰宝，堪称旅游购物品中的精品。继续取其精华，去其糟

粕，我国的旅游购物品在工艺独创方面定能独树一帜。

3. **销售方式的独特性**

如果说旅游购物品的设计及工艺的独特性决定了游客的购买数量和频度的话，那么，其销售方式的独特性则决定了该产品对游客的吸引力程度。相比较而言，国外的旅游点在旅游纪念品的销售方面较我们成功得多，总结其规律就是：卖纪念品的地方，都只卖自己独有的东西。这和我们几乎所有景点都卖串珠、项链、生肖饰物、石章玉器、花瓶什么的是大相径庭的。

日本人在旅游纪念品上算是动足了脑筋。比如爬富士山，上1 000米有1 000米的钥匙圈作纪念，2 000米则有2 000米的钥匙圈和你结缘，3 000米则又别出心裁。有趣的是你若未爬到3 000米，你就休想在别处买到只有爬到3 000米处才能得到的纪念品。

法兰西自古崇尚自由浪漫，是世界平等、自由理念的发源地，自然要强调自我的意义。在小小的纪念品上，也体现出这种民族特征。在著名的戴高乐机场候机大厅，法航专门设有纪念品部，里面从钥匙链到法航的飞机模型、西服、皮夹等等，显得很丰富。但无论哪种东西，都有着法航的显著标志。更有趣的是，就连有些餐馆的盘子都有自己的标记。若你有兴趣的话，侍者会及时递送一张小硬卡，上面列着这家餐馆提供的纪念品，不仅有盘子，还有其他餐具，甚至还有T恤衫、棒球帽，无一例外地印有明显的餐馆标记，它甚至还卖印有自家招牌的红酒。从那些定价不菲的旅游纪念品里，我们起码能看出这些东西很有市场。其实，那些东西并不是什么高级货，有的国内也有，甚至可能比法国的更好、更便宜。可为什么就有人专门要买呢？无疑是它们独特的销售方式对游客产生了巨大的吸引力。

综上所述，个性化是旅游购物品发展的大势所趋。但是，值得注意的是，旅游购物品以个性立市，切忌盲目追随。诸如某些商场中不少特色不明的纪念品或工艺品，如玉石挂坠、仿制项链、手镯、牛角梳、纸扇，甚至布娃娃等都贴上“××留念”的标签后也列入当地旅游纪念品行列。这种“贴标签”的做法，不仅提升不了旅游小商品的工艺价值含量，反而从根本上影响了该地旅游纪念品的声誉。

三、文化内涵与科技内涵不断深化的趋势

1. **更加注重文化内涵**

一个地区的旅游购物品市场是否健康有序的发展，旅游购物品是否具有一定的品位，是衡量这个地区旅游业是否走向成熟的重要标志。旅游购物品是兼有物

质属性和精神属性的商品，鲜明的民族、民间文化特色，精美的艺术制作，是其生命所在；纪念性、观赏性、艺术性、趣味性、知识性、独创性是优秀旅游购物品必备的要素，而每一要素都渗透着一定水平的文化含量，这一切构成了旅游购物品的品位。提高旅游购物品的品位即文化内涵是提高其经济效益的重要途径。

有人曾形象地比喻：社会是一个盛水的容器，文化是水，而人就是水中的鱼。这句话深刻地描绘出人与文化之间的关系，而旅游购物品深层次的内涵就是文化。

旅游理论界普遍认为：现代旅游的性质是一项以文化交流为基础，涉及经济、政治、社会等多方面的综合性大众社会活动。文化能增强旅游购物品的吸引力，普通商品不等同于旅游购物品，就像铁矿不等于铁和钢一样，只有经过文化的挖掘和冶炼，才能成为旅游购物品。旅游购物品蕴涵的文化内涵越深厚，吸引力就越强，就会越受游客的喜爱。如果是外销的旅游购物品，还要熟悉异域的爱好和禁忌。由于习惯风俗的不同，各国对旅游工艺品和旅游纪念品诸如造型、纹饰、题材甚至色彩都有不同的好恶取舍。比如：信奉伊斯兰教的游客就很忌讳用有些动物做造型或装饰图案；很多国家对某些数字比较敏感。即使是美丽的花卉或图案在不同国度的游客看来所理解和表达的情感也是完全不同的。所以，作为经营旅游购物品的商家必须有相当的文化和知识，应深深挖掘本国、本地区、本民族的文化内涵，以深厚的文化背景为依据，设计和制造独具特色的旅游购物品。文化渊源是旅游购物品的生命力所在。

发展是一个永恒的主题，发展同时也是一个过程，在我们重视旅游购物品给我们带来的经济利益的同时，我们更应该重视旅游购物品发展基础的培育，从更大范围说是中国旅游业发展的基础培育，削弱急功近利的思想才更能反映可持续发展的精神。重视旅游购物品的文化含量和员工整体素质的提高才能真正提高旅游购物品的文化含量。

2. 传统工艺与技术创新相结合

任何事物的发展必须顺应社会潮流，紧跟时代步伐才有可能不被淘汰，旅游购物品也不例外。目前我国旅游购物品的发展存在的问题颇多，其中不乏传统与革新的矛盾：有些产品设计陈旧，几十年如一的老面孔，走不出其固有模式；有的旅游购物品相当部分还是采用作坊式生产，企业技术力量薄弱，装备和工艺水平低，即使有新颖的创意，但设计、包装简陋，产品质量差，难登大雅之堂。传统工艺、手艺会不会走入绝境？技术革新会不会改变传统工艺的原汁原味？答案必然是否定的，传统工艺与现代工艺不可替代。我国的一些传统工艺品和民间艺术品以其极富东方神韵的独特魅力，始终对外国旅游者保持着很大的诱惑力，深受海外旅游者的青睐。但是，我们的传统民间艺术普遍缺乏商品意识，加之受地

域限制，极少与外界沟通，长期闭门造车的结果妨碍了工艺品向商品的转化，也使民间艺人的创作水平难以进一步提高。而现代工艺则不然，它是现代工业社会科学、商业与艺术的综合体现，代表一个国家、一个地区社会生产力发展的水平。如体现现代工艺水平的各种艺术精品、机印花布、日用陶瓷制品、塑料工艺制品、智力玩具、时装、书画工艺品及精致的包装饰品等，它是采用现代科技制造的产品，注重新工艺、新材料及现代装饰手法的运用，它是通过制造精确完美的造型，突出材料质地和加工形成的纹理色泽，以体现现代感的工艺美。

1999 年在北京举办的“北京优秀工艺设计竞赛”中，涌现出一批主题鲜明、形象生动、既有民族特色又有时代感的旅游品。其中，四合院系列的景泰蓝制品受到了评审委员会专家的一致好评。景泰蓝是我国的传统工艺，由于设计理念陈旧，表现手法单一，产品难现昔日辉煌。这套四合院系列包括四个 10 寸套盘的一罐一瓶，套盘表现了一个典型的北京四合院的局部景观，既可组成系列也可独立成篇；15 英寸的玖宝瓶绘有银妆素裹的四合院；12 寸的流星罐上，古朴的四合院大门关不住满院春色。这套景泰蓝制品与我们观念中的传统景泰蓝不同，整套作品色彩淡雅，画面用写意法勾勒，线条洗练，用现代手法包装传统工艺。“四合院”系列对传统工艺如何出新提供了有益的启示。再如，某家公司运用电子技术模拟到天安门看升降旗的过程。到天安门看升降旗，如今已是许多国内旅游团必有的项目。因此，这项产品相当讨巧。据厂家介绍，该产品近年来已销售了八万多件，收入 200 万元。目前正在以往的基础上对细节加以设计，不断完善，使之操作更方便。

可见，新科技才能赋予旅游购物品以时代感，增加高新技术的含量，才能给旅游购物品注入勃勃生机。科技内涵的深化必将成为旅游购物品的又一发展方向。

四、注重观赏性与实用性统一的趋势

旅游者购买旅游购物品的动机，一方面是出于审美意识：一种是为了收藏，以追求商品的欣赏价值与艺术价值；另一种是为了送礼、纪念或求名，对商品的象征意义及美学价值比较重视。另一方面是以使用功能和内在质量为目的。因此商品新颖的造型，流行的款式，精美的包装，较强的实用价值，往往是诱发旅游者产生购买动机的重要因素。

旅游购物品的观赏价值具体表现在：

（1）形象性。表现为“质美工巧”的形态美。以精巧的构思、高超的工艺、优良的材质所塑造的可爱形象。

(2) 感染性。表现为形式与内容的完美结合，材料与工艺高度统一所产生的美的感染力。

(3) 新颖性。表现为商品在内容上有所创造，形式上有所革新，以迎合旅游消费者求异、求变、求新的购物心理倾向与审美情趣。

旅游购物品的实用性，则是指符合旅游者消费心理、兴趣嗜好和生活方式的一种需求趋向。要使旅游购物品具有实用性，必须注意做到“三制宜”：一是因人制宜。应考虑各国、各民族、各阶层、各种信仰、各种年龄旅游者的兴趣爱好与风俗习惯。商品只有在适应某种类型的人的需求时，才具有实用价值。如带有精致小佛像的项链，对东南亚佛教信徒旅游者来说，其实用性极大，而对西方天主教或基督教徒旅游者而言，只有十字架或基督像才受欢迎。二是因时制宜。要考虑时间性和季节性的影响与需求，如秋冬季节供应涮羊肉等风味小吃，就会因商品适时而提高其实用性；反之，如违反时间性与季节性的需求，同样的商品也会失去实用价值。三是因地制宜。要考虑地方特点和民族特色的纪念意义。一般的说，具有游览地特征，或是就地取材、就地加工、就地销售的商品，更能吸引旅游者购买，这是一种实用性的心理需求。如在贵州购买蜡染制品，就比在其他地区购买从心理上感觉其实用价值不同。

旅游购物品只有满足观赏性与实用性的有机结合，才能最大限度地体现出它的价值所在，才能迎合旅游者对旅游购物品更高层次、多方面的需求，使旅游购物品的功能日趋完善，赢得更加广阔的客源市场。

总而言之，旅游购物品作为旅游业中一个重要的组成部分，应该有更大的作为，更应该是“好风凭借力，送我上青云”。旅游业日益兴旺，旅游购物品市场前景广阔。我们有理由相信，一个有着五千年文明史的国度，一定会创造出缤纷绚丽的旅游购物品！

第三节　全球一体化的旅游购物品

21 世纪，无论哪种社会形态的国家和地区，都已不可避免地被卷入到全球经济一体化中。全球经济一体化的出现和发展，对任何一种产品、任何一个行业等都产生了巨大的冲击。

一、国际化的旅游购物品

随着国际交往的日益增多，国际贸易也有了长足的发展，资源配置、产品的

生产销售都已超出了国界，出现了资源配置、产品的国际化。在这种情形下，旅游购物品行业的发展就必然要与国际接轨，就必然要遵循国际上通用的各种法律和规则。目前国际上适用范围最广的国际标准主要有 ISO 9000 族标准和 ISO 14000环境管理标准，关于 ISO 9000 族标准与旅游购物品之间的关系，我们已在第九章第四节作过详细介绍，这里主要介绍一下 ISO 14000 环境管理标准。

1. ISO14000 标准的基本内容

1993 年 6 月，国际标准化组织 ISO 经过充分的筹备，正式成立了 ISO/TC207 环境管理技术委员会，并在短期内推出 ISO 14000 环境管理标准，这是继 ISO 9000族系列标准后推出的又一重要的国际通行的管理标准。目前，世界上所使用的ISO 14000标准是由环境管理技术委员会 ISO/TC207 的环境管理体系分技术委员会 SCI 于 1996 年制定的国际标准。

ISO 14000 标准是环境管理体系 EMS 标准的总称。其目的是规范全球企业及各种组织的活动、产品和服务的环境行为，节省资源、减少环境污染，改善环境质量、保证经济可持续发展。目前，ISO 14000 系列标准已被近百个国家和地区采用。

ISO 14000 体系由五个要素组成，即：环境方针、策划、实施和运行、检查和纠正措施、管理评审。体系认证之标准为 ISO 14000，这是系列标准中的核心部分。其他标准则是其技术支撑文件，以保证环境体系审核、认证活动规范化并与国际接轨。

ISO 14000 环境管理系列标准的管理原则和控制要素与 ISO 9000 标准基本相似，二者具有一定的相容性，并且两个体系的很多程序和文件都是可以共用的。这一标准现在已成为产品进入国际市场的一个重要标准，它的实施，既是为了保护人类生存发展的需要，也是一个国家和地区国民经济可持续发展，建立市场经济体制，实现环境管理现代化的需要。

2. 国际化旅游购物品环境管理体系的实施

旅游购物品环境管理体系的建立与实施，一般分为以下五大阶段：

（1）规定旅游购物品所应达到的一定环境目标。旅游购物品生产经营企业首先应该依据其环境方针（企业环境表现的意图与原则的陈述），规定本企业的旅游购物品所要实现的一定环境目标，这是旅游购物品环境管理体系建立的起点。

（2）为旅游购物品制定一定的环境指标。旅游购物品的环境指标来自于环境目标，或是为实现环境目标所需规定并满足的具体的环境表现要求，它们可适用于企业全局或其局部，如可行应尽量予以量化。

（3）建立有效的环境管理组织机构并确定相应的职责。为了便于有效的环境管理，旅游购物品生产经营企业应建立相应的环境管理组织机构并对其职责和权限作出明确规定，形成一定的文件并予以传达。

(4) 对环境管理人员进行培训并向环境管理体系提供必需的资源。旅游购物品生产经营企业应对其环境管理人员进行专门的培训，以提高他们的能力。当然，企业对其他可能对环境产生重大影响的所有员工也应该进行一定的培训，以提高企业员工的环保意识。企业的管理者应为实施和控制环境管理体系提供必要的资源，包括人力资源和专项技能、技术以及财力资源。

(5) 对环境管理体系的运行进行控制，并加以改进。旅游购物品生产经营企业应根据其方针、目标和指标，确定与所标识的重要环境因素相关的运行与活动。应确保这些活动在程序规定的条件下进行，并促进企业环境管理体系的持续改进。

3. 国际化旅游购物品环境管理体系的意义

在全球日益重视环境保护的今天，建立 ISO 14000 标准体系，是旅游购物品生产经营企业提高市场竞争力，进军世界市场，特别是欧美市场的绿色通行证。旅游购物品生产经营企业环境管理体系的建立势必会对企业产生极为重要的意义，这主要集中表现在以下几个方面：

(1) 促使旅游购物品更加符合顾客的需求，促进旅游购物品的销售。环境污染日益严重的今天，人们的环保意识逐渐增强，从而对商品的环保问题日益重视。旅游购物品环境管理体系的建立与实施，会使旅游购物品生产经营企业所生产的旅游购物品符合顾客对商品的环保要求，促进旅游购物品的销售，从而提高企业的经济效益。

(2) 有利于旅游购物品企业提高整体素质和环境管理水平。旅游购物品环境管理体系的建立，会使旅游购物品企业由对环境的事后治理转向事前预防和控制，以治标转向治本，从而实现环境优化；有利于企业以生产方式的粗放型管理向效益型管理转变，促使企业行为与经济发展水平同步，提高企业形象和效益。

(3) 保证旅游购物品的可持续发展。旅游购物品环境管理体系的建立和实施，会改进旅游购物品的环境性能，降低产品在制造或使用时对环境的影响；改革工艺和材料，降低生产过程中对环境的影响；改造或更新设备，减少对环境的影响；通过对旅游购物品废弃物的分类处理和回收利用，实现污染防治；降低旅游购物品能源和资源的消耗；提高旅游购物品在旅游市场上的形象。从而使旅游购物品的生产和经营走上一条可持续发展之路，促进旅游购物品经济的繁荣。

4. 我国旅游购物品业应采取的对策

为适应全球经济一体化，在激烈的市场竞争中把旅游购物品推向国际市场，我国旅游购物品业应采取以下措施：

（1）采取措施实现旅游购物品业结构的优化和升级，这是提高我国旅游购物品出口竞争力的关键所在。主要体现在产品设计、工艺技术和经营管理方面。目前我国旅游购物品业普遍存在着结构性矛盾突出，技术水平低，装备落后，企业组织结构不合理，原料的生产与流通体制不畅，先进技术水平及高档产品又无法和发达国家竞争等问题。

为适应全球经济一体化，把我国旅游购物品业真正推向国际市场，促使企业不得不下大力气加强管理，最大限度降低生产成本，提高产品质量。用北京市服装进出口公司夏利群的话说，就是“真正的市场经济来不得半点虚假，要生存，要发展，就必须改革”。

（2）贸易制度的自由化与在贸易流程中建立有效的风险防范机制。通过引进 ISO 9000 体系、程序控制来防范风险。我国进出口旅游购物品企业虽然普遍存在着风险防范意识，但并未系统地建立有效的风险防范机制，另外旅游购物品企业中挂靠经营的现象仍大量存在。进出口企业有必要在体制变革的大环境下，积极进行制度创新，建立规范的公司治理结构。

（3）行业协会及地方行业主管部门应加快研究国际环保材料标准，建立我国的环保材料标准体系，在行业中积极推行 ISO 14000 国际环保认证工作。

（4）迅速建立旅游购物品专业信息系统。目前国内还没有建立起利用现代通信和网络技术开展旅游购物品贸易，搜集国际旅游购物品市场经济信息、产品信息、科技信息的专业信息网络系统，以便及时向国内企业发布最新的世界的流行趋势。每个企业在国内市场和国际市场的激烈竞争中，一定要把握旅游购物品消费主流客源的构成，了解不同地区的旅游购物品消费趋势，知道不同收入旅游者的消费趋势，国际上不同地区、国家旅游购物品消费趋势等等，只有前瞻性地把握旅游购物品市场的需求，并结合企业自身的特点和优势细分目标市场，这样才能把可能的机遇转化为真正的竞争力。

二、标准化的旅游购物品

旅游购物品质量与环境管理体系的建立和实施，就会使旅游购物品的生产与销售走上一条标准化的道路，使旅游购物品更加适应全球经济一体化的发展要求。

1. 商品标准化

标准化是在经济、技术、科学及管理等社会实践中，对重复性事物和概念通过制定、发布和实施标准，达到统一，以获得最佳秩序和社会效益的活动过程。标准化工作是人类活动中不可缺少的工作活动，对生产过程来说，它既是专业化

协作生产的前提，又是提高产品质量的技术保证。对流通过程和消费过程来说，它是按质论价的必要条件，也是交易活动中认可商品质量状况的技术依据。并且标准化也是国民经济及其各部门的一项重要基础工作，对发展社会生产力和科学技术，提高商品质量，扩大对外经济和技术交流，提高社会经济效益等方面都具有重要作用。

商品标准化是整个标准化活动中的重要组成部分，它是在商品生产和流通的各个环节中制定、发布以及推行商品标准的活动。商品标准化包括名词术语统一化；部件通用化；商品品种规格系列化；商品检验与评价方法标准化；商品包装、储运、养护标准化和规范化等内容。

商品标准化的基本原理包括统一原理、简化原理、协调原理和最优化原理。商品标准化是一项系统管理活动，涉及面广，专业技术要求很高，政策性很强，因此必须遵循统一管理与分级管理相结合的标准化体制，建立一套完善的标准化机构和管理体系，调动各方面的积极性，搞好分工协作，吸取国外标准化先进经验，才能顺利完成商品标准化工作的任务。

商品标准化水平是衡量一个国家生产技术水平和管理水平的尺度，是现代化的一个重要标志。现代化水平越高，就越需要商品标准化，这是社会经济发展的要求，也是国际经济一体化的要求。

2. 旅游购物品标准化及其作用

现代化的旅游购物品生产是以先进科学技术和生产高度社会化为特征的复杂的生产组合，这种社会化大生产必然要求以技术上的高度统一和广泛协调为前提。而标准化是实现这种统一和协调的有效手段。在现代化的旅游购物品生产和流通中，只有通过标准化才能使旅游购物品的各个生产部门及各个环节有机地联系起来，从而使旅游购物品的生产得以顺利进行，以获得最佳的效益。

实施标准化是现代旅游购物品生产和流通的必要前提，也是巩固和发展旅游购物品专业化协作生产的一个基本条件。旅游购物品的标准化是建立旅游购物品最佳秩序，实现旅游购物品现代化科学管理以及全面质量管理的基础。旅游购物品的标准是旅游购物品生产企业管理目标在质量方面的具体化和定量化；各种旅游购物品质量标准同时也是旅游购物品生产经营活动在时间和数量方面的规律性反映。

旅游购物品只有实行标准化，才能实现旅游购物品企业管理的现代化和全面质量管理，也才能够适应社会经济的发展与全球经济一体化的要求。旅游购物品标准化的重要作用主要表现在以下几个方面：

(1) 商品的标准化是提高旅游购物品质量和发展旅游购物品品种，提高旅游购物品企业市场竞争力的有力保证。旅游购物品质量标准既是旅游购物品企业

管理的目标，又是衡量企业商品质量高低的技术依据。实行标准化对于提高商品质量、合理开发新品种、降低商品成本、提高企业竞争力和应变能力都具有重要的意义。

（2）商品标准化是旅游购物品企业合理利用资源、保护环境、促进企业经济发展和提高企业经济效益的有效手段。制定商品标准的一条重要原则就是要考虑如何合理利用资源、保护环境。商品标准化的任何一种形式，都会对企业产生增产节约效果，有助于企业合理利用资源和保护环境，并可促进企业经济的发展，在使企业获得良好的经济效益的同时获得良好的社会效益。

（3）旅游购物品标准化是旅游购物品企业积累实践经验，推广应用新技术，促进技术进步的桥梁。旅游购物品标准化是连接旅游购物品研制、开发、生产、流通、使用各个环节之间的纽带。新工艺、新材料、新技术、新产品研制成功，通过技术鉴定后，就被纳入相应的标准，从而能够在旅游购物品企业中得到迅速的推广和应用，收到显著的经济效益。

（4）旅游购物品标准化是旅游购物品企业进行国际经济、技术交流的纽带和国际贸易的调节工具。现在，在国际贸易中都已离不开商品的标准化，积极采用国际标准，可以消除国际贸易壁垒，提高旅游购物品企业在国际市场上的竞争力，积极发展对外贸易。并且在国际贸易中，商品标准还是进行贸易仲裁的依据，利用标准化可以保护企业的利益。因此，旅游购物品的标准化对于旅游购物品企业在参与国际贸易时可以起到协调、推动、保护等的作用。

三、旅游购物品质量认证制度

商品质量认证制度是由一个公证机构对产品或质量体系作出正确、可靠的评价，从而使人们对商品质量建立信心。商品质量认证制度作为一种科学的质量监督制度已被世界上很多国家采用，并已收到明显的经济效益和社会效益。

商品质量认证制度是现代商品经济发展的产物，随着现代商品经济的不断扩大和日益国际化，为了不断提高产品信誉，减少重复检验，削弱和消除贸易技术壁垒，维护生产者、经销者、用户和消费者的权益而产生的第三方认证。这种认证不受产销双方经济利益支配，以公正、科学的工作逐步树立了权威和信誉，现已成为各国对产品和企业进行质量评价和监督的通行做法。目前在国际贸易中，要求提供按 ISO 9000 系列标准及 ISO 14000 环境管理系列标准通过质量体系认证的证明，作为签订合同的一个条件，这已是一个趋势，每个企业都应顺应国际贸易的趋势。积极主动地开展以 ISO 9000 系列标准及 ISO 14000 环境管理系列标准为依据的质量体系认证，以提高产品在国际、国内市场上的竞争力。这对供方、

需方、社会和国家的利益都具有重要的意义：

（1）可以强化旅游购物品品质管理，提高旅游购物品企业效益，增强客户信心，扩大市场份额。负责 ISO 9000 品质体系认证的认证机构都是经过国家认可机构认可的权威机构，对企业的品质体系的审核是非常严格的。这样，对于旅游购物品企业内部来说，可按照经过严格审核的国际标准化的品质体系进行品质管理，真正达到法治化、科学化的要求，极大地提高工作效率和产品合格率，迅速提高企业的经济效益和社会效益。对于旅游购物品企业外部来说，当顾客得知供方按照国际标准实行管理，拿到了 ISO 9000 品质体系认证证书，并且有认证机构的严格审核和定期监督，就可以确信该企业是能够稳定地生产合格产品乃至优秀产品的信得过的企业，从而放心地与企业订立供销合同，扩大了企业的市场占有率。可以说，在这两方面都收到了立竿见影的功效。

（2）可使旅游购物品企业获得国际贸易的“通行证”，消除国际贸易壁垒。许多国家为了保护自身的利益，设置了种种贸易壁垒，包括关税壁垒。其中非关税壁垒主要是技术壁垒，技术壁垒中，又主要是产品品质认证和 ISO9000 品质体系认证的壁垒。特别是在世界贸易组织内，各成员国之间相互排除了关税壁垒，只能设置技术壁垒，所以，获得认证是旅游购物品企业消除贸易壁垒的主要途径。

（3）能够节省第二方审核的精力和费用。在现代贸易实践中，第二方审核早已经成为惯例，但是其中又存在很大的弊端：一个旅游购物品的供方通常要为许多需方供货，第二方审核无疑会给旅游购物品供方带来沉重的负担；另一方面，需方也需支付相当的费用，唯有 ISO 9000 品质体系认证可以排除这样的弊端。因为作为第一方的旅游购物品生产企业申请了第三方的 ISO 9000 品质体系认证并获得了认证证书以后，众多的第二方就不必要再对其进行审核，这样，不管是对旅游购物品企业还是对第二方来说，都可以节省很多精力或费用。

（4）将会使旅游购物品企业在产品品质竞争中立于不败之地。以往国际贸易竞争的手段主要是价格竞争，由于低价销售的方法不仅使利润锐减，如果构成倾销，还会受到贸易制裁，所以，价格竞争的手段越来越不可取。20 世纪 70 年代以来，品质竞争已成为国际贸易竞争的主要手段，不少国家把提高进口商品的品质要求作为限入奖出的贸易保护主义的重要措施。实行 ISO 9000 国际标准化的品质管理，可以稳定地提高旅游购物品企业的产品品质，使企业在产品品质竞争中立于不败之地。

（5）有利于旅游购物品企业国际性的经济合作和技术交流。按照国际性经济合作和技术交流的惯例，合作双方必须在产品（包括服务）品质方面有共同的语言、统一的认识和共同遵守的规范，方能进行合作与交流。ISO 9000 品质体

系认证正好提供了这样的信任，有利于双方迅速达成协议。

(6) 促使旅游购物品符合日益提高的对生态环境的要求。随着科学技术和全球经济的迅猛发展，环境污染和生态破坏日趋严重。人类赖以生存的空间环境正惨遭破坏，而人口的过速膨胀使得本已有限的自然资源更是短缺，导致不同程度地影响和制约了社会的进步与经济的发展。在这种情况下，环保问题已经引起世界各国的关注，并把环保问题列为考察商品的一个重要因素。ISO 14000 环境管理系列标准的推出，为我们选择了一条开发、生产绿色旅游购物品的环保之路，也为我们提供了一套以预防为主，减少和消除产品生产过程中对环境污染的管理办法。它的实施，有利于旅游购物品生产企业在旅游购物品的开发、生产过程中注意节省资源，减少环境污染，改善环境质量，保证旅游购物品经济的可持续发展。

案例分析

绿色食品营销环境分析①

一、绿色食品营销的国际环境

随着世界绿色浪潮的兴起，绿色食品（国外称为有机食品）营销的国际市场环境已经形成，初步具备了营销的组织基础及法规、市场观念和社会需求环境条件。

1. 组织基础。绿色组织的建立最初始于美国。20 世纪 70 年代，美国成立了数百个青少年环保组织，发起了保护地球生态平衡的“地球日”活动。此后，各国绿色组织纷纷成立，英国、德国、日本等国还成立了以保护生态环境为宗旨的社团组织——绿党。1991 年日本成立了“再生运动市民工会”，1992 年在法国成立了“有机农业运动国际联盟”，现已有近一百个国家参加，遍及世界各大洲，成为国际性的绿色组织。国际性绿色组织的出现，对绿色食品的国际营销起了巨大的推动作用。

2. 法规环境。在国际性绿色组织建立的同时，西方发达国家已从行政、立法、经济等方面形成了一套行之有效的环保规范。目前，世界上已签署的与环保有关的法律、国际性公约、协定或协议多达一百八十余项。同时，国际标准化组织的 ISO 9000、ISO 14000（即国际贸易商品在技术、安全、卫生、环保等方面的质量保证体系）系列标准和 1995 年 4 月起实施的 ISO 18000（即国际环境标准

① 资料来源：中国市场营销培训网，作者：黄毅。

制度）等协约，协议上限制甚至明文禁止了许多产品的国际贸易。乌拉圭回合贸易谈判签署的最后文件中，不仅包括制成品，也包括农产品等纳入了世界贸易组织体制，呈现出明显的“绿色印记”。西方发达国家都已建立了环境标志制度，环境标志已成为出口产品进入这些国家市场的通行证。至此，有别于传统非关税的国际贸易技术壁垒——“绿色壁垒”已形成。

3. 社会实践基础。近年来，以农产品生产过剩和农业补贴负担过重为契机，欧美国家纷纷进行农业转型。美国从1985年开始实施“低投入持续型”农业政策。在农业生产中减少农药、化肥的使用；欧共体从20世纪80年代后期开始推行新农业政策，改变以往大量投入化肥、农药的粗放型农业经营政策；日本也正积极推动“环境安全型”新农业政策。其宗旨是保护农业生态环境，满足人们日益增长的对有机食品的需求。新农业政策的实施无疑为绿色食品营销奠定了社会实践基础。

4. 市场观念环境。随着国际上环境保护意识的增强，人们的思维方式、价值观念乃至消费心理和消费行为都发生了变化，人们对不污染环境的产业及产品的需求日益增长，甚至有些团体提出了“绿色消费主义”，为国际市场带来了绿色消费热。在国际消费市场上，绿色产品标志是取得消费者信任、有竞争优势的主要条件。据美国的调查显示，有79%的美国人表示一个公司的环境信誉会影响其购买决定；欧共体进行的调查表明，76%的荷兰人和82%的德国人在超市购物时会考虑环境污染的因素，英国的购物者大约有半数会根据对环境和健康是否有利来选择商品；在日本对家庭主妇的调查时，91.6%的消费者对绿色食品（有机农产品）感兴趣，觉得有安全性的占88.3%。绿色、有机食品市场消费观念已基本形成。

5. 社会需求环境。近年来发达国家对有机食品的需求迅速增长，并以20%的年递增率增加。预计再过十年，其消费量将是现在的五倍，这种需求大有超过其本国生产和供应能力的趋势。目前，西欧是最大的有机食品需求市场，消费量最多的是奥地利、瑞士、英国和德国等，其供求矛盾已日趋明显，而其国内生产能力有限，在相当程度上只有依靠进口。由此可见，有机食品供求矛盾的出现，逐渐成为企业一项主动的生产和营销策略。生产者、经营者更明确地意识到开发有机食品可增加其利润和竞争力，将成为农产品国际商战中攻守皆宜的利器，成为影响农产品国际市场供求关系的重要因素，成为21世纪国际市场上一项更重要的促销手段，而获得了绿色标志的有机食品也就掌握了进入国际市场的通行证。

二、绿色食品营销的国内环境

随着国际有机食品营销环境的变化，国内人均生活水平从温饱型向小康型转变，1990 年国家提出发展绿色食品，并在十年的发展进程中，形成了国内组织、法规、技术、社会实践及市场需求基础，使绿色食品营销的国内市场环境基本具备。

1. 组织基础。农业部成立了“绿色食品发展中心”和“中国绿色食品总公司”，并由该中心注册绿色食品标志，负责推行和管理此标志，同时制定了绿色食品标志管理办法及申请使用“绿标”的审核程序，并在三十个省、区、市建立了相应机构负责绿色食品的监督管理等，为国内绿色食品营销奠定了组织法律基础。

2. 法规、技术基础。我们已经制定并颁布了有关绿色食品方面的法规及其规章制度，制定了绿色食品的产品或产品原料的生态环境标准，绿色食品种植业、畜禽养殖、水产养殖及加工的生产技术操作规程，以及最终产品的质量卫生标准等，形成了绿色食品营销的技术基础。

3. 社会实践及市场需求基础。截至目前，我国已开发了包括粮油、蔬菜、果品、饮料、畜禽蛋奶、水产酒类等十四大类两千四百多种的绿色食品，建成了千余家绿色食品企业和一百多个绿色食品生产示范基地，以及百余个生态农业示范县的建设，形成了绿色食品营销的社会实践。同时，随着人们生活水平的提高，在我国东部沿海等发达的大中城市，人们对自然、无污染的食品的渴望程度相当高，已经形成了一定的消费群体，这也就是绿色食品的市场需求基础。

本章小结

本章主要分析了我国旅游购物品发展的现状及对策，提出了旅游购物品的发展趋势，最后介绍了全球一体化的旅游购物品方面的知识。

改革开放后，我国旅游购物品的生产和销售也有了长足的进步和较快的发展，但是，从横向比较看，我国旅游购物品的生产和销售仍存在较大差距。在对我国旅游购物品的发展现存的问题进行分析后提出了改进发展的五大对策。

旅游购物品的发展趋势主要体现在四个方面：生态化趋势、个性化趋势、文化内涵与科技内涵不断深化的趋势和注重观赏性与实用性统一的趋势。

随着 ISO 9000 族标准和 ISO 14000 环境管理标准在国际范围的普遍使用，旅游购物品的生产与销售走上了一条标准化的道路。为了使旅游购物品更加适应全球经济一体化的发展要求，我们必须积极主动地生产国际化、标准化的旅游购物品，积极主动地开展以 ISO 9000 系列标准及 ISO 14000 环境管理系列标准为依据的质量体系认证，以提高产品在国际市场上的竞争力。

复习与思考

1. 我国旅游购物品发展主要存在哪些问题？如何改进这些问题？
2. 旅游购物品的发展主要有哪些趋势？
3. 旅游购物品的个性化发展趋势表现在哪些方面？
4. 简述旅游购物品环境管理体系建立与实施的五个阶段。
5. 简述旅游购物品质量认证的作用。

网上作业

在网上搜集有关 ISO 9000 和 ISO 14000 的资料，结合本章所学知识，请你分析旅游购物品与 ISO 9000 和 ISO 14000 的联系。

附　录

中国部分旅游购物品介绍

一、中国名牌饮食商品

（一）著名菜系

1. 四大菜系

（1）鲁菜，也称山东菜。山东是我国古代文化发源地之一，在烹调技术工艺发展上和独特风格形成上，在全国处于领先地位。最晚到北魏时期，当地人民已将煎、烧、炒、煮、蒸、腌、炖、糖等技术，广泛应用于各种食品的制作中，历经唐、宋、金各代的发展提高，到了元、明、清时期，鲁菜的风格更加鲜明，制作更加精湛，在华北、东北等地广为流传。山东菜还传进宫廷，成为御膳的主体。所以鲁菜是我国影响最大的菜系之一。

鲁菜有以下几个特点：选料精细；讲究丰满实惠；烹调方法全面；精于制汤；烹制海鲜有独到之处；善于以葱香调味。

鲁菜的著名代表菜有：葱烧海参、奶汤核桃肉、烩乌鱼蛋、母子会、糖醋黄河鲤鱼、德州扒鸡、清汤燕菜、奶汤八宝鸡、蟹黄鱼翅等。

（2）川菜。川菜发展和成熟较早，到宋、明两代风格更加突出，到了清代，川菜已形成一个地方风味十分浓郁的菜系。川菜遍及全国乃至世界各地，因此有“食在中国，味在四川”之美誉。

川菜的主要特点有：调味多样；取材广泛；取各方之长，融为己有。

川菜的著名代表菜有：鱼香肉丝、宫保鸡丁（因清代四川总督丁宝桢爱吃而得名）、一品熊掌、干烧岩鲤、清蒸江团、麻婆豆腐、怪味鸡块等。

（3）粤菜。粤菜是个起步较晚的菜系，但由于博采众长，取材广泛，形式多样，因而以其独特的风味特点饮誉四方。

粤菜的风味特点是：选料广博，奇而且杂；讲究鲜爽嫩滑，夏秋味清淡，冬春味浓郁，季节性强；使用独特风味的调料，烹制出独具地方风味的菜肴；烹调方法独特。

粤菜的著名代表菜有：三蛇龙虎会、龙虎凤蛇羹、油泡鲜虾仁、八宝鱼莲、冬瓜盅、蚝油鲜菇、瓦罅山瑞、佛山柱候鸡、脆皮乳猪等。

（4）淮扬菜，是扬州、镇江、淮安等地风味菜肴的总称，同时又是江苏菜中有代表性的风味。早在一千多年前淮扬菜就享有盛名，以清淡味雅著称于世。现在淮扬菜蜚声国内外，全国各地均有淮扬风味菜馆，深受人们的欢迎。据统计，扬州人先后在五大洲七十多个国家开设了淮扬风味的饭店，目前旅居海外的二十四万多扬州人中，有百分之六十的人从事饮食业。

淮扬菜的主要特点是：选料以鲜活、鲜嫩为佳；十分注重刀工、火工；在调味上讲究清淡入味，尤其强调本味；在保证口味前提下，色泽鲜艳、清爽悦目；造型注重美观，别致新颖，生动逼真。

淮扬菜的著名代表菜有：淮扬狮子头、火烧马鞍桥、清汤、三套鸭、糖醋桂鱼、叫化鸡、鸡汤煮干丝等。

2. 宫廷菜

宫廷菜源于历代皇宫“御膳房”烹制的供帝后们食用的菜肴。其特点是花色品种多，制作技艺精，用料考究，色香味俱佳，名目动听。其菜品多数是宫廷厨师所创造，也有部分是从民间传入宫中改制而成的。

我们现在见到的宫廷菜多为清代的，是在山东菜的基础上发展而成，后来又增加了不少回族的清真糕点和藏族菜点。乾隆多次下江南为宫廷带来了淮扬菜的烹调技术。在慈禧的影响下，“小窝头”“豌豆黄”“芸豆卷”等民间小吃和所谓的“西式茶点”也进入了宫廷。

清王朝宫廷菜和宫廷的饮食习尚通过赐食的形式影响和流传到达官贵人之家；而达官贵人家厨房的技艺又向民间传承，于是从民间到宫廷，再从宫廷到民间，这样形成循环，使宫廷菜得到了不断的发展和完善。

（二）酒

1. 全国八大名酒

1953 年全国第一届评酒会上评出的名酒共有八种：茅台酒、汾酒、西凤酒、泸州老窖大曲酒、绍兴加饭酒、红玫瑰葡萄酒、味美思酒、金奖白兰地酒。

（1）茅台酒：产于贵州省仁怀县茅台镇，系以小麦制曲，以当地高粱为原料，采用流经该镇的赤水河水，并以朱砂土垫底作发酵池，经八次蒸糟，七次下窖，七次取酒，然后再贮存三年才装瓶出厂。酒度为 55 度，属酱香型；酒质透明，酒气芳香，酒体醇厚，营养丰富，回味悠长。1915 年在巴拿马万国博览会上，被评为世界第二名酒。

（2）汾酒：产于山西省汾阳县杏花村，系以晋中平原产的优质高粱做原料，

以大麦和豌豆制曲，采用杏花村千年古井水制成。制法有“人必得其精，粮必得其食，水必得其甘，曲必得其时，器必得其洁，缸必得其湿，火必得其缓”的“七窍”之说。酒度为65度，属清香型。其色透明，其香纯正，其味绵长，人称色、香、味“三绝”。1915年在巴拿马万国博览会上获金质奖。

（3）西凤酒：产于陕西省凤翔县柳林镇。系以当地特产高粱做原料，以大麦和豌豆制曲，以井水为酿造水，用新窖短期发酵制成。酒度60度，属清香型。酸而不涩，苦而不粘，香不刺鼻，辣不呛喉，饮后有回味，有“五味不出头”的特点。1909年在南洋赛酒会上获二等奖。

（4）泸州老窖特曲：四川省泸州市出产。系以当地特产糯高粱做原料，以纯小麦制曲，采用龙泉井水，经陈年老窖制成，故称老窖。酒度60度，属浓香型。醇香浓郁，饮后尤香，清洌甘爽，回味悠长，1915年在巴拿马万国博览会上获金质奖。

（5）绍兴加饭酒：浙江省绍兴市出产。系以无锡、丹阳、溧阳等地产的精白糯米做原料，以本地产当年会制曲，系采用鉴湖湖水，冬季蒸煮投料，用补药发酵，春后过滤压榨，煎煮消毒，成酒后放入陶制酒坛，泥封窖藏，酒度16. 5度。因酿制时，在一定的水米比例之外再加糯米饭，改称加饭酒。绍兴加饭酒1915年和1925年在巴拿马万国博览会上获金质奖和银质奖。

（6）红玫瑰葡萄酒：山东省烟台市张裕葡萄酒厂出产。是用优等玫瑰香、解百纳等二十多种红葡萄，经发酵陈酿而成。酒度16度。1914年获南洋酒业会最优等奖章。

（7）味美思酒：山东省烟台市张裕葡萄酒厂出产。是用上等白葡萄酒配入肉桂、藏红花、豆蔻等十余种名贵药材，经浸汁、长期陈酿而成。酒度在17～18度。味甘微酸，略有苦味，兼有葡萄酒和药酒的调和香气。1915年获巴拿马万国博览会金质奖。

（8）金奖白兰地：山东省烟台市张裕葡萄酒厂出产。是用上等葡萄经蒸馏水加香料配制，在橡木桶中长期陈酿而成。有白兰地芳香，酒液金黄；后味绵长，风格独特，酒度为40度。1915年在巴拿马万国博览会上获金质奖。

2. 十八大名酒（1963年）

1963年全国第二届评酒会评出十八种名酒：茅台酒、汾酒、西凤酒、泸州老窖大曲酒、绍兴加饭酒、红玫瑰葡萄酒、味美思酒、金奖白兰地酒、五粮液酒、古井贡酒、全兴大曲、中国红葡萄酒、竹叶青酒、白葡萄酒、董酒、特制白兰地酒、沉缸酒、青岛啤酒。

3. 十八大名酒（1979年）

1979年，全国第三届评酒会上，评出了十八种名酒：茅台酒、汾酒、五粮液酒、古井贡酒、洋河大曲酒、剑南春酒、中国红葡萄酒、味美思酒、青岛白葡萄酒、金奖白兰地酒、董酒、北京特制白兰地酒、泸州老窖特曲酒、绍兴加饭酒、竹叶青酒、青岛啤酒、烟台红葡萄酒、沉缸酒。

（三）全国十大名茶

1. 西湖龙井茶：产于杭州西湖山区，历史悠久，驰名中外。龙井茶素以形美、色翠、味鲜、茶味香清而著称。著名的产地则有狮峰、龙井、云栖、虎跑、梅坞五处，历来有“狮”“龙”“云”“虎”“梅”五品之称。

2. 太湖碧螺春茶：产于江苏吴县太湖岛屿上的洞庭山区，又称“洞庭碧螺春”。此茶在清代就已闻名，当地原称之“吓煞人香”，清康熙帝嫌其名不雅，后以其色碧，形卷曲似螺，便称之为碧螺春。上等碧螺春，条索纤细，幼嫩匀齐，茸毛遍布，卷曲以螺，色泽银绿隐翠，味鲜醇浓香，若冲泡于玻璃杯中，似白云翻滚，雪花飞舞，人称此茶“铜丝条，螺旋形，混身毛，花香果味，鲜爽生津”。

3. 六安瓜片茶：产于安徽六安县。以叶片肥嫩、味鲜爽、色碧绿、香清高的独特风格而著称。这种茶的顶芽制品称“银针”，第一叶制品称“瓜片”，第二、三叶制品称“梅片”，嫩茎制品称“针把”，为副品茶。瓜片茶外形为片状，色泽翠绿，汤色清澈，滋味浓醇，清香芬芳，鲜爽回甜。

4. 君山银针茶：产于湖南省洞庭湖中的岛屿之上。1956 年君山银针茶参加“莱比锡”国际博览会，受到高度评价，享誉中外。君山茶冲泡后，香气清鲜，汤色浅黄，滋味甜爽，叶底明亮，在玻璃杯中，可见芽尖悬空竖立，徐徐下沉，再泡再起，可三起三落，水光芽影，浑然成趣。

5. 黄山毛峰茶：产于安徽黄山。黄山毛峰茶素以香高、味醇，芽叶细嫩、多毫而著称。制好的黄山毛峰茶，冲泡时芽叶竖直悬浮汤中，继之徐徐下沉，芽挺叶嫩，黄绿鲜艳，香味香醇。

6. 信阳毛尖茶：又称“豫毛峰”，产于河南信阳县和罗山县。素以叶嫩、汤明、香清、味醇而著称。信阳毛尖汤色明净，香气清高持久，有熟板栗之香，冲泡四五次仍茶味浓郁。

7. 太平猴魁茶：太平猴魁茶产于安徽省太平县猴坑。1915 年在巴拿马万国博览会上荣获一等金质奖章。猴魁茶外形叶裹顶芽，有“两刀一枪”和“两叶抱一芽”之喻。猴魁茶条索挺直壮实，色绿光润，头泡香高，二泡味浓，冲泡四次仍有香味。

8. 庐山云雾茶：产于江西庐山。素以“香高、味厚、色翠、汤清”而闻名

于世。云雾茶有“色香幽细胜兰花”之喻。其主要产区在海拔800米以上的汉阳峰，含鄱口、花经、小天地、青莲寺等处。庐山不但出好茶，而且还出好水，庐山招贤寺侧的泉水，被称为“天下第六泉”，用此泉泡此茶其味尤佳。

9. 蒙顶茶：产于四川省蒙山之顶，故名，又称蒙顶甘露茶，已有近两千年的历史。蒙顶茶香气清高持久，滋味醇厚鲜爽，条形刚紧显毫，色泽碧绿光润，茶汤黄绿明亮，叶繁芽全，具有高山茶的优良特性。

10. 顾渚紫笋茶：产于浙江省长兴县的顾渚山区。历史悠久，为中国历史名茶，在历代均极负盛誉。因我国茶圣陆羽的《茶经》中有“紫者上、绿者次；笋者上，芽者次”的说法，故称此茶为“紫笋”。不过历史上的紫笋茶并非一成不变。唐代的贡茶为蒸青碾压茶饼，宋代模压成龙团茶，到明代又成了炒青条形散茶。现在的紫笋茶是以半烘炒法制成，品质优异，风格别具。

二、中国部分地区的风味小吃

北京：小窝头、豌豆黄、艾窝窝、龙须面、蜜麻花、灌肠、大顺斋糖火烧、豆汁。

天津：耳朵眼炸糕、狗不理包子、十八街麻花、果仁张炸食等。

山东：盘丝饼、油旋、济南凉面、蓬莱小面等。

河南：老蔡记馄饨、油酥锅盔、八宝馒头、开封汤面饺、开封小菜盒等。

上海：五芳斋点心、老人房糕点、鸽蛋圆子、素菜包、鸡肉生煎馒头、蟹壳黄、桂花糯米糖粥、开洋葱油面等。

江苏：蟹黄汤包、桂花糖年糕、猪油年糕、黄天源糕团、无锡油面筋、枫镇大面、扬州炒饭、无锡小笼包等。

浙江：吴山酥油饼、宁波汤团、五芳斋粽子、虾爆鳝面、西湖鲜莲汤等。

福建：福州线面、鼎边湖卷、虾肉面、鱼丸、闽南春饼、厦门的鱼丸汤等。

湖北；黄州烧梅、三鲜豆皮、武汉标包、东坡饼、猪油饽饽、欢喜团、云梦鱼面等。

广东：虾饺、早粥、广东煎堆、沙湾姜奶、波纹面饼、娥姐粉果、荷叶饭、糯米鸡、炒河粉、云吞和云吞面等。

海南：海南椰子堆、椰子糕、海市年糕、饴果等。

广西：马肉米粉、月牙楼尼姑面、蛤蚧粥等。

陕西：羊肉泡馍、西安饺子等。

四川：稷雪小吃、龙抄手、夫妻肺片、赖汤圆、都江堰市的白菜鲜花饼、青城白果糕、口袋豆腐、程抄手等。

重庆：过桥抄手、北碚豆花。

云南：过桥米线、小锅米线、饵丝、饵快、豆焖饭等。

三、中国著名的风物特产

（一）四大名绣

1. 苏绣

是苏州一带刺绣产品的总称，以绣工精细、针法活泼、图案秀丽、色彩雅洁著称。相传，三国时孙权的夫人擅长刺绣，能在帛上绣出五岳、河海，被誉为“针绝”，苏绣由此兴盛。据出土的绣品来看，苏绣在五代和北宋时即达到很高的水平。后吸收上海“顾绣”以及西洋画特点，创造出光线明暗强烈、富有立体感的风格。清末书法家余觉的夫人沈寿，研绣英国女皇维多利亚半身像，曾获万国博览会最佳奖。双面绣《猫》为现代作品的代表。绣猫重要的部位是眼、耳、鼻、嘴、须、眉，尤其是眼，艺人根据瞳孔受光部位的不同色彩选用二十多种绣线反复套色，使之富有水晶体的质感。

2. 粤绣

又称为广绣，指广东地区传统民间刺绣产品。相传创始于少数民族，与黎族织锦系出同源。粤绣构图丰满，形象逼真，风格活泼欢快，施针简单，针线重叠隆起，针脚长短参差，擘线粗而松，配色鲜丽明朗，光泽炫目，用线种类繁多，常配用捻金线和孔雀羽线等。《百鸟朝凤》是其代表作品。

3. 湘绣

湖南长沙一带刺绣产品的总称。以湖南民间刺绣为基础，吸收苏绣、广绣之优点，逐渐演变而成，以着色富于层次、绣品若画为特点。曾在巴拿马、芝加哥等博览会上获奖。民间有“苏猫、湘虎”之说，湘绣狮、虎毛纹刚健直立，眼球有神，几可乱真，现在已发展到异形异面的双面绣。

4. 蜀绣

又称“川绣”，是四川成都一带刺绣产品的总称。以软缎和彩线为主要原料。传统针法有晕、切、拉等百余种。以针法严谨、针脚平齐、色彩明快为特点。花鸟鱼虫、人物山水均可入绣，尤以绣鱼为佳。“芙蓉鲤鱼”条屏为其代表作品。绣工精细、图案明丽、美观，具有浓厚的地方色彩。

（二）陶瓷

1. 陶器

（1）宜兴陶器：我国著名陶器之一，产于江苏宜兴丁蜀镇。以日用陶器为主要产品，所制“苏缸”、酒坛、砂锅质坚耐用，尤以紫砂陶为陶中精品。宜兴制陶历史悠久，旧有“陶都”之称。现已成为我国主要的综合性陶产区之一，其生产的紫砂陶、均陶、彩陶和精陶尤为著名。

（2）石湾陶器：又称“石湾公仔”，是广东佛山石湾镇所产的陶瓷工艺品。以古雅朴拙、神形兼备为特色。相传有数百年的历史，初为日用器皿，明代始制欣赏品。分人物、动物、山水（包括盆景中的亭台、人物）、器皿四大品种，以人物器皿为最佳。

（3）坭兴陶器：广西钦州生产的陶器，因其制作精良可与江苏宜兴陶器媲美而得名。取当地红土为原料，不需施釉，只打磨表面即可出现光泽；不需着色，只变化窑温，即可显出不同色彩。一般呈赭石色，也有朱红，金黄、紫红、古铜、天蓝、墨绿等，质地细腻坚实，耐酸碱腐蚀，插花不发臭，种花不烂根，泡菜味正醇香。

（4）仿唐三彩：仿唐代名陶，以“红（黄）、绿、白”为主釉色的一种陶器，产地河南洛阳，约有七十年历史。洛阳为唐代东都，其北面邙山，古墓极多。因年代久远而日渐毁坏，暴雨过后，作为随葬的唐三彩遂冲出地面，完整者被古玩商人用贱价从拾者手中购去。海资乡有高姓农民，用胶粘破碎者，并仿原来色泽，上釉烧制，此为仿唐三彩制品的起源。1930 年正式出现仿制品。

2. 瓷器

（1）景德镇瓷器：江西景德镇所产。以“白如玉、薄如纸、明如镜、声如磬”为其独特风格。品种丰富多彩，既有经济实用的日用瓷，又有工艺高超的美术瓷。粉彩瓷、青花瓷、玲珑瓷、薄胎瓷为景德镇四大名瓷。

（2）龙泉青瓷：浙江省龙泉县所产。以“青如玉、明如镜、声如磬”为特点，造型端巧挺拔，轮廓柔和流畅。继承唐代越川窑青瓷传统，新中国成立后恢复生产。

（3）钧瓷：宋代钧窑所产的瓷器。为宋代“紫、钧、汝、哥、定”五大瓷窑之一。产地在河南禹县，古代属钧州，故得名。有“观之如景，叩之如磬、瑰丽夺目、浓艳晶莹”的特点。现已恢复生产，产品远销世界各地。

（4）汝窑：宋代汝窑所产。为宋代五大名瓷之一，产于河南临汝（古名汝州）而得名。汝瓷釉色浑厚，富有水色，釉下斑斑点点，犹如梨皮，釉面隐纹纵横，恰似蟹痕，或有细碎裂纹，构成芝麻型图案，即名贵的“梨皮、蟹爪、芝麻花”。釉色有粉青、灰蓝、豆绿、虾青等。釉下纹饰以花卉禽鸟为主。其工艺已失传。

（5）醴陵瓷器；湖南醴陵所产。作画于粗坯，上釉炼烧，以瓷质洁白、釉下五彩为特色。五彩画面，在薄釉掩映下，极富流动感，且耐高温、腐蚀，不易褪色。

（6）德化瓷器：福建德化所产，驰名中外。瓷器特点：质地洁白，细腻如玉，釉面光润，明亮如镜，胎质坚实致密、敲声如磬，特别薄胎产品，薄如蝉翼，德化瓷器远销八十多个国家和地区，赢得很高的声誉。

（三）漆器

（1）福建脱胎漆器：同北京景泰蓝、江西景德镇瓷器并称中国传统工艺“三绝”，具有悠久的历史。脱胎漆器除轻巧美观外，还具有耐热、耐碱、绝缘等优点。

（2）扬州漆器：用国产大漆和优质木材制作，具有造型古朴典雅、做工细致、纹样优美多姿、色彩和谐绚丽的特点。主要品种有剔红雕漆、百宝镶嵌、点螺、平磨螺钿、骨石镶嵌、刻漆、彩绘勾雕等五百多个。扬州漆器产品有各式漆器屏风、橱柜、桌椅几凳、瓶盘碗盆、文房用品等。它既是珍贵的艺术欣赏品，又是理想的日用品。

（3）大方漆器：贵州大方县是我国著名的生漆之乡，这里所产漆器不仅采用当地优质的“大方漆”和传统技艺，而且结合运用省内各种图案，产品具有古朴典雅、润泽生辉的特色和浓厚的生活气息。在其传统的产品中，以捧盒、茶盘著名。产品有茶具、漆具、烟具、咖啡具及各种形式的花瓶、挂屏、屏风、杯、盘、碗、盒等几十种工艺品。

（4）四川漆器：在继承传统的基础上，利用现代科技和艺术的成果，形成雕花填影，研磨彩绘，蛋壳镶嵌、隐花、堆漆等数十种制作工艺。艺人们注意产品欣赏性与实用性的完美结合，进行刻意陶洗，作品大方凝重，图案精心设计，画面雅丽兼蓄，着色沉厚质朴，装饰技艺丰富多变，在漆坛上独树一帜。

（四）雕刻

（1）北京雕漆：又称“剔红”。系以红铜或木为胎涂漆雕刻的工艺品，需经过制胎、烧蓝、做底、涂漆、描样、雕刻、磨光等工序。北京雕漆与江西景德镇的瓷器和湖南的湘绣一起被称为“中国工艺美术三长”。北京雕漆工艺品的生产

始于唐代，盛于明清，现已能生产一百多个品种，有瓶、罐、盒、台灯等。

(2) 象牙雕刻：广州、上海和北京是中国象牙雕刻的三大产地。北京牙雕以古装仕女花鸟为主，上海以小件人物见长，广州则以精雕象牙球著称。牙雕“一粒米”系取形似大米的象牙雕刻而成的微观艺术品，融诗词、书法、绘画为一炉。

(3) 吉林树根木雕：系以树根为原料的雕刻工艺，产地吉林长春。用长白山盛产的杜鹃花根制成古典仕女像，个个体态轻盈，神采各异，粗中见细，柔中有刚，意趣横生，别具一格。

(4) 煤雕：系以煤精为原料的雕刻工艺品，产地辽宁抚顺。煤精为特殊煤种，晶莹润滑，坚韧耐磨，故称“煤玉”。煤雕作品工艺精美，气势壮观。

(5) 水晶雕刻：系以水晶矿为原料的玉雕工艺品。产于江苏连云港。以质地晶莹，玲珑剔透为特色。玉雕素有南北两派之别，有“北方之雕，南方之绣”之称。江苏水晶雕秉承南方流派传统，造型新颖、刀法细腻。

(6) 东阳木雕：产于浙江东阳，与青田石雕、黄杨木雕并称“浙江三雕”。东阳木雕构图丰满，气魄宏伟，体现了独特的风格和技法。

(7) 黄杨木雕：发源于浙江乐青县，因用黄杨木作材料而得名。以精巧细腻、刀法明快、疏密得当为特点。其原料体积小，纹密质坚，润泽如象牙，宜于雕刻小型人物，有近二百年历史。

(8) 寿山石雕：福州市郊寿山所产的石料雕刻品。寿山石晶莹湿润，色泽艳丽，艺人依色取巧，雕成各式人物、山水、花瓶、烟具、印章等。故宫所藏慈禧太后的寿山石玺，即为其代表作。

(9) 东兴石雕：系以叶腊石为原料的雕刻工艺品，产地广西。叶腊石色彩丰富，同一块常常具有玫瑰红、象牙灰、天蓝、叶绿、橙黄等多种颜色。艺人因色施案，以形构图，除制作花鸟鱼虫、古玩器皿等传统作品外，还创作了一批反映祖国新貌的作品。

(10) 和田玉雕：系以新疆和田玉石雕琢成的工艺品。产品分两类：一类是从和田取石，运到北京雕刻；一类是取和田玉石在当地雕刻。前者造型生动，飘飘如仙，后者典雅庄重。

(11) 椰雕：产于海南，是用椰壳雕的实用工艺品。它依彩施艺，量材加工，有镶嵌、镶锡、白玉镶嵌。贝雕镶嵌等品种，风格古朴，造型美观。明末被列为“天南贡品”。

(12) 大连贝雕；系用有色贝壳雕刻或镶嵌成的艺术品。产地辽宁大连，有供观赏的挂屏、看盘，首饰盒等，具有浓厚的东方艺术特色。

五、文房四宝

纸、墨、笔、砚是创作中国画和书法的必需品，具有悠久的历史，共称文房四宝。被称为文房四宝之首的是安徽泾县（古称宣州）的宣纸，浙江湖州市善琏镇的湖笔，安徽歙县、休宁县（古代属徽州管辖）的徽墨与广东肇庆（古称端州）的端砚。

另外，著名砚台还有台砚、西砚、贺砚、思州石砚等，都是砚池珍品。

（六）工艺图案制品

1. 内画壶

内画壶，是将料器制成的瓶子，用铁砂在瓶内摇磨成乳白色，然后用极其精细的特制竹笔蘸色在瓶内反画出各种人物、山水、花卉等画。因在透明玻璃瓶内壁作画，故称内画。主要产地是北京、山东博山和河北衡水。

2. 木版水印画

木版水印画是根据活版印刷原理，先将全画原作勾描成底稿，再分成若干块木刻版，以水调色印制而成，所以称为木版水印。为我国独有的绘画与木刻、印刷技艺相结合的工艺美术品。最著名的有荣宝斋木版水印画和上海朵云木版水印画。

工艺画还有河南南阳烙印画、福建福州软水画，辽宁沈阳羽毛画和大连贝雕画等。

（七）木版年画

年画是我国传统的民俗艺术品。木版年画出现于雕版印刷术发明之后的宋代，明代中叶起已成一种独立的艺术形式，清代乾隆年间更为盛行。内容大多含祝福新年的意思，也有描绘农事场面等。

著名年画产地主要有：天津杨柳青、江苏苏州桃花坞、山东潍坊杨家埠（以上被誉为中国三大木版年画产地）、四川绵竹、河南开封朱仙镇、广东佛山等地。

杨柳青年画产于天津市杨柳青地区。始于明崇祯年间，到清中后期最为风行，有“家家会刻版，人人善丹青”之誉。这里的年画是木刻水印和手工彩绘相结合，保留了民间绘画的技法，并受到清代画院的影响。

四、中国著名的地方风物特产

（一）华北片区

1. 北京

（1）北京料器：俗称“玻璃玩意”，是北京出产的物美价廉、深受欢迎的工艺美术品。料器的品种有上千个，它们大体可分为人物、鸟兽、鱼虫、花果、首饰、台灯、盆景、鼻烟壶等几大类。

（2）北京景泰蓝：是我国驰名中外的工艺美术品之一。由于它初盛于明朝景泰年间，又多用宝石蓝、孔雀蓝等蓝色釉料，因此人称这种工艺品为景泰蓝，严格来说应称作“铜胎掐丝珐琅”，是一种铜和珐琅相结合的工艺品。早在1904年世界博览会上，北京景泰蓝就获一等奖。

（3）绢花：是用绢、绸、纱、绒等制成的一种工艺美术品性质的假花。因为绢花出自北京，所以人们又把绢花称为京花。我国制作绢花的历史可追溯到隋唐。据传说，唐朝的杨贵妃左鬓角上有块伤疤，为了掩饰这一缺陷，宫女们每天都要采摘一些鲜花给杨贵妃戴到左鬓角上。冬天鲜花采不到了，宫女们就制作假花代之。后来这种假花与民间的绢花相结合，形成独具一格的绢花。到明朝时，绢花盛极一时，近代曾在巴拿马万国博览会上得过奖。

此外，北京的土特产还有：安宫牛黄丸、北京白凤丸、六必居酱菜、北京果脯、茯苓夹饼等。

2. 天津

（1）杨柳青年画：是我国民间艺术的一朵奇葩，名扬中外，始于明末。特点是构图丰满对称，线条坚实有力，人物形象生动，色彩鲜艳明快，题材广泛深刻，内容大多以吉祥、喜庆、欢乐、美好、典故、成语、传说等为主题。

（2）天津泥人张彩塑：其艺术特点是用泥和彩色来塑造各种人物形象，写实逼真，性格突出，重视刻画神情气质和内心活动，富于情节，引人入胜，善于在动态中塑造人物形象，千姿百态，栩栩如生。曾在巴拿马万国博览会上获奖。

（3）天津地毯：以产量大、品种多、档次高、做工精巧、图案优美、配色协调、弹性好、富有民族特色而著称。早在1895年美国圣路易斯万国博览会上荣获头等奖。1965年在莱比锡万国博览会上再获金奖。

3. 河北

（1）唐山陶瓷：唐山素有北方瓷都之称，唐山陶瓷始于明永乐初年，以品种齐全、造型新颖、装饰绚丽而著称。代表产品有骨灰瓷、白玉瓷、喷彩瓷、刁金瓷和铁红金环结晶釉艺术瓷。

（2）承德木雕：明开夜合木是一种罕见的珍贵木材，只生长在承德山区和承德避暑山庄内。其木质洁白无瑕、细腻如玉，被誉为假象牙。艺人们以此为原料雕制的挂屏、座屏、插屏，使花草鸟兽、古庙奇峰跃然其上，一件件玲珑剔透，别具一格。艺人们也以本地产的花榆疙瘩、楸木、杏木为原料雕成各种制品。

河北的著名土特产还有曲阳石雕、易水砚、秦皇岛贝雕画、赵州雪花梨等。

4. 山西

（1）大同火锅：是一种独特的手工艺品，在国内外享有盛誉。据记载，北魏时期，这里已有非常精致的手工铜器食具、酒具，自古就有“五台山上观景，大同城里买铜”之说。1973 年大同市向法国总统蓬皮杜赠送了六个特制火锅。

（2）侯马蝴蝶杯：是山西侯马市陶瓷厂产的一种酒杯。这种杯空时不见蝴蝶，但当注入酒后，一只色彩斑斓的蝴蝶，便在杯中翩翩起舞，当酒饮尽，蝴蝶随酒隐去。现在蝴蝶杯虽批量生产，但仍供不应求。

山西的土特产品还有汾酒、老陈醋、大同黄花等。

5. 河南

（1）汴绣：出产于河南开封（古称汴梁）的一种传统手工艺品，我国名绣之一。它以花束鲜艳、精细优美、生动逼真、题材丰富而驰名中外。

（2）南阳烙画：河南的一种独特手工艺品，始于清光绪年间。它的图案清新，不褪色，木质细白，美观大方，深受客人珍爱。

河南的著名土特产品还有仿唐三彩、盘砚、钧瓷、洛阳牡丹、辉县山楂、道口烧鸡、杜康酒、宋河粮液等。

6. 山东

（1）淄博美术陶瓷：以上覆传统的名贵釉——雨点釉、茶叶末釉等的美术陶瓷著称，其造型、彩绘、雕塑、施釉俱佳，不少作品被选为国家礼品瓷，产品畅销世界几十个国家和地区。

（2）博山内画瓶：工艺精巧，造型新颖别致，千姿百态，被国内外誉为独树一帜的“山东画派”，视为罕见珍品。

（3）莱州玉雕：是山东掖县的特产，至今已有两百多年的历史。玉雕利用当地的莱石、黑石、绿冻石，雕刻出人物、花卉、飞禽、山水，把玉石的天然美与艺术美有机地统一在完整的艺术形象之中。

（4）济南羽毛画：以技法精湛、画面明朗轻快、情景交融、遒劲爽利、情韵连绵著称于世，远销三十多个国家和地区。

（5）烟台“北极星”牌木钟：工艺精湛，走时准确，结构合理，造型美观，

既是具有实用价值的木钟，又是一种欣赏艺术品，畅销四十多个国家及地区。

山东的著名土特产还有烟台草制工艺品、山东抽纱刺绣品、鲁砚、烟台苹果、莱阳梨、泰安板栗、青岛啤酒、金奖白兰地、味美思、崂山矿泉水等。

（二）东北片区

1. 辽宁

抚顺琥珀工艺品：是利用抚顺露天煤矿的副产品——琥珀而制成的具有浓郁地方风格的特种工艺品。

另外辽宁的土特产还有抚顺煤精雕、岫岩玉、沈阳羽毛画、锦州玛瑙雕刻、大连贝雕画等。

2. 吉林

吉林著名的土特产有人参、五味子、贝母、山葡萄、通化葡萄酒、熊胆、梅花鹿茸、黑木耳、猴头、李不同酱菜、榛蘑等。

3. 黑龙江

黑龙江著名的土特产品有榛蘑、蕨菜、熊胆、紫貂皮、水貂皮等。

4. 内蒙古

内蒙古的著名土特产品有阿拉盟的王府肉芙蓉、王府驼毛等。

（三）华东片区

1. 安徽

（1）宣纸：驰名中外的宣纸是皖南地区的特产，已有一千多年的历史。宣纸有细薄、绵韧、洁白、紧密、墨匀、层次分明、色泽经久不变、不蛀不腐、久折不断的特点，享有“纸寿千年”的美誉。

（2）徽墨：产于安徽屯溪徽州。徽墨“落纸如漆、万载存真”，使我国悠久的历史凭借文字流传至今。同端砚、湖笔、宣纸并称为“文房四宝”，世代流芳。

（3）芜湖铁画：至今已有三百多年历史。它吸取了我国传统国画构图法及金银首饰、剪纸、雕塑等工艺，以低碳钢材为原料，使用锻、锤、焊、接等工艺，精工制成山水、人物、花卉、虫鱼、飞禽、走兽等，然后上漆防锈，色泽乌黑发亮，里衬洁白柔绵的宣纸，神似国画、实非国画。铁画刚劲挺秀，朴实雅健，黑白相映；虚实结合，极富立体感，具有特殊的艺术感染力。

安徽的著名土特产品还有宣笔、界首陶瓷、徽派盆景、清阳折扇、黄山毛峰茶、祁门红茶、屯溪绿茶、六安瓜片茶、太平猴魁茶、歙县金橘、古井贡酒、符离集烧鸡等。

2. 江苏

（1）常熟花边：与苏州刺绣一样，是苏南一项富有特色的传统工艺品。在国内外市场享有很高的声誉。

（2）盛泽丝绸：历史悠久，工艺高超，产地盛泽镇，与杭州、湖州并列为我国“三大绸市”。

（3）苏州乐器：产品有二胡、京胡、锣钹、唢呐、月琴、三弦、琵琶等近百种。

（4）惠山泥人：无锡传统民间工艺品，有四百多年的历史。造型丰满简洁、神态生动诙谐、色彩醒目明快是惠山泥人的独特艺术风格。

（5）常州梳篦：梳篦是我国古代八大发饰之一，是国内外久负盛名的传统产品。特点是坚固耐用，经久不变形，遇水不脱胶；梳理方便，去污力强；齿尖光滑，刺激头皮神经产生舒适感。

（6）扬州盆景：中国当代盆景有苏（苏州）、扬（扬州）、川（四川）、海（上海）、岭南（广州）五大流派，扬州盆景以雄伟、秀丽、意蕴深远见长，兼蓄南方之秀、北力之雄的特点。

（7）太湖石：产于太湖的奇石，是装点园林的一种不可缺少的景观。

江苏的著名土特产还有桃花、木刻年画、张渚竹筷、扬州剪纸、碧螺春茶叶、云雾茶、洋河大曲酒、南京板鸭、常熟叫化鸡、无锡肉骨头等。

3. 上海

（1）蓝印花布：俗称落斑布，已有七百多年历史。由于它是经过自纺、自织和自染的“三自”手工操作方法织染的，因此比机器纺织印染的花布更柔软保暖。蓝花布的颜色又是采用植物性染料印上去的，因此屡洗不褪，甚至越洗越鲜。图案丰富多彩，含义深远，象征性强，易为广大消费者接受。

（2）顾绣：产于上海松江、南汇、川沙、金山等县。相传明朝嘉靖年间，松江府有个进士叫顾名世，其媳妇、孙女辈都擅长刺绣。到了明代万历、崇祯年间，顾家的刺绣因顾名世孙媳韩希孟的杰出绣艺而盛名天下，人们逐渐把顾氏一门的刺绣称作“顾绣”。顾名世家中的庭院叫露香园，故又叫“露香园顾绣”。顾绣以绣各种花鸟走兽的画幅、册页、手绢等陈设品而独树一帜。

4. 浙江

（1）浙江丝绸：浙江素称“丝绸之府”。浙江丝绸品种齐全，花样繁多。唐代浙江的不少丝织品已列为贡品，宋时杭州城内很多彩帛铺“买卖昼夜不绝”；明清以来，浙江丝绸一直在全国独占鳌头。历史上还有“杭城所出，天下为冠”的说法，足见浙江丝绸之精美。

（2）宁波绣衣：宁波绣衣款式新颖，纹样优美，裁剪得体，做工精细，凉

爽挺括，为中国优质绣衣之一。

(3) 西湖手杖：是杭州传统工艺品之一，它具有朴素、大方、美观、文雅、轻巧等特色。既是游人游山玩水的随身伴具，又可当纪念品，或作馈赠物。

(4) 西湖绸伞：以竹作骨，以绸张面，轻巧悦目，式样美观，携带方便，素有“西湖之花”的美称。

(5) 杭州王星记扇子：杭州制扇历史悠久，技艺精湛，扇面装饰优美，是我国著名的传统产品。杭州扇子与丝绸、龙井茶齐名，号称“杭州三绝”。

(6) 杭州张小泉剪刀：向以嵌钢均匀、钢铁分明、磨工精细、刀口锋利、锁轴牢固、镶层光亮、开合和顺、刻花精巧、样式美观、经久耐用而闻名中外。

(7) 善琏湖笔：产于湖州市善琏镇的湖笔，是毛笔中的珍品。它与徽墨、端砚、宣纸并称“文房四宝”。湖笔选料精细，制作精湛，有“尖、齐、圆、健”四大特色。

(8) 龙泉宝剑：产于浙江龙泉县，历史悠久，铸造精湛，质地优异，堪为剑中精品。古人把精工锻制的利剑通称为“龙泉”，龙泉成了宝剑的代名词。

浙江的著名土特产品还有萧山花边、杭州织锦、东阳木雕、黄杨木雕、浙江竹编、金丝草帽、西湖天竺筷、黄岩蜜橘、金华火腿等。

5. 江西

(1) 铅山竹编工艺品：是竹编艺人借鉴动物的形象用竹片编织的各种工艺品。它造型美观，色彩和谐鲜艳，形态逼真，栩栩如生，既是装饰品，又有实用价值。

(2) 万载夏布：又名扁纱，具有不易起褶皱、穿着清汗凉爽等优点。其质量特点：纱质细软，编织均匀，色泽清秀，布面光滑，边缩平整，越用越白。

(3) 南昌瓷板像：是传统名牌工艺品之一，起源于清代末年。瓷板像是在洁白如玉的瓷板上，运用金属矿物原料配成的颜料，经手工彩绘，炼烧而成。它们以形象逼真、描绘细致、设色柔和、耐潮耐晒、经久不变等特点著称于国内外。

江西的著名土特产品还有宜春脱胎漆器、万载花炮、景德镇瓷器、龙尾砚、金星砚、南丰蜜橘等。

(四) 华南片区

1. 福建

(1) 福州软木画：以其独特清新的风格在我国工艺美术园地中独树一帜。它利用质地轻软、富有弹性的栓木皮（即软木）作材料，经切削、雕镂和布景，

构成美妙的艺术画面，深受国内外旅游者的欢迎。

（2）漳州棉花画：它吸收了我国彩塑、浮雕、国画传统艺术技巧，采用脱胎棉花、树胶、金属丝等材料，塑造出各种山水花鸟和人物。棉花画畅销日本、美国、德国等国家。

福建的著名土特产品还有脱胎漆器、寿山石雕、德化瓷器、枇杷、龙眼、武夷岩茶、安溪铁观音等。

2. 广东

（1）麦秸贴画：产于潮州，用麦秸粘贴出各样的图案，使之成为制作精巧、画面清新悦目的工艺品。

（2）潮汕抽纱：产于汕头地区，久已享誉海内外。抽纱制品可作台布、枕套、床罩、被套、手巾、窗帘、盘垫等。特点是纤巧大方、舒适美观、花样繁多，富有民族风格和地方色彩。

广东著名的土特产品还有广州象牙雕刻、新会葵扇、石湾艺水陶瓷、英德蕨菜等。

3. 海南

椰雕：海南椰雕在古代就是进贡朝廷的精巧珍品之一，素有“天南贡品”之称，椰雕制作技艺精湛，风格古朴，造型优美，地方色彩浓厚。

（五）华中片区

1. 湖北

湖北的著名土特产有武昌鱼、柑橘、核桃、仙人掌茶、宜红茶、黑木耳、银耳、孝感麻糖等。

2. 湖南

（1）岳州扇：与苏杭扇子同享盛名，是我国名扇之一，产于湖南岳阳（古称岳州），已有三百多年历史，畅销国内外。

（2）浏阳烟花鞭炮：浏阳素有“鞭炮之乡”的美称。这里的烟花鞭炮工艺先进，配方科学，燃放安全，音响宏宽，花色艳丽，气味芳香。

湖南的著名土特产还有湘绣、羽毛制品、君山银针茶、洞口墨晶石雕、浏阳菊花石雕、醴陵瓷器、土家锦、祁阳草席、益阳水竹凉席等。

（六）西南片区

1. 四川

（1）竹编：四川产竹一百多种，利用丰富竹源编制的各种竹器历史悠久，

品种繁多，产量大，质量好。

（2）成都瓷胎竹编：始于清光绪年间。瓷胎竹编是用千万条彩色或素描竹丝精心编织，又均匀地包贴在洁白的瓷胎上。就像给冰肌雪肤的美人穿上一身艳丽雅致的锦衣，既可以对瓷胎起保护作用，又以它自身的精湛艺术使千载名瓷增光生辉。

（3）峨眉罗汉手杖：取材罗汉竹，又名大节竹，盛产于四川大凉山，这种竹子竹节大、肉厚、质坚、外形奇特。峨眉山的艺人从大凉山购来竹子加工成优质、美观、实用的旅游手杖。又因取材于罗汉竹，与寺庙中罗汉手中的竹杖相似，故名罗汉手杖。

四川的著名土特产还有蜀绣、蜀锦、安乐竹席、竹藤器、南充竹帘画、四川草席、四川漆器、柑橘、中药材、宜宾五粮液、泸州曲酒、四川榨菜等。

2. 广西

桂林羽绒及其制品：是广西对外贸易的“拳头”产品之一。桂林羽绒制品选用优质羽毛，经过严格挑选、除尘、洗涤、烘干、消毒、去味后制成，质地优良，深受国内外消费者的欢迎。

广西著名的土特产还有环江凉席、合浦沙煲、钦州坭兴陶器、壮锦、毛南族花竹帽及罗汉果、沙田柚、蛤蚧、桂林桂花等。

3. 贵州

（1）蜡染：是贵州苗族、布依族、仡佬族妇女创造的一种传统民间工艺。产于各少数民族居住区，以安顺、黔东南等地最为著名；许多地方几乎家家有染缸，户户有能手。贵州蜡染，纹样如绘，清雅脱俗，美观大方。

（2）玉屏箫笛：创始于万历年间，明清两代玉箫曾作为贡品。1986 年玉箫在伦敦国际手工艺展览会上获银奖；1993 年在巴拿马赛会上获金奖，被称为东方古老的工艺品“明珠”。

贵州的著名土特产品还有大方漆器、织金砚、思州石砚、三穗斗笠及遵义毛峰茶叶、天麻、麝香、茅台酒、董酒等。

4. 云南

（1）剑川木雕：是云南大理州剑川县独具风格的传统手工艺品。早在 10 世纪初，白族人民就吸收了汉文化及其木雕生产技术，逐步形成了自己独特的雕刻技术。

（2）版纳地毯：是云南昭通地毯厂生产的一种纯羊毛编织地毯。因它主要反映西双版纳风物故得名。地毯的图案非常形象生动，在国内外享有盛誉。

（3）傣族竹编：是傣家人擅长的工艺，是云南民族工艺百花园中的一朵奇葩。

另外，云南著名土特产还有云烟、三七、云南白药、斑铜等。

（七）西北片区

1. 陕西

（1）榆林柳编：其原料柔韧、光滑、洁白，工艺精湛细腻，造型美观，具有浓郁的民间色彩。主要产品有提篮、纸篮、动物篮、面包盘、水果盘、吊盘、礼品盆等。

（2）岚帛藤编：陕南一大名产，在本地传统工艺的基础上吸收了蜀、湘等省的藤编技艺，形成了独具地方特色的艺术风格。

陕西的著名土特产品还有西凤酒等。

2. 甘肃

（1）酒泉夜光杯：是酒泉出产的一种玉制酒具。据记载，酒泉在两千年前就已出产夜光杯了，而且是稀世之珍，到唐代更是闻名遐迩。诗人王翰的《凉州词》中有“葡萄美酒夜光杯”的诗句便是证明。夜光杯的特点是抗高温，耐严寒，盛烫酒不炸，冷酒不裂，摔倒、碰击不碎等。

（2）天水雕漆：具有七十多年的生产历史，以其古朴大方的形式、清雅协调的色彩、深厚独特的民族风格，成为丝绸古道上的一朵奇葩。

（3）兰州刻葫芦：就是在葫芦上刻画出种种图案，成为一种工艺品，起源于清代，1922 年后驰名京津，被誉为绝技，远销海外。

另外甘肃的土特产品还有洮砚、发菜、兰州白兰瓜、滩二毛裘皮、兰州水烟等。

3. 宁夏

宁夏回族自治区的著名土特产品有枸杞、甘草、发菜、贺兰石砚等。

4. 新疆：

（1）和田玉：主要产于新疆和田地区海拔五六千米以上的昆仑山上。特点是质地细腻，色泽鲜美，白如羊脂，黑如纯漆，性兼刚柔，韧似榆木，具有透明感，富有光泽度，块头大，形状好，以通称羊脂玉的白玉最为名贵。

（2）英吉沙小刀：因产地在英吉沙县而得名。小刀做工精细，用优质钢板锻打成型，用锤磨光再行世代相传的淬火，刀口锋利，造型多样，有弯、直、箭、鸽等样式。

5. 西藏

（1）藏刀：藏族工艺品，又是藏族人民生活必不可少的工具之一，做工精细，加上镶嵌装饰，有较高观赏价值。

（2）唐卡：用彩缎装裱而成的一种轴画。唐卡的题材广泛，有取材于西藏历史和生活习俗的历史画、风俗画，也有反映科技的，但大多数还是以藏传佛教为主题的宗教画。

西藏的著名土特产品还有藏装、氆氇、藏香、藏药、冬虫夏草、麝香等。

6. 青海

昆仑彩石：是用昆仑山支脉、湟中县出产的彩石雕刻的工艺品。工艺美术品作者根据昆仑彩石的石形、石纹、石色，选材造型，精雕细刻，生产出了形象生动逼真的人物、动物、花鸟、鱼虫、山水景物等欣赏工艺品。

青海的著名土特产还有冬虫夏草等。

五、金银饰品的鉴别

（一）金银类别及基本特性

金银通常主要是指白金、黄金、白银和银元。

1. 白金

又名“铂”。元素符号 Pt，颜色浅灰白色，比重 21.45，熔点 1 769.3℃，传热 0.17，硬度 4.5。白金质地坚韧柔软，富有延展性，能制成极薄的片或拉成细丝，有极良好的耐酸、耐高温性能。

白金有纯白金、K 白金和假白金之分。

（1）纯白金：指成色达到 99.9% 以上的白金。

（2）K 白金：是白金与黄金的合金，其配制比例和黄金的 K 金配制比例相同。

（3）假白金：以黄金为主体，与镍、银、铅等白色金属的合金，是白金伪造品。

2. 黄金

俗称“金子”或“金”。元素符号 AU，颜色赤黄，比重 19.3，熔点 1 063℃，传热 0.71，硬度 2.5。黄金质地柔软，延展性强。传热、导电性能较好。具有化学的稳定性，抗腐蚀性强，不溶于单一的酸或碱溶液中，在空气中不氧化、不变色、不生锈，经火烧后不变色、不变质，有“真金不怕火”之称。黄金，分为生金和熟金两大类。

（1）生金，也称“天然金”，是没有经过熔化提炼的原金。生金又可分为矿金和沙金两种。

矿金：产于矿山中，经开采的金矿石通过粉碎、淘洗、加工熔化成为矿金。

因矿金中除了黄金，还含有其他元素，所以又被称为“合质金”。

沙金：产于冲积层，它是含金的矿石，经长年风吹雨打自然侵蚀，形成沉积在河流底层与砂石混杂的含金层中，通过采淘而得到的颗粒状原金，俗语有“沙里淘金”之称。

（2）熟金，是生金经过熔化提炼后的凝结体。具有光泽和柔性。按照传统分类，熟金又可分为纯金、赤金和色金。

纯金：指经过提纯后的黄金。但由于黄金中所含有的杂质难以提净，所以，称“纯金”是不科学的。一般含金量达到 99.9% 及其以上时的黄金便可称“纯金”，其最高含金量可达到 99.997%，但无法达到 100% 的纯度。

赤金：一般指含金量达到 99% 以上的黄金，过去市场上通称烚赤。

色金：根据黄金与其他金属主要是白银、铜的混合量的不同，习惯上又分为清色金和混色金两种。清色金：也称“清金”。指只含有白银成分的黄金，而不论其含金量的高低。混色金：也称“混金”。指除含有白银成分外，还含有铜、铅或其他金属的黄金。在混色金中根据所含黄金以外金属成分的不同，还可分为大混金、小混金、K 金和焊药金等数种。

3. 白银

俗称“银子”或“银”。元素符号 Ag，颜色洁白、光润，比重 10.5，熔点 961℃，传热 1.0，硬度 2.7。白银质地柔软，富于延展性。白银在空气中放久了，表面会被氧化，使色泽减退生锈，呈黄褐色。白银的化学性质比较稳定，能与其他金属熔合制成合金，使其机械强度与耐磨性提高。此外，白银还有杀菌而败毒的独特性能。

4. 银元

俗称“银洋钱”“银洋钿”“大洋”，是大型银铸币的通称。在我国近代史上曾作为流通货币在市场上广泛流通，种类多达一百余种。由于古今中外银元版别多，成色和重量也相差很大，因此，国家规定：一般标准银元或者正常银元，每枚银元毛重应该达到 26.5 克以上，成色达到 88% 以上。凡银元的重量与成色未达到规定标准的，就不能称为正常银元。常见的次劣银元有私版、哑版、光版、叮版、夹版、锉边、原轻等种类。

（二）金银成色

金银成色是指含金银实物中所含黄金或白银纯重量的比例，它是计算金银纯重量的重要数据之一。对金银成色习惯采用百分制表示，但对黄金通常采用百分制和开（K）制两种表示方法。

（1）百分制：纯金或纯银为100%，也就是百分之百表示。10%也就是十分之一，称为一成，1%也就是百分之一，称为一色，0.1%也就是千分之一，称为一点。例如：含金量75%，可表示为含金量七成半；含金量99.9%，可表示为含金量九成九点九。

（2）开（K）制：也是黄金成色的一种表示方法。以“开”（K）为计算单位，规定纯金的1/24为一开（K），也就是每开（K）的含金量规定为1/24。例如：18开（K）金，则18/24为黄金，6/24为其他金属，即其黄金含量为18/24，达到75%。常见的开（K）金有22k，18k，14k，12k等数种。

（三）K金中的含金量标准

在黄金制品中K金制品原是国际上的一种金饰品，传入我国后，各地金店、银楼均有仿造，俗称“洋金”。它以“开”或“K”字来表示黄金制品的纯度单位。

1982年9月国务院决定恢复国内黄金饰品供应前夕，轻工部参照现行国际标准于1982年8月颁布了国内K金制品的技术标准，规定每K的含金量为二十四分之一（1/24），即为百分之四点一六六（4.166%），但事实上凡含金量达到99.9%及其以上的都作为24K金。同时又规定国内销售各类K金制品的含金量标准为：22K金含金量为91.67%；20K金含金量为83.4%；18K金含金量为75%；14K金含金量为58.5%；12K金含金量为50%；10K金含金量为41.7%；9K金含金量为37.5%；8K金含金量为33.3%。

（四）怎样选购黄金饰品

黄金饰品又称“金首饰”或“金饰品”，它是以黄金为主要原料制作的我国传统工艺美术产品之一。常见的黄金饰品一般可分为戒指、项链、耳环、挂件等几大类，如何选购好满意的黄金饰品，可从以下几个方面来考虑：

（1）根据各人喜欢和爱好决定选择高档饰品还是中、低档饰品，纯金饰品还是K金饰品。对选购镶嵌饰品一般以14K金、18K金为宜。为了同平时衣物相匹配，一般选购中低档饰品，以示自然、大方。如为了外出做客或出席礼仪活动、宴会等需要，以选购中高档饰品为宜，以示华丽、高雅。当然也可根据各人条件自己决定。

（2）在选购时除看清外观质量，请注意饰品上钢印成色标记与所选购的成色是否一致，生产厂代号制作暗记钢印是否清晰、齐全。

（3）选购戒指，如为活扣的，要注意搭头不能过短，如为死扣的，要注意

和自己手指大小相吻合，不宜过紧过松。但在冬天选购时要考虑适当松些，为方便冬天使用可绕些丝线，否则冬天使用时正好，到了夏天就会碰到难以使用的烦恼。

（4）选购项链时应注意项链的每环或每节是否匀称，并可将项链的一端拎直后看其是否打结打转，能否保持平面垂直，再看搭扣处是否牢固、活络，表面是否光洁，色泽是否鲜艳。

（5）对挂件要注意造型左右是否对称，表面雕刻花纹、图案是否清晰，加工是否精细。

（6）对镶嵌饰品可用手指轻轻扳动检查嵌宝石处是否牢固，托爪是否过长，不能有剐手感，以免发生钩破衣物和伤害皮肤。

（五）足金和K金饰品的特点

由于黄金饰品的不同成色和含金量的高低，决定了足金和K金饰品具有各自的特点。

（1）足金饰品：成色和含金量高、质地柔软、颜色呈浓度赤黄色，火烧后也不褪色，保持黄金的固有特性。足金饰品尽管其款式不易翻新，多数是我国传统的天元戒、龙凤戒、方戒、线戒和马鞭链、鸡心片等老款式，且有易毛易变形、易断裂等缺陷。但由于足金饰品既可当做美化生活的装饰品，又具有黄金的保值作用，所以历来为人们所喜爱、青睐，这也是我国人民历来有佩戴金饰品习惯的一个重要原因。

（2）K金饰品：除24K金因其含金量达到99.9%通常也称足金外，一般K金饰品都具有成色和含金量低，体质坚硬，耐磨牢固，颜色紫红鲜艳等特点。用K金加工的饰品除主要被广泛用于镶嵌各类珠宝的戒指、项链、挂件、耳环、手镯等饰品外，还能用于制作别针、领夹、纽扣、表壳、表带、眼镜架等，其装饰用途极为广泛。由于K金饰品用金量少，而牢固耐磨度又远远超过同分量的足金饰品，因此实用价值较高。又因其款式多变，造型新奇，能与各类珠宝配套和衣物相匹配，满足人们美化生活和对金饰品从保值型转向装饰型款式新的需要。

（六）包金和镀金饰品的特点

包金和镀金饰品一般都是以含银、铜或者铝等金属的合金材料为基胎加工而成的各类饰品。两者的区别主要是对表面处理方法上的不同。

（1）包金饰品：是把24K高成色的黄金加工成金叶（金箔）后，在银制、铜制饰品及铜合金制饰品的外面裹上一层至数层金叶而成。其外层黄金成色较

高，内层是银胎、铜胎或者铜合金胎。包金饰品在试金石上可以磨出金道，并可视金道长短来确定其包金叶的层数和厚度。在一般正常情况下，每包一层金叶在试金石上可磨出两厘米长的金道（根据经验测定每包金叶三张含金量约有一克重左右）。常见的包金饰品有戒指、耳环、头簪、手镯等，其中又以包金手镯为最多见。此外，随着现代科学技术的进步，当今世界已研制出新一代的复合金技术，系采取两面K金薄片中间夹铜或者铜合金的三复合新工艺，从而使新的复合材料既保持具有同类K金饰品的装饰效果、外观特点和使用价值，又大大降低了售价。因此深得不同层次消费者的喜爱。

(2) 镀金饰品：饰品的表层含有一定的黄金，内层是银胎、铜胎或者铜合金胎，其中又以铜胎电镀金为最多见，镀层都很薄，大多数镀金饰品在试金石上磨不出金道。常见的镀金饰品有戒指、项链、挂件、领夹、别针等。一般说来，此类采用电镀或者化学镀的饰品，由于仅仅在表层镀了一层极薄的金，比较容易磨损变色，所以其价格极为低廉，且使用效果也不够理想。为提高镀金饰品的使用效果和寿命，目前对处理表壳镀金的电镀工艺已作了改进，采用黄金硬质电镀法后，提高了产品表面镀金层的耐磨度，延长了使用寿命，如注意正确的使用方法和平时的保养，并经常用柔软干布轻擦镀件的表面，镀件一般能在五年左右不变色。

(七) 金银的计量单位

当代世界各国和地区对金银的计量单位尚不完全一致。如美英国家用盎司，法国和日本用公分，中国香港用司马两等等。但在国际黄金市场上进行白金、黄金和白银交易或者将黄金、白银用于国际清算时，按惯例也都是采用英美国家的计量单位——盎司为基本计量单位。这种盎司就是金衡盎司，亦称英两。每金衡盎司约等于31.103 481克，当实际交割时，一般都按1金衡盎司等于31.103 5克进行清算。

我国对黄金、白银的计量单位以往习惯都采用旧市制两（16两制）。旧市制1两=31.25克，1钱=3.125克，1金衡盎司=0.995 312旧市两（16两制）。按照《中华人民共和国计量法》（1985年9月公布，1986年7月1日起施行）的规定，目前在人民银行的黄金、白银收购和配售业务中都已全面采用公制重量单位——克为标准的计量单位。公制克和旧市制两的换算关系为1克=0.032两，1公斤（1 000克）=32两，1吨（1 000 000克）=32 000两。

(八) 鉴定黄金的方法

黄金的鉴定，通常是指对熟金的鉴定。正确鉴定熟金一般可采用初步检查与对金牌鉴定为主，硝酸鉴定为辅的方法，具体步骤：

1. 初步检查

是根据黄金的基本性能进行的初步鉴定。

（1）辨色。依据“七青、八黄、九五赤金”鉴定黄金的原则，可先初步估出其大概成色，区分出清金和混金。

（2）掂量。黄金的比重仅次于铂，高于其他金属，看体积大小与重量与否相符，可判别真伪。

（3）折性。黄金成色高的体质柔软，折弯处有细皱纹，成色越低体质越硬。混金不易折弯，且有弹性，如用力拗折，会发生断裂。

（4）听音。成色高的黄金发声低闷，成色低的发声尖而高，清金有声无韵，混金有声有韵。

2. 对牌鉴定

是利用简单的鉴定工具，主要是对金牌和试金石，运用色泽对比的办法确定黄金的成色。黄金的对牌鉴定方法分为三种：

（1）清金对牌挤对法，即用清金对牌鉴定清金。鉴定时把实物金道挤在高于实物成色的对牌道和低于实物成色的对牌道中间进行对比。对于金道，以正面平看色泽为主，斜看浮色（指倒看或倾斜看试金石上的金道是否内含铜、铝的颜色）为辅，根据正面确定成色。

（2）清金对牌挤混法，即用清金对牌鉴定混金。对于金道，此法以斜看浮色为主，平看色泽为辅。斜看金道与对牌道是否出现凸凹现象，以确定成色。若金道比对牌道成色高，就有凸出现象。

（3）混金对牌挤对法，即用混金对牌鉴定混金。与清金对牌鉴定清金的方法相同，必须看金道与对牌道颜色是否完全相符，才能确定其准确的成色。

3. 硝酸鉴定

是运用化学反应，对黄金真假和成色进行分析鉴定。它是一种辅助鉴定方法。具体方法有三种：

（1）48 度硝酸点试。鉴定时可用玻璃棒将 48 度硝酸同时点在金道和对牌道上，约过 30 秒钟后用清水冲洗，根据在试金石上遗留下的黄金存质和对牌是否相符，即可确认被鉴黄金真假和成色。因为黄金不怕硝酸，而其他金属等杂质都溶解于硝酸。如遇金道上点试硝酸后，是假黄金即全部自行消失了。

（2）硝酸盐水混合液点试。用于 48 度硝酸点试作用不明显的高成色黄金鉴定。混合液配制成分是由 2/3 的硝酸（48 度）和 1/3 的盐水（清水 10ml 或 14 克加入精盐 3 克）混合而成。经硝酸盐水混合液继续点试鉴定后，根据其遗留黄金存质与对牌相符时，以确定成色。

(3) 30 度硝酸点试。用于鉴定成色甚低的黄金（如含金量只有 10% ~20% 左右），且采用 48 度硝酸点试不易看出所剩金质时，将 48 度硝酸稀释至 30 度继续点试鉴定，根据其遗留黄金存质与对牌相符时，以确定成色。

（九）仿金和仿银饰品

仿金饰品一般有仿白金、仿黄金饰品之分，常见的仿金饰品以仿白金、雅白金、稀金、亚金饰品在市场上最多见。仿银饰品以德银、亚银饰品在市场上最多见。其实，它们都是以铜为主体的铜合金复合材料制成的人造饰品。这类人造白金、人造黄金和人造白银材料经过工艺处理后，它们的基本性能，特别是外观色泽能与真金、真银相近似，粗视可“以假乱真”。如稀金、亚金饰品都具有 18K 黄金的光泽和色彩，而且经过表面工艺处理后，其外观质量、基本的强度和耐磨耐腐蚀性能都优于纯金饰品，完全可视同 K 金原料一样，能加工成各类镶嵌宝石的戒指。其外形和色泽酷似真金，不含金成分，又能与真金饰品相媲美，是人类理想的制作工艺装饰品的新颖材料。

仿金和仿银饰品都是近年开发的新产品，特别是仿金饰品的问世，由于款式新奇，造型别致，价格低廉，深受市场欢迎。目前在西方国家和港澳市场上，此类假首饰的年销售量也是相当可观的。

（十）简易鉴别黄金成色

根据黄金的物理特性，不借助任何鉴别工具，也可以对黄金饰品进行简易鉴别，估测其大致成色有多少。掌握此简易鉴别方法主要有以下五个环节：

(1) 参看牌号。查看饰品上的生产厂名、店名或代号、成色及制作暗记等钢印字样戳记，同时要注意饰品的真伪及有无破绽可疑之处。

(2) 掂重辨别。黄金比重（19.3）大于白银（10.5）、铜（8.9）、锌（7.1）、铝（2.7）等金属，也就是说同体积的黄金比一般金属重得多，所以放在手中掂试有沉重坠手感，而白银、铜或其他一些金属则手感轻飘，所以如发现体大量轻者，须注意是否赝品，至少可以肯定它不是高成色黄金饰品。

(3) 目测辨色。根据鉴定清金（黄金内只混入白银成分）“七青、八黄、九五赤”的行话口诀，观察黄金饰品的表面色泽。即色泽青黄者，它的含金量约在 70% 左右；色泽淡黄者，它的含金量约在 80% 左右；色泽赤黄者，它的含金量约在 95% 左右，赤黄色愈浓其含金量也就愈高。

(4) 折试硬度。成色高的黄金质地柔软，成色愈低愈硬。含金量在 97% 以上的首饰金用手弯折二三次，其弯折处即出现鸡皮皱纹，俗称“鸡皮皱”；含金

量90%左右的弯折时很硬，弯折处也没有皱纹。对18K、14K之类K金弯折时坚硬，并有刚性不易折弯，如用力硬折，只要来回二三次就会被折断。

（5）投金辨音。黄金成色高的声音低，弹力小，有声无韵；成色低的声音高，弹力大，带有长韵；成色愈低，弹力愈大，音韵愈尖长，并有“当当”之长音。

一般来说，掌握住以上五个环节，就可对黄金饰品的成色进行简易鉴别，但要精确鉴定黄金饰品的成色，还需运用对牌鉴定和结合试剂分析来作进一步鉴定。

六、宝石的鉴赏

我国有丰富的宝石资源。从石质上说，大体可分为宝石、玉石、彩石三大类，而光辉灿烂的宝石，为三大类宝石之冠。

（一）宝石

宝石是指色泽艳丽，透明度高，硬度大，化学性质稳定，经加工琢磨可制成贵重首饰的天然矿物晶体。在自然界已发现的三千余种矿物中，能作宝石用的约二百种，最珍贵的仅几种，因其产量稀少，美丽诱人，加工难度大，因而价格昂贵。珍稀宝石具有重要经济价值，在国际市场上有“硬通货”之称。钻石、红宝石、蓝宝石和祖母绿是世界公认的四种珍贵宝石，极其名贵稀罕，价格高昂。

1. 钻石

矿物名称为金刚石。金刚石是自然界硬度最高的矿物，由于它具有折光率高和色散强的特征，琢磨后光彩夺目，灿烂无比，享有“宝石之王”的美誉。我国现存百克拉以上宝石级金刚石共有三颗，最大一颗是“常林钻石”，重158.786克拉，是1977年山东临沭县一位女青年在田间劳动时发现的，现存于中国人民银行，出展时可以看到它的仿制品。后来山东临沭县群众发现的优质宝石级金刚石，重28.06克拉，无色透明，光彩夺目。山东蒙阴发现的微带黄色的宝石级金刚石，重17.26克拉，具有完好的八面体晶形，也是我国屈指可数的宝石级金刚石之一。

金刚石主要产自金伯利岩及其次生砂矿中。目前世界上主要产地有扎伊尔、南非（阿扎尼亚）、俄罗斯、澳大利亚、巴西等国。我国山东、湖南、辽宁、贵州、江苏等省也有出产。

2. 祖母绿

是一种含铬的绿柱石。碧绿苍翠的颜色甚为罕见，素有“绿色之王”的称

誉。世界上往往把颜色娇艳、稀罕的优质祖母绿看做比钻石还要贵重的宝石。一般0.2~0.3克拉磨棱翻型祖母绿就是理想的高级首饰戒面，大于0.5克拉的优质品价值可高于钻石，而大于1克拉的极优祖母绿被视为稀世珍品。据1986年美国市场祖母绿的价格，绿色小颗粒者，每克拉55美元，单颗重16克拉的每克拉1 600美元。世界上有不少著名的祖母绿宝石，如我国故宫博物院中有明清帝王的大颗祖母绿宝石，清代慈禧太后的殉葬物品中有重达80克拉的祖母绿两颗。

宝石级祖母绿多为气成热液环境形成。哥伦比亚、巴西、俄罗斯是世界上主要的祖母绿产地。

3. 红宝石和蓝宝石

都是刚玉矿物的晶体，除了红色贵刚玉外，其他各种颜色的刚玉宝石均称为蓝宝石。在自然界，红宝石产出比蓝宝石稀少，特别是10克拉以上的红宝石更为少见。红宝石中最佳品为血红色者，特称“鸽血红”，是稀世珍品，有时比同样重量的钻石更贵重。世界上最优质的鸽血红宝石产于缅甸，而蓝宝石则以蓝色者为上品。

红、蓝宝石的主要产地是缅甸、斯里兰卡、泰国、澳大利亚等国。我国福建、广东、台湾、安徽等地也有出产。

4. 黄玉

在珠宝界称为托帕石，其颜色很丰富，以蓝色、葡萄酒黄色和粉红色的为上品。目前国内外市场所见的粉红色黄玉宝石，很多是由橙色或褐色者经热处理改色而成。世界著名黄玉宝石产地为巴西、美国和俄罗斯。自然界宝石级黄玉是在高温并有挥发成分作用的条件下形成的，主要富存于花岗伟晶岩中。

5. 海蓝宝石

海蓝色、蓝绿色的透明绿柱石。市场上出现的有些蓝色海蓝宝石系由绿黄色或褐黄色的品种经热处理而成。海蓝宝石常与水晶等共生产出于花岗伟晶岩中，它是气化作用过程的产物。世界上最著名的海蓝宝石产地是巴西。我国新疆、云南也有出产。

6. 石榴石

以其形若石榴子而得名，是一族类质同象系列矿物宝石。主要宝石品种有镁铝榴石、镁铁榴石、钙铝榴石、铁铝榴石、锰铝榴石和钙铁榴石。镁铝榴石和镁铁榴石呈鲜艳玫瑰红色，宝石界称为紫牙乌。翠绿色钙铁榴石，商品名“翠榴石”，自然界中大于4克拉者罕见，特优者价值可同蓝宝石并列。还有一种绿色含铁的钙铝榴石，商品名“察沃石”（Tsavorife）也是石榴石宝石中的高档品种。此外，有一种绿色半透明石榴石品种，经琢磨加工后可冒充翡翠，名为非洲翡翠。

7. 碧玺

宝石级电气石的统称，其名来自《石雅》。碧玺由于自身微量过渡元素铁、铬、钒的存在而使颜色丰富多彩，红、绿、蓝、棕、黑等都有，而以蔚蓝色和鲜玫瑰红色为上品。碧玺具有多色现象，在同一晶体上出现两三种颜色，这样的碧玺名为二色碧玺或多色碧玺。碧玺多产于花岗伟晶岩中，世界著名产地有巴西、美国和坦桑尼亚等国。我国新疆、云南、甘肃、内蒙等地均有出产。

8. 锆石

成分是硅酸锆，由于折光率和色散都高，所以无色透明者常用做钻石代用品，斯里兰卡人称其为冒牌钻石。红色和蓝色透明锆石亦为常见，是宝石级锆石的主要品种。市场上出现的天色或天蓝色锆石，一般是由黄色或褐色锆石经加热处理的产物。宝石级锆石大多呈碎屑状矿物产于各种沙砾层中，著名产地有斯里兰卡、泰国、老挝和柬埔寨。

9. 橄榄石

镁铁硅盐酸矿物，因呈橄榄绿色而得名，实际上黄绿色的亦不少见，宝石级橄榄石产于来自上地幔的粗晶橄榄岩中。世界著名产地有埃及、缅甸、美国和中国。

10. 欧泊

矿物名称是贵蛋白石。欧泊因有色彩斑斓的变彩（又称游彩）而受人喜爱。欧泊以变彩明显、面积大、底色对比鲜明者为优质。欧泊品种按不同底色划分为火欧泊、白欧泊和黑欧泊三种，其中以黑欧泊最为名贵，它的价值可同红宝石一类珍贵宝石相媲美。优质欧泊以克拉计价，一般品级原石按克计量。欧泊由于硬度不高、易裂，作首饰戒面都需镶边框，既美观又起保护作用，同时欧泊宝石加工工艺多为平端椭圆形款式，可以充分显示它的斑斓色彩。

世界上欧泊的主要产地有澳大利亚、墨西哥等，以澳大利亚最为著名。

11. 具有特殊光学效应的宝石

猫眼和星光宝石也是难得而名贵的宝石。这种特殊的光学效应，是含有规律分布的针状固态或气液包体的一些矿物晶体和具有纤维结构的少数单矿物集合体，在被琢磨成圆形或椭圆形弧面宝石时，其中的包体或矿物纤维将光线反射到弧面上形成的。若出现一条亮带则为猫眼效应，若出现两条以上彼此相交的亮带就是星光效应。通常所说的猫眼石专指金绿宝石猫眼，其他猫眼宝石都冠以宝石和矿物的名称，如红宝石猫眼、蓝宝石猫眼、锆石猫眼等。自然界具有猫眼效应的矿物已发现有二十多种。名贵的猫眼石产于斯里兰卡。

星光效应又因呈现亮带数目的不同而分四射星光、六射星光和十二射星光。呈现两条亮带的表现为四射星光，如星光顽火辉石。呈现三条亮带的表现为六射

星光，如星光祖母绿、星光海蓝宝石等。十二射星光则是由六条亮带构成的。自然界已发现十几种星光宝石矿物。

12. 人造宝石

现今许多国家的市场上有大量人造宝石，它们无论从颜色、光泽、透明度，还是加工款式上，都和真宝石相差无几，常常真假难分。人造宝石又有合成宝石和宝石仿制品之别。

（1）合成宝石是一种化学成分、物理性质相同于天然宝石的人工合成物。现代科学的发展促进了合成技术的开发。自 1904 年法国魏尼尔试制成功第一颗人工合成红宝石以后，不仅祖母绿、红宝石、蓝宝石、变石、欧泊、绿松石、青金石、锆石等很多高中档宝石都能人工合成，而且星光、猫眼等具有特殊光学效应的宝石品种亦能人工合成。

（2）宝石仿制品是用低档宝石或玻璃、塑料等其他材料仿制的高中档宝石代用品。如历史上有名的英王皇冠上镶嵌的一颗名“黑太子”的红宝石，实际上是一颗红色尖晶石宝石。价值昂贵的钻石的代用品现在有十多种，常见的有白色透明锆石、尖晶石、人造立方氧化锆、人造钇铝榴石等。区分钻石和人造钻石的关键在于从比重上加以识别，这是由于钻石比重为 3.5，而人造钻石比重是 6.1。我们用测量钻石的专用卡尺获得的数据与其实际重量相比较，即可分辨出真伪。因为对同样体积大小的钻石和人造钻石相比较的话，钻石的重量明显低于人造钻石。所以重量是正确区分钻石和人造钻石的重要标志。当然从二者的硬度上也可以加以区分，但对于价值高的珠宝是不允许采用刻划法进行鉴别的。

人造红、蓝宝石中最为低劣的是红、蓝料石之类，它们是以玻璃、塑料为主要原料加染色剂制成的。通常不需要任何工具，单凭肉眼从外观、色泽、折光、内在气孔等方面极易区分出来。但有一种被称为人造刚红玉、蓝宝石，由于其化学成分、颜色、比重、硬度都与天然红、蓝宝石极为相似，是最为常见，又能乱真的天然红、蓝宝石的最佳仿制品。区分它们主要掌握以下四点：

a. 天然红、蓝宝石是天然刚玉宝石，其内部晶体结构为六角形桶状或柱状，因而其颜色也按内部结构生成有一定规律的六角形同心状或带状，经琢磨加工后也有成八字形或一字形。而人造红、蓝宝石是采用人工合成方法生产出来的人造刚玉宝石，多为圆形枝状，其颜色一般成为圆形同心状，经琢磨加工后成为半圆形或弧形。这种在颜色形状上的不同是二者的主要区别。

b. 由于天然红、蓝宝石中均含有一定的杂质，所以其颜色带有一种不同程度的深浅浓淡的自然感，这是人造红、蓝宝石所无法比拟的。据此，从颜色特点上有时可直接区分出人造红、蓝宝石。

c. 天然红、蓝宝石品质绝佳者极少，大颗粒者更属罕见，而人造红、蓝宝

石，由于人工合成，其品质佳者或大颗粒者均并非难事。所以当遇上粒大者要注意鱼目混珠。

d. 天然红、蓝宝石由于内部分子排列产生宝石的特有反光现象，这在珠宝界被称为“勒光”，而人造红、蓝宝石都无法表现出这种反光现象。

（二）玉石

我国古代把“石之美者”称为玉。现今常把质地细腻坚韧、色泽温润典雅，硬度较大，具透明感，适于雕琢玉器工艺美术品，以单矿物为主的岩石和矿物称为玉。世界各国公认的玉是指缅甸产的翡翠（硬玉）和我国产的软玉（和田玉）。

中国是玉的故乡，早在七千多年前的新石器时期就有用玉制作的饰物，商周时期玉雕工艺日臻成熟，明清两代玉器的雕琢技术达到鼎盛时期。玉雕工艺与各个时代的思想、文化、礼仪、工具的发展密切相关，自古至今主要用于三个方面：祭物、朝廷里用的礼器和装饰品。如祭天的玉璧，祭地的玉琮，传达王令的玉圭，封官拜爵用的玉佩，用做装饰品的簪珥、凤钗、涤环和摆设用的“如意”，各种形态逼真，玲珑剔透的人物、鸟兽、花卉、器皿等。

著名的玉石品种有：

1. 翡翠

亦名硬玉，是一种名贵的玉，为单斜辉石类矿物的纤维状集合体，毡状交织结构、韧度大，硬度6~7度，半透明至微透明，颜色有绿、红、黄、白、紫等。红者为翡，绿者为翠。最为名贵的是翠绿色玉，它犹如雨洗冬青，凝翠欲滴，鲜亮清明，晶莹剔透，质地细腻，硬而不脆，是玉之精英。其中有红绿兼有的翡翠山子，红色的翡衬托着绿色的翠，格外醒目，美丽鲜艳；还有翡翠指环和各种颜色的翡翠戒面，其“浓、阳、正、和”兼备，引人注目。

2. 软玉

我国主要的玉石品种，属于透闪石——阳起石系列矿物的纤维状集合体，毡状交织结构，韧度大，硬度5.5~6度，半透明至微透明，油脂光泽。按颜色可分为：白玉、青玉、黄玉、碧玉和墨玉等，以白玉中的羊脂玉最名贵。和田玉为软玉中最重要的一种，因产于我国新疆和田而得名。

除硬玉和软玉外，岫岩玉、独山玉、松石、水晶、芙蓉石、玛瑙、青金石、京粉翠等也都是我国传统的玉雕原料。

3. 岫岩玉

因产在辽宁省岫岩县而得名，简称岫玉。岫岩玉为蛇纹石族矿物的纤维状、

鳞片状微晶集合体。硬度4～6度，半透明，油脂光泽，颜色以湖绿、黄绿者为优。在河北满城出土的西汉金缕玉衣中就有岫玉片，说明开发利用至少已有二千余年，是当时玉雕的主要原料。

4. 蛇纹玉石

属蛇纹石质的玉，在我国产地甚多。据不完全统计，迄今全国已有二十多个省、区发现了蛇纹玉石。如广东的“南方玉”，山东的“莱阳玉”，新疆的“昆仑玉”，四川的“会理玉”，广西的“陆川玉”等等，唐代著名诗人王翰的《凉州词》“葡萄美酒夜光杯，欲饮琵琶马上催。醉卧沙场君莫笑，古来征战几人回。”里的“夜光杯”，就是用甘肃酒泉附近的蛇纹石质玉制作的。

6. 独山玉

又名南阳玉，因产于河南南阳独山而得名。是以斜长石、黝帘石为主，含铬云母、绿帘石等的蚀变斜长岩。不透明至微透明，油脂光泽，颜色繁杂。玉雕工作者多利用其“俏色”“巧色”雕琢成形态多姿的山、树、花、鸟等工艺品。

7. 松石

亦称土耳其玉，矿物名称绿松石，为铜铝的含水磷酸盐。硬度5～6度，多呈蓝、蓝绿及苹果绿色，蜡状光泽，不透明，常呈隐晶致密块状、肾状或皮壳状集合体产出。据考证，我国在公元前12世纪的商代，即用松石作贵重装饰品。松石制品以其美丽的天蓝色，深受阿拉伯人及穆斯林的喜爱。

8. 水晶

是人们最熟悉的玉种之一，是结晶完好的二氧化硅晶体，品种很多，有无色水晶、紫水晶、黄水晶、茶水晶、烟水晶、发晶等。水晶石在工艺品方面用量很大，以紫水晶用途最广。

9. 芙蓉石

是粉红色石英，因颜色均一、美丽而被人喜爱。

10. 玛瑙

是显晶质和隐晶质二氧化硅，具条纹状花纹，似马脑，故得名。经过热处理后可以形成各种色彩。我国玛瑙矿源丰富，主要产地是辽宁、黑龙江和内蒙古。产在南京雨花台的雨花石，是一种名扬中外的“玩赏石”。

11. 青金石

系蓝色方腊石族矿物，其中分散着浸染状黄色黄铁矿星点。因其鲜艳美丽的颜色和适宜的硬度（5度左右），很早就被东方各国视为心爱的玉石。世界著名产地是阿富汗。

12. 京粉翠

也称桃花石。是呈致密块状产出的蔷薇辉石。因颜色呈玫瑰红色而被人们所喜爱。主要产在中低温热液矿床和矽卡岩接触带上。北京郊区即有出产。

（三）彩石

彩石，是有艳丽色彩、奇特花纹和特殊结构岩石的统称。彩石与玉石没有严格的界线，一般硬度较玉石低，透明感差或完全不透明，有人称其为低档玉石。著名的彩石品种有：

1. 寿山石

我国传统的彩石原料，因其产于福建省寿山而得名。大规模的开采和利用寿山石是在南宋时代。元明以后，寿山石印章备受篆刻家、收藏家的赏识。清朝时，寿山石雕进入了鼎盛时期，雕刻技术精湛，名家辈出，特别是利用其俏色，创造出各种人物、动物、山水、花鸟等雕刻艺术品，其形象逼真，造型新颖，产品驰名中外，成为我国传统工艺品远销世界各地。

寿山石主要由细小鳞片状叶腊石及少量高岭石、水铝石、明矾石、水云母等矿物组成。质纯的寿山石呈白色，当含有杂质时，则可呈现红、褐、绿、黄等色。具透明感、滑感，有珍珠光泽，其质地细密，光洁度好，是雕刻工艺的优等材料。

寿山石是酸性火山岩受低温热液冲击作用形成的，按具体产出位置可分田坑、水坑、山坑，以产自田坑中的田黄石最名贵。浙江的青田石、内蒙古的巴林石、广西防城的叶腊石等都与福建寿山石相同，仅仅产地不同而已。浙江青田石开采利用的历史悠久，青田石雕久负盛名。内蒙古的巴林石是近年来新发现的产地，矿石质量好，品种多，产量大，现已被列为我国彩石重要产地之一。

2. 田黄

寿山石中的名贵品种，以黄色为特征，透明如冻，又称“田黄冻”。田黄古来就是帝王宫室的珍藏品，素有“易金三倍”之称。近年来曾有一块重950克的田黄石，售价高达十万元。现今田黄石仍是极其难得之物。

3. 鸡血石

含辰砂的高岭石、边开石、叶腊石。所谓鸡血是色泽鲜艳的辰砂呈条带状、团块状、云雾状分布在半透明的“冻石”之中。有的鸡血像火山爆发，有的像蛟龙出水，还有的像盛开的牡丹、黄山的迎客松，真是千姿百态，美不胜收。浙江昌化是我国鸡血石的著名产地，自明朝开采以来就被达官贵人视为珍品。鸡血石大部分用来刻制印章，也有的雕刻成工艺美术品。1982年一颗19．5厘米高的鸡血石印章售价高达14 000元。我国内蒙古巴林右旗也产有较好的鸡血石，因产地得名为巴林石。

4. 滑石

含水的硅酸镁矿物，因颜色艳丽、质地细密、光滑柔润、光泽柔和而被人们用做石雕原料，特别是利用其美丽的红色、黄色、绿色等各种俏色互相衬托，制作出形态各异的人物、花鸟，深受广大人民喜爱。

5. 煤精

也叫“煤玉”，是褐煤的一种，挥发成分极少，色黑如墨，硬度较高，琢磨后漆黑发亮，也是一种常用的彩石雕刻原料。

6. 绿冻石

主要成分是隐品质的绿泥石，含有少量滑石，其色缀似冻，故称绿冻石，亦叫莱州玉，多产于山东掖县一带。绿冻石质地细腻，色泽鲜艳，具透明感，雕制成的人物、禽鸟、花卉栩栩如生，深受广大群众的欢迎，是我国清朝以来就被开采利用的彩石原料。

7. 东陵石

含细鳞片状铬云母的次生石英岩，呈浓郁的碧绿色，琢磨抛光后在油亮碧绿色的底色上闪耀着星点状亮光，非常美丽。我国河南省密县产的密玉、贵州省产的贵翠都是类似于东陵石的石英岩质玉。

8. 木变石和虎眼石

都是“硅化石棉”，即石棉脉被酸性中低温热液强烈冲击，石棉保留了原有的细微的纤维状外貌，而其成分已全部被致密坚硬的二氧化硅代替。琢磨后，在玻璃状闪亮底色上呈现丝绢状反光，非常美丽。其颜色往往呈金黄色、黄褐色或蓝色、灰蓝色，在圆形或椭圆形素身戒面上常闪耀着亮光，略似猫眼的“活光”，特别是蓝色者有如老虎的眼睛，故称“虎眼石”。人们常用其制作戒面、项链及各种工艺美术品。

9. 大理石

被大量用做高级建筑物的装饰石材。纯洁雪白的汉白玉不仅仅是高级的装饰材料，也是上等的石雕材料。云南大理所产的大理石，在白色或浅灰色的背景上，具有灰色、褐色、浅黄色等各种条带、丝纹，加工磨制后呈现出“崇山峻岭”“山涧溪流”等各种花纹，类似山水图画，秀丽夺目，是世界名贵的彩石原料，不仅用于建筑装饰，还常用做“石屏风”“石桌面”及“石瓶”等摆设和家具，大理石的名字就是来源于此。

我国大理石分布极广，除云南大理最为著名外，湖北大冶、北京房山、河北曲阳、广东云浮、福建南屏、山东莱阳等全国各省均有质高色优的大理石。

10. 卵石

北京近郊卢沟桥附近的河床中，有着许多光洁而形态各异、又有一定硬度的

卵石。北京市丰台玉器厂一度开辟车间，专以这种卵石琢制人物、鸟兽等工艺品，名为“卢沟石刻”。

七、其他珠宝

1. 珍珠

有天然淡水珍珠和天然海水珍珠之分。一粒粒珍珠似银白色小球，玲珑剔透，洁白如玉。珍珠特有的柔和珍珠光泽是由它内部叠瓦状薄层文石微晶对光的反射引起，我国是最早发明珍珠养殖和产珠量最大的国家。随着人工养珠技术的不断深化改进，人工养珠质量日趋提高，缩小了人工养珠和天然珍珠的差距。

人工养珠有海水养珠和淡水养珠之分。我国南方广东、广西沿海地区，由于气候条件、水质和地理环境有利贝类水产动物生存，其中尤以广西合浦所产的珍珠为最佳，其颗粒圆整、光润、晶莹，是珍珠中的上品，被称为“南珠”。淡水养珠主要是利用江、湖、河、滨天然水域资源进行人工养殖，品种主要有三角帆蚌珠（简称帆蚌珠）和褶纹冠蚌珠（简称湖蚌珠）。区分天然珍珠和人工养珠，除了用科学手段，如 X 光射线，磁力法等外，通常用肉眼也可从以下方面进行区分：

（1）天然珍珠由于是自然形成的，粒度往往不整，形美者少，粒大者更难。人工养珠则是有目的养殖，生长快，形状好，粒度较整齐，其大粒者也非难事。目前市场上销售的基本上都是人工养殖珠。

（2）天然珍珠是贝类动物体内形成的赘生物，其质厚实，皮光较好。而人工养珠是人工插核，时间短而颗粒大，珍珠层较薄，皮光也不如天然珍珠，但如养殖期长些，皮光也可好些。

（3）从珍珠眼的纵断面看，天然珍珠其皮层厚实。一般无核，皮光较好。而人工养珠其皮层往往较薄，并且有核，皮光也较差些。

2. 琥珀

一种多成分有机树脂混合物，按颜色不同有金珀和血珀之分，以含昆虫包体的为上品，是名贵首饰原料。

3. 珊瑚

主要指红珊瑚，因为它不仅色泽娇艳、柔和，而且富于韧性，最适宜雕琢人物。

八、补药真伪的鉴别方法

1. 桔梗与人参

桔梗属桔梗科，多年生草本植物；人参属五加科，两者的根外形极为相像，但药理作用完全不同。人参性平，味甘，能补气益气。要区别两者不难。人参组织严密，剖开无明显纹路，用舌尝味甘甜清香，微苦；桔梗组织稍疏松，剖开有明显纹路，味苦辛，无清香感。

2. 紫茉莉与天麻

天麻，兰科，多年生腐生直立草木，又名赤箭，是一种“补理养生上药。”药用部分是块茎，淡棕色，半透明，长椭圆形，稍扁而略弯，有皱纹及多轮环节，嚼之有黏性，含香草醇、甙类及微生物，性平、味甘、有熄风定惊之效，是治疗高血压眩晕、小儿惊风常用药。由于市场短缺，常有以紫茉莉根冒充天麻。紫茉莉又名脂胭花，属紫茉莉科，根呈长圆锥形，半透明，黄白色，有纵沟纹及须根痕迹，嚼之有刺喉感，味淡，与天麻不同。

也有的用白芨根冒充天麻。白芨，又叫白及，兰科（与天麻同科），块茎也半透明。两者区别：白芨圆锥形，较小，而天麻扁椭圆形，较大。两者药理完全不同。

3. 香肠与牛鞭

牛鞭是雄牛的生殖器，含有雄性激素，中医专用于补肾。是制作“三鞭大补酒”“三鞭酒”的原料之一。

街头上卖的“牛鞭”有的是用羊肠、狗肠等灌之剁细的精肉末晒干制成，两者样子有点相像。鉴别方法是：真牛鞭切开当中有一条白色的管腔（尿道），而假的则无。同时，用鼻闻一闻也能区分真假。

4. 地蚕与虫草

虫草即是冬虫夏草，是一味较名贵的补药，具有补虚益气等功效。虫草虫体似僵蚕，长条形，头部较细，深黄或棕黄色，有 20 ~ 30 节人环纹。地蚕则呈纺锤形，仅 4 ~ 15 环节。虫草隐约可见幼虫形态，有足 8 对，而伪品则无。虫草虫体干而脆，易折断，而伪品则韧。虫草虫体浸水不胀，伪品浸水后胀大一倍左右。

5. 骨胶与鹿茸

鹿茸是鹿的尚未骨化的幼角骨，是补阳药物，对治疗阴衰体弱有良效。而街头卖的一些假鹿茸是染了酱黄色制成鹿茸形状的骨胶。两者区别之处是：鹿茸切片有一圈圈环纹，质轻；骨胶无圈纹，质重。骨胶光滑，有色泽，入嘴腻粘；骨

胶入汤即融，而鹿茸不会融化。

6. 假麝香与真麝香

街头上出售的常以真掺假，在真麝香中掺入肉桂、朱砂、羊屎等物。麝香是极名贵的中药，具有浓厚香气，尝之先苦，后甜、辛、酸，入口有刺舌感，并有清凉浓郁香气直达舌根，嚼后化无渣，口味纯正。掺假者闻之有其他气味（如肉桂、羊膻气等）。

7. 杂胶皮与阿胶

阿胶又名驴皮胶，是用驴皮加上其他中药材煎制而成的。阿胶有促进血小板增生的功能，故可用于补血。

真阿胶，质光如镜，味甘咸而气清和。市场卖的一些假阿胶是用牛皮及其他杂皮下脚料加黑色颜料煎制而成的。颜色黑浊，没有什么药用价值。牛皮煎的叫黄明胶，其功用劣于阿胶，中医中也有使用。

九、砚石的品类

砚是中国特有的书画工具，是一种实用工艺品。它与笔、墨、纸一起被誉称“文房四宝”。我国制砚的历史悠久。砚的种类繁多，早在古代就有铜砚、银砚、玉砚、陶砚、石砚等，尤以石砚历史久远，历代能工巧匠对其精雕细刻，使其不仅实用，而且有艺术价值。

古老中华，“四大名砚”誉满全球，然而它究竟包括哪四种砚，说法不一，有人称端砚、歙砚、洮砚、澄泥砚为四大名砚，也有人称端砚、歙砚、鲁砚、澄泥砚为四大名砚。

1. 端砚

我国四大名砚之一，始于唐朝，迄今已有一千三百五十年历史。端砚产于广东肇庆市郊，因该地秦汉之后称做“端州”，故所产石砚即称“端砚”。

端砚的石质致密、坚实、细腻、滋润，有绚丽多彩的花纹，不少石品是贵重而难得的，如鱼脑冻、青花、蕉叶白、金星点、冰纹等。端砚的石眼是天然生长在砚石上的如眼睛一样的石核。其质地细润晶莹，荧荧有光、熠熠射人、美观、可爱。文人和收藏家对端砚石眼极其推崇。端砚品种很多，能工巧匠因石构图，因材施艺，结合天然形态，雕刻有池头雕花砚、三边雕花砚、锥形雕花砚及太史砚、兰亭砚、平板砚等等。端砚因为石材难得，工艺精细，具有独特风格，被各国收藏家视为“稀世珍品”。

端砚砚石产于中下泥盆统桂头群中，为泥质、砂质绢云母板岩，著名采坑有老坑、麻子坑、宋坑、梅花坑及坑仔岩、宣德岩等，其中以端溪水畔烂柯山之下

的老坑所产砚石最为名贵。该坑位于端溪入西江口侧，岩层倾没于江面以下，坑内终年积水，故又名水坑，坑斜深达二百余米，坑道曲折迂回，岩脆易损，仅以锤钎凿取之，获成率不及百分之五，可知砚石取之不易。中唐著名诗人李贺，为赞颂端州采砚石工人不畏艰险，巧夺天工创造出砚中至宝而写下千古名句："端州石工巧如神，踏天磨刀割紫云"。

2. 歙砚

也是我国四大名砚之一，产于安徽南部歙县境内黄山之脉的歙山、龙尾山、龙井及江西婺源等地。歙砚品种繁多，自古以来，人们按其色泽、花纹、形态等把歙砚又称为"金星砚""龙尾砚""罗纹砚""峨眉砚"等等。其砚石石质坚韧，刚而不脆，柔而不娇，本色晶莹，纹理缜密，久磨无粉，发墨不耗墨，不吸水，不损笔，经久耐用。按照天然纹理用浮雕、浅浮雕、半圆雕等手法，制成实用大方的各种砚台，深受书画文人的喜爱。

3. 鲁砚

山东省所产各种石砚的统称。著名砚石有淄石、龟石、红丝石、田横石、徐公石等等，其中红丝石为名贵品种，曾有"青州红丝石第一，端州烂柯山石第二，歙州龙尾山石第三"之说。红丝石产于益都县黑山及临朐县的老崖崮等地。砚石呈猪肝色、紫红色，配有灰黄色刷丝纹。丝纹极美，回旋幻变，萦回石面，色泽华漪而不浮艳，手试如膏。制砚者审其形，察其质，辨其色，会其意，雕刻成形态各异、玲珑大方、久观不厌、独具风格的名砚，成为古今中外书法家和砚藏家的珍品，远在唐、宋时即被誉为石砚之首。

4. 松花砚

产于吉林通化地区，由于石材产自清朝始祖发祥地，所以备受清皇室推崇，将其作为"朱批""御用"，乾隆皇帝称"松花玉、色净绿，细腻温润，可中砚材。发墨与端溪同，品在歙坑之右"。

5. 贺兰砚

产于宁夏贺兰山，其结构均匀，质地细密，清雅莹润，刚柔相宜，特别是其颜色是由深紫、浅绿构成，晶莹嫩绿的"绿彩"以各种奇特的形状嵌布于"紫底"之中，界限分明，素雅大方，利用此特征雕刻的贺兰砚，紫中嵌绿，绿中夹紫，紫绿相依，细腻光洁，清雅温润，十分可爱，被誉为宁夏"五宝"之一。

6. 洮砚

产于甘肃省甘南藏族自治州卓尼县洮河东岸，砚石为含粉砂质泥板岩，呈青灰色、紫色，往往带有暗绿色斑点，磨光后增加了砚石外形的美观。

7. 澄泥砚

利用自然资源，经过人工烧制成的澄泥砚，亦称"陶砚"。除具有细腻、坚实、发墨、不损毫等特点外，还具有可塑性，可以任意雕刻，比石砚更为理想。早在唐代即已生产，并以山西虢州所产者最有名，到了清朝，澄泥砚的生产工艺就失传了，近年山西省经过分析、调配、陶澄、雕刻、烧制等生产工艺在多次反复试验的基础上，终于使失传几百年的澄泥砚再现人间。

十、我国高级手工羊毛地毯

高级手工羊毛地毯是我国传统的旅游购物品，它按装饰花纹图案可分为四大类：

1. 北京式地毯

北京式地毯简称京式地毯。它的图案特点是工整对称，色调典雅，具有庄重古朴的艺术特色。四周方形边框醒目，图案内容常取材于中国的古老艺术，如古代绘画、建筑上的雕梁画栋、宗教纹样、刺绣等。

2. 美术式地毯

美术式地毯图案的特点是构图完整，色彩华丽，富于层次感，具有富丽堂皇的艺术风格。它借鉴了西欧装饰艺术的特点，常以盛开的玫瑰花、苞蕾卷叶、郁金香等组成，花团锦簇。

3. 彩花式地毯

彩花式地毯的图案特点是具有清新活泼的艺术格调，图案如同工笔花鸟画，在地毯上散点插枝，表现一些婀娜多姿的花卉，色彩绚丽，构图富于变化，其中有对角花、三枝花、四枝花及围城等多种，外形可为长方形、方形或圆形等。

4. 素凸式地毯

素凸式地毯的图案是单色凸花织做，纹样剪片后清新美观，犹如浮雕，富于一种幽静雅致的情趣，给人以清淡而回味无穷之感。

上述“京、美、彩、素”四种图案是我国高级手工羊毛地毯图案的中坚，是中华民族文化的结晶，是我国劳动人民高超技艺的真实写照。除了传统的“京、美、彩、素”地毯之外，我国还有一些民族特色更为浓郁的毯种，如“青海湖”牌的藏毯即为其一。藏毯是我国重要出口商品之一，它是以藏系羊毛为原料，沿用藏族的传统工艺，手工纺纱，植物染色，手工编织而成，图案简洁、自然，色彩淡雅、古朴，给人以一种自然美的享受，迎合了当代世界返璞归真，返回大自然的潮流，深为世人所青睐。

高级羊毛地毯均为手工织造的栽绒地毯，按生产方法不同，可分为：

1. 抽绞地毯、拉绞地毯

抽绞地毯和拉绞地毯是在地毯织做中，采用不同方法制成的。从外观上区分

抽绞地毯和拉绞地毯的方法是：将地毯的后背撩开，凡是毯背显露棉质细纬纹路者即为抽绞地毯；而毯背不露细纬纹路的则是拉绞地毯。拉绞织做的地毯，可以用较粗的粗纬和股数较多的毛纱，使地毯的栽绒加密、加厚，挺实而弹性强。

2. 胶背全片地毯

胶背全片地毯既有高级地毯富丽华贵的外观，又有可为较多人士接受的价格。它是用手工扎针将各色毛纱，在画好图案纹样的胎布上扎针做结，使之形成一个一个的V字形栽绒结扣，然后将特制胶液均匀涂抹于毯背，以增强美观，牢固栽绒结扣，延长使用寿命，提高防潮性能。最后在地毯后背缝罩一块棉布加以保护毯背。

纯毛地毯除了手工羊毛地毯外，还有纯毛机织地毯。纯毛机织地毯具有毯面平整光洁，富有弹性，脚感柔软，经久耐磨的特点。与化纤地毯相比，其回弹性、抗静电、抗老化、耐燃性都优于化纤地毯。与纯毛手工地毯相比，其性能相近，但价格远低于手工地毯。因此纯毛机织地毯是介于化纤地毯和纯毛手工地毯之间的中档地面覆盖材料。

十一、"名烟"的真假鉴别

由于烟草业投资少，效益高，一些不法分子勾结起来，制造假烟，牟取暴利，大肆进行产、销冒牌卷烟活动。涉及北京、上海、昆明、玉溪、天津等地三十多个卷烟企业的六十三种名牌商标，其中包括"中华""云烟""红塔山""大重九""阿诗玛""牡丹"等三十多种甲级卷烟牌号，乙级和丙级烟牌号数十种以及英国、美国、中国香港等国家和地区的六种名牌卷烟牌号。

任何产品的好与不好，关键在于质量，而假冒伪劣卷烟恰恰在于质量的低劣，不论是外在质量还是内在质量，都是如此。下面从三个方面谈谈对它的鉴别：

1. 从外盒包装上鉴别

总的来说，一般假冒伪劣卷烟，外观上都是比较粗糙的，其主要手段是手工伪制模仿机包，然而不论它是怎样的模仿，也是要露出破绽的。以烟盒包装为例，市场销售的名优卷烟，从铝纸到玻璃纸都是机器包装的，因此比较精细，特别是透明纸的红拉带接头处，由V型刀切出V型头，而假冒卷烟小盒包装则没有，因其采用手工包装，在玻璃纸接头处只有拉带头，这是最明显的区分处。

另外，商标纸的制版规格也不合乎要求，复制品的规格、尺寸中出现的问题较多，不是大，就是小；颜色深浅不一，不是暗，就是浅。不可否认，当然也有少数冒牌伪劣卷烟烟盒与正品烟盒相同，像这样的烟盒，大都从烟厂或其他途径弄来，这就需要拆开从内部来鉴别了。

2. 从烟支外观上鉴别

凡正牌产品卷烟的烟支，外部平整、光滑，钢印清晰，而假冒伪劣卷烟，烟支钢印不是模糊不清，就是墨迹轻重不匀。从烟支盘纸看，不是统一规格制造的卷烟必然有皱褶、空头、漏气等缺陷，而且烟支松紧度、重量也不合乎要求。另外从滤嘴与烟支接装处，可以看到长短不一，不够齐整。一般正品机制烟支，由滤嘴包头纸粘连相接，粘连部分也是有一定规格的，大约在 4 mm 左右，而假冒手工烟支，烟丝、滤嘴两部分统由卷烟盘纸卷成一体，然后再在滤嘴上包一层包头纸，这样吸起来必然不够通畅。

3. 从卷烟内在质量上鉴别

内在质量，主要从烟丝的颜色和卷烟的等级与吸味来区别。

目前，我国香烟按国家标准将其分为烤烟型、混合型、外香型、雪茄型四种类型。就市场出售的卷烟，大部分为烤烟型和混合型两种。而假冒伪劣卷烟也以这两种烟型为主。

等级高的烤烟烟丝，颜色呈金黄色或橙黄色，而且光泽油润，抽吸时具有油润感，香味丰满，无杂气、无刺激，余味纯净、舒适。

混合型卷烟烟气中具有烤晾晒烟混合均匀的香味，这种类型的卷烟香气味浓，劲头较大，刺激性强。烟丝棕红，光泽油润；抽吸时，香味丰满、细腻、谐调，无杂气、无刺激，余味干净、舒适。

假冒伪劣卷烟，不具备以上卷烟的特点，烟丝采用喷洒“金黄粉”“黄土”“硫黄”等方法来改变霉变低次烟丝的颜色。为了烟丝色泽好，用油漆涂料染黄，而且卷烟技术也越来越高，由手工制作向机械化生产发展。在这种情况下，只要拆开取出一支卷烟进行评吸便知。这种卷烟，香气不足，杂气较多，具有不协调的刺激性，烟气进入口腔内感觉不舒适。

十二、“瓷”与“陶”的异同

人们把陶器和瓷器通称为陶瓷。陶器和瓷器实际是两种物质，它们在特征上是有区别的。

陶器：坯体烧结程度差，结构不致密，断面粗糙而无光泽，吸水率大，机械强度较低，烧成过程中玻化程度差，敲击时发出的声音混浊。根据其特征，陶器又可分为粗陶器、普通陶器和细陶器。

瓷器：坯体烧结程度较高，坯体坚硬致密，断面细腻而有光泽、呈石状或贝壳状，基本不吸水，瓷体结构中有玻璃相、莫来石晶体和大小不等的气泡，敲击

时发出的声音清脆，机械强度较高。根据其特征，瓷器又可分为炻瓷器、普通瓷器和细瓷器。

陶器和瓷器的分类

名称		主要特征	用途举例
陶器	粗陶器	吸水率大于15%，带色，制作粗糙	日用缸器
	普通陶器	吸水率小于15%，表面施釉，断面颗粒较粗	日用器皿、彩陶
	细陶器	吸水率3%～9%，施釉或不施，断面颗粒细，制作精细	日用器皿、建筑卫生器皿、装饰器皿
瓷器	炻瓷器	吸水率小于3%，胎体较厚，带色，制作较精细	日用器皿、化学工业、电器工业用品
	普通瓷器	吸水率小于1%，有一定透光性，制作精细	日用餐茶具、陈设瓷、电瓷
	细瓷器	吸水率不大于0.5%，透光性好，制作特别精细	日用餐茶具、美术用品

陶器和瓷器都是以泥土为原料，经过炉火烧制而成，为什么还会有差别呢？主要原因是：它们所选择的原料和烧成温度不同。陶器所用原料一般是高铁质粘土，烧成温度一般在1 180～1 250℃。瓷器一般对原料的选择和精制有更高的要求，集中表现在原料中的三氧化二铁和氧化钙含量要求低，二氧化硅和三氧化二铝的含量比陶器高，烧成温度一般在1 250～1 400℃。原料中各种成分含量的差异，决定了烧成温度的不同。烧成温度的不同决定了陶器和瓷器在特征上的差异。陶器尽管致密度不及瓷器，但由于它的重量较小，变形较小，易于制造大件器物，陶体中的多孔结构，使得陶器有独特的透气功能，便于保存食物、培育花草。例如，宜兴紫砂壶，就是一种独特的工艺陶器。它用当地的紫砂泥、红泥和绿泥制作而成，造型精巧，色泽朴雅，泡茶过夜而不变质，是明清以来广泛流传的日用茶具，具有民族特色，在国际上享有很高的声誉。

陶器和瓷器的鉴别

项目	瓷　器	陶　器
造型	轻巧、边薄、底厚	笨重、边厚、底薄
颜色	白里泛青（黄）	白中带黄
比重	大	小
声音	清脆	沉浊
坯体	半透明、断面致密	不透明
釉面	大多底部不施釉或有针孔	断面粗松，满釉

十三、风筝的品种选择

风筝在中国传统工艺品中集观赏、健身、娱乐、竞技等多种功能于一身；同时又与民俗、节令、科技、历史及美学等学科保持着密切的联系，充分反映了中国民族艺术丰富的内涵。

中国风筝的品种极为丰富，按照不同的分类标准可以划分许多门类，每一类中又可包括许多品种。

按照风筝的制作工艺和结构特点，可以将风筝分为六大类。一是硬翅风筝：即用上下两根横竹条构成翅膀骨架，不能折叠也不能拆装，故称硬翅。二是软翅风筝：指那些只用一根横竹条支撑在翅膀上沿的风筝。放飞时，翅膀下沿随风飘动，故称软翅。这种风筝多为拆装式，翅膀与躯干可以拆开叠放，便于保存和携带。三是拍子风筝：其基本结构为一块平板，下面装有带形尾巴。脸谱、八卦、双鱼、五角形等均为拍子风筝。四是长串风筝：俗称“蜈蚣”，由许多圆片联缀成长串，前面装有“龙头”。每个圆片称为一节，最少20节，最多达150节。每节圆片上还有一根细竹条，称为“蜈蚣腿”，两端扎有鸡毛或纸穗。五是筒形风筝：骨架做成筒状，裱糊后呈筒形，宫灯、门灯、大鼓等均为筒形风筝。六是简易风筝：多为小型玩具风筝，骨架简单、造型单纯，简便易行。有的甚至不用骨架将纸张剪裁折叠成特定的形状即可放飞。

按照风筝的功能作用可以分为四类。一是玩具风筝：即指那些成本低、娱乐性强的风筝，是风筝家族中数量最大、流行最广的品种。二是观赏风筝：这一类风筝的艺术价值高、造型考究、装饰精美，色彩、图案均体现着强烈的审美意识，常常被作为室内陈设品用来装点环境。三是特技风筝：指那些具有特殊功能的风筝，有的可以上下翻飞，有的可以互相角斗，也有的可以在空中变色，还有

的可以在空中抛撒花纸或在夜晚张挂灯笼。四是专用风筝：即为完成特定工作任务而设计的风筝，可以用于空中摄影、通讯、救生、测量等实际工作；也可以作为无线电天线或牵引车船的工具；还可以用来散发宣传品或投递物品。游客可以根据自己的需要和喜好进行选购。

参考文献

1. 顾维周编著:《旅游商品开拓》，同济大学出版社 1990 年版。

2. 高爱民、张汝昌、叶立雯主编:《旅游购品经营概论》，中国社会科学出版社 1991 版。

3.《中国旅游商品实用手册》，中国旅游出版社 1991 年版。

4. 罗明义主编:《现代旅游经济学》，云南大学出版社 1994 年版。

5. 邓永进、薛群慧、赵伯乐编著:《风俗民族旅游》，云南大学出版社 1996 年版。

6. 黄继元:《中国旅游商品设计、开发及营销策略思考》，《北京第二外国语学报》1994 年第二期

7. 薛群慧主编:《旅游心理学》，云南大学出版社 1996 年版。

8. 周来祥著:《再论美是和谐》，广西师范大学出版社 1996 年版。

9. 万融、张万福、吴小编著:《商品学概论》，中国人民大学出版社 1997 年版。

10. 章采烈主编:《中国美食特色旅游》，对外经济贸易大学出版社 1997 年版。

11. 章采烈主编:《中国艺术特色旅游》，对外经济贸易大学出版社 1997 年版。

12. 曹孟勤主编:《企业产品策划》，河北大学出版社 1997 年版。

13. 黄继元:《云南旅游商品开发及营销策略探讨》，《经济问题探索》1997 年第二期

14. 王大悟、魏小安主编:《旅游经济学》，上海人民出版社 1998 年版。

15. 赵西萍主编:《旅游市场营销学》，高等教育出版社 1998 年版。

16. 赖新农、许福宗著:《包装与美学》，中国经济出版社 1998 年版。

17. 杨振之著:《旅游资源开发》，四川人民出版社 1999 年版。

18. 崔进编著:《旅游文化纵览》，中国旅游出版社 2000 年版。

19. 马建敏主编:《消费心理学》，中国商业出版社 2000 年版。

20. 吴源鸿主编:《商品学概念》，中山大学出版社 2000 年版。

21. 罗国英、林修齐主编:《2000 版 ISO 9000 族标准质量管理体系教程》，

中国经济出版社 2000 年版。

22. 吴广孝等著:《旅游商品开发实务》，复旦大学出版社 2000 年版。

23. 刘敦荣主编:《旅游商品学》，南开大学出版社 2002 年版。

24. 罗明义主编:《旅游管理研究》，科学出版社 2006 年版。

25. 刘惠余著:《旅游商品与中国传统文化》，中国人民大学（复印报刊资料），2003 年第 10 期。